北京师范大学刑事法律科学研究院
刑法学研究总整理文库
总主编　赵秉志

刑法解释专题整理

李希慧　龙腾云　邱帅萍　编著

中国人民公安大学出版社
·北　京·

图书在版编目（CIP）数据

刑法解释专题整理/李希慧，龙腾云，邱帅萍编著．—北京：中国人民公安大学出版社，2011.7

（北京师范大学刑事法律科学研究院刑法学研究总整理文库）

ISBN 978-7-5653-0472-9

Ⅰ．①刑…　Ⅱ．①李…②龙…③邱…　Ⅲ．①刑法—法律解释—研究—中国　Ⅳ．①D924.05

中国版本图书馆 CIP 数据核字（2011）第 119538 号

北京师范大学刑事法律科学研究院刑法学研究总整理文库

刑法解释专题整理

李希慧　龙腾云　邱帅萍　编著

出版发行：中国人民公安大学出版社
地　　址：北京市西城区木樨地南里
邮政编码：100038
经　　销：新华书店
印　　刷：北京蓝空印刷厂

版　　次：2011 年 7 月第 1 版
印　　次：2011 年 7 月第 1 次
印　　张：11.25
开　　本：880 毫米 × 1230 毫米　1/32
字　　数：345 千字

书　　号：ISBN 978-7-5653-0472-9
定　　价：35.00 元

网　　址：www.cppsup.com.cn　www.porclub.com.cn
电子邮箱：zbs@cppsup.com　zbs@cppsu.edu.cn

营销中心电话：010-83903254
读者服务部电话（门市）：010-83903257
警官读者俱乐部电话（网购、邮购）：010-83903253
法律图书分社电话：010-83905745

北京师范大学刑事法律科学研究院
刑法学研究总整理文库
编　委　会

总 序

新中国刑法学在新中国成立初期创建之后，虽然曾因政治运动出现过一段时间的停滞，但在党的十一届三中全会后开始复苏，并逐步走上繁荣发展的道路。尤其是晚近20多年来，刑法学研究更是突飞猛进，成果迭出，成就斐然，从而成为公认的我国法学领域最为发达的主要学科之一。在新中国刑法学创建以来的近60年间，共出版著作3000多部，发表论文数万篇。面对如此丰硕的研究成果，总结其成就，反思其得失，从而为刑法学的进一步开拓发展提供导向，显得异常迫切。这就需要对数十年来刑法学的研究成果进行系统整理，将体现刑法学发展和具有重要学术价值的代表性研究成果，从发表在数以百计的报刊和文集上的论文精选出来按照专题汇集成册，从而为今人的研究、学习提供便利，也为后人保留有代表性的研究资料。

以高铭暄、赵秉志教授为首的北京师范大学刑事法律科学研究院的刑法学研究团队，在潜心刑法理论研究的同时，历来都非常重视刑法学研究资料的整理和汇集，多年来在此方面曾推出了数部非常有影响的学术资料荟萃书籍。例如，《新中国刑法学研究综述（1949—1986)》（高铭暄主编，河南人民出版社1986年版)、《刑法修改研究综述》（赵秉志主编，中国人民公安大学出版社1990年版)、《刑法争议问题研究》(赵秉志主编，河南人民出版社1996年版)、《新中国刑法学研究历程》(高铭暄、赵秉志编著，中国方正出版社1999年版)、《新中国刑法学五十年》(高铭暄、赵秉志主编，中国方正出版社2000年版)、《刑法学的新动向》(刘志伟主编，中国人民公安大学出版社2004、2005、2006年版)等。“删繁就简三秋树，标新立异二月花”，这些书籍简明扼要地概括了中国刑法学理论研究的实际状况，反映出刑法学理论研究的最新动态，揭示了刑法学术研究的前沿问题，既为刑法学理论研究提供了资料方面的便利，免除了研究者披沙拣金、查找适合资料这一皓首穷经的辛苦，又汇集各家学说，避免了研究者冥思苦想的观点却是前人已有之说的无谓劳动，从而有利于研究者激发学术思想的火花。

为承袭前述著作的成功经验，荟集近年刑法学术的前沿论述，赵秉志教授等学者在中国人民大学刑事法律科学研究中心工作时，即曾酝酿编撰一套系统整理新中国成立以来刑法学研究成果的著作，但因故未能付诸实施。2005年8月，赵秉志教授、卢建平教授等数位学者首批加入北京师范大学并创建了全国首家实体性的刑事法律科学研究院。随后，经过多次研究和论证，决定组织精干队伍，编撰出版“北京师范大学刑事法律科学研究院刑法学研究总整理文库”。该套文库将刑法学各个重要问题的有关内容分别编辑成册，系集专题述评、代表性论文精选、研究论著索引为一体的大型学术工具书。它既是全面展示新中国刑法学研究成果的重要窗口，也是刑法学研究者、学习者从事刑法学研究和学习的捷径，还将为刑事法实务工作者集中提供权威或有价值的指导或参考。为保证本文库高质量地及时出版，北京师范大学刑事法律科学研究院刑法学研究团队给予了高度的重视，精诚团结，投入了大量的时间和精力，并聘请研究院名誉院长高铭暄教授，研究院特聘顾问教授王作富、储槐植先生担任本文库的学术顾问，组成了由院长赵秉志教授担任主任，常务副院长卢建平教授、中国刑法研究所所长李希慧教授为副主任，黄风教授、张远煌教授、吴宗宪教授、刘志伟教授、王秀梅教授、王志祥教授、左坚卫教授、阴建峰教授等为成员的编委会，负责文库的策划、作者的确定以及指导解决编写过程遇到的重要问题。设立由刘志伟教授兼任主任，副教授黄晓亮博士、讲师张磊博士为副主任，副教授刘科博士、副教授袁彬博士、讲师李山河博士、副教授苏明月博士、副教授蒋娜博士、副教授周振杰博士为成员的编辑部，负责协调有关编辑与出版事宜。文库的编写队伍主要由北京师范大学刑事法律科学研究院的研究人员和部分博士后、博士生以及中国人民大学法学院刑法专业部分博士生组成。其每一专题均由对相应专题有研究专长或研究兴趣的教师、博士生或近年毕业的博士担任编著者。考虑到本文库涉及刑法学总论、各论中的数十个专题，编著工程浩大，耗费时间也长，经过与中国人民公安大学出版社协商，决定根据各个专题的性质、完成的进度、文稿的规模分批出版，成熟一批出版一批。近几年来，基于各位编著者、审定者的辛勤工作，在中国人民公安大学出版社的大力支持下，刑法研究总整理文库已有35个专题先后问世，成为刑法学理论研究的重要参考，受到了刑法学界诸多专家学者以及读者朋友的热烈欢迎与好评。我们将以此为动力，一如既往地勤勉工作，不断推出高质量的专题整理作品。

最后，需要说明的是，“北京师范大学刑事法律科学研究院刑法学研究总整理文库”是以公开发表的论文和出版的著作作为基础编写而成的，没有广大论文与著作原作者的辛勤劳动，就不会有这套书的问世，在此向他们表示衷心的感谢与崇高的敬意；受编写者的学术素养、概括与总结能力以及编写和出版时间等因素的限制，书中“研究述评”部分对论著原作者观点的概括和介绍难免有不准确、不妥当之处，尚祈广大作者和读者谅解。书中“代表性论文精选”部分是编著者经过认真比较后选取的有关各专题的有学术见解和参考价值的代表性论文。基于尊重作者的著作权之考虑，凡入选论文都要求编写者征得作者的同意，但难免有少数确有入选价值的论文因与作者不易联系而未联系上，尚祈有关作者见谅并能及时与编者或文库编辑部联系，以便请教与赠书。同时，也欢迎广大读者多提宝贵意见，以便我们在今后的编写修订工作中不断改进。

“北京师范大学刑事法律科学研究院
刑法学研究总整理文库”编委会
2006年12月撰
2008年8月18日第一次修订
2010年12月第二次修订

目　录

上编　研究述评

下编 代表性论文精选

上编　研究述评

第一章　刑法解释的发展历程和研究概况

法律与解释是不可截然分开的，法律发达史实际上就是法律解释发达史。法律是在解释中发展的，也只有在解释中才能获得真正的理解与适用。① 刑法解释作为法律解释的一种，其在刑法学中的地位更为重要。从某种意义上说，“刑法学，在狭义上是指刑法解释学，即实定刑法的解释学；在广义上，作为关于刑法的学问，一并包括刑法理论（刑法哲学）、刑法史学及比较刑法学”②。由是观之，我国刑法解释研究历程实际上与我国的法制建设以及刑法学的发展密切相关。

一、刑法解释的发展历程

（一）中国古代时期的刑法解释

法律解释的发展程度，与法律成文化程度、公开化程度成正比。因为法律的成文化程度越高，当权者恣意改变法律的几率就越低，随着社会生活的变迁，就越有需要和必要对现有的法律进行解释；同理，法律的公开化程度越高，皇帝的话就不大可能被奉为金科玉律，皇帝依靠恣意创造法律维护统治的方式就不太符合当时的舆情，因此统治者就越来越依靠解释法律来达到维护统治的目的。据此推断，我国的法律解释应该出现在成文法颁布之时。据史料记载，公元前536年郑国子产的“铸刑书”，是我国第一部成文刑法，但是否同时代就出现了刑法解释，并没有史料记载。目前，学界公认的最早对刑法进

① 张明楷：《外国刑法纲要》，清华大学出版社1999年版，第9~10页。

② ［日］大塚仁：《刑法概说（总论）》（第3版），冯军译，中国人民大学出版社2003年版，第24~25页。

行解释的文件当属秦代竹简中的《法律答问》。该《法律答问》于1975年11月在湖北云梦睡虎地战国末至秦代的墓葬中发现，共18条，多采用问答形式，对秦律的主体部分即刑法的某些条文、术语及律文的意图作出了明确解释。①

中国古代最早的刑法立法解释，应是东汉末年郑玄为《汉律》所作的章句解释。西晋时期，张斐、杜预对《晋律》所作的注解也属于刑法立法解释，因为他们均是受皇帝的指定制定并注解律令的。时至唐代，公元652年，唐高宗鉴于“律学未有定疏”，在执行过程中会产生解释无统的问题，因而下诏令长孙无忌、李勣等人解释《永徽律》，作《永徽律疏》。《永徽律疏》标志着中国古代刑法立法解释的成熟，体现了中国古代刑法立法解释的最高成就。开元年间（公元713年~公元741年），根据社会形势的变化，又继续对《永徽律疏》予以刊定。其后，中经唐末、五代、两宋，直至元朝，最终定名为《唐律疏议》。《永徽律疏》首创将律文与解释有机合一的做法，这种做法为后代的法典编制提供了范例。例如，《宋刑统》、《大明律》、《大清律》等都在律文之后附有注释，疏解律文，阐发律文“难明之义”，补充其“未足之语”，即是对《永徽律疏》做法的仿效。由上所述，中国古代刑法立法解释的特点是没有专司立法解释的机构，刑法立法解释或者是皇帝诏令国家官吏进行，或者皇帝下诏将私家对刑法的解释视为具有法律效力的立法解释。刑法的立法解释有的独立存在，有的则与律文一同颁布。②

同刑法立法解释一样，在中国古代，也没有专门从事司法解释的机构，刑法司法解释或者由国家官吏进行，或者由国家认可私家对刑法的解释具有司法解释的效力。如上述湖北云梦发掘的《秦简》中的《法律答问》，就是由通晓法律的高级司法官吏所作的司法解释；西汉时期，西汉政府则承认叔孙宣、郭令卿、马融诸儒对刑法所作的

① 潘勤：《中国古代刑法解释初探》，载《法律科学》1992年第6期。

② 李希慧：《刑法解释论》，中国人民大学1993年博士学位论文，第2~3页。

章句解释是断罪判狱的根据。这说明，一些私家对法律的解释成了定案断狱的根据，具有司法解释的效力。清代的王明德于康熙四十四年（公元1705年）撰著了《读律佩觿》，此书对《大清律例》进行了系统的辑注，其中有关纳赎的解释，被《大清律例》的凡例确定为判案时必须查明的标准。这表明，这一有关纳赎的私家解释对司法判案具有拘束力。①

总体来说，中国古代自2000多年前成文刑法诞生以来，无论是刑法立法解释还是刑法司法解释都已经付诸实践。有学者专门对我国古代刑法解释制度的发展演变特点进行了总结归纳，认为：第一，刑法解释是伴随成文法的公布而出现的，在成文法没有公布以前的秘密法时代，统治者任意用刑，因而不存在刑法解释制度。第二，秦代以后，我国的刑法解释制度经历了由私家注律到官方注律的变化，统治阶级根据自己的政治主张，灵活运用政策手段，或鼓励律学发展，或倡用官方注疏方式，目的都是用刑法解释的方法，释明律文，普及法律知识，更好地发挥封建刑事法律镇压和威慑人民的功能。第三，从秦代开始，历代统治者在制定大量刑事立法之外，都注重运用类推解释的方法。唐律中总结的“举重以明轻，举轻以明重”的类推适用方法，在今天仍有其参考价值。第四，凡政治开明、法制严明的时期，统治阶级都十分重视刑法解释制度的建立和完善，设置专门机构，通过专门程序解释法律。②

（二）中国近代时期的刑法解释③

清末时期的刑法解释无论在解释的种类还是解释的方法上，与前朝几代都没有太大差别，只是在刑法解释的主体上，清朝对此做了明确的规定。如光绪三十年（1904年）颁布的《大理院审判编制法》

① 李希慧：《刑法解释论》，中国人民大学1993年博士学位论文，第3～4页。

② 潘勤：《中国古代刑法解释初探》，载《法律科学》1992年第6期。

③ 李希慧：《刑法解释论》，中国人民大学1993年博士学位论文，第11～14页。

第19条，宣统元年12月28日（1910年2月7日）颁布的《法院编制法》第35条，明确规定了大理院是进行司法解释的权威主体，大理院卿统一行使刑法司法解释权。

北洋军阀掌握政权以后，曾一度援用清末的《大清新刑律》，1912年4月30日在删改《大清新刑律》的基础上，颁布了《暂行新刑律》，1915年和1918年又先后两次对《暂行新刑律》进行了修正。关于刑法的解释，沿用清末的做法，继续由大理院进行统一的司法解释，并且加强了这方面的工作。

国民党政权建立之初，曾沿用北洋政府时期的《暂行新刑律》。1928年3月10日，国民党政府公布了《中华民国刑法》，1935年1月1日修正公布了新《中华民国刑法》。在国民党统治时期，还颁布了大量的特别刑法。由于刑法立法十分活跃，刑事司法实践对刑法解释的需求也尤其迫切。因此，这一时期的刑法司法解释格外引人注目。另外，受德日刑法学的影响。这一时期也逐步建立起以注释现行刑法为主要内容的中华民国刑法学，刑法的学理解释也显示出充分的活力，发挥了重要作用。国民党统治时期统一解释法律、法令的权力依照“中华民国宪法”的规定由司法院行使。另外，最高法院所作的解释及公布的判例，对各级法院的审判也具有法律拘束力。根据蔡墩铭主编《刑法暨特别法立法理由、判解决议、令函释示、司法实务问题汇编》所供资料统计，民国18年（1929年）至34年（1945年）由司法院作出的刑法解释例共698件，此外，最高法院还公布了不少判例。

（三）新中国成立后的刑法解释①

1. 1981年《关于加强法律解释工作的决议》之前

新中国成立后，我国制定了一些单行刑法，适用这些单行刑法的过程中，难免需要对法律进行解释。《中华人民共和国中央人民政府组织法》第7条规定：“中央人民政府委员会，依据中国人民政治协

---

① 陈志军：《刑法解释实践与研究六十年》，载《山东警察学院学报》2009年第3期。

商会议全体会议制定的共同纲领，行使下列职权：一、制定并解释国家的法律，颁布法令，并监督其执行……”可见，新中国成立之初，我国的立法权、法律解释权（包括刑法解释权）都由中央人民政府委员会行使，这种解释权从性质上讲是立法解释权，法律没有规定司法解释权。

1954 年宪法改变了新中国成立初的法律解释权由中央人民政府委员会行使的局面，1954 年宪法规定，全国人大常委会享有包括刑法解释权在内的法律解释权。1955 年 6 月 23 日全国人大常委会通过《关于解释法律问题的决议》中重申了全国人大常委会的立法解释权，并规定了最高人民法院的司法解释权。具体内容是：（1）凡关于法律、法令条文本身需要进一步明确界限或作补充规定的，由全国人民代表大会常务委员会分别进行解释或用法令加以规定。（2）凡关于审判过程中如何具体应用法律、法令的问题，由最高人民法院审判委员会进行解释。尽管法律对刑法解释的主体进行了明确规定，但实际上最高人民检察院、司法部、公安部等行政机关也在行使刑法司法解释权。尤其是“文化大革命”期间，国家政治生活混乱，法治遭到严重破坏，仅有一些零星的刑法司法解释性文件颁布施行。

2. 1981 年《关于加强法律解释工作的决议》之后

1981 年 6 月 10 日，第五届全国人大常委会第 19 次会议通过了《关于加强法律解释工作的决议》，在 1955 年《关于解释法律问题的决议》的基础上对法律解释权进行了重新配置：（1）凡属于法律、法令条文本身需要进一步明确界限或作补充规定的，由全国人民代表大会常务委员会进行解释或用法令加以规定。（2）凡属于法院审判工作中具体应用法律、法令的问题，由最高人民法院进行解释；凡属于检察院检察工作中具体应用法律、法令的问题，由最高人民检察院进行解释；最高人民法院和最高人民检察院的解释如果有原则性的分歧，报请全国人民代表大会常务委员会解释或决定。（3）不属于审判和检察工作中的其他法律、法令如何具体应用的问题，由国务院及主管部门进行解释。该决议进一步明确了法律的解释权配置，增加了最高人民检察院的司法解释权，但也为司法部等国家行政机关参与法律解释留下了模糊的空间，导致刑法解释主体的混乱。该规定使得我国出现了真正意义上的刑法立法解释，截至2009年年底，全国人大常委会一共制定了9个刑法立法解释。

二、刑法解释的研究概况

尽管我国刑法解释的实践源远流长，但系统研究刑法解释并产生丰硕成果却仅仅是近几年的事。

（一）封建王朝时期对刑法解释的研究

中国古代对刑法解释的研究主要体现在私家释律也即刑法的学理解释。我国古代的私家释律大致经历了禁锢、开放、发展和鼎盛四个时期。秦朝的时候，专制主义盛行，国家禁止私人释律，刑法只能由国家的官吏进行解释。两汉时期，私家释律受到了鼓励，讲律解律蔚成风气，并逐渐形成对成文法律进行诠释、讲解的律学。西晋至明朝这一时期，刑法学理解释得到了较快的发展，出现了一批非常有代表性的刑法解释著述。比如宋代傅霖的《刑统赋》、郑克的《决狱龟鉴》、桂万荣的《棠阴比事》；元代王元亮的《唐律释文》、《唐律纂例五刑图》、王亮的《刑统赋解》、孟奎的《粗解刑统赋》、沈仲伟的《刑统赋疏》；明代王樵的《读律私笺》、王肯堂的《律例笺释》等。这些作品注意吸收前代刑法解释的成果，注重对刑法规定的探源溯流和比较研究，因而对刑法的注解更加详尽缜密和深入透彻，有的甚至不乏理论上的真知灼见。到清朝的时候，刑法的学理解释达到了顶峰，很多学理解释被司法实践所引用并成为断案的依据；而且各种著述种类不一，根据各释本的侧重面以及著述形式，可将其归纳为辑注本、考证本、司法应用本、图表本和歌诀本五类。①

（二）民国时期对刑法解释的研究

国民党统治时期的刑法学理解释、由于受西方刑法理论的影响，较之以前各个时期的刑法学理解释有了重大的进步。其表现有三：一

---

① 李希慧：《刑法解释论》，中国人民大学1993年博士学位论文，第4～7页。

是初步地建立起刑法理论体系，并开始自觉地运用刑法的基本原理来解释刑法的规定。二是对条文的解释不仅仅局限于指出其含义是什么，而且通常指出条文的含义为什么如此，因此，解释往往具有很强的论证性。三是这一时期的学理解释成果集中表现于一些学者的专门著作，如王觐的《中华刑法论》、郗朝俊的《刑法原理》等，这些专著对刑法的解释达到了颇高的理论水平，对当时以至其后都产生了很大的影响。①

（三）新中国成立后对刑法解释的研究

1. 1949 年至 1979 年研究概况

这一段时间，国家整体的法治环境较差，刑法立法非常薄弱，刑法学研究尚不能正常进行，因此对刑法解释的研究几乎处于停滞状态。

2. 1979 年至 2002 年研究概况

（1）1979 年至 1992 年，极少学者开始零散的研究刑法解释。1979 年刑法颁布后的最初几年里，刑法解释的研究仍然无人问津，甚至较早出版的刑法教科书连刑法解释的概念都未曾提及。直到 1986 年，赵秉志教授在当年的《人民司法》第 3 期上发表了题为《简论刑法中的扩张解释》，算是开了学界的先河。此后，赵秉志、王勇在《法学研究》1988 年第 1 期发表了《论我国刑法的最高司法解释》的论文；刘星在《比较法研究》1989 年第 2 期发表了题为《大陆法系、英美法系和我国司法解释方法比较》的文章，利用比较的方法对我国的司法解释进行了研究。潘勤在《法律科学》1992 年第 6 期发表了题为《中国古代刑法解释初探》的文章，对我国古代的刑法解释进行了专门研究。可以说，从 1979 年刑法颁布之后到 1992 年之前，中国学者对刑法解释的研究非常薄弱，研究论文非常少，根本没有研究专著出现。

---

① 李希慧：《刑法解释论》，中国人民大学 1993 年博士学位论文，第 14 ~ 15 页。

（2）1992年至2002年，有学者开始系统研究刑法解释。1992年，我国明确提出了建立社会主义市场经济体制的目标，社会生活急剧发生变化，随之使得刑法的变动也刻不容缓。在这样的历史背景下，原有的刑法规定已经不能适应变动的中国社会，因此，刑法亟待解释以适应千变万化的社会现实，刑法解释研究的重要性也凸显出来。在这样的历史背景下，1993年，李希慧博士的毕业论文《刑法解释论》完稿，这是我国刑法典颁布以来第一次系统阐述刑法解释的论文，该论文是新中国成立以来研究刑法解释的开山之作，意义重大。其主要内容包括：中外刑法解释的历史考察；刑法解释的概念、功能和分类；刑法解释的基本思想和原则；刑法解释的方法；刑法立法解释、刑法司法解释、刑法学理解释。此后的2001年，李国如同志出版了《罪刑法定视野中的刑法解释》，2002年，刘树德同志出版了《罪状解构——刑法解释的展开》。在这十年里，学界对刑法解释的研究日益重视，共发表了论文40余篇，但仍然称不上繁荣。

3．2002年至今研究概况

这一阶段对刑法解释的研究非常系统深入，成果极其丰硕。总计公开发表论文500余篇，出版专著20多部，中国知网刊载的优秀硕士论文40多篇，博士论文5篇。

以“刑法解释”为关键词，于2008年1月26日对中国期刊网1993~2007年共15年间的论文进行了全面的检索，共检索到相关论文248篇，除其中的13篇为综述类、论点摘编类文章或者不属学术论文外，剩下的235篇论文都属于与刑法解释问题有关的学术论文。这235篇论文按发表年份可排列如下①：

① 王政勋：《刑法解释研究现状述评》，载《法商研究》2008年第4期。

年份	篇数	年份	篇数	年份	篇数
1993	1	1998	1	2003	22
1994	7	1999	2	2004	45
1995	3	2000	5	2005	38
1996	0	2001	12	2006	55
1997	1	2002	5	2007	38
五年内总篇数	12	五年内总篇数	25	五年内总篇数	198

以"刑法解释"为关键词，在中国期刊网上检索2008～2009年两年内发表的论文，共找到377篇。其中，文章题目涉及"刑法解释"这一词语的就高达109篇。这足以说明近几年来刑法解释研究的繁荣景象。

上述2003～2007年发表的198篇有关刑法解释问题的论文中，标明关键词的有170篇，一共出现了639个关键词。在对这639个关键词进行统计时，有学者先把两个非常醒目、突出的关键词"刑法解释"、"罪刑法定"单独列出，然后对其他关键词根据其类属关系进行合并、归类，对不能归类的则列入"其他"，从而形成了下表。①

排序	关键词	次数	备注
1	刑法解释	84	含"刑法的解释"
2	解释制度	72	含"解释体制"、"解释权"、"解释主体"、"立法解释"、"司法解释"等。其中"立法解释"19次，"司法解释"24次
3	解释限度	60	含"解释限度"、"刑法理念"、"客观性"、"合法性"、"合理性"、"合目的性"、"宪政"、"刑事法治"等
4	解释方法	54	其中"类推"12次，"扩大解释"11次，"文理解释"方面的9次，其他22次

① 王政勋：《刑法解释问题研究现状述评》，载《法商研究》2008年第4期。

续表

排序	关键词	次数	备注
5	罪刑法定	47	含“罪刑法定原则”、“罪刑法定主义”
6	刑法分则方面	44	
7	刑法总则方面	40	
8	解释对象	36	含“刑法文本”、“刑法规范”、“刑法条文”等
9	法官个案解释	27	含“法官解释”、“个案解释”、“适用解释”等
10	解释立场	20	其中“主观解释”、“形式解释”8次，“客观解释”、“实质解释”8次
11	刑法机能	16	含“人权保障”、“法益保护”等
12	解释中的价值考量	12	含“正义”、“伦理”、“良心”、“价值”、“常识”等
13	解释的理论基础	6	含“本体论”、“哲学解释学”2次，“前理解”、“前见”、“循环”等
14	其他	121	无法归入上述类属的关键词，如“风险社会”、“学派之争”、“范围”、“原因”、“对策”等

通过上述对关键词的统计，可以看到我国刑法学者对刑法解释研究的大致框架，也可以看出哪些研究的很多，哪些研究的还不够深入。有的学者认为：我国刑法学界对刑法解释的基本立场、解释机理等问题的研究尚不够深入，并且忽略了对哲学、语言学等学科理论资源的运用。研究刑法解释问题应该以语言学、哲学等社会科学理论为分析工具，在知识谱系上实现“语言论转向”，在研究的深度方面应更注重对刑法解释问题内在机理的探究。①

① 王政勋：《刑法解释问题研究现状述评》，载《法商研究》2008年第4期。

第二章　刑法解释的基础理论问题

一、刑法解释的概念

刑法解释是属于法律解释的一个分支，关于刑法解释的概念，目前刑法学界主要有以下一些不同的见解：

第一种观点认为，刑法解释是指国家权力机关、司法机关或者其他机关、社会组织、人民团体、法律专家、学者、司法工作者或者其他公民个人，对刑法规定的含义进行阐明的活动，或者这些主体对刑法规定含义进行阐明的结论。该论者进而认为刑法解释有两层含义，其一是指进行刑法解释的活动；其二是指刑法解释的结果或结论，即经过解释后形成的解释结论，表现为对刑法解释的文件。①

第二种观点认为，刑法解释是指对于刑法规范含义的阐明，② 该观点为刑法学界的通说。

第三种观点认为，刑法解释是指国家机关、组织或者个人，根据有关法律规定、法学理论或者自己的理解，对刑法规范的含义等所作的说明。③

第四种观点认为，刑法解释是指解释者在刑法条文文句所能涵盖意义的限度内，阐明刑法条文的语言意义和内在真意。④

---

① 李希慧：《刑法解释论》，中国人民公安大学出版社 1995 年版，第 46～49 页。

② 高铭暄、马克昌主编：《刑法学》，北京大学出版社、高等教育出版社 2000 年版，第 21 页。

③ 赵秉志、陈志军：《论越权刑法解释》，载《法学家》2004 年第 2 期。

④ 张小虎：《对刑法解释的反思》，载《北京师范大学学报》（社会科学版）2003 年第 3 期。

第五种观点认为，刑法解释是以适用刑法为目的，探寻、说明隐藏在刑法规定中的刑法规范的内容、意义的活动。①

第六种观点认为，刑法解释是刑法规范的内容、含义及其适用原则的阐释。②

第七种观点认为，刑法解释是对刑法规范的含义以及所使用的概念术语定义等所作的说明。③

第八种观点认为，刑法解释是对刑法规范的法律术语的含义及其在审判、检察工作中的具体应用问题的阐释，是法律解释的一种。④

第九种观点认为，刑法解释作为一种实践活动，是指在法官目光往返于事实与规范之间的过程中，以类型思维，为实现对案件的妥当处理而释放刑事法律文本以及相关案件事实各自意义的、对各种法律方法选择适用的合意过程。⑤

第十种观点认为，刑法解释的概念应该从广义和狭义两个角度来定义，狭义的刑法解释是指探求作为文本的成文刑法的法律意义；广义的刑法解释则可谓刑法的适用，使规范与事实进入对应关系，解释规范、剪裁事实并且目光不断地往返于规范与事实之间，从而形成结论。⑥

第十一种观点在肯定了刑法解释的概念可以从广义和狭义两个角度来定义的基础上认为，通说是广义刑法解释的定义。该论者希望使

---

① 陈兴良主编：《刑事司法研究》，中国方正出版社1999年版，第275～281页。

② 金凯、章道全主编：《中华人民共和国简明教程》，山东人民出版社1987年版，第20页。

③ 杨敦先、张文主编：《刑法简论》，北京大学出版社1986年版，第29页。

④ 马克昌、杨春洗、吕继贵主编：《刑法学全书》，上海科学技术出版社1993年版，第19页。

⑤ 吴丙新：《刑法解释研究学术报告》，载陈兴良主编：《刑事法评论》2009年第2期。

⑥ 张明楷：《刑法理念与刑法解释》，载《法学杂志》2004年第4期。

广义刑法解释概念逐步淡出刑法解释领域，并在将来能够将目前所称的“狭义刑法解释”直接称为“刑法解释”，即在将来所称的“刑法解释”就是目前所指的“狭义刑法解释”。该论者对狭义刑法解释作如下表述：狭义刑法解释是指全国人民代表大会常务委员会、最高人民法院和最高人民检察院以规范性文件说明刑法含义的活动以及由此而形成的解释文件。[①]

第十二种观点认为，刑法适用当然离不开刑法解释，整个刑法适用过程就是对刑法理解、认识、解释的过程。但是，刑法解释与刑法适用是两个不同的概念，刑法解释并不完全依附于刑法适用。刑法解释应当作为一个独立的概念存在于刑法适用之外。如果承认刑法适用是广义的刑法解释，那么在狭义上，刑法解释是指遵循一定的解释原则，采用具体的方法对刑法条文语言意义与内在含义的阐明。[②]

第十三种观点认为，所谓刑法解释，是指为了具体适用刑法，享有法定权力的主体对刑法规定的含义所作的阐明，这里所说的阐明仅指一种动态的活动，而非一种静态的事实。[③]

比较上述观点的异同，可以发现，刑法解释的概念实质上关涉刑法解释的主体、对象等，论者对刑法解释的主体、对象等有不同的理解，往往就会对刑法解释的概念有不同的定义。但是，有论者认为，尽管学界关于刑法解释的概念有诸多分歧，但同时学界仍达成了不少共识，即第一，刑法解释的主体并无特别限制，任何组织或个人对刑法的分析说明均可归入刑法解释的范畴。在中国百年法学历史形成的法律语境中，法律解释包括刑法解释并不限定在法官对法律的理解和说明。第二，刑法解释的效力可作有效和无效的区分，刑法解释可分为正式解释和非正式解释。大部分刑法教科书众口一词地认为刑法解

① 周振晓：《狭义刑法解释若干问题探析》，载《甘肃政法学院学报》2005年第1期。

② 龚培华：《刑法解释理论的基本问题》，载《法学》2007年第12期。

③ 蔡军：《论我国的刑法解释》，河南大学2003年硕士学位论文，第17页。

释按照解释的主体和效力不同，可分为立法解释、司法解释和学理解释。第三，刑法解释的场合和目的并不作特别限定，刑法解释可以发生在刑事诉讼的侦查、起诉、审判等阶段服务于刑事司法活动，也可以发生在学者就法论理的研究过程中探讨刑法规定实然与应然，甚至可以是任何组织和个人对刑法规定的一种理解和评议。第四，刑法解释是动态的对刑法进行解释的活动和静态的对刑法进行解释而得结论的统一。①

二、刑法解释的特征

关于刑法解释的特征，学界主要有如下四种观点：

第一种观点认为，刑法解释具有三个基本特征：（1）解释主体的广泛性。法的解释具有非专属性，国家、非国家的其他组织和个人都可以进行解释法律的活动，对于国家而言是一种权力，对非国家的其他组织和个人而言是一种权利。（2）解释对象的特定性，即解释的对象是刑法规范。刑法解释正是通过解释刑法条文来明确其所包含的刑法规范的含义的。（3）解释性质的从属性。即刑法解释具有从属于刑法立法的性质，刑法解释的任务只是对已有刑法规范的含义进行阐明，不能突破刑法立法所确立的刑法规范，否则罪刑法定主义和刑法的人权保障机能必将成为空谈。②

第二种观点认为，刑罚解释具有动、静两种形态，这两种形态分别具有不同的特征。③

动态刑法解释具有以下特征：（1）解释主体的广泛性。在我国，刑法不仅可以由全国人大常委会进行解释，也可以由各级人民法院、各级人民检察院进行解释，还可以由其他国家机关、人民团体、社会

---

① 牛克乾：《反思我国刑法解释的范畴及其体系——以刑法解释的效力层次为视角》，载《政治与法律》2004 年第 3 期。

② 赵秉志、陈志军：《论越权刑法解释》，载《法学家》2004 年第 2 期。

③ 李希慧：《刑法解释论》，中国人民大学 1993 年博士学位论文，第 49 ~ 50 页。

组织或者公民个人（包括法学学者和法律实务工作者）进行解释。(2) 解释对象的特定性。刑法解释的对象只能是刑法规定，这是刑法解释区别于宪法解释、民法解释、行政法解释以及其他部门法解释的最基本特征。(3) 解释目的的唯一性。动态的刑法解释作为主体有意识地以刑法规定为对象的一种认识活动，与主体的任何其他活动一样，是有目的的，其目的就是要将刑法规定的含义揭示出来。

静态刑法解释具有如下特征：(1) 与动态刑法解释的相联性。静态刑法解释与动态刑法解释具有密切的联系，动态刑法解释是静态刑法解释的前提，静态刑法解释则是动态刑法解释的结果，二者相辅相成。(2) 表现形式的多样性。只要是就刑法规定含义进行阐明所形成的文字性结论，无论其具体表现形式如何，均属静态刑法解释的范围。(3) 作用的重要性。静态刑法解释无论其具体表现形式如何，都具有重要作用。

第三种观点认为，刑法解释具有如下三个基本特征：(1) 刑法解释与具体案件的关联性特征。各种法律解释都不是无的放矢，多数都是基于适用法律难题而发，都是针对具体应用法律问题对成文法及其法律事实所作的说明。(2) 刑法解释呈解释主体的价值趋向性特征。由于原则是抽象的规定，而法律解释又呈现与具体案件的相关性特征，所以在一般原则与个别案件结合的过程中，必定给解释主体留下较大的空隙。对这些空隙的弥补，解释主体必须发挥自己的主观能动性进行，同时在弥补空隙的活动中，解释主体也把自己的先见和价值观掺和其中。(3) 刑法解释的循环性特征。解释者只有在解释法律时反复在个别规范和整体法律之间不断循环，才能对法律作出正确的理解和解释，保证刑法解释的正确性。①

第四种观点认为，刑法解释具有如下五个基本特征：(1) 刑法解释的从属性，即刑法解释必须充分尊重和严格服从刑事立法的内容、精神和权威。刑法解释必须严格遵从刑法规定的字面含义；刑法

---

① 蔡军：《论我国的刑法解释》，河南大学 2003 年硕士学位论文，第 16～19 页。

解释必须充分尊重刑事立法的目的；刑法解释的效力从属于刑法的效力。(2) 刑法解释的针对性，即刑法解释都是针对刑法在特定时期或特定场合适用于具体个案时出现的问题，就所涉及的刑法规定的含义作出的说明。(3) 刑法解释的严格性。刑法的实施关涉公民最重要的权益——生命、自由、财产以及政治权益等的处理，因此国家理当格外慎重。刑法解释作为刑法实施的重要环节，当然需要严格操作。(4) 刑法解释的相对主观性，即人们对刑法的解释有时在某种程度上因解释主体、解释时间或解释场合的不同而不同，具有一定的主观随意性。(5) 刑法解释的相对客观性。鉴于解释主体的文化同构性、解释方法和解释对象的客观性，刑法解释活动和刑法解释结论有一定的客观性。①

第五种观点认为，刑法解释具有如下五个不得不重视的特征：(1) 刑法解释具有与个案关联性，不与个案相联系，就不可能发现法律的含义到底清楚与否；(2) 刑法解释的目的是适用；(3) 刑法解释具有创造性；(4) 刑法解释是伴随着价值判断的过程，具有价值取向性；(5) 刑法应严格解释。②

三、刑法解释的主体

关于刑法解释主体的基础问题，学界主要存在两种观点：

一种观点为多元说，即对刑法解释的主体不作严格的限定，此观点为刑法学界多数学者所主张。该观点认为，法律解释就是解释者将自己对法律文本意思的理解通过某种方式展示出来。③ 刑法解释，就解释的效力而言，分为由最高立法机关所作的立法解释，由最高司法

---

① 王季秋：《论刑法解释的若干问题》，武汉大学 2004 年硕士学位论文，第 9～18 页。

② 杨艳霞：《刑法解释的理论与方法：以哈贝马斯的沟通行为理论为视角》，法律出版社 2007 年版，第 182～186 页。

③ 张志铭：《法律解释操作分析》，中国政法大学出版社 1998 年版，第 16 页。

机关所作的司法解释，由国家宣传机构、社会组织、教学科研单位或者专家学者所作的学理解释。①

持该观点的论者主要认为：（1）“刑法解释”是偏正短语，而“解释刑法”是动宾短语，这是两者在语言结构上的区别。作为一种法律术语来讲当取前者。就内容而言，刑法解释在解释前冠以“刑法”二字，其意义在于强调对刑法的解释，对刑法可以是有权者的解释也可以是非有权者的解释。着眼于学科领域，刑法解释通常包括立法解释、司法解释和学理解释。尽管在解释的效力上，立法解释、司法解释和学理解释三者各有不同，但是三者均不失为一种刑法解释。②（2）作为公民，任何人都有严格遵守法律的义务，因而也就负有正确理解和解释法律的义务。另外，法律也赋予了公民权利。公民基于适当地享有这些权利的需要，也有权利和必要探求法律的真正含义。③

另一种观点为一元说，即将法律解释的主体限定为有权机关。该观点认为，应从法律解释概念中剔除非正式解释部分，法律解释就是有权的机关对法律意义的阐明。

持该观点的论者认为，我国理论界在法律解释问题上一直是把“法律解释”当成“解释法律”，而这二者其实是两个不同的概念。就二者主体上的区别而言，论者认为“解释法律”从词义上讲对主体没有限制，可以说任何人都可以对法律进行解释。解释法律的最大特点在于它对法律的解释不具有法律上的约束力。但法律解释则不同，它只能是有法律解释权的人站在法律角度，运用法律思维方法，并遵循法律的客观性、合法性及合理性等原则所进行的有法律约束力

---

① 高铭暄、马克昌主编：《刑法学》，北京大学出版社、高等教育出版社2000年版，第21～24页。

② 张小虎：《对刑法解释的反思》，载《北京师范大学学报》（社会科学版）2003年第3期。

③ 王季秋：《论刑法解释的若干问题》，武汉大学2004硕士学位论文，第14页。

的解释。它的最大特点在于，它和被解释的法律一样具有法律上的约束力。[①] 按照该论者的观点，解释法律相当于法理上讲的非正式解释，而法律解释的全称应为有法律约束力的解释，它的含义相当于法理学上讲的法定解释或称为正式解释。

四、刑法解释的对象

关于刑法解释的对象，学界主要有如下几种观点：

第一种观点为刑法规范说，该观点认为刑法解释的对象主要是刑法规范，其中有的论者认为还包括刑法规范的含义、原则或者刑法规范的适用等，此为我国刑法学界的通说。例如，有论者认为，刑法的解释就是对于刑法规范含义的阐明；[②] 刑法解释是指对刑法规范的含义及其审判、检察工作中的具体问题的阐明。[③]

第二种观点为刑法规定说，该说认为，法律的内容包括规范性内容和非规范性的内容，对于非规范性的刑法规定仍有解释之必要，因此刑法解释的对象是刑法规定。[④] 这些非规范性规定主要有：关于刑法指导思想和制定根据的规定；关于刑法任务、立法理由或立法目的的规定；关于刑法中专门术语和解释性的规定。

第三种观点为刑法条文说，该说认为，刑法解释的对象应限于刑法条文，理由如下：（1）从刑法的表述来讲，刑法规范与刑法条文不同。（2）刑法条文的表述较为全面地涵盖了刑法的内容，而且刑法条文又是刑法的文字表述，因此刑法解释的对象实为刑法条文。（3）“刑法解释的对象是刑法规定”的表述不够精确。尽管刑法规定

---

① 陈金钊：《法律解释的哲理》，山东人民出版社 1999 年版，第 41 ~ 49 页。

② 高铭暄、马克昌主编：《刑法学》，北京大学出版社、高等教育出版社 2000 年版，第 21 页。

③ 杨春洗等编：《刑事法学大辞书》，南京大学出版社 1990 年版，第 560 页。

④ 李希慧：《刑法解释论》，中国人民公安大学出版社 1995 年版，第 42 ~ 49 页。

通常是指刑法条文，但是也不排除有时“刑法规定”一词表述的是刑法条文的内在蕴意，前者是刑法解释的对象，后者是刑法解释的结果。[①] 同时，也有论者认为：尽管刑法解释是对刑法规范的理解与认识，而不仅仅限于对刑法条文本身的理解与认识，但是，刑法条文是刑法规范的命题。对于刑法规范，应当首先从刑法条文本身来理解，并且，毕竟还有一些刑法条文并不是对刑法规范的表述。因此，将刑法解释的对象界定为刑法条文，既能涵盖全部的刑法条文，避免遗漏解释对象，又能明确具体的解释对象，避免解释对象本身的抽象性。[②]

此外，还有一种观点认为，把刑法解释的对象限定为刑法文本，是近代理性主义观念遗留给法学研究的学术遗产。但现代解释学表明，只要我们承认解释者合法偏见的有效性，解释的真实过程就不应仅仅是文本自身的独白，法律的意义只有在解释者目光往返于事实与规范之间，并在自己的“偏见”引导之下才能最终呈现出来。在这个意义上，刑事司法的核心任务，无非是如何在事实与规范之间建立起没有裂缝的对接，司法的过程于是就成为一个案件事实、刑法规范和解释者之间的合意过程。[③]

五、刑法解释的目的

关于刑法解释的目的，学界主要有如下争议：

第一种观点认为，刑法解释的目的是要将刑法规定的含义揭示出来，解决刑法规范的不明确、不确定问题。[④] 该观点为刑法学界的通说。

---

① 张小虎：《对刑法解释的反思》，载《北京师范大学学报》（社会科学版）2003 年第 3 期。

② 龚培华：《刑法解释理论的基本问题》，载《法学》2007 年第 12 期。

③ 吴丙新：《刑法解释的对象——在事实与规范之间》，载《文史哲》2009 年第 1 期。

④ 李希慧：《刑法解释论》，中国人民公安大学出版社 1995 年版，第 53 页。

第二种观点认为，刑法解释的目的是将一定的法律规范与特定的案件事实联系起来，从而回答该法律规范是否适用于该种法律事实的问题。有论者站在反通说的立场指出，通说实际是指刑法解释的目标，不是目的。目的与目标虽属同义词，但二者仍有差别，目标比目的更抽象，目的比目标更直接，目的多指思想或行为所产生的原因或希望达到的直接结果。刑法解释的目的就是解决刑法具体适用问题。①

第三种观点认为，阐明刑法的含义以及解决刑法具体适用问题，二者均是刑法解释的目的。在这两个目的中，做出解释结论或者说使刑法规定的含义得到阐明应当是直接目的；相对而言，解决刑法具体适用问题、处理个案是间接目的。②

六、刑法解释的原则

关于刑法解释的原则有哪些，学界主要存在如下争议：

第一种观点认为，刑法解释的原则主要有如下5种：（1）合法性原则，即刑法的解释必须符合宪法和法律的要求；（2）以政策为指导原则，即在阐明刑法规定的含义时，必须充分考虑党和国家的政策，而不能背离党和国家的政策；（3）合理性原则，即刑法的解释要合乎法理、人伦常理和社会发展需要之理；（4）整体性原则，即解释某一具体的刑法规定时，必须综合地考虑刑法的其他规定，在对刑法的总体把握中阐明该规定的含义；（5）明确、具体原则，在解释刑法时，其文字表述要具有确定性，不能模棱两可；其阐述的内容要详尽周全，不可片面疏漏。③

---

① 蔡军：《论我国的刑法解释》，河南大学2003年硕士学位论文，第16页。

② 王季秋：《论刑法解释的若干问题》，武汉大学2004年硕士学位论文，第8页。

③ 李希慧：《刑法解释论》，中国人民大学1993年博士学位论文，第84~94页。

第二种观点认为，刑法解释的原则主要有3种，分别是合法性原则、合理性原则和合目的性原则。合法性特指形式的合法性，合法性表达的是一种刑法解释不能脱离法律文本而任意解释这种形式规制的观念，合法性原则是刑法解释的第一原则；合理性原则特指实质意义上的合法性，是刑法解释的实质规制，是刑法解释的核心原则；合目的性原则，是刑法解释合法原则与合理原则冲突的整合规则。①

第三种观点认为，刑法解释的原则主要有6种，分别是解释权限原则、公开解释内容原则、符合立法宗旨原则、具体明辨原则、内部和谐统一原则和程序合理规范。②

第四种观点认为，根据刑法学界关于刑法解释概念的通说，即认为刑法解释是一种以适用刑法为目的，解释、说明刑法规定中的刑法规范的内容、意义的活动，可以引导出刑法解释的基本原则为：目的解释原则和文义解释原则，即解释刑法是以适用刑法为目的，是对刑法规范的内容和意义的解释说明。③

第五种观点认为，根据罪刑法定原则，刑法解释的基本原则有3种，即合法性原则、明确性原则和可预测性原则。"实然之法"应当是具有合法性、明确性和可预测性的刑法解释。合法性是罪刑法定的根本要求；明确性是司法实践的基本要求，不明确的刑法解释是不具有可操作性的；可预测性是保护人权的最低要求，不具有可预测性的刑法解释意味着对公民自由的威胁。④

第六种观点认为，刑法解释的原则有如下3种：（1）相对客观性原则，即为了防止解释者的恣意行为，必须对解释者的主观性在立

---

① 齐文远、周详：《论刑法解释的基本原则》，载《中国法学》2004年第2期。

② 苏惠渔、游伟：《完善刑法司法解释若干原则的探讨》，载《中国法学》1992年第1期。

③ 郑厚勇：《我国刑法解释存在的若干问题》，载《黄冈师范学院学报》2003年第4期。

④ 姜伟、卢宇蓉：《论刑法解释的若干问题》，载《中国刑事法杂志》2003年第6期。

法者意图的约束、刑法基本原则即罪刑法定原则的约束、客观的历史进步方向的约束、解释规则的约束、解释者人格的自我约束等方面进行约束；（2）合法性原则，即刑法解释必须经由有解释权的机构或个人以法定的程序对刑法规定进行解释并最后得出具有合法性的解释结果；（3）合理性原则，即刑法解释的实质合理性就是要求解释的结果符合法律的最基本价值，刑罚解释的形式合理性要求刑法解释具有合逻辑性、可预测性以及解释结果的可操作性和有效性。①

第七种观点认为，刑法解释应坚持合法性原则、合理性原则和人权保障有限原则。持该观点的论者在坚持以“客观说”的立场解释刑法的基础上提出，由于我国刑法解释表现出的与西方刑法解释不同的特点，决定了刑法解释之“客观说”在我国应该受到严格限制，即在解释刑法时应坚持合法性原则、合理性原则和人权保障有限原则。合法性原则是罪刑法定原则对刑法解释提出的最基本的要求；合理性原则要求刑法解释应该以人类社会的伦理道德要求和刑法法理为限度，解释的结果应该符合法律最基本的价值，表现为保护功能和保障功能的统一、协调；人权保障优先性原则要求罪刑法定原则最基本的价值则在于限制刑罚权的发动，以保障人权。②

第八种观点认为，刑法解释的基本原则只有两种，一种是合法性原则，即对刑法条文的解释要符合法律和宪法的规定，或者不能违反法律或者宪法的规定；另一种是合理性原则，即法官对刑法条文的解释要合乎民众认同的道理、所掌握的经验和所分享的情感和社会发展需要之理。③ 也有论者认为，学界提出的刑法解释基本原则可以分为两类：侧重技术操作的技术性原则和主要涉及价值衡量的价值性原

---

① 蔡军：《论我国刑法解释的目标和原则》，载《河南大学学报》（社会科学版）2004 年第 1 期。

② 冯军、王成：《论我国刑法解释的目标与限度》，载《河北大学学报》（哲学社会科学版）2009 年第 6 期。

③ 陈银珠：《论刑法的体系解释》，西南政法大学 2009 年硕士学位论文，第 16 页。

则。技术性原则实际上并不具备基本原则的资格理由在于，作为法律方法论的一种，法律解释自身至少在外部操作上更多地体现为一种技术，法律解释自身已经包含了这些技术性要求；真正可以作为刑法解释原则的，只有合法性原则、以政策为指导原则、合理性原则、合目的性原则、正当原则、罪刑法定原则、人权保障原则。在此基础上，该论者提出，刑法解释的原则只有两种：合法性与妥当性。所谓妥当性，是指超越法律共同体对法律规范的可能意义所“划定”的界限，为在个案中实现利益平衡和满足一般人对法律的心理需求，而对法律规范的意义进行“非法”扩张或限缩、在最广泛的主体之间所达成的一种合意。①

第九种观点认为，刑法解释应该具备正义性、安定性和合目的性，达到三者的平衡。在此，不妨将此种观点理解为关于刑法解释原则的另一种观点。持该观点的论者认为，在刑法解释的过程中，心中要充满正义，要用正义感支配对刑法构成要件的整个解读过程。刑法解释的安定性首先表现在必须严格地贯彻罪刑法定的原则。刑法解释的安定性还表现在对刑法进行解释的时候不能突破刑法的可预测性。符合法的目的性，既是阐释构成要件疑义的钥匙，也是合理阐释的标准之一，同时刑法解释的合目的性又必须是在正义和安定的情况下的合目的。②

此外，还有部分论者就刑法解释的基本原则提出了不同的见解。有论者认为，刑法解释应遵循合法性原则、准确性原则和合理性原则；针对有权解释主体，还应遵循正当性原则和及时性原则。有论者指出，无视罪刑法定的要求，任意的刑法解释只能导致司法的滥用；而无视社会发展的需要，否定刑法解释的价值只会导致司法的僵化与刻板。有论者具体探讨了刑法解释的谦抑性原则，并认为现有刑法解释在一定程度上背离了谦抑的宗旨。有论者则提出，刑法解释应坚持

① 吴丙新：《刑法解释研究学术报告》，载陈兴良主编：《刑事法评论》2009 年第 2 期。

② 田坤：《论刑法的解释标准》，载《理论界》2009 年第 5 期。

罪刑法定原则、人权保障原则、体系解释原则。还有论者认为，法律解释时应坚持有利于被告原则的立场，这是罪刑法定原则的要求。[①]限于文章的篇幅，在此就不一一详细介绍。

七、刑法解释的立场

刑法解释的立场，又称刑法解释的目标，关于究竟应该站在哪种立场去解释刑法这一问题，一直是刑法解释理论领域内的热点、难点问题。影响刑法解释目标选择的最主要问题，毫无疑问是其与罪刑法定原则之间的极度紧张关系。刑法学界对此问题存在较大的分歧：

第一类观点是主观解释论，该论认为，刑法立法是立法者立法意图的反映，刑法司法应当以探寻立法原意为基本的立场，不能超出立法原意进行解释，这是一种强调尊重和忠实于立法者通过法律文本表达的立法原意的解释论，因而亦称形式的解释论。[②]

支持主观解释论的主要理由有：（1）只有立法者知道自己所要的是什么。（2）要确保法律的稳定性价值。立法者意思是一种可以借助于立法文献加以探知的历史事实。只要法律解释取向于这种可被探知的立法者意思，法院的判决便不会因捉摸不定而动摇法律的稳定性。（3）按照三权分立原则，法律只能由立法机关制定，法院的职能只是依法裁判。立法者的意思是法律适用的决定性因素，从而法律解释即应以探求立法者意思为目标。[③]（4）公民通过对文字固有含义的理解，就可以理解法律的意思，从而找到立法的原意。文字既是立法者表达法律意思的工具，也是公民理解和寻找法律原意的工具。只要立法者在法律中使用的文字不是生造的，法律的原意就不可能找不

---

① 时延安：《开拓刑法解释理论研究的新境域》，载《法制日报》2003年11月6日。

② 梁根林：《罪刑法定视域中的刑法适用解释》，载《中国法学》2004年第3期。

③ 蔡军：《论我国刑法解释的目标和原则》，载《河南大学学报》（社会科学版）2004年第1期。

到。(5)立法的原意不会随着时间的推移和历史的变迁而变化。如果说，随着历史的变迁，社会的发展，原来的立法原意已经不符合新的社会现实了，倒是可能的。当立法原意不符合新的社会现实的时候，应当由立法者通过修改法律而赋予法律新的含义，但这并不意味着法律原意的改变。①

主观解释论面临的批评有：(1)主观解释论难免囿于对立法者立法原意和形式合理性的追求而丧失解释结论与刑法适用的实质合理性，进一步凸显刑法的滞后性和不完备性。②(2)立法者的立法原意是不可探明的，我们只能借助立法文献大致了解立法原意，人类认识理性的局限性决定了我们不可能完全回复立法原意。③(3)如果法律解释以立法者的意思为基准，人们就不得不求助于普通人难以接触到的庞杂烦琐的立法资料，人们将会被这些资料所淹没，而不是发现法律。④(4)主观说的立论基础过于绝对化。建立在绝对罪刑法定原则基础上的主观解释理论无疑是对法官能动性的抹杀，其结果势必使法官成为法律的附庸和执行法律的机器，最终导致否定、禁止对刑法加以解释。⑤(5)当前，在我国少数民族地区刑事法治发展中所遇到的难题主要是国家刑事制定法与民族习惯法的冲突问题。主观解释论虽然对于维护刑法的权威性至关重要，但它不仅不利于国家刑事制定法

---

① 侯国云：《关于刑法解释几个争议问题的思辨》，载《法学杂志》2004年第4期。

② 梁根林：《罪刑法定视域中的刑法适用解释》，载《中国法学》2004年第3期。

③ 郭晓红：《从刑法的特征看刑法解释的立场》，载《河北法学》2009年第2期。

④ 王在福：《对刑法司法解释标准的思考》，载《甘肃行政学院学报》2005年第2期。

⑤ 冯军、王成：《论我国刑法解释的目标与限度》，载《河北大学学报》（哲学社会科学版）2009年第6期。

与民族习惯法之间的良性互动，反而会加剧二者之间的冲突。[①]（6）主观说过分拘泥于立法原意，偏执地强调法律的安全价值和保障机能，从而忽视了法律的公平价值和保护机能。[②]

在主观解释论内部，根据对立法原意载体的不同理解，具体又包括两种不同的主张：（1）立法原意说。立法原意说是一种传统、严格意义上的主观解释论，主张法律是立法者为社会一般人设计的行为规范，表达了立法者希望或者不希望，允许或者不允许人们从事什么样的行为的主观愿望，因而法律解释的目标在于探求立法者在制定法律时事实上的心理意思。[③]（2）法律文本说。这种观点认为，立法原意不是一种虚无缥缈的不可捉摸的东西，其载体就是法律条文。法律条文所可能表达的含义就是立法原意。有论者认为，一部刑法制定以后，司法机关在适用刑法规范时必须探求法律条文的应有之义。法律条文的应有之义即立法原意。[④] 有论者则认为，该说不再迷信法典完美无缺，而是假定广泛的法律漏洞领域的存在。对于法律漏洞，原则上应推测立法者的评价，以进行补充；在无法推测时，则以社会上占支配地位的评价及自己的评价进行补充。此说将制定法的历史的解释与法官的规范创造功能加以协调，以兼顾法律的稳定性和对社会变化的适应性，对法学界及实务界产生了很大影响。[⑤] 还有论者认为存在另外一种意义上的“法律文本说”，该论者认为“法律文本说”是罪

---

① 苏永生：《民族法文化视野下的刑法解释目标》，载《河南公安高等专科学校学报》2009 年第 3 期。

② 李希慧：《刑法解释论》，中国人民大学 1993 年博士学位论文，第 81 页。

③ 李国如：《罪刑法定原则视野中的刑法解释》，中国方正出版社 2001 年版，第 68 页。

④ 卢勤忠：《刑事法律解释的若干问题思考》，载赵秉志、张军主编：《中国刑法学年会文集（2003 年度）（第 1 卷）：刑法解释问题研究》，中国人民公安大学出版社 2003 年版，第 113 页。

⑤ 冯军、王成：《论我国刑法解释的目标与限度》，载《河北大学学报》（哲学社会科学版）2009 年第 6 期。

刑法定强调刑法的客观性、可预测性，强调什么样的行为构成犯罪并处以什么样的刑罚都必须由法律规定，因此，法律的理解限于法律文本字面上的含义。据此，该论者认为，刑法解释的文本说强调的是一种绝对的形式主义。在这种理论思想的误导下，一些司法人员自觉或不自觉地就会陷入机械主义的窠臼，如果案件事实与法条文字稍有出入，就认为“法无明文规定”，如果追究行为人的刑事责任，则认为违反罪刑法定。但是，这种情况并非真的法无明文规定，无法可依，而是对罪刑法定的机械理解，是机械司法的表现，因此，该说并不可取。①

第二类观点是客观解释论。该论认为，任何刑法都具有滞后性特征，立法原意也是一种不可捉摸的东西，刑法司法解释应当从司法实践的现实需要出发，根据法律的精神阐明进行解释时刑法条文客观上表现出来的意思，而不是立法者制定刑法时所赋予刑法条文的意思，即应对立法作出符合现实需要的解释。② 客观解释论是一种强调法律文本的独立性、试图挣脱立法者的立法原意，而根据变化了的情势与适用的目的，挖掘法律文本现在的合理意思的解释论，因而又称为实质的解释论。③

支持客观解释论的主要理由有：（1）如果以维持、形成国民正义感为终极目的，在解释刑法时就应当承认，犯罪是危害社会、侵害法益的行为，也是反正义、反文化的行为。由此决定了我们必须将客观化、抽象化的行为作为一个整体来评价，从行为的外部表现形式认识刑法的评价对象，并以此为前提解释刑法，立足于客观立场解释刑法，应当是理所当然的事情。④（2）刑法一经制定，便与立法者保持

---

① 姜伟、卢宇蓉：《论刑法解释的若干问题》，载《中国刑事法杂志》2003 年第 6 期。

② 时延安：《论刑法规范的文义解释》，载《法学家》2002 年第 6 期。

③ 梁根林：《罪刑法定视域中的刑法适用解释》，载《中国法学》2004 年第 3 期。

④ 周光权：《必须立足于客观立场解释刑法》，载《人民法院报》2005 年 3 月 23 日版。

了距离，获得了自身存在的意蕴，立法者在立法时主观上所具有的立法意图便不再有法律上的约束力。（3）法律具有抽象性和稳定性，而社会生活在不断地变化，面对不断变化的社会生活，立法者在立法之初并不可能全部预见，如果固守立法原意的话，则法律将无从适应不断变化的社会生活，客观说最能达到补充或创造法律的功能。[①]（4）根据认知语言学、家族相似性原理，刑法范畴不是特征范畴，而是以典型原型为核心事实所建立起来的原型范畴。所以，刑法范畴都有明确的核心和不明确的边缘，无法用共同的语义特征来描述内部所有成员。在进行刑法解释、考察样本是否归属于某刑法范畴时，必须将该样本和典型原型进行实质性的对比，根据其相似度确定其是否属于该范畴。在该过程中立法原意、刑法的字面意义均提供不了帮助，而只能留给法官行使自由裁量，由法官根据具体语境并结合自己的前见对文本进行客观解释、实质解释。[②]（5）法律与立法者的意思并不是一回事。作为审理案件依据的法律规范常常是从同时或先后颁布的不同法律章节、条文中摘取或归纳出来的。法官审理案件并非简单地从现行法中抽取出条文作为依据，然后就可以判案，而是有一个寻找法律的并将它们组合起来的过程。[③]（6）“客观说”能够突破绝对罪刑法定严格规则的刻板僵化和机械的同时，又自觉地遵从法律规范的实质适用范围，弥补了绝对罪刑法定原则的缺陷，与现代相对罪刑法定原则的价值意蕴相契合。[④]（7）当前，在我国少数民族地区刑事法治发展中所遇到的难题主要是国家刑事制定法与民族习惯法的冲突问题。客观解释论对国家刑事制定法与民族习惯法之间的良性互动

---

① 郭晓红：《从刑法的特征看刑法解释的立场》，载《河北法学》2009 年第 2 期。

② 王政勋：《范畴理论与刑法解释立场》，载《法律科学》2009 年第 6 期。

③ 王在福：《对刑法司法解释标准的思考》，载《甘肃行政学院学报》2005 年第 2 期。

④ 冯军、王成：《论我国刑法解释的目标与限度》，载《河北大学学报》（哲学社会科学版）2009 年第 6 期。

大有裨益。[①]（8）客观解释论实质上坚持了民主、法治的思想。司法者应根据公民所能够从法律所承载的现实性、客观化的信息来进行解释。同样，只有根据这种现实、客观的理解才能维护法律的权威，即确信法律规范的内容是确定的、可以预见的，从而维护了作为法治的基本前提“对法律的忠诚与信任”。客观解释论虽然在价值上偏向于刑法的公正价值进而实现刑法的社会保护机能，但它同样也具有不可忽视的贯彻刑法人权保障机能的作用。[②]（9）影响刑法解释目标选择的最主要问题，毫无疑问是其与罪刑法定原则之间极度紧张的关系。在这个问题上，不能迷信罪刑法定原则，严格形式主义只会禁锢法律的生命。而且，在我国这个崇尚实质正义的国度，智慧的法官们从来不会受制于形式的法律，当法律的形式适用背离我们的优秀传统文化时，他们所表现出来的高超规避和“曲解”能力，恰恰是对罪刑法定主义的隐含讽刺，或是消极抵抗。[③]

客观解释论面临的批评有：（1）客观说对立法原意的否认，会导致刑法解释过于随意，使法官的自由裁量权无限扩大，这与三权分立的理论和罪刑法定的基本精神是对立的。（2）客观解释论所追求的实质合理性固然重要，它要求刑法解释应当“与时俱进”，通过解释刑法使之不断适应社会生活，但问题在于，这种对实质的合理性的追求很可能有损法律的形式合理性，特别是对于刑法这一类对公民生杀予夺的法律，形式的合理性非常重要。[④]（3）我国当前尚处于建设法治国的初期，还没有树立起法律应有的权威，立法者和法官的素质普遍较低，司法体制也有待进一步完善，如果完全采用客观说，就会有导致刑法解释恣意，从而使法律的安全价值和稳定性丧失的危险。

---

① 苏永生：《民族法文化视野下的刑法解释目标》，载《河南公安高等专科学校学报》2009 年第 3 期。

② 时延安：《论刑法规范的文义解释》，载《法学家》2002 年第 6 期。

③ 吴丙新：《刑法解释研究学术报告》，载陈兴良主编：《刑事法评论》，第 25 卷。

④ 郭晓红：《从刑法的特征看刑法解释的立场》，载《河北法学》2009 年第 2 期。

不强调立法的原意，反而要求灵活地解释法律，允许突破法律，势必阻止法治国文化的形成。①

关于客观解释论，也有论者在支持该论的同时进行了如下修正：（1）应当承认立法原意的存在，解释者应立足于法律文本并受其制约。（2）刑法解释中主观的因素应受刑法的价值目标和基本原则的限制。（3）法官应规避“恶法”，趋向“良法”。“恶法”包含内容相对确定的对被告人带来不公正处罚可能的法律规范，还包含由法律法规的模糊性而可能导致作出不利于被告人解释的法律规范。对于前者，法官应根据刑法典中其他条文的规定来对抗这种恶法，哪怕这种根据并不是完全充分；对于后者，法官应当然地作出有利于被告的推定。②

第三类观点是折中论，即对主观解释论和客观解释论进行折中而形成的学说，根据该论的观点，客观解释论和主观解释论各有长短，不可偏废其一。

折中论面临的直接批评有：因为主观说与客观说的冲突实际上是一种观念上的、价值上的冲突。主观说强调刑法的安全价值和保障功能，而客观说则强调刑法的公平价值和保护功能，折中后的各种学说对这种价值的对比与优劣选择，与现代罪刑法定原则追求社会保护和人权保障之间的协调，追求实现安全价值和公平价值的统一的价值取向相悖。③

在折中论内部，基于对主观解释论和客观解释论二者孰主孰次的不同立场，具体又可以分为以下5种不同的主张：（1）“主观解释为主，客观解释为辅”说。该学说内部又存在三种不同的主张，有的

---

① 参见王在福：《对刑法司法解释标准的思考》，载《甘肃行政学院学报》2005年第2期；蔡军：《论我国刑法解释的目标和原则》，载《河南大学学报》（社会科学版）2004年第1期。

② 吴丙新：《刑法解释的基本思想及主体》，载《现代法学》2001年第3期。

③ 冯军、王成：《论我国刑法解释的目标与限度》，载《河北大学学报》（哲学社会科学版）2009年第6期。

论者主张，对于新近公布施行之刑法条款，则以主观理论为主，就法律条文之实体内容，以事解释。反之，对于公布施行已久之刑法条款，则因刑法诞生至法律适用，已经过一段时间，故应着重客观意思，以为解释；① 有的论者则主张，应以法律文本为根据，以立法原意为基础，以客观需要为补充；② 还有论者主张，在任何时候，刑法解释都要首先考虑到揭示立法原意，只有在绝对必要的情况下，才可以超越立法原意，将刑法规定的含义解释为条文文字客观上体现出的意思。③ “主观解释为主，客观解释为辅”说面临的批评有：以立法原意说为主，以客观需要为补充，这会存在客观需要说同样的弊病，在我国当前情况下会造成这种隐患：法官可以借口法律的发展而对语词的含义作不同的说明，使公民对法律的具体含义捉摸不定，从而在行为时无所适从，失去“预测可能性”以致出现侵害公民权利的后果。④ （2）“客观解释为主、主观解释为辅”说。该论者认为，虽然刑法在制定时是国民意志的体现，但解释者的根本标准，是解释时的国民意志。⑤ （3）分阶段说。这种观点认为，我国应当区分不同的发展阶段采取不同的解释立场。具体包括以下两种主张：有论者认为，现阶段应坚持主观解释论，最终实行客观解释论；⑥ 也有论者认为，

---

① 罗堂庆：《刑法司法解释研究》，武汉大学1991年硕士学位论文，第19页。

② 姜伟、卢宇蓉：《论刑法解释的若干问题》，载《中国刑事法杂志》2003年第6期。

③ 李希慧：《刑法解释论》，中国人民公安大学出版社1995年版，第194页。

④ 王在福：《对刑法司法解释标准的思考》，载《甘肃行政学院学报》2005年第2期。

⑤ 张明楷：《刑法学》（第3版），法律出版社2007年版，第39页。

⑥ 夏勇：《我国刑法解释的几个问题》，载赵秉志、张军主编：《中国刑法学年会文集（2003年度）（第1卷）：刑法解释问题研究》，中国人民公安大学出版社2003年版，第69～73页。

现阶段应坚持“客观解释为主、主观解释为辅”，最终实行客观解释论。[①]（4）区别说。这种观点认为，长期以来，我国理论界在探讨我国刑法解释目标的选择时，大多是针对刑法司法解释而言，忽视了刑法立法解释自身的特殊性。依照各自的性质、特点及法治现状，我国刑法司法解释应采取“以主观解释为主、客观解释为辅”的折中说，而刑法立法解释目标应当采取客观说，以最大限度地满足现实对法律的期盼的目标。[②]（5）合理意义说。该说认为刑法解释的目标应当是存在于刑法条文的合理意义。这里的合理意义是指统一于单一性、客观性、合功能性这三方面特征的刑法规范的意义。具体地讲：合理意义是符合刑法条文现在的客观含义的意义；合理意义是符合社会现实需要的意义；合理意义是符合现实社会伦理要求的意义。综观这种观点，在对法条字面含义的理解上，采现时意义说；在其指导思想上，采社会现实需要说。[③]

八、刑法解释方法的基本问题

刑法解释方法的基本问题主要包括刑法解释方法的种类、刑法解释方法的位阶以及刑法解释方法的语言规则。

（一）刑法解释方法的种类

关于刑法解释方法的种类，学界主要存在如下争议：

第一种观点认为，刑法解释的方法主要有文意解释、历史解释、体系解释、目的解释等方法，当然解释、反面解释、比较解释等是辅

① 杨开江：《方法与目的的统一：刑法司法解释的理想模式》，载赵秉志、张军主编：《中国刑法学年会文集（2003 年度）（第 1 卷）：刑法解释问题研究》，中国人民公安大学出版社 2003 年版，第 572 ~ 574 页。

② 李金玉、金博：《论我国刑法立法解释的目标——兼论我国刑法解释的目标》，载《政法学刊》2009 年第 3 期。

③ 王季秋：《论刑法解释的规则》，载《江西公安专科学校学报》2003 年第 5 期。

助方法。[①]

第二种观点认为，刑法解释方法包括历史解释、文义解释和体系解释三种。[②]

第三种观点认为，刑法解释的方法包括文义解释、体系解释、历史解释、目的解释和合宪性解释。有论者认为，这是传统刑法解释方法。[③] 该论者认为，还有社会学的解释，偏重于社会效果的预测及社会目的的考量。

第四种观点认为，刑法的解释方法主要包括文义解释、体系解释、历史解释和目的解释，有论者认为，这是传统刑法解释方法。[④]

第五种观点认为，刑法的解释方法通常有以下四种：语义解释、逻辑解释、历史解释和体系解释。[⑤]

第六种观点认为，刑法解释的主要方法应当包括文理解释、逻辑解释、历史解释、体系解释、目的解释。[⑥]

第七种观点认为，刑法解释的基本方法应当是以语义解释为主，系统解释为辅。[⑦]

第八种观点认为，刑法解释的具体方法是文义解释和目的解释，其中文义解释又包括包括字面解释、限制解释、体系解释、当然解

---

① 姜伟、卢宇蓉：《论刑法解释的若干问题》，载《中国刑事法杂志》2003 年第 6 期。

② 孙晋琪、蒋涛：《论刑法司法解释方法》，载《江苏警官学院学报》2009 年第 4 期。

③ 黄文琼、张小玲：《论正当刑法解释的获得路径》，载《金卡工程》2009 年第 11 期。

④ 陈琦：《我国刑法解释与刑法目的的实现》，载《研究生法学》2009 年第 4 期。

⑤ 程啸：《刑法解释方法及位阶关系》，载《人民法院报》2005 年 2 月 23 日。

⑥ 龚培华：《刑法解释理论的基本问题》，载《法学》2007 年第 12 期。

⑦ 曲新久：《刑法严格解释的路径》，载《人民法院报》2005 年 3 月 16 日。

释、比较解释等。①

第九种观点认为，刑法解释方法可以主要归结为四种：文义解释、历史解释、目的解释和体系解释。②

第十种观点认为，刑法解释的方法可以分为文义解释和论理解释两类，其中论理解释主要包括扩大解释、限制解释、当然解释、体系解释、历史解释和目的解释。③

第十一种观点认为，刑法解释包括文义解释和论理解释，其中论理解释包括扩大解释和限制解释。④

第十二种观点认为，刑法解释的方法可以根据三种标准划分：按照解释的方法是否单纯进行语义说明可以分为文理解释和论理解释；从解释方法主要从属的学科划分，可分为（自然）科学方法、社会科学方法、经济学方法、逻辑学方法和哲学方法；从解释的起点划分，可以分为实证方法与思辨方法。⑤

第十三种观点认为，刑法解释的方法可以分为平意解释方法、想象重构解释方法和目的性解释方法。想象重构解释，是指各种具体犯罪的构成并不是像文字表述的那样清晰，而是需要司法人员根据证据证明的事实加以填充，这一填充过程实际上是一个由想象的事实到证

---

① 林志伟：《罪刑法定视野下的刑法解释——从有利于被告人的类推说起》，载《信阳农业高等专科学校学报》2009 年第 3 期。

② 屈胜肖：《刑事审判中的法律解释》，中国政法大学 2006 年硕士学位论文，第 13 ~ 18 页。

③ 牛超：《罪刑法定原则下的刑法解释理念》，西南政法大学 2009 年硕士学位论文，第 5 ~ 7 页。

④ 赵秉志主编：《刑法新教程》（第 3 版），中国人民大学出版社 2009 年版，第 26 页。

⑤ 赵秉志、曾粤兴：《刑法解释方法研究》，载赵秉志、张军主编：《中国刑法学年会文集（2003 年度）（第 1 卷）：刑法解释问题研究》，中国人民公安大学出版社 2003 年版，第 11 ~ 12 页。

据证明的事实的过程。[①]

第十四种观点认为，刑法解释的方法可以分为文理解释和论理解释，后者包括扩张解释、限制解释、当然解释、反面解释、系统解释、沿革解释、比较解释、目的解释和补正解释。补正解释，即在刑法文字发生错误时，统观刑法全文加以补正，以阐明刑法真实含义的解释方法。[②]

第十五种观点认为，根据是否以法理、刑法法理为解释的材料或者依据，可将刑法学理解释方法分为法理解释方法和非法学的解释方法。前者主要是根据刑法基本理论对刑法条文进行理解和阐释，主要有扩张解释、限缩解释、当然解释、体系解释、法意解释、目的解释、合宪性解释、反对解释和比较解释；而后者则是从非刑法基本理论的角度来进行，主要有语义学解释（文理解释）、经济学解释、伦理学解释、社会学解释、统计学解释等。[③]

第十六种观点认为，刑法解释包括文义解释和论理解释，其中论理解释包括扩大解释、限制解释和当然解释。[④]

（二）刑法解释的方法位阶

关于刑法解释的方法位阶，学界主要存在如下争议：

第一种观点认为，刑法解释方法应当遵循先历史解释后文义解释再体系解释的顺序，历史解释具有优先性，文义解释具有补充性，以漏洞补充为主要内容的体系解释具有不可或缺性。[⑤]

---

① 周光权：《刑法诸问题的新表述》，中国法制出版社 1999 年版，第312～316 页。

② 张明楷：《刑法学》（上），法律出版社 1997 年版，第 35 页。

③ 赵秉志、黄晓亮：《刑法学理解释的基本问题》，载赵秉志、张军主编：《中国刑法学年会文集（2003 年度）（第 1 卷）：刑法解释问题研究》，中国人民公安大学出版社 2003 年版，第 288 页。

④ 高铭暄、马克昌主编：《刑法学》（上编），中国法制出版社 1999 年版，第 24 页。

⑤ 孙晋琪、蒋涛：《论刑法司法解释方法》，载《江苏警官学院学报》2009 年第 4 期。

第二种观点认为，根据刑法解释安定性优先的原则，解释刑法时应遵循文义解释—体系解释—历史解释—目的解释—合宪性解释—社会学解释的先后顺序。[①] 也有论者认为，符合刑法文本特性、罪刑法定原则与刑法解释目标要求的刑法解释方法及其顺序，应当是文义解释—体系解释—历史解释—目的解释—合宪性解释。[②]

第三种观点认为，在刑法解释的诸方法中，语义解释是最基本的解释方法，逻辑解释是为补强语义解释，历史解释和体系解释也是法律解释的一种补充方法。[③]

第四种观点认为，刑法解释方法的位阶关系应当是以文理解释为优先，以逻辑解释、历史解释、体系解释为补充，以目的解释为必要的修正。[④]

第五种观点认为，刑法解释方法的位阶关系为文理解释为优先，然后是体系解释，随后是扩张解释、限制解释或者当然解释，最后是比较解释、历史解释和反对解释。[⑤]

第六种观点认为，在罪刑法定原则的指导下，刑法解释应遵循文义解释绝对优先，随后依次是体系解释、目的解释和法意（历史）解释。[⑥]

（三）刑法解释的语言规则

关于刑法解释的语言规则，学界主要存在如下观点：

---

① 苏彩霞：《刑法解释方法的位阶与运用》，载《中国法学》2008 年第 5 期。

② 梁根林：《罪刑法定视域中的刑法适用解释》，载《中国法学》2004 年第 3 期。

③ 程啸：《刑法解释方法及位阶关系》，载《人民法院报》2005 年 2 月 23 日。

④ 龚培华：《刑法解释理论的基本问题》，载《法学》2007 年第 12 期。

⑤ 蔡军：《论我国的刑法解释》，河南大学 2003 年硕士学位论文，第 18 ~ 19 页。

⑥ 李国如：《罪刑法定原则视野中的刑法解释》，中国方正出版社 2001 年版，第 202 ~ 203 页。

一种观点认为，刑法解释的语言规则主要有同类规则、“明示其一，排除其余”规则和级别规则。同类规则，即在列举的、但未被穷尽的可以被认为是某一种类的人或物之后发现有概括性用词时，对这些概括性用词的解释只能限于该种类的事物，除非该项法律的全文与总范围合理表明，议会会议再赋予它们以更加广泛的含义。在刑法领域，基于罪刑法定原则的考量，同类规则的运用限制更加严格。“明示其一，排除其余”规则，即提及某特定种类的一种或多种事物，可以视为通过默示的方法，排除了该种类中的其他事物。级别规则包含如下含义：第一，根据其列出的或提到的具体事物列出一类，在此类中找出一个最高层次含义的事物作为参照点；第二，如果有些事物的层次比明确提到的最高一层事物还要高级，则不能适用此项内容。①

另一种观点认为，刑法适用解释应当根据罪刑法定原则的要求及其制约下的刑法文本的特殊性，确立相应的刑法适用解释规则，刑法适用解释应遵循同一律、排他律、只含同类、严格解释、正确解释及生活逻辑的规则。同一律要求对同一刑法词语在不同场合进行相同的解释。当然，同一律在刑法适用解释中也非毫无例外的铁则。排他律规则，又称明示其一排斥其余规则，即刑法术语或者原则列举的几个特指事项或者例外情况，意味着排除了没有被列举的其他事项或者情况，除非刑法另有不同的明文规定。排他律解释规则一般适用于采用“明示列举式”立法技术的刑法文本及其语词含义的解释。只含同类规则，即当刑法语词含义不清时，对附随于确定性语词之后的总括性语词的含义，应当根据确定性语词所涉及的同类或者同级事项予以确定。刑法文本的解释必须采用以文义解释为基本方法的严格解释，应当尽可能地根据对该刑法语词的通常字面含义进行不违背社会情理的解释，除非根据立法原意不得不进行不同的解释。在刑法文本含义存在疑问或者歧义时，法官不是根据“存疑有利被告”原则作出对被

① 李国如：《罪刑法定原则视野中的刑法解释》，中国方正出版社2001年版，第208～212页。

告人有利的解释，而是运用适当的解释理论、解释方法和解释规则，对刑法文本作出理智、正确和准确的解释。生活逻辑规则要求结合生活经验与常情常理等来自于民间的经验知识阐释和说明体现官方知识的刑法文本的抽象规则。①

九、文理解释

关于文理解释，学界主要有如下观点：

文理解释又称文义解释、文法解释、字面解释或者语义解释。关于文理解释的概念，理论界一般认为，是指对法律条文的字面含义作的解释，不包括扩大解释和缩小解释。② 有的学者认为，文义解释是指根据法律（包括精神、原则、规范等，其中主要是法律文本所载明的意义）来确定法律规定中有争议语词及事实的法律意义的方法。此类解释包括字面解释、限制解释、体系解释、当然解释、比较解释等。③ 有的论者将文义解释的范围概括为：文义解释包括字面解释、限缩解释、法益解释、合宪解释、当然解释、语法解释、体系解释、比较解释。④ 也有论者认为，文理解释是指按照法律条文用语的字面含义与词句语法结构，采用语言文字学、修辞学原理来阐释法律的意义与内容。⑤

文理解释的特点是：在解释刑法的某一规定时，置一切与该规定相关联的其他因素于不顾，严格按照其词义或语法结构，说明其含义，既不扩大，也不缩小。文理解释又可分为字面解释和语法解释两

---

① 梁根林：《刑法适用解释规则论》，载《法学》2003年第12期。

② 孙晋琪、蒋涛：《论刑法司法解释方法》，载《江苏警官学院学报》2009年第4期。

③ 林志伟：《罪刑法定视野下的刑法解释——从有利于被告人的类推说起》，载《信阳农业高等专科学校学报》2009年第3期。

④ 冯殿美、王琪：《刑法文义解释方法论》，载《山东警察学院学报》2009年第1期。

⑤ 张建忠：《刑法解释三论——观念、原则和方法》，山东大学2005年硕士学位论文，第32~34页。

种。字面解释，是指从词义上对刑法规定所使用的词汇予以注释，从而阐明刑法规定的含义。刑法法律语言的术语包括常用术语、常用的但在法律中有其专门含义的术语、专门法律术语和技术性术语四类。语法解释，是指对刑法规定的词组联系、句子结构、文字排列和标点符号等进行语法上的分析，从而阐明刑法规定的含义和内容。①

语义解释包括两方面：一方面是对于法律规定所用的普通语词或词组，除非有充分理由作出其他不同解释，应当以普通说话者的理解为标准进行解释，也就是以标准字典、词典所给出的含义进行解释。另一方面是，对于刑法规定所用的是专门词语或词组，或者具有专门含义的普通词语或词组，应该从专业含义的角度按照特别优于一般的规则解释。② 文义解释的方法可以分为平义方法和特殊文义方法。前者是指阅读法律文本的人所追求的法律文字的习惯和通常的含义；后者则强调法律文字的专业性，它不能按照常人的使用习惯来理解，而必须按照法律界的习惯意义来理解。③

在人类认识文本的实际过程中，文义解释始终受制于体系解释和目的解释等其他解释方法，因为人们总是在一定的语境中遵循一定的目的来进行解释。可见，作为一种语用学式的文义解释，其自身是一种开放性的、立体化的解释方法，而不是一种封闭性的、扁平化的解释方法。开放性也就意味着非自足性，但自身体系的非自足性并不能否定文义解释在人们认识理解刑法中的重要意义，相反理解的语言性和罪刑法定原则却决定了文义解释在刑法解释方法论中不可撼动的地位。④

---

① 李希慧：《刑法解释论》，中国人民大学 1993 年博士学位论文，第 96 ~ 100 页。

② 曲新久：《刑法严格解释的路径》，载《人民法院报》2005 年 3 月 16 日。

③ 屈胜肖：《刑事审判中的法律解释》，中国政法大学 2006 年硕士学位论文，第 13 ~ 18 页。

④ 冯殿美、王琪：《刑法文义解释方法论》，载《山东警察学院学报》2009 年第 1 期。

在立法资料无法得出立法者的原意的时候，文义解释的结论可以推定为反映了立法者的原意。文义解释具有体现立法原意的作用，但并不具有普遍有效性。文义解释存在不可避免的缺陷性。一是有些词语的字面含义具有多义性，但适用规范时不能按照字面的所有含义进行解释，必须作某种限缩。二是某些词语的字面含义很确定，但如果按照这样的字面含义解释适用，就有可能违背立法者的原意。①

在对刑法条文进行文义解释时，可以遵循两个步骤：一是大致框定法律条文中待解释语词的内涵、外延，即确立该语词的一般含义，和待解释语句所描述的对象范围；二是确定特定语词、事件等是否可以涵括在其中，这实际上是一种个别判断，以作为前种一般性判断的补充。②

循环解释是文义解释的一般规则，又称为解释论循环原则，也有学者称为语篇原则，是指词语的含义必须放在句子中理解，句子的含义必须放在文本整体中理解，同时，句子的含义也必须结合词语含义，文本整体含义也必须结合句子和词语含义把握。③

文义解释的优先性在于这种解释最符合国民预测可能性的要求，是根据刑法规范所用文字的含义所作的一种解释。另外，文义解释的优先性也符合法治的理念，法治最基本的要求是服从法律，而且只有在理解以后才能很好地执行。④

语义解释材料可以分为权威材料和非权威材料两类。权威材料是对解释者的语义解释活动具有约束力的材料，其中，按照约束力的大小又可分为具有绝对约束力的材料和具有相对约束力的材料，前者包括宪法规定；刑法文本的其他条文和刑法基本原则；基本法律、法

---

① 孙晋琪、蒋涛：《论刑法司法解释方法》，载《江苏警官学院学报》2009 年第 4 期。

② 时延安：《论刑法规范的文义解释》，载《法学家》2002 年第 6 期。

③ 李璐：《论刑法解释方法及其适用》，山东大学 2008 年硕士学位论文，第 21～24 页。

④ 林志伟：《罪刑法定视野下的刑法解释——从有利于被告人的类推说起》，载《信阳农业高等专科学校学报》2009 年第 3 期。

律、行政法规；立法解释和司法解释；具有相对约束力的权威材料是裁判者在构建语义解释论点时，应该予以考虑的材料，主要包括：裁判者在构建语义解释论点时，应该予以考虑的材料，旧刑法。非权威材料是对解释者的语义解释活动不具有约束力的材料，大致包括：词典、字典，语法书，专门术语出现的原文本；专家意见；学理解释。进行语词解释时，首先必须确定该语词是普通语词还是专门语词，如果是普通语词，还必须确定它是普通含义还是特殊含义。确定一个语词是普通语词还是专门语词的方法有两种：根据现行法律确定；根据语境确定。①

十、体系解释

体系解释又称系统解释，是学界所关注的刑法解释诸方法中的重要一种，关于体系解释，学界主要有如下观点：

关于体系解释的概念，有论者认为，体系解释一般是根据刑法条文在整个刑法中的地位，联系相关法条的含义，阐明其规范意旨的解释方法，② 此为学界通说。也有论者认为，刑法体系解释的真正含义应当是：运用漏洞补充的方法对犯罪构成要件的全部内容（包括隐含内容）在具体案件的场景中进行解释适用。③ 还有论者认为，系统解释是指根据法律的上下文以及将法条放置在整部法律中甚至整个法律体系中加以整体性的理解与把握。④

体系解释又称为语境解释，之所以要把二者在同一意义上使用，是因为理解法律文本，语境是无法回避的，语言的多义性使得语言的

---

① 陈陆成：《论刑法文本的语义解释》，湖南师范大学2005年硕士学位论文，第31~40页。

② 张明楷：《注重体系解释、实现刑法正义》，载《法律适用》2005年第2期。

③ 孙晋琪、蒋涛：《论刑法司法解释方法》，载《江苏警官学院学报》2009年第4期。

④ 姜伟、卢宇蓉：《论刑法解释的若干问题》，载《中国刑事法杂志》2003年第6期。

含义具有不确定性，只有结合具体的语境（体系）才能确定一个语词的含义。协调并不要求对同一用语做出完全统一的解释，解释者有时必须维护用语的统一性，有时又必须承认用语的相对性，二者并不矛盾，这都是进行体系解释，实现刑法正义的重要解释方法。①

法典中的每一个条文字句，都紧密地交织在法典完整的体系中，构成一个有意义的整体。其内部的各规定应当推定为互相联系、彼此协调。例如，在法典编纂过程中，为避免不必要的重复，许多法律条款必须与其他条款相互补充，才能组成完整的规范。所以，必须从联系、整体的角度对法律条文进行解释，不能断章取义，只有这样才能确保其体系的完整和协调，否则就会形成法律条文的相互矛盾或者前后脱节。②

体系解释不仅有利于作出妥当的解释结论，而且有利于实现刑法的正义性。从解释论上而言，首先，只有将刑法作为一个整体，才能理解各个条文的含义；但对各个条文的理解，又依赖于对刑法这一整体的理解。其次，只有进行体系解释，才能使各种犯罪的构成要件之间避免交叉与重叠，维持罪与罪之间的协调关系。再次，当解释者对某个用语得出某种解释结论时，常常会心存疑虑，在这种情况下，如果解释结论能够得到其他条文的印证，解释者便会解消疑虑。最后，面对一些所谓不明确的规定时，可以通过明确的规定来阐释不明确的规定。为了作出公平正义的解释结论，解释者必须注重体系解释：第一，解释者必须心中永远充满正义理念；第二，解释者必须探明刑法条文的目的，准确评价各种犯罪的危害程度，从而实现刑法的协调性；第三，解释者必须尽可能熟悉所有的刑法条文以及其他法律中与刑法相关的条文，并且正确认识各条文之间的相互关系；第四，要注重运用体系解释方法，同时要善于运用其他解释方法；第五，不仅要

---

① 屈胜肖：《刑事审判中的法律解释》，中国政法大学 2006 年硕士学位论文，第 13 ~ 18 页。

② 姜伟、卢宇蓉：《论刑法解释的若干问题》，载《中国刑事法杂志》2003 年第 6 期。

使刑法条文之间保持协调，而且要使刑法与宪法及其他法律相协调。[①]

语境解释方法也是一种体系解释方法。体系解释主要讨论同一法律内部不同的法条之间的体系解释问题。不同位阶的法律的体系解释虽然也属于广义的体系解释，但放在合宪性解释中讨论更好。[②]

体系解释中的体系是不同法律之间以及同一法律的篇、章、节、条、款、项、目之间的内容关系。体系解释既可能考虑被解释的法律规定与同一法律的其他部分的关系，也可能考虑与其他法律的关系；既可能追溯其来源和沿革过程之类的历史方面，又可能考虑与现行法之间的共时的法律秩序。因此，在刑法适用中，无论是形式体系还是价值体系均有运用的必要。体系解释在适用过程中又可以推导出如下具体规则：一是同一律规则；二是排他律规则，即明示其排除其他规则；三是同类解释规则。[③]

刑法的体系不仅是一种解释方法，而且是一种观念。这种观念纠正着刑法条文之间相互冲突的关系。体系的观念可能来源于人的求知本性，面对矛盾，人总是渴望得到解释，使矛盾可以协调起来。我国刑法学者所理解的刑法的体系通常是封闭的刑法体系，封闭的刑法体系关注刑法总则与刑法分则之间的关系，纠缠于刑法条文可能具有的含义，与社会需要绝缘；按照三段论的形式逻辑作出判决，尽量排除司法者的价值判断，刑法的确定性具有至高无上的地位。该体系是仅仅由刑法分则所构成的体系，由抽象的概念所构成的体系。开放的刑法体系，既包括成文规则，又包括非成文规则，前者是指刑法的目的和任务、刑法的原则、刑法中情理性概念和宪法原则等，后者是指社会需要和民众的共识。开放性体系的出现意在弥补封闭的刑法体系的

---

① 张明楷：《注重体系解释、实现刑法正义》，载《法律适用》2005 年第 2 期。

② 杨艳霞：《刑法解释的理论与方法：以哈贝马斯的沟通行为理论为视角》，法律出版社 2007 年版，第 246 页。

③ 万国海：《论刑法的体系解释》，载《南京社会科学》2009 年第 7 期。

不足。开放的刑法体系中的成文规则制约着对封闭的刑法体系中的刑法条文的理解。开放的刑法体系中的非成文规则，即社会需要和民众的共识，把人民的需要和利益，把民众所认同的道理、所掌握的经验和所分享的情感，输送给刑法开放体系中的成文规则，然后又通过刑法开放体系中的成文规则来指导和制约对刑法封闭体系中成文规则的解释和适用。如果把刑法的体系理解为开放的刑法体系，那么文理解释、历史解释和目的解释都是刑法体系解释。①

就体系解释方法的具体运用来看，主要可以总结为四个方面：第一，通过体系性质限定刑法规范条文的含义和性质，即对刑法规范条文进行体系解释时应该注意该条文在整个刑法规范体系中的位置，该条文在体系中的位置在某种程度上限定了该刑法规范的含义范围。这种体系和定位不仅仅包括刑法规范条文。第二，参考刑法体系内相关条文和条款，在刑法体系一致性的基础上对具体刑法规范进行解释。第三，发挥体系的整体性和一致性优势，联系体系内相关明确性的规范和条文，可以有效阐释和解释相关带有不确定性的刑法规定和刑法概念。第四，在对个别条文和规定进行解释时，通过参考其他相关规定，可以起到证明和确认的效果，加强解释结果的说服力。体系解释的方法很大程度上受制于刑法规范体系的完整性和一致性。实际上，刑法规范体系也并不是一个牢不可破的严密体系，这就决定了很多体系解释的结果很可能并没有找到法律意旨，甚至找不到确切的法律含义。此外，体系解释在很大程度上也是一种在刑法体系形式层面上的解释，也有其局限性。②

通常所称的反对解释、补正解释、当然解释、类比推断等，都是常用的体系解释方法。体系解释的基本特点在于：它虽然不再拘泥于对刑法文本语词的通常字面含义进行解释，但仍然是依据刑法文本本

---

① 陈银珠：《论刑法的体系解释》，西南政法大学2009年硕士学位论文，第21~25页。

② 李璐：《论刑法解释方法及其适用》，山东大学2008年硕士学位论文，第25~26页。

身对特定刑法语词含义进行解释。[①]

十一、历史解释

一般认为，历史解释又称沿革解释或者法意解释，是指根据刑法规定制定的历史背景材料以及以往同类规定的因袭与发展的情况阐明其含义的方法。[②] 关于历史解释，学界主要有如下观点：

历史解释主要通过一些历史因素来寻找立法意图，这些历史因素包括立法过程中的一切现象、文件、立法建议、草案说明、法律委员会的审议报告等。[③]

针对认为立法的目的往往就是立法意图的构成部分，因此法意解释可以包括目的性解释这一观点。有论者认为，根据通说，目的解释不同于法意解释，其区别大致有两点：第一，目的可以基于对原意的考察，也可以是今天读者的构建，而一般来说，法意解释拒绝构建的说法；第二，目的性解释从根本上是向前看的，强调为适应未来而解释法律，强调法条现实所具有的合理意义，而法意解释是向后看的，强调的是忠实于过去，即立法者立法时的意图。[④]

也有论者认为，历史解释和法意解释是两种不同的解释方法。历史解释是指对刑法问题进行考察，总结前人经验，评判是非得失，取其精华，去其糟粕，借古鉴今。在历史解释中，刑法条文是一种历史演变的结果，只有从历史沿革出发，才能正确地解释刑法。法意解释即根据立法者制定法律时所作的价值判断，对历史上立法者之意图进行解释。法意解释是向后看的，强调的是忠实于过去，即立法者立法

---

① 梁根林：《罪刑法定视域中的刑法适用解释》，载《中国法学》2004 年第 3 期。

② 李希慧：《刑法解释论》，中国人民大学 1993 年博士学位论文，第 125 页。

③ 姜伟、卢宇蓉：《论刑法解释的若干问题》，载《中国刑事法杂志》2003 年第 6 期。

④ 屈胜肖：《刑事审判中的法律解释》，中国政法大学 2006 年硕士学位论文，第 13 ~ 18 页。

时的意图。它主要通过一些历史因素来寻找立法意图。这些历史因素包括立法过程中文件、立法建议、草案说明、法律委员会的审议报告以及法律针对或意图救济的历史情况、社会事实等。①

沿革解释一般基于以下两个方面的根据：一是被解释对象制定的历史背景材料，具体包括作出该规定的原因，该规定在起草过程中讨论与修改的情况，立法机关关于作出该规定的说明等情况；二是被解释对象即某一规定的源流发展情况。由于沿革解释所倚重的是刑法规定的过去历史，而不是在其存在的现实时空中对其加以把握，因而对某些具有较强时空性的刑法规定仅仅拘泥于沿革解释方法予以解释，就会使解释的结论隔膜于社会现实，从而使刑法规定成为历史的僵尸，不能有效地为社会现实需要服务。②

历史解释，是根据制定刑法时的历史背景以及刑法发展的源流，阐明刑法条文真实含义的解释方法。历史解释并不意味着只是探讨立法者原意，而是要根据历史参考资料得出符合时代的结论。③

法意解释的功能在很大程度上可以克服解释结果的不确定性，既保护了解释结果的相对确定性，同时解释方法对于立法资料和立法文件的皈依也在最大程度上维护了立法的稳定，保持了立法的活力。此外，法意解释作为一种重要的论理解释，它的一个基本价值就是对于文义解释的补充和辅助作用。文义解释得出复数的解释结果或者模糊的文义范围后，就可以通过对于立法史的考察，直接倾听立法者的解释，将模糊文意确定，在文义范围内进行具体含义的定位。法意解释的方法，首先，就受到立法史资料的严格约束，很大程度上可以说立法史资料的完备和健全是有效进行法意解释的前提条件。在我国，这

---

① 张建忠：《刑法解释三论——观念、原则和方法》，山东大学 2005 年硕士学位论文，第 32 ~ 34 页。

② 李希慧：《刑法解释论》，中国人民大学 1993 年博士学位论文，第125 ~ 126 页。

③ 黎国栋：《罪刑法定原则与刑法的解释方法》，安徽大学 2007 年硕士学位论文，第 38 ~ 40 页。

种立法史资料的匮乏尤为严重。其次，我们必须明确，通过法意解释所发掘的是所谓的“立法者意图”。而立法者意图毕竟不是立法，特别是在刑法的范畴内，两者的区别尤其显得重要。最后，或许也是法意解释的最大问题，就是法意解释立足于立法资料中的立法者意图，也就是根据了立法时的认识和理解。许多立法特别是重要立法往往都经历了较长的时间，甚至跨越了不同的时代背景，这样久远的立法者意图和认识在多大程度上对于今天法律问题的认识和解决具有参考价值就很值得我们怀疑。①

十二、目的解释

一般认为，目的解释，是指根据刑法立法之目的，阐明刑法规定含义的方法，② 有论者认为，目的解释又可称为动态解释。③ 关于刑法的目的解释，学界主要有如下观点：

当我们对法典条文存在疑义时，应以法典所追求的目的来断定法典的意蕴，在罪刑法定框架内对法条作出扩张解释、缩小解释或者补正解释。④

目的解释方法在我国的司法实践中受到太久的遗忘，随着我国刑事司法进程的发展，我们应当充分认识到这一方法在刑法适用中的重要性与可行性。第一，目的解释应当在诸多解释方法中起决定性的作用；第二，刑法的立法目的可以确定，并应该由适用者加以探究与确定；第三，目的解释方法不当然导致滥用司法权，相反可以减轻或避

---

① 李璐：《论刑法解释方法及其适用》，山东大学2008年硕士学位论文，第26~28页。

② 李希慧：《刑法解释论》，中国人民大学1993年博士学位论文，第126页。

③ 张建忠：《刑法解释三论——观念、原则和方法》，山东大学2005年硕士学位论文，第32页。

④ 姜伟、卢宇蓉：《论刑法解释的若干问题》，载《中国刑事法杂志》2003年第6期。

免司法恣意。①

刑法解释方法与其他法律解释方法的不同，只是刑法的目的与其他法领域的目的不同而已。刑法目的往往是一种观念抽象的存在，甚至不是一种客观的存在，绝大多数法域的刑法文本并没有像《模范刑法典》那样明确、具体地规定刑法的一般目的，刑法文本的一般目的往往更多地取决于解释者的价值判断。为了确保刑法解释结论的可预测性，目的解释论必须遵守两个基本的限制：一是必须遵守论理解释的基本限制，不得超出刑法文本及其语词含义可能具有的最大含义范围；二是应当受到作为更高位阶的母法的宪法文本的制约。②

目的解释作为一种追求实质合理性的解释方法，试图冲破罪刑法定的形式合理性的束缚，强调发挥法官的主动性以便追求个案正义，因此，只有将目的解释的“目的”界定为“立法目的”才能将法官的创造性解释限定在一定范围内，而通过对立法目的的探索，会给法官形成一种约束。另外，解决文义解释的内在矛盾问题也需要借助于“立法目的”。③

进行目的解释时，容易仅考虑刑法狭义的保护法益的目的，而忽视刑法用语可能具有的含义。所以，进行目的解释时要特别注重刑法的自由保障功能，因为刑法的正义性，不仅体现在对侵犯法益的行为给予合理的制裁，而且体现在对公民自由给予应有的保障。④

当我们对法典条文的含义存在疑问时，就应当以该法典所追求的目的来断定法典所内含的意蕴，在罪刑法定的框架内对法条作出符合立法精神的解释。这种立法精神不是法学家们经常争论的那些价值，

① 王学文：《刑法适用之目的解释方法探析》，载《社会科学论坛》2009年第22期。

② 梁根林：《罪刑法定视域中的刑法适用解释》，载《中国法学》2004年第3期。

③ 林志伟：《罪刑法定视野下的刑法解释——从有利于被告人的类推说起》，载《信阳农业高等专科学校学报》2009年第3期。

④ 黎国栋：《罪刑法定原则与刑法的解释方法》，安徽大学2007年硕士学位论文，第38～40页。

而是体现在法典中的一系列原则，如罪刑法定、未成年人保护等。[1]

对于目的解释的具体运用而言，最关键的问题就是目的的确定，这要从刑法目的的形式和范围出发。我们可以将刑法目的的表现形式大体上分为两类：一类是刑法规范条文明确规定了刑法的目的。另一类是没有明确规定刑法规范的目的，而是隐藏于刑法规范的条文、体系和理论之中，需要解释者去发掘、发现的。这是绝大部分刑法目的的存在方式，也是目的解释方法存在的意义所在。对于刑法目的的范围也可以分为两个层次，即一般认为刑法目的不仅仅包括刑法整体的目的，还包括具体刑法规范的目的。目的解释的优点是它的灵活性和开放性，而这也正是目的解释的危险之处。对刑法目的解释的制约主要来自三个方面：一是刑法规范制约；二是刑事政策制约；三是解释方法制约。[2]

十三、扩张解释、类推解释和限制解释

由于扩张解释、类推解释和限制解释是一组概念，而且学界一般放在一起进行比较研究，因此，笔者在此，将三者放在一个专题下介绍。

（一）扩张解释的合理性

关于扩张解释是否合理，学界主要有如下观点：

第一种观点认为，刑法不能进行扩张解释，主要理由是：(1) 扩张解释是对刑法规定的内容范围扩大解释，扩大范围的内容不是刑法规定的内容。这些扩大了的内容不符合刑法规定的原本内容。[3] (2) 司法解释只能对法律条文作限定性的解释，不能对法律条

---

① 栗洪涛：《浅论刑法解释的几个问题》，武汉大学2004年硕士学位论文，第29～32页。

② 李璐：《论刑法解释方法及其适用》，山东大学2008年硕士学位论文，第31～34页。

③ 周其华：《刑法司法解释应遵循的原则研究》，载《中国社会科学院学报》2004年第6期。

文的含义作扩大范围的解释。对法律条文含义作扩大范围的解释，是一种造法行为，它违背了立法权与司法权分离的基本原则。①

第二种观点则认为，应当允许对刑法进行扩张解释，主要理由有：（1）禁止扩张解释是不现实的，实质上是对绝对罪刑法定主义的又一个翻版，只要能坚持自律原则和可预测原则，扩张解释是有现实意义的。②（2）法官适用刑法解释必须遵循立法原意，这是法律适用的原则要求，但我们也不否认，在少数情况下，如果立法原意明显存在缺陷或难以适应社会需要时，法官可以对于立法原意进行扩张解释。③（3）当确定刑法分则条文的内容应当包括某种行为，而刑法分则条文的词句、术语的字面或者通常含义过窄，不能真实、完整、准确地反映立法本意和目的时，可通过扩张解释来解释词句、术语的内容、含义。④（4）允许适当的扩张解释并不违背罪刑法定主义的"罪刑预先宣告"要求；适度的扩张解释有利于实现刑法人权保障机能和社会保护机能的统一；扩张解释有利于增强稳定、抽象的刑法立法对易变、复杂的社会现实的适应性。⑤

第三种观点认为，原则上讲扩大解释不是严格解释，法官有义务严格禁止不利于被告人规定的扩大解释，但是对于有利于被告人的规

---

① 陈志军：《论刑法扩张解释的根据与限度》，载《政治与法律》2005 年第 6 期。

② 陈鸿杰：《罪刑法定与司法解释》，载《湖北职业技术学院学报》2003 年第 2 期。

③ 卢勤忠：《刑事法律解释的若干问题思考》，载赵秉志、张军主编：《中国刑法学年会文集（2003 年度）（第 1 卷）：刑法解释问题研究》，中国人民公安大学出版社 2003 年版，第 116 页。

④ 胡祥福、熊永明：《刑法解释的谦抑原则之解读》，载赵秉志、张军主编：《中国刑法学年会文集（2003 年度）（第 1 卷）：刑法解释问题研究》，中国人民公安大学出版社 2003 年版，第 236 页。

⑤ 陈志军：《论刑法扩张解释的根据与限度》，载《政治与法律》2005 年第 6 期。

定，根据有利于被告原则，法官可以做出宽松的、扩张的解释。①

（二）扩张解释的限度

扩张解释的界限问题，从另一个层面来说也是扩张解释与类推解释的区别问题，关于此类问题，学界主要有如下观点：

第一种观点认为：扩张解释就是一种类推解释。文义解释的界限必须限定在法条语词可能承载的含义范围之内，超乎其外就可能形成“扩大解释”，而在法意思界限之外来进行解释，就不再是解释了，而是类推，可被理解为制定新的法律。②

第二种观点是“刑法条文所可能具有的最宽含义”说，也可以称为“文义最远射程”标准说。对刑法进行扩张解释源于社会需要，但为了符合罪刑法定原则的要求，扩张解释适用时必须符合特定的条件，即对刑法条文作扩张解释必须符合立法精神意图；对刑法条文的解释不能超出条文所“可能具有的含义”。③

第三种观点为“具有解释对象核心属性”说。支持该说的论者认为，合理的扩大解释与类推解释的区别并非在于思维模式或认识方法的不同，而是在于解释结论的差异，即解释结论是否超过了合理限度。衡量合理限度的标准是：通过扩大解释所包含进去的事项是否具有被解释的概念的核心属性。凡是所解释进去的事项具有被解释的概念需要保留的核心属性的，就是合理的扩大解释；如果不具有这种核心属性，就超出了解释的限度，属于不合理的扩大解释，而可能成为类推解释。④

第四种观点是“法律条文逻辑含义许可范围”说。支持该说的论者认为，扩张解释并不是任意扩大法律条文的适用范围，它必须受

---

① 包雯、魏健：《论刑法适用上的个案解释》，载《河北法学》2004 年第 8 期。

② 时延安：《论刑法规范的文义解释》，载《法学家》2002 年第 6 期。

③ 何荣功：《论刑法扩张解释的根据、类型及适用》，载《中国刑事法杂志》2004 年第 4 期。

④ 刘志远：《刑法解释的限度》，载《国家检察官学院学报》2002 年第 5 期。

到一定条件的限制。如果解释的内容显然超越法律条文逻辑含义许可的范围，这已经属于法律类推了。[①] 有论者认为，“法律条文逻辑含义许可范围”说、“具有解释对象核心属性”说只是“刑法条文所可能具有的最宽含义”说不同角度的具体化而已。[②]

第五种观点为“国民预测可能性”说。支持该说的论者认为，刑法解释应当遵循罪刑法定主义，应被限定为在国民可预测范围内的“文义射程”。[③] 另有论者认为，“国民预测可能性”是一个十分抽象的标准，对是否超出“国民预测可能性”的判断要结合刑法实质的正义观，正义是刑法的实质价值追求目标。只有把这两种标准结合起来，才能把握扩张解释的合理限度。[④]

第六种观点为“合法 + 合理”标准说。支持该说的论者认为，扩张解释应以不违背立法基本精神（合法限度）和字义所能扩张的合理程度（合理限度）作为限度。

第七种观点为“立法精神”说。支持该说的论者认为，应以是否脱离条文之立法精神为标准。凡是根据立法原意阐明其意义，未脱离条文之立法精神的，即在法律条文规定的范围之内，是扩张解释，反之是类推。[⑤]

第八种观点为综合说。支持该说的论者认为，对刑法规范的扩张限度必须进行综合性的判断，包括行为发生当时刑法规范的文义、国民的预测可能性、行为的可罚性。对于超出上述标准仍具有严重可罚

---

① 游伟：《完善我国刑法司法解释应正确处理的几个关系问题》，载杨敦先等主编：《刑法发展与司法完善》，中国人民公安大学出版社 1989 年版，第 269 ~ 270 页。

② 陈志军：《刑法解释实践与研究六十年》，载《山东警察学院学报》2009 年第 3 期。

③ 蒋熙辉：《刑法解释限度论》，载《法学研究》2005 年第 4 期。

④ 参见司巧萍：《刑法扩张解释问题研究》，郑州大学 2007 年硕士学位论文内容摘要部分。

⑤ 利子平：《试论刑法中之类推与扩张解释》，载《江西大学学报》（哲学社会科学版）1988 年第 3 期。

性的行为，必须通过立法的方式予以规制，而不能通过解释的方式进行处理。[①]

（三）类推解释的合理性

关于类推解释是否合理，学界主要有如下观点：

第一种观点肯定类推解释的合理性。支持这种观点的主要理由有：（1）类推解释是发现“潜在的法”的方法。（2）在法律的适用过程中，法官不是盲目的工具，负有解决立法者在个别具体场合中所不能解决的问题的责任，对严重危害国家的人根据类推判决有罪，不仅是法官的任务，而且也是法律对法官的必然要求。（3）类推解释与扩张解释无法区别，类推解释与扩张解释的区别是毫厘之差，其区别的标准也就是想法的不同，类推解释就是与之相类似的扩张解释。（4）类推与刑法的保障功能之间没有必然的联系。类比推理是人类认识客观事物最常用的方法之一，法官可能通过类推确定行为，公民也可以同样通过类推来预测行为。[②]（5）也有论者在区分法外类推与法内类推的基础上，否定法外类推的合理性，肯定法内类推的合理性，并指出，由于这种解释方式能够把握事物本质，因此这种类比推理方式可以使我们对法条和案件性质的认识更深刻，使我们作出的法律解释更符合立法目的、立法本意。[③]

第二种观点则否定类推解释的合理性。支持这种观点的主要理由有：（1）允许类推解释有违罪刑法定主义的“罪刑预先宣告”要求。（2）允许类推解释是典型的“法官造法”。质言之，类推解释不符合成文法国家所奉行的只有立法者才能制定刑事立法的原则。（3）类推解释有违刑法的谦抑性原则。刑法谦抑原则也必须贯彻于刑法司法

---

① 陈前：《论刑法解释的界限》，黑龙江大学2009年硕士学位论文，第29页。

② 陈忠林：《刑法的解释及其界限》，载赵秉志、张军主编：《中国刑法学年会文集（2003年度）（第1卷）：刑法解释问题研究》，中国人民公安大学出版社2003年版，第54～57页。

③ 杨艳霞：《刑法解释的理论与方法：以哈贝马斯的沟通行为理论为视角》，法律出版社2007年版，第291页。

解释活动之中，通过类推解释去扩大刑事法网的范围是有违这一原则的，势必极大地损害刑法的人权保障机能。（4）我们不仅应当反对不利于被告的类推解释，也应当反对有利于被告的类推解释。进行有利于被告人的类推解释势必不适当地改变立法者所确定的定罪处刑标准，即对依法应当定罪处刑的行为不予处罚或者对应当予以较重处罚的行为予以较轻的处罚，这有损刑法立法的严肃性、权威性。(5)我国刑法的适应性无须通过类推解释去维护。从 1979 年刑法典颁行至今，我国刑法的修订是比较频繁的，这说明我国更倾向于通过立法者修订立法的方式去确保刑法对社会情势的适应性，而不是让位于刑法司法解释进行类推解释去实现这一目的。①

第三种观点则是在区分有利于被告人的类推解释与不利于被告人的类推解释的基础上，肯定有利于被告人的类推解释的合理性。有论者认为，无论是刑法类推解释、扩张解释还是限制解释，都不是在刑法规定的字面意义上所进行的解释，不能保障国民的预测可能性。因而均应当区分为有利于行为人的类推解释、扩张解释、限制解释和不利于行为人的类推解释、扩张解释、限制解释。前者有利于人权保障，应当允许；而后者不利于人权保障，应当禁止。② 有论者则认为，立足于处罚必要，对于有利于被告人的实质解释，应当允许。理由在于：一方面，有利于被告人的实质解释，符合刑法谦抑性的价值诉求，可以不受罪刑法定原则制约。另一方面，允许有利于被告人的解释，乃法治国家之传统。以类推解释为例，在有利于被告人时，是出于保障公民自由的需要，乃刑事古典学派以来的传统，被认为与罪刑法定原则不存在冲突，符合形式正义的要求。③ 还有论者认为，之

---

① 陈志军：《刑法解释实践与研究六十年》，载《山东警察学院学报》2009 年第 3 期。

② 彭辅顺：《刑法解释方法与人权保障的实现——从类推解释、扩张解释、限制解释谈起》，载《政法论丛》2007 年版第 1 期。

③ 周洪波、彭文华：《形式的刑法解释之提倡及其方法论》，载《首都师范大学学报》（社会科学版）2009 年第 4 期。

所以允许有利于被告人的类推解释，是因为刑法本身存在一些有利于被告人的规定，只不过是因为种种原因这些规定没有明确出来，通过类推解释，找出其潜在的意义，这显然是不违反罪刑法定原则的。禁止不利于被告人的类推解释对限制司法权力起着重要作用，而允许有利于被告人的类推解释则起到了实现公平、正义的作用。①

此外，为了解决类推解释的合法性等问题，有论者提出了类比解释这一概念，认为类比解释就是将待解释的个案与规范预设的个案集合或总体集合进行类比，如其性质、意义和精神相一致，即使法条无明文规定个案的情况，亦可适用。类比解释方法严格说来不属于法律解释方法，而应归于法律诠释方法，但其在刑法中的运用功能独特，不能不引起重视并可引入刑法解释方法。类比的根据在于，同类的事情应作相同的处理，这也是人类在处理事情时的基本态度和做法。例如，最高人民法院2000年11月28日《关于审理抢劫案件具体应用法律若干问题的解释》中规定，抢劫正在使用中的银行或者其他金融机构的运钞车的，视为“抢劫银行或者其他金融机构”。在此解释中，将抢劫正在使用中的银行或者其他金融机构的运钞车解释为抢劫银行或者其他金融机构的情况，就是类比解释。类比解释在这种场合既可轻易收到类推解释一样的效果而避免了类推解释的合法性问题，而且比起扩张解释更显示其合理性，更具有说服力。②

（四）限制解释的合理性

关于限制解释的合理性问题，学界主要提出了以下观点：

一种观点为否定说。持这种主张的论者认为，刑法不能进行限制解释。我国有论者认为，刑法司法解释不能进行限制解释。限制解释是对刑法规定的内容范围缩小的解释，缩小了范围的内容不是刑法原规定的内容。这些缩小了的内容都不符合刑法规定的原本内容，最高

① 张明楷：《刑法分则的解释原理》，中国人民大学出版社2004年版，第14～15页。

② 冯岚：《论罪刑法定原则与刑法解释》，载《芜湖职业技术学院学报》2004年第1期。

司法机关没有解释不符合法律规定原本内容的权力。因此，最高司法机关不能对刑法规定的原本内容作限制的司法解释。①

另一种观点为肯定说，持这种主张的论者认为，刑法可以进行限制解释。有论者认为，法官适用刑法解释必须遵循立法原意，但我们也不否认，在少数情况下，如果立法原意明显存在缺陷或难以适应社会需要时，法官可以对于立法原意进行限缩解释。②

此外，还有论者在肯定限制解释的合理性时，对限制解释进行了限制。有论者认为，限制解释的根据多种多样，主要有以下几种：根据党和国家的刑事政策和刑法基本原理对刑法的某一用语进行限制解释；据刑法条文所规定的内容的性质对其用语进行限制解释；根据刑法所要保护的社会关系对刑法规定用语进行限制解释；根据刑法条文的“但书”规定或者其他的专门规定对刑法条文中的用语进行限制解释。③ 也有论者认为，限制解释必须符合刑法规范的目的，刑法规范的目的是通过立法者的行为在刑法的各个规范以及篇章体系表现出来的，在做出限缩性的解释时，必须通过体系解释的方法将该特定刑法规范的目的以及该规范在整个刑法体系架构中的作用，充分地进行分析和论证，领悟出该刑法规范的目的。④

---

① 周其华：《刑法司法解释应遵循的原则研究》，载《中国社会科学院学报》2004 年第 6 期。

② 卢勤忠：《刑事法律解释的若干问题思考》，载赵秉志、张军主编：《中国刑法学年会文集（2003 年度）（第 1 卷）：刑法解释问题研究》，中国人民公安大学出版社 2003 年版，第 116 页。

③ 李希慧：《刑法解释论》，中国人民大学 1993 年博士学位论文，第 116 页。

④ 陈前：《论刑法解释的界限》，黑龙江大学 2009 年硕士学位论文，第 29 页。

第三章　刑法立法解释和刑法司法解释问题

一、刑法立法解释问题

（一）刑法立法解释概念

目前，我国刑法理论界关于刑法立法解释的概念众说纷纭，没有定论。

第一种观点认为，刑法立法解释是指国家最高立法机关即全国人大及其常委会对刑法的含义所作的解释。[①] 这种刑法立法解释的概念，主要优点是明确了刑法立法解释的主体；但是，我国现存立法规定的立法解释主体仅仅是全国人大常务委员会，全国人大是否应该是立法解释主体，争议很大。

第二种观点认为，刑法立法解释是国家立法机关对刑法规范含义的说明。[②] 这一概念指出了刑法立法解释的主体是国家立法机关，有些宽泛；刑法立法解释的对象为刑法规范是否合适，学术界也存在争议。

第三种观点认为，我国的刑法立法解释，指全国人大常委会对刑法条文本身需要进一步明确界限，或者解决最高人民法院和最高人民

① 高铭暄、马克昌主编：《刑法学》（上编），中国法制出版社 2000 年版，第 21 页。

② 赵秉志、时延安：《略论关于刑法典第 93 条第 2 款的解释》，载《法制日报》，2000 年 5 月 28 日。

检察院作出的有关刑法司法解释的原则性分歧而进行的解释。[①] 这种概念对刑法解释的对象概括的比较全面、具体，但似乎不够简洁明了。

第四种观点认为，刑法立法解释是立法机关对刑法规定本身的含义所作的解释和补充规定。[②] 这种概念将刑法规范的补充规定也纳入到刑法解释中，在学术界争议较大，一般认为补充规定是立法而不是解释。

第五种观点认为，刑法立法解释是全国人大常委会对刑法规定的含义进行阐明的活动，或者对刑法规定的含义进行阐明活动的结果。[③] 这种刑法立法解释概念的最大特点是认为刑法立法解释有动态和静态两种态势，比较全面。

第六种观点认为，刑法立法解释，是指在需要进一步明确刑法规范具体含义或者因出现新情况需要明确刑法适用根据时，由全国人大常委会根据法定程序对刑法作出的专门性解释文件。该论者认为，对刑法解释的概念界定，要注意它与其他法律解释的关系。“解释”概念的四个基本范畴是解释的主体、解释的对象、解释的目的和解释的态势。显然刑法立法解释概念的真正个性体现在其主体上，而解释的对象——刑法规范含义，解释的目的——正确实施刑法，解释的态势——仅仅是一种实践活动而不应该包括解释的结论，这三个范畴都是作为共性而不必在立法解释的概念中予以体现。[④]

上述刑法立法解释概念的分歧在于，刑法立法解释的主体、刑法解释的对象以及刑法解释的态势等。

---

① 欧阳涛、柯良栋：《试论我国刑法的立法解释》，载扬敦先等编：《刑法发展与司法完善》，中国人民公安大学出版社 1989 年版，第 109 ~ 120 页。

② 赵廷光主编：《中国刑法原理 · 总论卷》，武汉大学出版社 1992 年版，第 47 页。

③ 李希慧：《刑法解释论》，中国人民公安大学出版社 1995 年版，第 137 页。

④ 刘艳红：《刑法立法解释若干问题新析》，载《华东政法学院学报》2007 年第 1 期。

（二）刑法立法解释主体

刑法立法解释的主体，也就是实施刑法解释活动的机关或者个人，在这个问题上存在以下争鸣观点：

1. 刑法立法解释的主体是全国人大及其常委会

有学者认为，尽管我国宪法仅仅明确指出全国人大常委会有立法解释权，但我们从全国人大和全国人大常委会的关系来看，全国人大常委会作为全国人大的常设机关在权力上应当从属于全国人大，况且宪法规定全国人大有权“改变或撤销全国人民代表大会常务委员会不适当的决定”，并以解释性条款的存在证明全国人大仍保留一定范围内的立法解释权。①

2. 刑法立法解释的主体是全国人大常委会

有的学者认为刑法立法解释的主体具有唯一性，仅有全国人大常委会才拥有刑法解释权，这是我国宪法的明确规定，同时这种规定也有着深刻的道理。首先，全国人大常委会具有立法机关的性质，这决定了其可以成为刑法的解释主体；其次，全国人民代表大会每年仅仅举行一次大会，人大常委会每两个月举行一次会议，将刑法立法解释权赋予给全国人大常委会，才能使急需的刑法立法解释及时的制定。② 还有论者进一步论证，由于我国1981年颁布的《全国人大常委会关于加强法律解释工作的决议》第1条和2000年通过的《立法法》第42条，都明确规定了全国人民代表大会常务委员会的立法解释权，因此全国人大常委会的刑法立法解释权是毋庸置疑的。但是，全国人民代表大会是否有刑法立法解释权，是有争议的。该论者认为，法律没有规定全国人大具有立法解释权，用意是明确排除全国人大的立法解释主体地位。这样做的原因有两个，一方面是为了防止立法解释权虚置：全国人大是我国的最高国家权力机关，每年仅召开一次会议，且讨论的问题涉及社会生活的方方面面，其根本无暇顾及频

① 薛瑞麟：《关于刑法立法解释的几个问题》，载《政法论坛》1995年第1期。

② 李希慧：《论刑法的立法解释》，载《法学家》1993年第5/6期。

繁的法律解释活动；另一方面，这也体现了国家立法机关内部的分工负责，避免失衡现象的出现：全国人大常务委员会作为全国人大的常设机关，其基本职责就是使全国人大的职能得以更好地实现，行使立法解释权，无疑是为完善法律扫清道路。①

3. 全国人大常委会和全国人大常委会法制工作委员会都是刑法立法解释的有权主体

对于全国人大常委会法制工作委员会能否成为刑法立法解释的主体，有论者持肯定的态度。例如，2002 年 4 月 8 日全国人大常委会法制工作委员会公布了《关于已满十四周岁不满十六周岁的人承担刑事责任范围问题的答复意见》，指明《刑法》第 17 条第 2 款规定的八种犯罪，是指具体犯罪行为而不是具体罪名。对于该答复的效力，有学者指出："《立法法》第 55 条规定，全国人大常委会工作机构可以对有关具体问题的法律询问进行研究予以答复。全国人大常委会法工委作为全国人大常委会的工作机构，对最高人民检察院的法律询问给予答复，是依法做出的、具有法律效力的法律解释性文件，解决了司法实践中亟需解决的问题，更好地发挥了刑法的作用。"② 但也有论者认为，全国人大常委会法制工作委员会不能成为有权立法解释的主体，原因有二，其一：法制工作委员会是全国人大常委会的工作机关，从法律地位上说，它从属于后者，在法律把立法解释权赋予全国人大常委会的情况下，作为其组成部分不具有全国人大常委会的整体功能，自然也不能成为立法解释的有权主体；其二：法制工作委员会不是代表全国人大常委会对刑法问题作出解释的，而且全国人大常委会也未就其解答的问题形成决议，在这种情况下，它作出的立法

① 孙钰：《刑法立法解释研究》，湖南大学 2009 年硕士学位论文，第 6 ~ 7 页。

② 肖玮：《未成年人严重刑事犯罪惩治有据——"答复"开创指导司法实践新方式》，载《检察日报》2002 年 8 月 29 日。

解释不具有正式的法律效力。①

4. 全国人大常委会以及民族自治地方的自治区或者省的人民代表大会是刑法立法解释的主体

论者认为，根据《刑法》第90条的规定："民族自治地方不能全部适用本法规定的，可以由自治区或者省的人民代表大会根据当地民族的政治、经济、文化的特点和本法规定的基本原则，制定变通或者补充的规定，报请全国人民代表大会常务委员会批准施行。"自治区和有民族自治地方的省的人民代表大会可以制定刑法变通或者补充的规定。这些变通或者补充的规定也有可能在司法适用的过程中需要解释，此时由制定这些规定的自治区或者省的人民代表大会解释比较合理。理由是：其一，在我国现行的法律有权解释体制下，省级人民法院和检察院不是有权解释的主体，因此，由省级人民法院和检察院对其进行解释于法无据；其二，由最高人民法院和最高人民检察院对极具地方和民族特色的变通或者补充规定进行解释显然也不合适；其三，1979年《刑法》第80条规定的享有民族自治地方变通刑法权的主体为"自治区或者省的国家权力机关"，而现行《刑法》将1979年《刑法》第80条中的"自治区或者省的国家权力机关"用语改为"人民代表大会"，表明了民族自治地方变通刑法的主体只能是省级的人民代表大会，而不应包括其常务委员会，虽然《决议》第4项规定了省、自治区、直辖市人民代表大会常务委员会享有对地方性法规进行解释的权力，即可以对由其制定的法规进行解释，但是因为刑法属于基本法律，所以，由自治区或者省的人民代表大会对其制定的变通或者补充规定享有解释权是比较合适的，从而它们也就可能成为刑法立法解释的主体。②

① 马利和：《试述立法活动中的法律草案说明》，载《法学杂志》1991年第2期。

② 刘丁炳：《刑法立法解释问题探析》，载《国家检察官学院学报》2008年第2期。

（三）刑法立法解释效力

有论者认为，刑法立法解释的效力，包括刑法解释的效力等级和效力范围两个问题。关于刑法解释的效力等级，论者认为，刑法立法解释与刑法立法矛盾的时候，刑法立法解释无效；刑法立法解释与刑法司法解释矛盾的时候，刑法司法解释自然失效。关于刑法立法解释的效力范围，又分为刑法立法解释的空间效力和刑法立法解释的时间效力两个问题。就刑法立法解释的空间效力而言，如果刑法立法解释文件中没有明确该解释的适用范围，则该解释与刑法的空间效力相同。①

就刑法立法解释的时间效力而言，应该包括生效时间、溯及力和失效时间三个方面。

1. 刑法立法解释的生效时间

有论者认为，刑法立法解释的生效时间应该根据解释是当然解释还是补充规定而各有不同，若是当然解释则生效时间与刑法立法同步，立法解释机关无须对解释的生效时间作出规定；若是以补充规定的形式对法律本身进行了补充，则应该规定立法解释的生效时间。②有论者认为，立法解释的时间效力应该与刑法的效力同步，因为刑法立法解释是对刑法规定含义的明确而不是对刑法的修改，因此刑法立法解释应该溯及适用到刑法的规定。③ 还有论者认为，刑法立法解释的生效时间是公布之日或者解释中规定的生效时间。因为刑法立法解释毕竟落后于立法，在立法之外作出的解释已经以独立的权威性法律文件的形式出现；而且现代法治国的基本原理之一即是未经公布的法律规范（包括立法解释）不具有法律效力，法律规范只有在公布之

① 赵秉志主编：《刑法解释研究》，北京大学出版社2007年版，第59~61页。

② 钱业弘、赵永红：《全国人大常委会关于刑法第93条第2款的解释何时生效?》，载《人民检察》2000年第8期。

③ 张天红、高迎晖：《也谈立法解释的生效时间——与钱业弘、赵永红二位同志商榷》，载《河北法学》2001年第5期。

日或者规定的日期方才有效。[①]

2. 刑法立法解释的溯及力

有论者认为，刑法解释（包括刑法立法解释）的效力及于刑法的“施行期间”，即在解释的对象——刑法——施行期间（也就是生效期间），刑法解释都具有效力（也可称为刑法解释的溯及力）。之所以采取这种做法，是因为刑法解释虽然具有一定的独立性（不同于刑法条文），但更具有依附性。它是依附于刑法的，是对刑法的解释。先有刑法，然后才有解释；没有刑法，也就没有解释。刑法解释的这些含义并不是新增加的，而是原来刑法中就已经具有、或者应该具有的含义。因此，刑法解释施行之后，不仅新发生的案件必须适用该解释，而且，对于该解释实施前发生的，尚未处理或者正在处理的案件，包括在二审期间或者复核期间的案件，也必须依照刑法解释的规定办理。[②] 还有论者认为，首先，“溯及力”问题涉及的对象是“新法与旧法”的问题，前后这两个法应当是同一位阶、同一性质的法律；其次，二者对同一问题规定不一致的时候，才会追问后法是否有溯及力的问题。有鉴于此，刑法立法解释和刑法之间是依附与被依附的关系，前者是对后者的进一步阐明，不可能出现矛盾，因此不存在溯及力问题；刑法立法解释和刑法司法解释之间由于不是同一位阶的法律，因此二者之间也没有溯及力的问题；只有针对同一法律规定先后出现了两个不同的刑法立法解释，对于前一个解释生效后，后一个解释生效前发生的行为，后一个立法解释是否可以被用作审判依据的问题，如果可以适用，则是有溯及力，如果不能适用后一个立法解释，则没有溯及力。论者认为，这个时候，刑法立法解释的溯及力适用“从旧兼从轻”原则。[③]

---

① 赵秉志主编:《刑法解释研究》，北京大学出版社 2007 年版，第 65 页。

② 周振晓:《狭义刑法解释若干问题探析》，载《甘肃政法学院学报》2005 年第 1 期。

③ 赵秉志主编:《刑法解释研究》，北京大学出版社 2007 年版，第 65 ~ 67 页。

3．刑法立法解释的失效时间

有论者认为，刑法失效的时间并不一定就是刑法立法解释的失效时间，因为刑法立法解释均是针对刑法的具体规定作出的，刑法条文作为刑法规范的部分构成要素并非与刑法在失效问题上完全一致，如刑法修订前的部分条文未做任何改动地纳入修订后的刑法中等。因此，刑法立法解释的失效只能与其所解释的具体对象保持一致而不等同于刑法典（包括单行刑法、附属刑法）的失效。①

（四）刑法立法解释性质

关于刑法立法解释的性质，学术界有三种观点：

第一种，也是学术界占主导地位的观点，认为刑法立法解释是刑法解释的一种，刑法立法解释与立法有着根本区别，不属于立法的范畴。如有论者认为，刑法立法解释的本质应该严格界定为解释，而不应该有任何立法的色彩。这是因为，首先，从词语结构来分析，“刑法立法解释”的中心语仍然是“解释”，立法仅仅是用来修饰中心语的定语，这是对刑法立法解释主体特殊性的一种提示；其次，将刑法立法解释与立法性相联系无法正确界定刑法立法解释和刑法修正案的关系；再次，如果认为刑法立法解释带有立法的性质，则无益于恰当理解、界定刑法立法解释与现代法治的重要原则——罪刑法定原则的关系；最后，刑法立法解释是符合我国权力构建的一种法律解释，它的存在为我国目前既存刑法解释体制的合理性所必需，目前全国人大常委会所作的刑法立法解释和“两高”所作的刑法司法解释共同构成了我国的有效刑法解释。②

第二种观点认为，刑法立法解释虽然属于刑法解释的一种，但由于它的解释主体为最高立法机关——全国人大常委会，因此它本身带有立法的性质，属于一种广义的立法活动，是立法活动的延伸。如有论者根据宪法第67条第4项、1981年《关于加强法律解释工作的决

① 赵秉志主编：《刑法解释研究》，北京大学出版社2007年版，第67页。

② 李希慧、寥梅：《我国刑法立法解释性质问题探讨》，载《法学》2004年第8期。

议》第1条和第2条以及《立法法》第42条的规定，认为立法法是指全国人大常委会就法律条文所作的一般的解释性规定，具有普适性、抽象性和立法性，与司法解释是不同的。①

第三种观点认为，立法解释完全属于立法的范畴。理由是：首先，从法律解释性质的角度来看，刑法立法解释不属于法律解释的范畴，法律解释来源于司法实践，法院或者法官为司法解释的主体，法律解释的过程就是作为具体个案裁判者的法官将法律规则适用于具体案件的活动，而我国立法解释的主体不是法官，也并非存在于具体个案的场合和以裁判方式为表现形式；其次，立法解释的主体与立法主体同一；最后，立法法明文规定立法解释的效力与法律相同，因此我国立法解释不属于法律解释的范畴，而是一种立法。② 既然该论者认为立法解释是一种立法，那么刑法立法解释作为立法解释之一，其性质也是刑法立法应该不存疑问。

（五）刑法立法解释形式

第一种观点认为，刑法立法解释的形式是：（1）立法机关在制定刑法时所作的解释，即刑法解释性条文。（2）立法机关通过“法律草案说明”对立法精神和规范含义所作的阐明。（3）通过特别刑法对《刑法》中的某些条款进行解释或作出的补充规定。③

第二种观点认为，立法解释的形式一般分为广义的立法解释和狭义的立法解释。广义的立法解释分为解释性法规和补充性规定；狭义的立法解释分为解释性条款、对某项法律所做的说明和解答三种形式。④

---

① 李国如：《罪刑法定原则视野中的刑法解释》，中国方正出版社2001年版，第159页。

② 陈丽琴：《质疑立法解释——兼为法律解释正名》，载《法学论坛》2002年第3期。

③ 赵廷光主编：《中国刑法原理·总论卷》，武汉大学出版社1992年版，第47页。

④ 郭华成：《法律解释比较研究》，中国人民大学出版社1993年版，第151~156页。

第三种观点认为，从最高层次来讲，刑法立法解释的形式仅有一种，即全国人大常委会制定的专门解释性文件对刑法条文所作的解释。在这种统一的形式之下，根据现行法律的规定，刑法立法解释又可分为主动性立法解释和被动性立法解释两种具体情形，而被动性立法解释又可以分为被动性非决定式解释和被动性决定式解释。所谓主动性刑法解释是指全国人大常委会制定的专门解释性文件对刑法条文所作的解释；所谓被动性非决定式刑法立法解释，是指因“两高”的报请，全国人大常委会就它们作出的具有原则性分歧的刑法司法解释所做的重新解释；所谓被动性决定式刑法司法解释，是指因“两高”的报请，全国人大常委会就它们作出的具有原则性分歧的刑法司法解释，通过决定采纳其一的解释。[①]

第四种观点认为，应该明确指出，刑法立法解释专指全国人民代表大会颁布的特别标明解释刑法条文的规范性文件，即根据《立法法》规定的解释程序，采用《全国人大常委会关于××××的解释》这种专门形式进行的法律解释。[②]

有论者针对学术界提出的立法解释形式，结合刑法自身的特点，对刑法立法解释的形式进行了分析：（1）关于解释性法规。如果刑法典制定后还需要作出全面的解释性法规，那样的刑法典本身是不符合罪刑法定原则的，解释性法规在刑法领域目前没有先例，仅仅在民商事领域有应用。（2）关于补充性规定。无论从我国目前法律对立法解释的规定，还是从补充规定、刑法修正案以及立法解释相并列的法律实践来看，都不宜将补充规定视为立法解释的一种形式。（3）关于刑法中的解释性条款。论者区分了“事前解释”与“事后解释”的界限，认为应当以立法完成为标志，在立法完成之前为事前解释，反之则为事后解释。因此，刑法中的解释性条款仅仅是刑法条文的一部分，而不是刑法立法解释的表现形式。例如，我国《刑

---

① 李希慧：《论刑法的立法解释》，载《法学家》1993年第5/6期。

② 吴大华、蒋熙辉：《论刑法立法解释》，载《贵州警官职业学院学报》2003年第6期。

法》总则第五章其他规定中的第92～99条的规定。（4）关于法律草案的说明。有论者认为，法律草案说明仅仅是一种立法过程中的解释性活动，或者说是为了更好地理解法律所借助的一种“外部辅助资料”。（5）关于答复。立法机关的答复，是指在实践中多由全国人大常委会法制工作委员会和常委会办公厅对于在执行全国人民代表大会有关法律时提出的问题作出的解释和说明。该主体不具有刑法立法解释权，其作出的答复不是刑法立法解释。（6）论者最终观点：全国人大常委会在立法之外，对刑法中的疑难问题进行解释，并且明确标明：“解释”字样，符合严格形式特征要求的，才是刑法立法解释。[①]

也有论者对某些刑法立法解释的形式有不同的看法。例如，我国大多数学者认为，刑法中的解释性条款是刑法立法解释的表现形式之一。[②] 这些条款主要包括《刑法》第92～99条的解释性规定、第219条关于商业秘密的解释性规定，第357条关于毒品的解释性规定，第367条关于淫秽物品的解释性规定等。也有学者将法律草案说明视为立法解释的一种表现形式，认为法律草案说明既是对有关法律的解释，本身又是很重要的立法历史资料，对于明确立法意图有重要价值，虽然以个人名义作出，却不是代表个人意见，而是代表国家权威，从而有别于普通学理解释或者个人的任意解释，具有与法律正文同等的效力。[③]

（六）刑法立法解释程序

有论者参照相关的法律规定，认为刑法立法解释的制定需要以下程序：提出解释议案、审议解释议案、拟定解释草案、征求意见和修改草案、表决和通过解释草案。刑法立法解释的公布不需要国家主席

---

① 赵秉志主编：《刑法解释研究》，北京大学出版社2007年版，第54～58页。

② 参见高铭暄主编：《新编中国刑法学》（上），中国人民大学出版社1998年版，第45页；齐文远主编：《刑法学》，法律出版社1999年版，第31页。

③ 郭华成：《法律解释比较研究》，中国人民大学出版社1993年版，第138～155页。

公布，一经审议通过就公布，除了在《全国人大常委会公报》公布外，《人民日报》、《法制日报》等也应予以全文登载。①

有论者参照《立法法》第四节的相关规定，认为刑法立法解释的具体程序包括以下几个步骤：（1）提出刑法解释议案：提出刑法立法解释议案的主体包括有关机构和常委会委员。机构有：国务院、中央军事委员会、最高人民法院、最高人民检察院；常委会委员有：全国人民代表大会各专门委员会以及省、自治区、直辖市的人民代表大会常务委员会。（2）拟定刑法立法解释草案：由全国人大常委会的工作机构研究拟定。（3）审议刑法立法解释草案：即由立法解释审议权的主体对所提出的刑法解释议案进行审查议论，决定是否列入议事日程，是否需要进入制定该刑法解释的实质性阶段。（4）表决和通过刑法立法解释草案。（5）公布刑法立法解释文件。②

（七）刑法立法解释原则

有学者认为，我国刑法立法解释应该遵循合法性原则，以政策为指导原则，合理性原则，整体性原则以及明确、具体原则。③

有论者认为，刑法立法原则应该是：第一，合法性原则。这一原则首先表现为立法解释的主体、程序、形式等合法，其次表现为内容的合法，禁止类推。第二，必要性原则。首先表现为刑法立法解释是必要的，不是可有可无的，因为有些问题只能以立法解释的形式解决，如对“两高”司法解释之间的分歧进行裁断以及作为一种观念性的存在对司法解释进行的监督；其次表现为刑法立法解释只有在必要的情况下方才作出，如果能有其他方式解决某些问题，尽量不动用立法解释。第三，科学性原则。这主要表现为刑法解释立场与解释方

① 李希慧：《刑法解释论》，中国人民公安大学出版社 1995 年版，第152～153 页。

② 刘艳红：《走向实质的刑法解释》，北京大学出版社 2009 年版，第234～236 页。

③ 李希慧：《刑法解释论》，中国人民公安大学出版社 1995 年版，第 82～96 页。

法的科学性。论者认为应该坚持客观说的解释立场，在区分类推解释和扩大解释方面，论者认为应该坚持“实质的区分观点”，即凡是所解释的事项具有被解释概念需要的核心属性的，就是合理的扩大解释，如果解释结论超出了刑法规范本身的蕴涵，则是类推解释。[①]

也有论者认为，刑法立法解释的原则之所以有很多种说法，是因为这些观点的论述角度有的是宏观的，有的是微观的。论者认为，既然是一种原则，就应该具有指导性、纲领性，就应处于一种统揽全局、高屋建瓴的地位，而不能仅从一个方面入手讨论，也不能事无巨细地讨论每一个具体的原则。因此，有论者认为，刑法立法解释应遵循三个基本原则，即合法性原则、及时性原则和规范性原则。其中规范性原则包括两个层面的意思：一方面是指刑法立法解释的制定过程不仅要合法，而且要逐渐形成一套具有自身特性的规则；另一方面指刑法立法解释文件要有普遍的规范作用。这就要求刑法立法解释格式上要规范统一，以维护刑法解释的严肃性；内容上要明确具体，以利于人们能更好地适用。[②]

（八）刑法立法解释存废

刑法立法解释取消说。（1）有论者认为，对法律条文本身做“补充规定”属于立法的范畴，而不应该用立法解释的方式；“法律条文本身需要进一步明确界限”与司法解释的“具体应用法律”实质上很难区分；从国外的情况看，像中国的立法机关那样，既制定、修改、补充、废除法律，又对法律进行解释的情况并不多见。鉴于上述理由，立法机关应该专注于立法而不应兼顾立法解释。[③]（2）也有论者从法律解释的内容、法律活动的阶段、立法解释与立法的比较以

① 赵秉志主编：《刑法解释研究》，北京大学出版社2007年版，第86～95页。

② 孙钰：《刑法立法解释研究》，湖南大学2009年硕士学位论文，第20页。

③ 张志铭：《法律解释操作分析》，中国政法大学出版社1998年版，第242～247页、第248页、第252页。

及当今的法律解释现状四个方面，对立法解释存在的不合理性进行了论证。认为从法律解释的内容上看，如按原意进行解释，则是同义反复，没有实际意义，如改变了条文的原意，作扩张性或收缩性解释，则是对法律的修改，是立法；从法律活动的阶段看，立法已经完成，这个环节就应该结束，至于法律条文的含义，应该由执法者来进行解释和说明，不能在立法和执法环节之间生硬地加入立法解释的环节；立法解释与立法的主体同一、程序相同，立法解释是立法的一个部分；尽管我国宪法规定了法律解释的职权，但立法机关从不进行立法解释，这就是立法解释不可行的证明。[①]（3）还有学者直接提出立法解释就是立法权，建议取消立法机关的解释权，认为“立法权向社会贡献的主要是法律文本，但法律文本一旦由立法者创立出来，从解释哲学的角度看，立法者的使命已完成，对法律意义的阐释便只能由解释者来进行。因而，立法机关创立法律后不能经常地对法律文本进行解释，否则便会因破坏法律的稳定性而使法律失去生命。从另一角度看，虽然立法机关对法律也有所谓的解释，但实际上，立法机关所作的‘解释’仍然是立法权力的行使，其实质还是立法，只是在这里借用了‘解释’一词的象征意义”。[②]

刑法立法解释肯定论。认为立法解释有存在的必要：（1）如有学者对否定论的观点提出了反驳，认为“补充规定”不一定都需要立法，有的“补充规定”是一种硬性的规定，有些可能是一些弹性的规定，因此也需要解释；立法解释和司法解释在解释的主体、适用范围、效力、性质方面都有着明显的差别；每个国家都有自己的具体情况和法律传统，不能一概而论；对法律条文进行适当的扩大解释或者缩小解释是必要的，也是法律所允许的，而且用不同的语言表达相同的意思以便于公众理解，在一定情况下也是有意义的；立法和立法解释的主体并不完全相同，而且立法解释和立法的程序相同不足以否

---

① 参见袁吉亮：《论立法解释制度之非》，载《中国法学》1994年第4期；袁吉亮：《再论立法解释制度之非》，载《中国法学》1995年第3期。

② 陈金钊：《法律解释的哲理》，山东人民出版社1999年版，第44页。

定立法解释的存在。[1]（2）也有论者认为，刑法的立法解释权不同于刑法的立法权，立法权是立法者根据社会境况运用法律语言而形成的表明法律规范的法律载体的权力，重心在于构建共性的法律，形成法律文本，相对于法律文本而言，刑法立法是一种事先行为；而刑法的立法解释权则是对立法机关所形成的法律文本的一种阐释和说明，目的在于刑法规范的正确适用，重心在于关注共性的法律与事实间的互动关系，相对法律文本而言，刑法的立法解释是一种事后行为。该论者还对刑法立法解释存在的法理基础进行了阐释：第一，法律的概括性导致了成文法不能自足，这就必须进行法律解释；第二，立法语言的模糊性和成文法结构的空缺性是法律解释存在的第二个原因；第三，进行立法解释在我国有坚实的法律依据，我国的宪法、立法法都对刑法立法解释权做出了明确规定。[2]

刑法立法解释折中论。（1）如有论者认为，应该坚持“一主两翼”的刑法解释格局，即全国人大常委会的刑法立法解释权和最高人民法院、最高人民检察院的刑法司法解释权。持此种观点的人认为，“一主两翼”的解释格局符合《宪法》和法律的规定，具有社会实践基础，也是我国宪政体制和基本国情所需。[3]（2）也有学者提出另外一种折中解决方案，将刑法立法解释体制的构建分成两个阶段，第一阶段保留刑法立法解释，并以刑法立法解释为主导，以司法解释为主体的二者并存“二元机制”。第二阶段是废弃刑法立法解释，提

---

① 李国如：《立法解释必要论——兼论罪刑法定原则的贯彻执行》，载《法商研究》2000年第5期。

② 徐岱：《刑法的立法解释论》，载《吉林大学社会科学学报》2003年第6期。

③ 贾济东：《刑法解释若干问题探讨》，载赵秉志、张军主编：《中国刑法学年会文集（2003年度）（第1卷）：刑法解释问题研究》，中国人民公安大学出版社2003年版，第143～149页。

升刑法司法解释的主导地位。[①]

二、刑法司法解释问题

（一）刑法司法解释存在的原因及现状

1. 刑法司法解释存在的原因

刑法学界一般认为，刑法需要进行司法解释的原因有三：第一，刑法典的抽象性和概括性导致了抽象的法律条文和具体的法律适用之间的矛盾；第二，刑法规定对象的不周延性导致了相对有限的法律规范与相对无限的调整对象之间的矛盾；第三，刑法典的相对稳定性导致了相对静止的法律规范与变化发展的社会关系之间的矛盾。这三种交织的矛盾导致了刑法需要进行司法解释。但是，有学者认为，要充分理解刑法司法解释的成因，必须先弄清楚刑法司法解释的概念。论者认为，法律解释与解释法律是不同的概念，前者的主体是要受到严格限制的；司法解释是对法律进行阐释的活动，而非创设新法的活动；由于自由和生命的特殊性，刑法司法解释不同于民法司法解释，必须慎之又慎。在此基础上，论者认为，刑法司法解释的成因只能是法的抽象性、概括性，不周延性及相对稳定性是法律不需克服的或不需通过司法解释克服的缺陷。理由是：（1）从严解释是罪刑法定的必然要求，而罪刑法定又是我国当前的必然选择。（2）刑法的抽象性和概括性是刑法固有属性，没有司法解释，刑法就失去了生命力。（3）刑法规定的不周延性如果是个别的缺陷，则无须进行解释，如果是严重的、普遍的，则应该通过立法或者立法解释来解决，与司法解释无关。（4）司法解释和立法以及立法解释一样，如果突破立法原意同样会损害刑法典的安定性；通过立法解释弥补立法缺陷则可秉

---

① 韩建祥：《论刑法立法解释的相对合理性——兼论我国刑法解释制度的理性构建》，载赵秉志、张军主编：《中国刑法学年会文集（2003 年度）（第 1 卷）：刑法解释问题研究》，中国人民公安大学出版社 2003 年版，第 417 ~ 418 页。

承立法原意，做到价值中立，也有利于刑法主动完善。①

2. 司法解释的现状

有论者认为，我国刑法司法解释存在四个方面的问题：第一，解释权力的异化。我国将司法解释视为一种制定具有普遍效力的一般解释性规定的权力，其直接后果就是相关解释性规定所采用的都是规范化表述，而非个别性表述，即具备法律规范的全部特征，并在司法实践中成为各级法院和检察院在办理刑事案件时必须遵循的规范。这样，刑法司法解释实质上被异化为一种刑事立法。第二，解释主体的泛化。我国有些司法解释以政策性解释为主，最高司法机关在发布司法解释时还往往与没有司法解释权的行政部门甚至社会团体联合进行，使得司法解释主体泛化。第三，解释内容的分散化。现在的司法解释字数已经是刑法典字数的两倍，刑法规范被大大分散，破坏了刑法的统一性，大量的司法解释被法官适用，而刑法典有被架空的危险。第四，司法解释的矛盾化。最高人民法院和最高人民检察院之间的司法解释有矛盾的情况时有发生。出现上述状况既有历史的原因也有现实的原因。②

（二）刑法司法解释概念③

刑法司法解释的概念争议，主要还是体现在解释主体上，具体来说有以下观点：

1. 最高司法机关说

认为刑法司法解释就是由最高司法机关对刑法的含义所作的解释，有权进行司法解释的是最高人民法院和最高人民检察院。④ 更具

① 朱薛峰：《关于刑法司法解释成因的分析》，载《华东政法学院学报》2001年第4期。

② 利子平、詹红星：《刑法司法解释：现状、成因及其走向》，载《南昌大学学报》（人文社会科学版）2003年第6期。

③ 本节内容有一部分转引自利子平：《论刑法司法解释的概念和特征》，载《南昌大学学报》（社会科学版）2009年第5期，略有改动。

④ 高铭暄、马克昌主编：《刑法学》，北京大学出版社、高等教育出版社2007年版，第24页。

体地说，刑法司法解释就是指最高人民法院、最高人民检察院针对审判、检察工作中具体应用刑法问题对刑法规定进行阐明的活动，或者对刑法规定进行阐明的结论。①

2. 司法机关说

认为司法解释是指法律授权的最高人民法院和最高人民检察院对审判工作和检察工作中具体应用法律、法令的问题作出的解释以及“两高”以外的其他各级人民法院、专门人民法院和各级人民检察院在具体审理案件过程中，由具体司法人员对一般法律规定适用于具体案件所作的解释。② 也有的认为，对刑法作出规范性司法解释的权力，应当集中于最高司法机关和省级司法机关。③

3. 法院说

认为刑法司法解释是指法院对刑法的含义所作的解释。在持该观点的学者中，对于刑法司法解释的主体范围又有不同的看法：有的主张，刑法司法解释的主体是最高人民法院和各级人民法院。同时，把刑法司法解释划分为普遍解释和个案解释。普遍解释是指最高人民法院对于刑法适用过程中带有普遍性、共同性的问题有权制定司法解释，各级人民法院对本辖区内带有普遍性的刑法适用问题有权制定司法解释；个案解释是指除制定普遍解释外，各级人民法院对于本院审理的案件有权根据刑法的有关规定和同级或者上级人民法院普遍解释的规定作出个案解释，个案解释的效力仅及于具体案件。④ 有的主张，刑法司法解释的主体仅为最高人民法院和高级人民法院，认为所谓刑法司法解释，是指最高人民法院和高级人民法院在刑事审判工作

---

① 李希慧：《刑法解释论》，中国人民公安大学出版社 1995 年版，第166～167 页。

② 郭华成：《法律解释比较研究》，中国人民大学出版社 1993 年版，第191 页。

③ 苗生明：《关于刑法司法解释权合理配置的构想》，载《人民检察》1999 年第 2 期。

④ 游伟、赵剑峰：《论我国刑法司法解释权的归属问题》，载《法学研究》1993 年第 1 期。

中对刑法规定及其立法解释、具体应用刑法规定问题所作的具有普适性的解释。[①] 还有的主张，刑法司法解释权只能由最高人民法院行使，公安部和最高人民检察院不应享有司法解释权，同时禁止地方司法机关进行刑法司法解释。[②]

4. 法官说

认为刑法司法解释是指法官对刑法的含义所作的解释。如有的认为，刑法解释是以法官为主体的对刑法文本及其语词含义、规范结构的分析、阐释与重构，也是将刑法文本类型化的规定适用于具体案件的必要前提。[③] 有的认为，司法解释就是法官就个案作出的解释而只对当案有效，只有法院中的法官具有司法解释的权力。这是指法院解释刑法的权力不是由作为一个机关的法院行使，而是由作为具体案件裁判者的法官行使。[④] 还有的认为，司法解释的主体是法官和审判组织，法院不能成为司法解释的主体。因为，法官作为法律适用者直接和真正地在理解和说明法律，毫无疑问法官是实实在在的司法解释主体；审判组织是对案件作出裁判的主体，它是由法官组成的根据法官个人意见以少数服从多数原则来确定判决结果。所以说，法院的合议庭和审判委员会才是司法解释的主体；司法解释的主体不可以是一个机关或部门，司法解释作为对法律的理解和说明，只能是具有认识和理解能力的人的行为，而非一个机关，所谓法院解释实质上也只是以

---

① 郝守才、蔡军：《论我国的刑法司法解释》，载赵秉志、张军主编：《中国刑法学年会文集（2003 年度）（第 1 卷）：刑法解释问题研究》，中国人民公安大学出版社 2003 年版，第 618 ~619 页。

② 罗庆堂：《论刑法司法解释权》，载《政治与法律》1993 年第 1 期。

③ 梁根林：《刑法解释规则略论》，载赵秉志、张军主编：《中国刑法学年会文集（2003 年度）（第 1 卷）：刑法解释问题研究》，中国人民公安大学出版社 2003 年版，第 327 页。

④ 李洁：《中国有权刑法司法解释模式评判与重构》，载赵秉志、张军主编：《中国刑法学年会文集（2003 年度）（第 1 卷）：刑法解释问题研究》，中国人民公安大学出版社 2003 年版，第 55 页。

法院的名义发布。[①]

5. 综合说

认为刑法司法解释既包括司法机关对刑事法律所作的解释，也包括不同层次法院的法官在审判中对刑事法律所作的解释。[②] 这种观点将司法机关和法官并列，作为司法解释的主体。但在综合说内部，对刑法司法解释外延的看法仍不尽一致，主要分歧在于，司法机关是否包括检察系统、司法机关是否有一定级别的限制、审判委员会是否是司法解释主体，等等。（1）司法机关和法官的综合。如有的论者认为，“广义的司法解释可分为最高司法机关的解释、各级司法机关所作的解释以及法官解释”[③]。（2）最高人民法院、各级审判委员会和法官的综合。如有论者认为，“刑法解释的惟一主体是法院，但是不是只有最高人民法院才享有刑法解释权？笔者认为，刑法解释应包含两部分：规范性解释和个案解释。前者的主体是最高人民法院，它所进行的解释具有普遍效力；后者的主体则是各级审判委员会和个案中的法官，他们所作的解释只对具体案件有效。”[④]（3）最高人民法院和最高人民检察院以及法官的综合。如有论者认为，“刑法司法解释应有广义、狭义之分，广义解释既包括规范性司法解释，即最高人民法院和最高人民检察院依法作出的司法解释，也包括个别性司法解释，即法官个人在具体适用刑法的过程中对法律的解释。狭义的司法解释仅指规范性司法解释。”[⑤]（4）最高司法机关和法官的综合。如有论者认为，从实然的角度看，刑法司法解释的概念应采最高司法机

① 参见董皞：《司法解释论》，中国政法大学出版社 1999 年版，第 207 ~ 208 页；利子平、詹红星：《刑法司法解释：现状、成因及其走向》，载《南昌大学学报》（人文社会科学版）2003 年第 6 期。

② 董皞：《司法解释之管见》，载《政法论坛》1997 年第 5 期。

③ 孙国祥：《刑法基本问题》，法律出版社 2007 年版，第 41 页。

④ 吴丙新：《刑法解释的基本思想及主体》，载《现代法学》2001 年第 3 期。

⑤ 时延安、阴建峰：《刑事政策在刑法有权解释中的功能》，载《南都学坛》2003 年第 2 期。

关说；从应然的角度看，则宜采法官说。[1]

（三）刑法司法解释特征

关于刑法司法解释的特征，法学界有不同观点。

三特征说：有的论者认为，司法解释的特征是：司法解释的主体是特定的，即最高人民法院和最高人民检察院；最高人民法院、最高人民检察院之间各有分工、各司其职；司法解释的对象是法律、法令在审判工作、检察工作中的具体适用问题。[2] 有论者认为，刑法司法解释“是指最高国家司法机关根据法律赋予的职权，在刑事审判和刑事检察过程中，对如何具体应用法律问题做出的具有普遍司法效力的解释”。其具有的三个特征是：司法解释的主体是特定的；司法解释的对象是现行的法律条文；司法解释具有普遍的司法效力。[3] 还有观点认为，司法解释的三个特征应该是：第一，解释主体的法定性，与刑法立法解释相比较，刑法司法解释和其他司法解释一样，其主体只能是国家权力机关以法律形式特别授权的司法机关。依照第六届人大常委会《关于加强法律解释工作的决议》，目前我国享有刑法司法解释权的只有最高人民法院、最高人民检察院，其他任何国家机关和地方各级法院、检察院均无权行使。第二，解释范围的特定性，包括解释对象的特定和解释内容的特定两个方面。第三，解释效力的普遍性，在刑事审判、检察工作中，刑法司法解释的效力在地域、时间上具有普遍、通用性。另外，刑法司法解释的效力不限于对某一个别案件的指导、约束，一旦做出，即具有长期效力，具体司法实践中所遇

---

① 利子平：《论刑法司法解释的概念和特征》，载《南昌大学学报（社会科学版）》2009年第5期。

② 韩豫宛、王定：《刑法司法解释若干问题研究》，载赵秉志、张军主编：《中国刑法学年会文集（2003年度）（第1卷）：刑法解释问题研究》，中国人民公安大学出版社2003年版，第687页。

③ 周道鸾：《论刑法司法解释》，载赵秉志主编：《刑法评论》（第4卷），法律出版社2004年版。

同类问题，都必须照此办理。①

四特征说：有观点认为，刑法司法解释具有统一性、指导性、公开性、具体性四个特点。② 还有论者以马克思法律思想尤其是立法认识论和司法解释认识论为基本理论依据，揭示了司法解释认识论的基本内容和基本规律以及司法解释认识论的本质特征。论者认为司法解释认识论的本质特征是：司法解释是认识与实践的统一；司法解释是事实性认识、规范性认识与价值性认识的统一；司法解释是理解、解释、论证与应用的统一；而司法解释理论应是本体论与认识论的统一。③

五特征说认为，刑法的司法解释具有以下五个特征：从属于立法性；解释对象的特定性；解释主体的法定性；司法效力的普遍性；限制司法自由裁量权之目的性。④ 还有观点认为，刑法司法解释的特征是主体法定性、对象特定性、权限限制性、效力普遍性和解释抽象性。其中主体法定性，是指进行刑法司法解释的主体必须是法律规定的机关或者个人，我国法律规定只有最高人民法院和最高人民检察院才有刑法解释权。对象特定性，是指刑法司法解释的对象是刑事法律和事实。权限限制性，是指刑法司法解释不能对刑法文本进行无约束的创造，即首先，从解释刑法的主体上看，法院与检察院的权限不能相互干扰与替代；其次，刑法司法解释只是针对刑法司法审判过程中具体应用刑法问题进行解释，而不能入侵其他解释领域；最后，刑法司法解释的目的是为了指导和统一刑法司法，正确地体现刑法规定的

---

① 余宏荣：《论我国刑法司法解释中的几个问题》，载《法学评论》1991年第2期。

② 侯国云：《论刑法司法解释的特征、原则与方法》，载赵秉志、张军主编：《中国刑法学年会文集（2003年度）（第1卷）：刑法解释问题研究》，中国人民公安大学出版社2003年版，第512～514页。

③ 李明和：《司法解释认识论分析》，南京师范大学2004年博士学位论文，第70～82页。

④ 陈志军：《刑法司法解释研究》，中国人民公安大学出版社2006年版，第27～48页。

本意和立法精神，而不能针对刑法本身的缺陷进行查漏补缺或纠正，刑法本身的查漏补缺或纠正应该由刑法立法解释或立法机关通过立法解决。效力普遍性，是指刑法司法解释一经做出并公布后，对单位、个人和事件具有普遍的约束力。解释抽象性，是指刑法司法解释本质上仍然是对个案做出的一种普遍性的概括。①

还有论者认为，很多学说都是从刑法司法解释的概念出发来概括其特征，这是具有局限性的。据此，该论者提出新的刑法司法解释五特征说，认为刑法司法解释的特征是：解释主体的法定性、解释对象的特定性、解释形式的规范性、解释内容的司法性和解释效力的普适性。②

（四）刑法司法解释原则

有论者认为，司法机关对刑法进行司法解释必须遵循罪刑法定原则、合理性原则、明确性原则。罪刑法定原则的具体表现：（1）刑法司法解释的对象应当是刑法规范的文字。对于超越刑法规范的文字之外的任何解释，即为立法活动，是对立法权的侵犯。（2）刑法司法解释的内容必须是针对司法机关在审判、检察工作中如何运用法律的具体问题，不允许进行任何超出、修改、补充刑法条文的抽象解释。（3）刑法司法解释的含义不能超出刑法条文的原意，任何与刑法条文原意相矛盾的刑法司法解释即为无效。合理性原则的具体表现是：（1）不能与公认的刑法的基本理论、基本原则相违背。（2）司法解释之间相互协调、不存在正面的或逻辑上的矛盾。（3）司法解释符合保护人权、维护正义的基本理念，符合人性的基本要求。明确性原则的具体要求是：（1）刑法司法解释的文字的含义必须是规范、正确的法律术语或正规的汉语书面用语，尽力避免含义模糊、易于歧义的文字的出现；（2）刑法司法解释的行文必须具体详尽，避免刑

---

① 龙国华：《刑法司法解释若干问题研究》，中国政法大学2009年硕士学位论文，第6~7页。

② 利子平：《论刑法司法解释的概念和特征》，载《南昌大学学报》（社会科学版）2009年第5期。

法规范的原则性、抽象性。①

也有论者认为，我国的刑法司法解释活动必须坚持的基本原则有四：法定性原则、公开性原则、明确性原则和反对类推原则。法定性原则的基本内容是：（1）遵循相对的罪刑法定主义，在刑法立法所设定、预留的范围内进行，在此范围内司法机关有自由裁量的余地，但以立法所设定的范围为限，不得突破立法的边界。（2）应当坚持司法解释主体的法定性，最高司法机关内部机构、行政机关、人民团体、地方政法机关都不应发布刑法司法解释性文件。（3）刑法司法解释程序的法定性。（4）刑法司法解释形式的规范化和法定化。公开性原则的内容包括制定程序的公开和适用过程的公开。明确性原则，是指刑法司法解释对刑法规范的解释应当力求明确、具体，而不能模糊，如果模糊就失去了解释的意义，但这种明确性也是相对的明确性。反对类推原则是贯彻罪刑法定原则、维护刑法人权保障机能的必然要求。②

还有论者认为，刑法司法解释过程中应该坚持以下四个原则：附属性原则、谦抑性原则、明确性原则和客观解释原则。其中附属性原则，是指刑法司法解释的内容必须附属于具体的刑法条文，刑法司法解释的制定只能以现有刑法规范为唯一根据，因而某一刑法司法解释的内容必须与特定刑法条文建立依附关系。所谓谦抑性原则，就是指刑法司法解释制定的前提必须是当刑法具体条文已经出现严重歧义，或者需要制定刑法司法解释来统一法律尺度时，才能进行司法解释，因此司法解释和立法解释两者之间应该区别开来，两者的功能和对象及范围都是不同的。所谓客观解释原则，是指制定刑法司法解释时应以被解释的刑法条文的客观含义为准，即将刑法条文现时的客观意思作为理解刑法的根据，坚持文义解释优先，反对超出被解释对象的

① 竹怀军：《论刑法司法解释的基本原则》，载《韶关学院学报》（社会科学版）2004 年第 2 期。

② 陈志军：《刑法司法解释研究》，中国人民公安大学出版社 2006 年版，第 48 ~77 页。

“可能含义”而进行扩张解释。[1]

（五）刑法司法解释程序

有论者认为，刑法司法解释的创制程序是指最高司法机关在制定、修改或者废止刑法司法解释文件过程中的工作方法、步骤、手续和次序。依据我国现行的有关规定，认为刑法司法解释的创制程序包括以下四个阶段：（1）立项阶段。审判解释的立项是由最高人民法院各审判业务庭、室，提出应做司法解释的意见，经研究室协调后，分别报分管副院长批准立项或者最高人民法院审判委员会直接做出立项决定。检察解释立项的提起，主要有四方面来源：第一，省、自治区、直辖市人民检察院和军事检察院报请最高人民检察院做出司法解释的请示或报告；第二，最高人民检察院领导交办的；第三，最高人民检察院各厅、室、局在工作中发现或者提出的；第四，其他国家机关建议制定或者商请最高人民检察院联合制发的。检察解释的立项由法律政策研究室决定是否立项。（2）起草阶段。审判解释的起草，由最高人民法院各审判业务庭、室负责，然后经过论证、修改，送研究室协调提出意见后，由起草部门报请分管副院长审核；检察解释原则上由最高人民检察院法律政策研究室负责起草，经研究、论证、征求意见后，交最高人民检察院检察长审查，由检察长决定提交最高人民检察院检察委员会讨论。（3）审议通过阶段。审判解释由最高人民法院审判委员会过半数通过，检察解释由最高人民检察院检察委员会全体组成员过半数支持则获得通过。（4）颁布阶段。只有公布后的司法解释才有效力。[2]

也有论者对刑法司法解释程序的规范化提出了自己的建议：（1）刑法司法解释的起草。刑法司法解释起草的动因必须进行审查，研究解释的必要性和可行性。起草司法解释草案必须成立专门的班子，班子必须吸收有关庭、厅、室人员参加，最高法和最高检两家尽

---

① 时延安：《刑法司法解释的原则》，载《法制日报》2004年1月1日。

② 陈志军：《刑法司法解释研究》，中国人民公安大学出版社2006年版，第369～382页。

量联合解释，以防止两家各自出台的司法解释相抵触。起草过程中，要广泛进行调查研究，征求方方面面的意见，特别是有关刑法专家、学者的意见。（2）刑法司法解释的审议。有论者认为，享有司法解释审议权的只有最高人民法院审判委员会和最高人民检察院检察委员会。“两高”内部的研究室、庭、厅等单位可以讨论刑法司法解释草案，提出修改、补充建议，但无权审议通过，这是因为它们都不享有司法解释权。（3）刑法司法解释的通过。表决方式可以是秘密的，也可以是公开的，但刑法司法解释的通过必须取得半数以上的委员同意。禁止由主管院长（副院长）、检察长（副检察长）签发通过。（4）刑法司法解释的公布。公布必须是正式的，以便全社会一体遵行。以内部文件下发或仅在内部业务刊物上刊发，不符合公布的要求。仅刊登在发行有限的《公报》上是十分不够的，它应当出现在全国性的大众传播媒介上，以便全体公民知晓。①

还有论者认为，规范刑法司法解释的程序，核心就是限制和规范最高人民法院的司法解释权，主要包括：（1）尽量减少最高人民法院脱离具体个案解释刑法的情况发生。（2）必要的抽象性解释要经过充分的调研和讨论。（3）规范个案请示制度。例如，请示的提出要经过合议庭的集体讨论，并报本院的审委会最终决定；提出个案解释请示时必须附上案情的详细介绍和主审法官或合议庭对适用法律的看法、解释建议及法理依据；高级人民法院不可以根据自己对案情的理解做出司法解释；对于条件不成熟的案件，最高人民法院可以不予统一答复，但可以给予指导性复函，这样的复函不具有统一的适用性和强制力。（4）最高人民法院做出的抽象性司法解释要经过全国人大常委会的审查和备案。（5）对刑法司法解释的执行情况要进行经常性考察，及时纠正错误的司法解释，及时清理过期、无效的司法

---

① 罗堂庆：《论刑法司法解释的规范化》，载《中南政法学院学报》1992年第2期。

解释。[1]

有论者对刑法司法解释的创制方式，提出了自己的见解，认为我国刑法司法解释实践中，采用过制定（具体还可分为制订、修改和废止三类）和认可两种创制方式。并认为转发认可的刑法司法解释创制方式弊端重重，表现在：转发其他主体的解释性文件并赋予其司法解释的效力，有混淆不同类型规范性文件的界限之嫌疑；直接转发其他主体的解释性文件过于草率简单，不符合现有司法解释的制定程序规定。我国应该改变零乱分散的刑法司法解释制定方式，采取分门别类、相对集中的刑法司法解释制定方式；刑法司法解释的修改和废止，也应该尽量采取明示的方式。[2]

（六）刑法司法解释形式

1997 年 7 月最高人民法院发布了《关于司法解释工作的若干规定》，其中第 9 条规定司法解释的形式分为解释、规定、批复三种，但对于应然的司法解释形式，学术界的争议从来就没有停止过。

有论者认为，规定不宜当做司法解释的形式。因为司法解释毕竟是一种解释而不是一种立法，“规定”给人以创制新的规范进行立法的感觉，有混淆立法和解释之嫌。[3]

有论者认为，以批复这种形式解释刑法也不合适。认为批复一般是对正在审理的具体案件适用法律问题的答复，这种答复有些是逐级请示由最高人民法院做出的，有些是请示法院的上级法院做出的。这些答复直接对下级法院的审判案件产生了拘束力，实质上是一、二审合在了一起，违背了我国刑事诉讼两审终审的原则，不利于法官独立判案，实质上剥夺了被告人的上诉权。[4] 还有论者认为，司法解释批

---

① 周洁：《中国刑法司法解释机制研究》，四川大学 2006 年硕士学位论文，第 71～74 页。

② 陈志军：《刑法司法解释创制方式之我见》，载《法制日报》2005 年 3 月 24 日。

③ 赵秉志、李希慧：《关于完善刑事司法解释的研讨》，载《检察理论研究》1993 年第 4 期。

④ 董皞：《司法解释论》，中国政法大学出版社 1999 年版，第 227 页。

复是建立在案件请示制度基础之上的，脱离了个案的案情。这种批复加剧了司法的随意性，最终应该废止。①

有论者认为，批复这种司法解释形式具有合理性。理由是：第一，批复针对的是法律问题而不包括案件事实问题，因此，批复没有剥夺被告人的上述权。何况，批复针对的仅仅是法律条款某一方面的问题，并不能决定案件如何定罪和量刑的全部问题。第二，批复也是规范性司法解释而不是个案解释。尽管批复是基于某个具体案件做出的，但这种批复对以后案件的裁决都具有普遍的约束力。批复与司法机关主动做出的其他司法解释在性质上没有差别。②

还有论者对研讨会纪要这种形式是否属于司法解释也进行了研究。认为各司法机关做出并向下级部门发布的研讨会纪要，实际上起到了司法解释的作用。地方法院、检察院的法庭和处室联合作出的会议纪要反映出了我国当前司法解释体制中出现的突出问题，即地方的司法解释泛滥，既违反了相关法律的规定，也破坏了现有的法律解释体制；在刑法领域，还违背了罪刑法定原则、违反了从旧兼从轻的原则。论者认为，废除以研讨会纪要为名，实则发挥着司法解释效力的文件，势在必行。③

（七）刑法司法解释的空间效力

1. 刑法司法解释是否有独立的空间效力

刑法司法解释一般不存在独立的空间效力。如有论者认为，司法解释并不发生与其所依存的法律具有相同的空间效力问题。这是因为，司法解释不可能脱离法律，法外地、自动地适用于一定地域范围内的一定人、一定事，司法解释因而难以发挥自己独立的空间效力。换言之，司法解释只能因循法律的空间效力，被动地适用于一定范围

---

① 汪世荣：《司法解释批复四题》，载《法律科学》2000 年第 4 期。

② 陈志军：《刑法司法解释研究》，中国人民公安大学出版社 2006 年版，第 59 ~ 60 页。

③ 张建：《以研讨会纪要形式明确法律适用值得商榷》，载《政治与法律》2007 年第 5 期。

内的一定人、一定事，除非某一确定司法解释就其适用范围作出了（不违背刑法空间效力）的专项特别规定。也即，论者认为，刑法司法解释的空间效力附随于被解释的刑法条款本身。①

也有论者认为，刑法司法解释存在独立于刑法本身的空间效力问题，主要体现在：第一，刑法司法解释性文件的省际冲突。尽管从应然的层面上，我国的刑法司法解释权由最高人民法院和最高人民检察院统一行使，不会存在省际的司法解释文件冲突问题，但从实然的角度看，省级司法机关发布的解释性文件为数不少，而且有些是最高人民法院或者最高人民检察院在司法解释文件中明确授予各省级司法机关进行解释，因此，这种冲突客观上是存在的。第二，不同司法系统之间的司法解释文件间的冲突，包括普通司法系统与军队司法系统、普通司法系统与铁路司法系统之间司法解释文件之间的冲突。②

2．刑法司法解释空间效力的确定

认为刑法司法解释从属于刑法空间效力的观点，其具体空间效力自不必多言，与刑法的空间效力一致，即针对刑法的普通规定进行的司法解释不适用于香港特别行政区和澳门特别行政区，也不适用于对此做出特别或者补充规定的民族自治地方。认为刑法司法解释有自己独立的空间效力的观点，除了上述空间效力规则外，还要注意以下两点：省际的司法解释文件冲突时坚持"以属地管辖为主，属人管辖为补充"的原则解决；不同司法系统间的司法解释文件冲突时，一般按照刑事诉讼的管辖原则，先确定案件由哪个司法系统管辖，再按照"以属地管辖为主，属人管辖为补充"的原则解决。③

---

① 屈学武：《刑事司法解释效力范围探究》，载《中国司法》2004年第8期。

② 陈志军：《刑法司法解释研究》，中国人民公安大学出版社2006年版，第229～242页。

③ 陈志军：《刑法司法解释研究》，中国人民公安大学出版社2006年版，第229～242页。

（八）刑法司法解释时间效力

1. 刑法司法解释是否具有独立的时间效力

否定说。持这种观点的学者认为，刑法司法解释不应该有自己的独立时间效力，应该完全地依附于刑法。理由是：第一，刑法司法解释本身不是一种独立的刑法规范，它是对刑法的外延和内涵进行的阐释。第二，刑法司法解释的目的是为了法律的统一适用和施行，不是为了创造法律。第三，刑法司法解释的对象是刑法条文，受到刑法条款的制约。据此，刑法司法解释的时间效力和刑法的时间效力等同。[①] 也就是说，坚持否定说的观点认为，刑法司法解释一旦公布实施，就对司法解释颁布前业已发生尚未终审完毕的犯罪行为也是有约束力的。

肯定说。认为刑法司法解释应该有自己独立的时间效力，理由是：第一，我国的刑法司法解释，已经不是一般意义上对刑法规范的阐释，在司法机关办理刑事案件的过程中，刑法司法解释已经成了必须遵守的重要规范，具有极强的约束力。第二，在我国大力倡导罪刑法定原则的今天，刑法司法解释尽管不能够创制法律（理论上如此，实践中并非完全如此），但司法解释具有法律效力。第三，我国的刑法司法解释具有滞后性的特征，即司法解释的制定一般都要晚于刑法的生效时间。[②] 坚持这种观点的人一般都认为，刑法司法解释的效力与刑法本身的效力没有必然的联系，刑法司法解释是否对其颁布前已经发生尚未审判完毕的案件有约束力，还要进一步讨论。

也有论者提出，相对于刑法时间效力而言，刑法司法解释的时间效力具有从属性和独立性之两重性，而其独立性特征尤其值得强调和

---

① 参见游伟、鲁义珍：《刑法司法解释效力探讨》，载《法学研究》1994年第6期；汪治平、范三雪：《司法解释的时效性》，载《人民法院报》2001年12月29日。

② 刘宪权：《刑法司法解释时间效力规定评析》，载赵秉志、张军主编：《中国刑法学年会文集（2003年度）（第1卷）：刑法解释问题研究》，中国人民公安大学出版社2003年版，第678～679页。

研究。[1]

2. 刑法司法解释生效时间的学说

（1）所解释的刑法条文生效之日。持这种观点的人都坚持刑法司法解释具有从属性，因此，刑法司法解释的生效时间理应与刑法的生效时间相同，不必考虑刑法解释颁布的时间是在刑法条文生效前还是生效后。[2]

（2）公布之日。认为应该将刑法司法解释的生效时间一律规定为公布之日，因为刑法司法解释是对已经生效且正在生效的刑法规定含义所作的说明，既然被解释的法律规定已经生效，那么刑法司法解释一经公布，就应该对各级司法机关的活动具有效力。[3]

（3）公布之后经过一段时间生效。有论者认为，刑法司法解释生效前，应该留一段时间让公众知晓，不宜立即生效。[4]

（4）发布之日或者规定之日。如有论者认为，司法解释除了本身已经规定了生效日期外，一般应该以最高人民法院发布之日起作为生效时间。不宜以审判委员会通过时间、院长签发之日为生效时间。[5]

（5）区别对待。这种观点认为，不同类型的司法解释，应该有不同的生效时间标准。一般情况下，刑法司法解释应该于其公布之日

---

① 陈志军：《刑法司法解释研究》，中国人民公安大学出版社2006年版，第244页。

② 游伟、鲁义珍：《刑法司法解释效力探讨》，载《法学研究》1994年第6期。

③ 李希慧：《刑法解释论》，中国人民公安大学出版社1995年版，第185页。

④ 刘仁文：《关于刑法解释的时间效力问题》，载《法学杂志》2003年第1期。

⑤ 参见刘宪权：《我国刑事司法解释时间效力的再思考》，载《法学》2002年第2期；刘宪权：《刑法司法解释时间效力规定评析》，载赵秉志、张军主编：《中国刑法学年会文集（2003年度）（第1卷）：刑法解释问题研究》，中国人民公安大学出版社2003年版，第681页。

起生效；但是，如果该刑法司法解释是扩张性解释，而且对被告人不利，应该在公布之后 2 ~ 3 个月再生效；对于那些因为某些原因不予公布的司法解释，比如最高人民法院或者最高人民检察院以文件或者批复的形式供司法机关内部掌握的司法解释，也应该晚于签发之日 1 ~ 2个月再生效。①

3. 刑法司法解释的溯及力问题

（1）完全肯定说。持这种观点的论者认为，刑法司法解释完全附属于刑法立法，尽管刑法司法解释通常要晚于刑法而被制定和发布，但其解释的内容是立法的原来应有之义，因而对解释生效施行以前发生的尚未处理的案件的效力都具有溯及既往的效力。②

（2）区别对待说。持此种观点的论者认为，在刑法司法解释中是存在溯及力问题的，但司法解释是否具有溯及力需要具体讨论。此种观点内部又有如下区分标准：第一种，是否是扩大解释为标准。有论者认为，当刑法司法解释明显做了扩大解释的，原则上只能对司法解释施行后的行为有效，也即明显做扩大解释的没有溯及力，如果刑法司法解释的溯及力问题得不到妥善的解决，废止类推适用的效果就得不到巩固。③ 第二种，是否有利于被告的标准。如有论者认为，对刑法的解释，也应适用我国刑法第 12 条法定的从旧兼从轻的溯及力原则。④ 还有论者论述的更加具体，分三种情况讨论：第一，刑法司法解释对所解释的刑法规范颁布以前的案件是否有溯及力；第二，刑法司法解释对所解释的刑法规范实施以后自身颁布以前的案件是否有溯及力；第三，刑法司法解释对解释的刑法规定实施以后自身实行以

① 张军：《试论刑事司法解释的时间效力》，载《中国法学》1992 年第 2 期。

② 李希慧：《刑法解释论》，中国人民公安大学出版社 1995 年版，第 194 页。

③ 刘仁文：《刑法解释的时间效力》，载《检察日报》2002 年 4 月 23 日。

④ 刘宪权：《刑法司法解释时间效力规定评析》，载赵秉志、张军主编：《中国刑法学年会文集（2003 年度）（第 1 卷）：刑法解释问题研究》，中国人民公安大学出版社 2003 年版，第 681 页。

前，已有的生效司法解释正在实施，新的司法解释是否有溯及力。该论者认为，在这三种情况下都应该坚决贯彻从旧兼从轻的原则。[①]

（3）否定说。认为刑法司法解释本身就没有溯及力的问题，只有能否适用的问题。比如，有人认为，司法解释是根据法律作出的解释，是执行法律的问题。虽然法律本身可能存在溯及力问题，但不能将司法解释同法律混为一谈。司法解释本身不产生溯及既往的效力问题。[②] 其具体理由有以下四种：第一，各国关于溯及力的规定，均是针对刑事“法律”本身而言，而非针对法律的“解释”。第二，从旧兼从轻的溯及力原则本身来看，这个原则本质是禁止事后法和重法，而刑法司法解释本身就不是“法”，因而不是事后法也不是重法，刑法司法解释不属于我国刑法第12条的调整对象。第三，从法理的角度看，“法无明文禁止就视作允许”，刑法没有明确针对刑法解释作出关于溯及力的规定，我们就不能够加以限制。第四，法官在办案的过程中都要对“既往行为”是否符合现有法律作出解释，这种解释尽管与刑法司法解释不尽相同，但都是广义的刑法解释，这种对既往行为的解释在任何刑法解释中似乎都不可避免。因此，论者认为，刑法司法解释中不存在溯及力的问题，对刑法实施后、司法解释实施前的行为，可以直接适用司法解释。[③] 也有论者提出，将法律解释适用于其出台以前的案件的实质是法律的效力等级问题而不是溯及力问题。因为，只有在同一条文同时存在位阶一致，而又生效时间不同的两个以上法律解释的情况下，才产生法律解释的溯及力问题。如果刑法与刑法司法解释发生冲突，那么我们当然摒弃司法解释而适用刑法，如果二者没有矛盾冲突，那么我们当然是都适用。无论怎样选

---

① 黎志慧：《刑法司法解释的溯及力》，载《中山大学研究生学刊》（社会科学版）2002年第4期。

② 参见最高人民法院研究室编：《中华人民共和国最高人民法院司法解释全集》，人民法院出版社1994年版。

③ 屈学武：《刑事司法解释效力范围探究》，载《中国司法》2004年第8期。

择，实质上都是一个效力等级问题，而不是溯及力的问题。[①]

（九）刑法司法解释性质

1. 刑法司法解释的权力属性争议

肯定说认为，刑法司法解释是有关机关或者个案法官的一种权力，这也是大部分学者的意见。因为司法解释的权力配置不仅仅体现在法学理论中，而且实实在在地规定在现行法律中，比如我国的宪法、立法法等。

否定说认为，刑法司法解释不是一种权力，而是一种技术或者方法。比如，有学者认为，司法解释是法律适用的一种手段或方法而不是一种权力。[②] 也有论者认为，我国现行刑法解释体制结构上的内在机理缺陷根源于法律解释权的异化，即在观念上将本为技术的法律解释异化为一种权力，从而导致在解释主体、解释形式、解释内容上的普遍差异。针对上述弊病，应该重构现行的刑法司法解释体制，倡导法官的个案解释，将法律解释由一项权力还原为一项技术。[③]

折中的观点认为，刑法司法解释既是一种国家权力也是一种法律技术，这是从不同的层面对刑法司法解释属性的揭示。[④] 比如，有论者认为："法律解释实际上包含三个方面的内容：一指确定法律规范的内容，探求立法意图，说明法律规范的一种行为和过程；二指规定法律解释的主体、权限、程序、方式和效力等问题的有关法律制度，即法律解释制度；三指法律解释过程中所运用一系列原则、技术、规则和方式，即法律解释技术。法律解释是动态（行为与过程）、静态

① 杨艳霞：《刑法解释的溯及力新论》，载《西南民族大学学报》（人文社科版）2005 年第 5 期。

② 董皞：《司法解释论》，中国政法大学出版社 1999 年版，第 192 页。

③ 叶良芳、任志中：《刑法解释是一项技术，还是一种权利？——现行刑法解释体制合理性评判》，载赵秉志、张军主编：《中国刑法学年会文集（2003 年度）（第 1 卷）：刑法解释问题研究》，中国人民公安大学出版社 2003 年版，第 271 页。

④ 陈志军：《刑法司法解释研究》，中国人民公安大学出版社 2006 年版，第 28 ~ 29 页。

（法律解释制度）和技术三者构成的统一整体，忽视其中任何一个部分会导致理解上的偏颇。”① 还有论者认为，刑法司法解释既是一种权力，也是一种手段。在我国致力于司法改革的过程中，我们应该区分权力层次上的司法解释和法律技术上的司法解释。在权力层次上，司法解释权是司法权在具体运用过程中所派生出来的一项附属性权力，只有司法者才有此解释法律的权力；但作为法律技术上的司法解释，则仅是司法解释者在运用法律裁判具体案件中，为弥补成文法的局限性必须采取的手段和方法。结合我国司法改革的实际，我们应该淡化司法解释的权力光环，而应更多地强调它作为法律适用中的一项重要媒介技术功能。②

2. 刑法司法解释权的属性

第一，司法权说。持这种观点的学者认为，刑法司法解释权应当属于司法权的组成部分。③ 有的论者认为，刑法司法解释，即最高司法机关在具体应用刑法过程中对刑法条文含义的阐明，其解释规定的是适用刑法的活动，因此，它属于一项具体的司法活动，具有司法性，而刑法司法解释的各项规定是司法活动的外在表现。④ 还有论者认为，刑法立法解释权归属于刑法立法权，是广义的刑事立法活动的一部分；刑法司法解释权归属于刑事司法权，是宏观刑事司法活动的重要内容。⑤

第二，准立法权说。持这种观点的学者认为，刑法司法权具有准立法权的性质。有的学者认为，立法权并不是由立法机关垄断，并对

---

① 孙国华、郭华成：《法律解释新论》，载《政治与法律》1988 年第 5 期。

② 郑肇芳、杨路：《我国司法解释的机能转换》，载《上海市政法管理干部学院学报》2000 年第 1 期。

③ 陈金钊：《法律解释的哲理》，山东人民出版社 1999 年版，第 44 页。

④ 李宁：《刑法司法解释若干问题再思考——兼谈加快现行刑法司法解释之必要性》，载《中国刑事法杂志》1999 年第 3 期。

⑤ 时延安、阴建峰：《试论刑事政策在刑法有权解释中的功能》，载赵秉志、张军主编：《中国刑法学年会文集（2003 年度）（第 1 卷）：刑法解释问题研究》，中国人民公安大学出版社 2003 年版，第 305 页。

三权分立的学说提出了质疑，立法多元化在我国的发展趋势已经明显。司法解释对法律的补充和发展是弥补法律的不足，是对立法者目的性意图的体现，司法解释只是实现立法意图的一种手段和工具，并不构成对立法权的侵犯。[①] 也有论者认为，司法解释的最终目的不在于使法条清晰化，而在于通过修改法条，进一步发展和补充法律，使整个法律的运转更能适合已经变化了的社会现实。[②]

第三，既非司法权说也非立法权说。持这种观点的学者认为，刑法司法解释权是一种独立于立法权和司法权的特殊权力，这种权力不附属于司法裁判活动，也不附属于法律的制定活动，即一种通过解释形成具有普遍法律效力的一般解释性规定的权力。[③]

（十）越权刑法司法解释问题

1. 越权刑法司法解释的概念

有论者认为，越权司法解释概念有狭义和广义之分，狭义的越权刑法解释是指本来有司法解释权，但超出了法定解释权限的刑法司法解释；广义的越权司法解释除了包括狭义的越权司法解释外，还包括无权刑法解释，即没有法定的司法解释权的国家机关对刑法所作的解释。论者提出了四个权的判定标准，即解释主体是否有解释权、是否超出了其职能活动范围、是否违反了刑法基本原则和是否突破了原有的刑法规范。其中，突破原有刑法规范的解释主要表现为罪与非罪、此罪与彼罪以及处罚方面，是否作出了不同于立法的解释。

---

① 参见董皞：《司法解释论》，中国政法大学出版社 1999 年版，第 108 ~ 110 页；庞仕平：《论我国刑法司法解释权之配置》，载赵秉志、张军主编：《中国刑法学年会文集（2003 年度）（第 1 卷）：刑法解释问题研究》，中国人民公安大学出版社 2003 年版，第 722 ~ 723 页。

② 刘守芬、房树新：《论法官为刑法解释的应然主体》，载赵秉志、张军主编：《中国刑法学年会文集（2003 年度）（第 1 卷）：刑法解释问题研究》，中国人民公安大学出版社 2003 年版，第 606 页。

③ 参见张志铭：《关于中国法律解释体制的思考》，载《中国社会科学》1997 年第 2 期；张志铭：《法律解释操作分析》，中国政法大学出版社 1998 年版，第 220 ~ 233 页。

2．越权刑法司法解释的类型

有论者归纳了以下几种越权司法解释类型：第一，违背了刑法基本原则的司法解释；第二，违背了立法原意的司法解释；第三，最高司法机关内部各部门发布的刑法解释性文件；第四，地方各级人民法院、人民检察院所发布的刑法解释性文件；第五，行政机关乃至人民团体等制定或者参与制定的刑法司法解释性文件。

3．越权刑法解释产生的原因

越权司法解释存在的基本原因有三：一是立法的抽象性与司法具体性的矛盾，导致司法过程过度依赖刑法解释；二是立法稳定性与社会易变性的矛盾，导致对司法解释的需求迫切；三是我国刑法司法解释的制定程序过于简单，也缺乏对刑法司法解释进行撤销和监督的机制。

4．越权刑法解释的对策

越权刑法解释的对策主要包括以下几种：一是坚持细密立法观和超前立法观。在条文设计、法条内容以及立法用语等方面力求详备具体、明确严谨，降低立法抽象性；坚持超前立法观，使得刑事立法能够充分地反映犯罪现象及整个社会在未来较长时期内的发展趋势和特点，以保证刑事立法的稳定性。二是立法机关及时行使刑法修改权，以防范司法解释权侵入立法权领域。三是最高司法机关及时行使司法解释权。四是确保司法机关独立行使司法解释权。五是将刑法解释的制定程序法律化。六是构建完善的越权刑法司法解释撤销机制。①

（十一）刑法司法解释的法律监督

有论者认为，我国刑法司法解释目前存在的问题有：第一，以刑法司法解释取代刑法规定的趋向，有的司法解释的文字比刑法典的规范还长，使司法解释失去了具体性和针对性；第二，以刑法司法解释代替刑法立法解释的事例不少；第三，以司法解释工作制度代替法定司法解释法定程序，我国目前还没有专门的规定司法解释程序的法

① 赵秉志主编：《刑法解释研究》，北京大学出版社 2007 年版，第 305 ~ 323 页。

律；第四，以司法管理文件形式代替刑法司法解释文件形式，我国的司法解释形式还没有法定化和规范化；第五，以独家刑法司法解释代替多家司法解释的意向，如有论者主张将司法解释权全部归最高人民法院行使，以防止各司法机关的解释不一致。上述问题的出现，与我国的司法解释没有较好的法律监督有着重大关系。建议国家像制定《立法法》那样制定《司法解释法》，并明确规定如下内容：第一，全国各级司法机关，包括立案侦查和调查机关、公诉机关、审判机关、判决和裁定执行机关在司法活动中，对应用法律规定的具体问题都有权提出司法解释建议和要求，并由分管该项业务的最高司法机关立项，拟出司法解释草案，报全国人大常委会法制工作委员会审查批准和公布实施。第二，司法机关共同适用法律规定的司法解释，应由提出司法解释方案的最高司法机关移送有关的专业最高司法机关协商签批以后，再报全国人大常委会法制工作委员会批准和实施。第三，最高司法机关监督全国各级司法机关，上级司法机关监督下级司法机关对司法解释的实施，发现不执行司法解释或者滥用司法解释的问题，应及时调查处理，并逐级上报至全国人大常委会。第四，最高人民检察院对全国各级司法机关实施司法解释实行法律监督，地方各级人民检察院和各级专门人民检察院对同级司法机关实施司法解释或者滥用司法解释实行法律监督。第五，对违反司法解释的行为应追究其法律责任，特别是违反刑法规定的司法解释，应属无效，不能作为定罪处罚的依据，已作为定案依据的，其判决或者裁定应属无效，应按法律规定程序重审。对于不依照司法解释处理案件造成刑事错案的，应按错案追究责任制度，追究有关单位和个人的法律责任；构成犯罪的，应追究其刑事责任。①

---

① 周其华：《论刑法司法解释的法律监督》，载《中国刑事法杂志》2003年第2期。

三、刑法立法解释和刑法司法解释的综合问题

（一）刑法解释权的配置问题

我国目前刑法的有权解释分为立法解释和司法解释。有论者认为，我国的刑法立法解释有即将虚置的危险，主要表现为：第一，立法解释权的启动程序模糊，而且全国人大常委会的立法解释是一种被动解释，不能主动而为；第二，立法解释的主体有多元化的危险，在全国人大常委会闭会期间，常务委员会工作机构实际上以答复的形式行使了法律解释权，造成全国人大常务委员会的法律解释权虚设的危险；第三，司法解释对立法解释的侵入，相关法律尽管对立法解释的范围和司法解释的范围作出了规定，但是，立法解释内容即“法律本身的具体含义”与司法解释内容即“具体应用法律问题”之间并不是泾渭分明的，交叉的部分为司法解释侵入立法解释创造了条件，使得司法解释有立法化的倾向。论者还认为我国司法解释的立项来源具有局限性，而司法解释的主体仅仅限于最高人民法院和最高人民检察院，解释主体具有垄断性，司法解释的制定程序具有弱操作性的特点。据此，有论者认为，应该尽快制定法律解释法，以实现对法律解释权利益纷争的全面调整。①

也有论者认为，无论是从理念的层面还是现实的层面来看，全国人大常委会的刑法立法解释权都应该废除。（1）在理念层面：解释法律应该是属于法律适用的性质，不应该由立法机关来进行解释法律，这不符合刑法解释权的属性；立法机关的任务应该着眼于宏观的、法律一般的原则和精神，而不是细微的、烦琐的法律适用问题，立法机关进行刑法解释不利于其权能的发挥；全国人大及其常委会是国家的最高权力机关，有对其他机关进行监督的权力，而赋予全国人大常委会的刑法解释权，就很难对其进行监督和制约，不利于刑法保障机能的发挥；世界各国进行立法解释的国家越来越少。（2）在现

① 王宁：《从“许霆案”看我国刑法解释权的分配》，载《河北法学》2009年第3期。

实层面：通过考察已经颁布的刑法立法解释，从权力配置的角度来看，全国人大常委会的立法解释权有侵犯立法权之嫌；从权利和权力的关系角度来看，不利于人权保障；从立法解释出台的背景来看，那些基于最高人民法院和最高人民检察院解释分歧而进行的解释没有必要，因为这种情况完全可以以司法解释备案审查程序予以补救。①

有论者基于我国现行刑法司法解释与罪刑法定的冲突，认为罪刑法定之“法”不包括司法解释。虽然从形式上讲，司法解释也是我国法的渊源之一，但从内容上讲，罪刑只能由法律定，而不能由司法解释定。且罪刑法定原则应该排斥司法解释的变相类推，故而提出应废止刑法司法解释中有关罪刑的解释，将司法解释通过立法上升为刑法立法解释或吸纳入法。从内容上讲，虽然司法解释与立法解释多少有一脉相承之处，甚至或许在量上并没有多大变化，但从形式上讲，将司法解释上升为立法解释却有着质的变化，是罪刑法定之必需。有关罪刑法律条文本身需要进一步明确界限的或出现了需要用刑法调整的新的社会关系，就只能通过立法解释、补充甚至修订刑法典来加以规定。因此，加强立法解释和补充立法是解决刑事司法实践中层出不穷的新问题唯一而有效的途径。②

有论者基于各级司法机关均应享有司法解释权的认识，在1997年刑法颁布之前就提出建立多级司法解释体制的主张，认为最高人民法院、高级人民法院、乃至中级人民法院和基层人民法院都有权制发刑法司法解释（包括规范性司法解释）。③

有论者认为，在刑法司法解释权配置上，既要集权又要分权，实现集权与分权的统一。集权，就是司法解释必须严格限制在司法机关

① 喻海松：《刑法解释权配置模式探析》，载《刑法论丛》2008年第2期第14卷。

② 蒲伟：《论罪刑法定与刑法司法解释之应然》，载《重庆工业高等专科学校学报》2002年第4期。

③ 游伟：《论我国刑法司法解释权的归属问题》，载《法学研究》1993年第1期。

（检察机关和审判机关）范围内，其他任何机关或组织都无权单独或者参与制作司法解释。分权，就是建立二级司法解释体制，最高人民法院和最高人民检察院是一级主体，省、自治区、直辖市高级人民法院、检察院为二级主体，并确认司法官（包括法官和检察官）对个案的解释权。①

还有论者认为，将司法解释权赋予给检察机关，弊端重重，具体表现为：第一，检察机关与法院之间是分工负责的，在权利配置上，前者是检察权，后者是审判权，二者是有界限的。检察机关进行的司法解释，很多情况下却是法院最终审判要确定的问题，这实质上违反了权力配置分工负责的原理。第二，检察机关的司法解释权对被告人是不公平的。在刑事诉讼中，公诉方和被告人应该地位平等，法院居中裁判，但检察院具有司法解释的权力，这不仅是对审判权的挑战，也违背了刑事诉讼的基本原理。第三，检察机关和法院如果作出了不一致的司法解释，导致司法解释权能得不到较好的发挥。②

有论者认为，法官的法律解释权应该得到肯定。第一，刑法解释应当归入刑法适用的范畴，是刑法适用活动中不可或缺的环节，如果将刑法的解释活动全部交与最高人民法院，既没有效率，也非常不现实。第二，案件请示制度导致了二审被架空，形同虚设。第三，肯定法官的法律解释权是世界上其他大多数国家的通行做法。第四，无论现行的刑法解释权配置模式是否承认法官的解释权，法官们在适用刑法的过程中都在解释着刑法，这是客观存在的现实。③

有论者在对现行的法律解释权配置进行评析的基础上，提出我国刑法解释权配置模式应该是“一元多级的刑法解释体制”，即法官适

① 苗生明：《关于刑法司法解释权合理配置的构想》，载《人民检察》1999年第2期。

② 喻海松：《刑法解释权配置模式探析》，载《刑法论丛》2008年第2期第14卷。

③ 喻海松：《刑法解释权配置模式探析》，载《刑法论丛》2008年第2期第14卷。

用刑法解释和刑法司法解释（限定于最高人民法院作出的统一解释）相结合，全国人大常委会对刑法解释行使审查权。在这个权力配置模式中，从横向的角度而言，刑法解释权由法院系统独享，其他机关行使监督权，立法机关行使对刑法司法解释的审查权。从纵向的角度而言，刑法解释权在法院系统内再行分配，即最高人民法院负责刑法司法解释，各级人民法院的法官负责个案适用过程中的刑法解释。①

（二）法官应否赋予刑法解释权

1. 肯定说

有论者认为，尽管立法原意是存在的，但在刑法解释的过程中必须受到法律文本的限制，客观的刑法解释思想与罪刑法定原则并不冲突；刑法的公平正义价值应该更被看重，因此，违反立法原意但有利于弘扬公正、谦抑、人道价值的客观解释也是可取的。鉴于此，笔者认为，客观解释说优于主观解释说和折中说，在此基础上认为，依据客观的解释论以及国家机关的职能理论，立法机关、学者、检察机关都不应该进行刑法解释，只有法院才是刑法解释的唯一主体。其中，最高人民法院进行的解释是规范性解释；各级审判委员会、法官的解释是个案解释。②

有论者区分了“规范性刑法司法解释主体”和“个案刑法司法解释主体”两个概念，认为法官是个案刑法司法解释主体。所谓规范性刑法司法解释主体，是指所作出的刑法司法解释具有规范性，即具有普遍约束力的解释者。所谓个案刑法司法解释主体，是指针对具体刑事案件适用刑法问题的解释者，即承办个案的法官。个案刑法司法解释主体所作的解释，仅对具体刑事案件有效。具体而言，我国目前的规范性刑法司法解释的实然主体是最高人民法院和最高人民检察院，应然主体只有最高人民法院。个案刑法司法解释主体从实然上

---

① 喻海松：《刑法解释权配置模式探析》，载《刑法论丛》2008 年第 2 期第 14 卷。

② 吴丙新：《刑法解释的基本思想及主体》，载《现代法学》2001 年第 3 期。

看，包括我国各级审判机关的审判委员会和法官，但从应然的角度分析，个案刑法司法解释主体只能是承办个案的法官。[①]

有论者将法院审判领域内的刑法解释分为法院规范解释和法官适用解释两种形式，所谓法院规范解释，是指依据法律授权的最高人民法院在审判工作中就适用法律普遍存在的问题作出的抽象性、规范性解释。这种规范解释既不是在适用法律过程中也非针对具体案件，而是就普遍法律问题作出的系统的具有规范性的司法解释，是一种抽象的解释。普通审判人员（法官）将一般法律规定和法院规范解释适用于具体案件时所作的解释，称之为法官适用解释。此种解释虽然未经法律明确授权，但在司法实践中却具有无可争辩的法律效力。法官是刑法解释应然主体的理由：（1）我国的政治体制和刑法适用的特点决定了刑法解释的主体是法官。全国人大及其常委会是立法机关、是创制法律的，检察机关是法律监督机关、是对犯罪人进行控诉的，因此，上述两个机关都不应成为刑法解释的主体。而法院是居中裁判的单位，法院的审判职能必须通过法官对法律的解释来实现。法院的审判包括理解、解释、运用法律三个环节，每一个具体案件中都存在着法官对法律及案件事实不同程度的解释过程。法院的基本职能决定了法律解释的应然主体是法官个人，而不是法院或其他机关及个人，从而刑法解释的应然主体也只能是法官个人。（2）刑法解释基本思想的客观说呼唤法官解释刑法。论者认为，刑法解释立场的客观说是要求刑法的解释要与客观实际相适应，探寻刑法文本表现出来的符合实际生活的外在意思，是合理的解释立场，这种外在的意思只有法律适用者最清楚，而法律适用者就是法官，而非检察机关和立法机关。（3）社会发展变化和成文法相对稳定之间的矛盾也呼唤法官解释刑法。[②]

---

① 马松建：《刑法司法解释主体探析》，载《河南师范大学学报》（哲学社会科学版）2004 年第 1 期。

② 刘守芬、房树新：《论法官为刑法解释的应然主体》，载《河南大学学报》（社会科学版）2005 年第 3 期。

还有很多论者对赋予法官刑法解释权也持肯定的态度，这一观点似乎愈演愈烈。①

2. 否定说

有论者认为，刑法的解释与刑法的适用完全是两码事，个案中的法官不是刑法解释主体。该论者认为，刑法的解释是指通俗地阐明刑法原意，以便于司法实践中对刑法的正确适用，具有普遍的指导意义。刑法的适用是在正确理解刑法原意的基础上将刑法的规定运用到具体的个案当中，它只有个案的实用意义，而不具有普遍的指导意义。对刑法的适用不是对刑法的解释，对刑法的理解也不是对刑法的解释。只有在普遍指导意义下的对刑法原意的阐明，才属于对刑法的解释。②

有论者认为，在我国，法官对刑法条文的解释不是一种有权解释，不属于人们通常所理解的司法解释。其主要理由是：第一，法官对刑法条文的解释不具备有权解释的有效性特征。法官对案件的判决理由、对法律的解释说明对其他案件没有拘束力，而且法院的判决还要进行上诉、抗诉，即使是终身判决，也存在进行再审推翻原判决的可能。第二，有权解释能够为人们提供对刑法理解的正确与否的判断标准，而法官对刑法条文的解释不具有这种功能。因为法官对具体案件所作出的裁判并不具有不可更改性，其中所包含的对刑法条文的解释，也就很难说它一定是正确的。第三，刑法解释具有相对的稳定性，而法官对刑法条文的解释不可能具有这种稳定性。法官在具体案件中对刑法条文的理解，随案情的变化而变化，没有稳定、普遍的适用意义。第四，刑法解释主体的确定，离不开具体的司法制度，我国

---

① 持肯定观点的还有王宗光：《刑事司法中的罪刑法定与基层法官的刑法解释权》，载《政治与法律》2004 年第 2 期；吕欣、孙红霞：《罪刑法定视野中法官的刑法解释权》，载《政法论丛》2005 年第 1 期；刘晓莉：《刑法解释的主体》，载《吉林大学社会科学学报》2003 年第 2 期；夏朝晖：《刑法解释的困境与出路》，载《中国刑事法杂志》2009 年第 5 期。

② 侯国云、关仕平：《也论刑法解释的基本思想及主体——与吴丙新同志商榷》，载《河南师范大学学报》（哲学社会科学版）2004 年第 5 期。

目前的司法制度设计状况决定了我国不适合将刑法解释权赋予给法官。①

还有论者认为，尽管我国法官解释刑法的现象大量存在着，但不能由此推导出法官具有刑法解释权的结论。理由是：第一，我国立法并没有规定法官可以作为司法解释的主体。第二，在我国的错案追究制之下，只要下级法官对法律的解释被上一级的裁判所否定，对下级法院之法官以错案进行追究本身，就意味着法官没有解释法律的权力。因此，即使法官进行了解释，也会因为错案追究制而使这种解释实质上归于无效。②

有论者结合法官解释与现有的刑法司法解释路径，提出了新的司法解释路径——个案解释。论者从三个方面对“个案解释”进行了研究：（1）个案解释的性质。个案解释是一种被动解释，但不再是一种规范性解释，而由办案法官在处理刑事案件适用刑法遇到疑难向解释机关提出解释请求，由解释机关就该案所涉及的疑难刑法规定作出的个别解释，同时这种解释具有普遍的权威性。（2）具体方案设计：第一，启动及其条件方面。由案件的主审法官对疑难案件以书面的形式提出。第二，形式及要求方面，有关机关解释个案可以以“批复”的形式作出，但必须得对“批复”进行一定的改造。第三，体制及程序方面，承认“两高”的刑事司法解释权，但需要二者解释的场合不同，要建立一套筛选程序避免最高人民法院应接不暇。（3）个案解释的联动效应。一是改善刑法司法解释结构，增强实用性；二是改善刑事法官队伍结构，增强专业性；三是改善审判体系组织结构，增强服务性。③

---

① 张智辉、刘瑞瑞：《刑法有权解释主体辨析》，载《法学家》2004年第4期。

② 李洁：《中国有权刑法司法解释模式评判》，载《当代法学》2004年第1期。

③ 夏勇：《改善我国刑法司法解释的新路径》，载《法学》2006年第9期。

（三）刑法适用解释问题①

一般认为，刑法适用解释既不属于刑法立法解释，也不属于刑法司法解释的范畴，而是属于独立的第三种有权的刑法解释。

1. 刑法适用解释的概念

与刑法适用解释概念相似的是，有论者提出了“法官刑法解释”这一概念，认为法官刑法解释也称为刑法适用中的法官解释，是指法官在将抽象的刑法规定运用于具体案件以获得判决的过程中对刑法规定的理解、分析与说明。其主要特征是：解释的主体是法官；解释的对象是法律规定；存在于法官适用刑法的过程中；解释的效力仅对个案有效。②

有论者专门对刑法适用解释进行了研究，认为刑法适用解释是指司法人员（包括审判人员、检察人员和侦查人员）在个案中适用刑法时对刑法条文含义的理解、分析和说明。刑法适用解释与刑法立法解释、刑法司法解释不同：（1）主体不同。刑法适用解释的主体是司法人员，而刑法立法解释、刑法司法解释都是有权的国家机关。（2）解释效力不同。刑法适用解释仅仅在个案中具有约束力，而立法解释和司法解释具有普遍的约束力。（3）表现方式不同。刑法适用解释可以是司法人员的一种内心活动，也可以表现为将自己理解的内容对外进行分析和说明，既可以是口头的也可以是书面的；刑法立法解释和司法解释都必须以书面形式表达且名称和程序非常严格。（4）适用的范围不同。刑法适用解释的范围很广，只要有刑法适用就有刑法适用解释，而刑法立法解释和刑法司法解释的适用范围由立法进行了明确规定。（5）对“解释”一词运用的侧重含义不同，刑法适用解释中，“解释”的含义是静态和动态的结合，而立法解释和司法解释更侧重静态的含义，意旨解释结果的规范性文件。

---

① 王凯石：《刑法适用解释》，中国检察出版社2008年版，第20～55页、第71～103页。

② 李荣：《刑法适用中的法官解释》，知识产权出版社2007年版，第25～26页。

2．刑法适用解释存在的理论依据

刑法适用解释的存在，有其深刻的理论依据：第一，刑法适用解释是“解释”概念的应有之意，因为解释就是理解，应用也是理解，理解的本质就是解释和应用，所以，司法人员进行刑法适用的过程就是理解、解释和应用刑法的过程。第二，刑法适用解释是人有限理性不得已的选择。人的理性和认识的局限性，导致一些场合无法准确定型和概括，这就给司法人员以解释的机会，以求实现刑法的价值和目的。第三，刑法适用解释的存在是从抽象的人到具体的人的必然要求。第四，刑法适用解释法律是面向现实生活世界的需要。第五，刑法适用解释是克服语言局限性的必要手段。

3．刑法适用解释的地位

有论者认为，在承认刑法立法解释和刑法司法解释都还有存在必要的前提下，从忠于事实和忠于司法规律的立场考虑，刑法适用解释应该在刑法解释体制中居于核心地位，刑法司法解释是刑法适用解释的补充手段，刑法立法解释只是刑法适用解释的例外情形。

4．刑法适用解释的功能

刑法适用解释是克服刑法局限性的重要工具，是实现个案正义的锐利武器，是适应社会变革的调节器，是连接刑法条文与案件事实的桥梁和纽带。

（四）最高人民法院公报案例之性质

1．肯定论

有论者认为，我国最高人民法院公报公布之案例实质上具有先例约束力。“中国不仅具有适用判例的历史，而且现实司法中也注意运用判例的作用。主要表现是发布案例（包括内部发布）来指导全国司法。通过案例可以创造性地适用法律，可以对法律规定解释，可以总结经验教训。特别是在案例后面，往往有最高人民法院审判委员会的按语，要求‘各级人民法院借鉴’。而实质上，这些案例所确立的规则对下级法院，其效力不是借鉴，而是必须遵循。因此可以说，我国已出现了判例制度的端倪。”[①] 还有论者认为，抽象性的司法解释不够具体，法官审理案件的时候还需进一步作出解释，而作为具体司法解释的判例具有个案的针对性和具体性，既能为法官审理具体案件提供借鉴，还能约束法官解释刑法的任意性，限制法官的自由裁量权。因此，建议废除“两高”抽象的司法解释方式，结合个案对刑法进行具体解释和适用解释，使刑法的司法解释判例化。[②] 有论者直截了当的认为，最高人民法院公报之案例应当成为判例而不仅仅只是一个案例，应当成为司法解释的一种特殊形式，其理由是：第一，公报案例起着补充法律漏洞的作用。第二，公报案例起着使法律规范明确具体的解释作用。第三，公报案例对各级人民法院待决案件的裁判起着导向作用。第四，公报案例起着推动法律发展的作用。尽管现在公报的案例还很简单、粗疏，也缺乏充分论证，但经过改造，还是可以发挥应有作用的。[③]

2. 否定论

有论者认为，判例在我国不应具有拘束力，判例在我国的作用，是在法律规定或缺乏明确的适用方法上的规定以及在处罚或裁判幅度过宽的情况下给法官提供的一种参循方法。在法律规定尚不完善的情况下，仅仅是法官正确适用法律的参考。[④] 还有论者也反对适用判例的方式解释法律，认为我国没有适用判例法的传统，并且用判例的形式解释刑法会造成司法适用上的烦琐和混乱。[⑤]

---

① 陈光中、谢正权：《关于建立我国判例制度的思考》，载《中国法学》1989 年第 2 期。

② 李洁：《中国有权刑法司法解释模式评判》，载《当代法学》2004 年第 1 期。

③ 董皞：《司法解释论》，中国政法大学出版社 2007 年版，第 260 ~ 266 页。

④ 吴伟、陈启：《判例在我国不宜具有拘束力》，载《法律科学》1990 年第 1 期。

⑤ 侯国云：《关于刑法解释几个争议问题的思辨》，载《法学杂志》2004 年第 4 期。

3．折中说

有论者认为，尽管从内容上看，有些刑事案例基本上具有刑事判例的某些特征，但还不能将最高人民法院公报刊载的案例直接当做刑事判例，即认为我国最高人民法院公报之案例有判例之实而无判例之名。①

（五）司法解释权和立法权的协调

有论者认为，当今我国刑法司法解释有随意性和立法化的倾向，而且审判解释和检察解释之间的冲突也时有发生，刑法立法解释显现出滞后性和薄弱化的特点。这些不协调现象的发生，与法律制度不健全、不完善，刑法解释的形成机制不完备和监督措施不到位有关，与立法机关和司法机关的主观意识也密不可分。该论者提出了完善措施：第一，完善刑法解释的立法规范。即在现有法律规定的基础上，在总结刑法立法解释与司法解释经验的前提下，通过制定《法律解释法》，对法律解释的体系、程序和解释主体的权限等问题作出明确、全面的规定。同时，修改《人民检察院组织法》，增加“最高人民检察院对于在检察工作中如何具体应用法律、法令的问题，进行解释”的规定，以与《关于加强法律解释工作的决议》和《法律解释法》的有关规定协调一致，并删除《立法法》中“法律解释”一节。第二，健全刑法解释的形成机制，上下结合，即刑法解释的法定主体主动解释与下级机关报请解释相结合；左右结合，即接受其他组织、社会团体或个人的建议，对有关问题及时进行解释，建立调研制、课题制、公开制，提高解释的社会化程度。第三，加强刑法解释的监督制约，进一步加大监督依据的制度化、规范化力度，如在《法律解释法》中设置监督条款，并增加法律解释的备案、审查等制度；进一步加大全国人大常委会的检查监督力度，如全国人大常委会应通过执法检查等活动、备案审查等制度对司法解释和行政解释等进行审查监督；进一步加大法律解释活动的公开透明力度，进一步加大违法解

① 陈兴良主编：《刑事司法研究》，中国方正出版社1996年版，第215～216页。

释活动的责任追究力度。①

还有论者认为，司法解释权力为特定的司法机关所享有的针对个案解释法律的权力。尽管司法解释权与立法权之间存在着差别，但二者之间的对立并非绝对的。立法权和司法解释权均为适用法律的活动，二者地位应该是平等的，在此基础上，司法解释权和立法权应该展开对话。因为司法解释权的限制可以通过立法来实现，即司法解释一旦通过，就应该立即到全国人大常委会备案，接受其监督、审查，立法机关认为其解释与立法原意不同的，可以径行宣布其无效。②

（六）刑法立法解释与刑法司法解释的完善

1. 刑法立法解释的完善

有论者认为，刑法立法解释作为刑法改进与刑法司法解释的中间物，具有独特的价值，即可以明确概念、澄清争议、统一司法。对其需从三个方面进行完善：（1）对刑法进行立法解释以必要为原则，滥用立法解释实质上就是滥用立法资源，因此刑法立法解释应秉持谦抑态度，尽量少用。（2）刑法立法解释依据实践的需要，必须讲究及时。（3）刑法立法解释必须规范，不得超越解释的必要限度；解释与立法保持一致，法言法语同义使用；解释语言准确严谨、不得含糊。③

2. 刑法司法解释制度改革

有论者认为，我国应该借鉴澳门特别行政区的统一司法见解制度，以修正我国目前司法解释和案例指导所存在的问题。这样做就会扭转原来的司法解释过于抽象、概括的弱点，从而过渡到对具体案件的指导。但是，这种做法又有别于案例指导制度，案例指导制度仅仅

① 贾济东：《论刑法立法解释与司法解释的协调》，载《国家检察官学院学报》2009年第4期。

② 刘士国主编：《法解释的基本问题》，山东人民出版社2003年版，第330~331页。

③ 吴大华、蒋熙辉：《论刑法立法解释》，载《贵州警官职业学院学报》2003年第6期。

具有事实上的约束力和较弱的适用性，而统一司法见解制度具有法律上的约束力和较强的针对性。统一司法见解制度还可以制定相应的配套制度，以求有效地监督不合时宜的司法见解，避免目前司法解释仅仅是制定机关自己监督自己的尴尬。统一司法见解制度虽然根植于个案之中，但却避开了判例法国家“法官造法”的可能性，削弱了法官对待法典态度上的差异，减少了法律人适用法律技艺上的差异。①

① 王仲兴、孙末非：《我国司法解释制度改革路径探析——以〈澳门刑事诉讼法典〉“统一司法见解制度”为视角》，载《吉首大学学报》（社会科学版）2009年第3期。

第四章　刑法解释研究的评价与展望

一、对刑法解释研究的评价

刑法解释是现代刑事法学理论研究和法律实践的核心问题之一，但直至 20 世纪 90 年代初期，刑法解释才真正步入了刑法学界的研究视野，刑法解释研究才真正走上了系统化研究的道路。在接下来近 20 年的时间中，许多学者都对刑法解释进行了专门研究，大量的相关著作和论文也相继问世，刑法解释研究出现了前所未有的繁荣景象。

（一）刑法解释研究的进展与成就

尽管我国刑法解释研究起步较晚，但凭借着学者们孜孜不倦的思考和探索，刑法解释研究可谓是百家争鸣、硕果累累，有诸多值得肯定之处。概言之，主要表现在如下几个方面：

1．研究范围广泛，内容全面、层次鲜明

刑法解释具有较强的理论性和实践性，学界抓住了刑法解释的这一双重属性，从基础综合理论研究、立法解释的理论与实践研究、司法解释的理论与实践研究等层面对刑法解释进行了全面的研究。在基础综合理论研究层面上，从刑法解释的概念到特征、主体到对象、目的和方法、原则和立场等，都有学者进行了论述。立法解释的理论与实践研究层面以及司法解释的理论与实践研究层面上，从内容到形式、从实体到程序、从规范到事实、从缺陷到完善等，学者们也都结合刑法解释的基础综合理论进行了详细而全面的研究。上述研究几乎完整地展示了刑法解释的基本研究领域，使得我国的刑法解释理论的体系性增强，为以后更加深入、细致地开展刑法解释研究打下了坚实的基础。

2．注重基础理论研究，重点突出

对刑法解释进行的广泛而全面的研究，并未使得刑法解释理论的研究方向变得散乱。20 年的时间，对于研究一门有着广阔空间的理论来说，是短暂的。由于我国刑法解释研究起步较晚，因此，若要使得它能够具有强大的生命力，十分有必要从其基础理论研究开始。只有将基础理论研究成熟，建立于之上的其他理论才会发挥积极的作用，基于理论指导的实践也才会产生积极的效果。从目前的研究现状来看，无论是著作还是学位论文，或是公开发表的论文，学者们都是将重心放在了基础理论的研究上。尤其值得一提的是，在基础理论研究的诸多方面中，学者们整体上又从中把握住了重点，侧重于对刑法解释的立场、原则、解释方法以及刑法解释与罪刑法定原则之间的关系等核心研究领域进行研究，符合科学研究的规律。

3．研究成果的实践特征明显，具有一定的可操作性

理论来源于实践，理论的目的在于指导实践，这一点在刑法解释研究方面得到了突出的体现。在注重基础理论研究的同时，许多学者都针对我国的刑法条文如何理解、立法解释和司法解释存在问题及其完善等发表了各种各样的观点，提出了许多法律建言。其中有些意见已经得到有权机关的采纳或者印证，成为了现实，如最高人民法院应该向社会公开征求对司法解释草稿的意见、法院判决应该附详细的判决理由等，[①] 避免了刑法解释理论成为一种不切实际的空洞理论。另外，学者还注重结合当下甚至是当时社会上发生的一些案件对刑法解释进行探索，并且反过来对这些案件中涉及的相关法律规定应该如何解释等问题进行研究，二者相得益彰，在深化了刑法解释理论研究的同时大大提升了该理论的应用价值。

4．学术观点各异，敢于独树一帜

如果说学术的生命在于争鸣的话，那么刑法解释理论无疑是一种生命力旺盛的理论。经过许多学者的研究，关于刑法解释，学界已经

① 杨艳霞：《刑法解释的理论与方法：以哈贝马斯的沟通行为理论为视角》，法律出版社 2007 年版，第 3 页。

形成了许多通说，如刑法解释应当在罪刑法定原则的指导下进行，文理解释在刑法解释诸方法的位阶中处于首要位置，刑法适用解释不属于刑法立法解释或者司法解释的范畴，而是属于独立的第三种刑法有权解释，等等。通说的存在，证明学界关于刑法解释在某些方面已经形成了比较稳定的看法，这是刑法解释理论研究日趋成熟的表现，也有利于发挥刑法解释理论的实践指导价值，而不至于让解释者无所适从。但是，过于稳定就意味着封闭自守、停滞不前，视稳定性为核心属性之一的刑法尚且需要不断修正，刑法解释研究就更应该具有挑战通说的勇气。

研究现状表明，学界并不只是通说的天下，还存在着许多强有力的反通说观点，如认为刑法解释不应局限于罪刑法定原则的指导与制约，类推解释不应受到绝对排斥，[①] 刑法解释的对象不应局限于刑法条文或者刑法规范，而在于案件事实、刑法规范和解释者之间的合意，[②] 等等。此外，在某些未能达成一般共识的研究领域，学界也是观点各异，如关于刑法解释的基本原则、刑法解释方法种类的观点均有十余种之多，而且几乎每种观点都提出了详尽的论证理由。

5. 研究视野开阔，研究角度多样化

理论研究的繁荣离不开研究方式上的多样化与创新，学界对刑法解释的研究，在经过了初期的艰难探索之后，已经走上了研究视野开阔、研究角度日益多样化的道路。从外围来看，有的论者从刑事政策、民意、文化等角度进行研究；有的从与刑事诉讼法及其相关理论、宪法及其相关理论的对比角度进行研究；有的借鉴了民法学、法理学和哲学对于法律解释或者哲学解释的研究成果，尤其是直接借鉴了伽达默尔、罗尔斯、维特根斯坦、考夫曼、哈贝马斯等一大批著名哲学家的相关理论，将刑法解释研究引入新的深度；还有的论者从美

---

① 吴丙新：《刑法解释研究学术报告》，载陈兴良主编：《刑事法评论》2009 年第 2 期。

② 吴丙新：《刑法解释的对象——在事实与规范之间》，载《文史哲》2009 年第 1 期。

国、日本等国家的刑法解释理论和实践中吸取营养，丰富我国的刑法解释研究，等等。内在地看，学界并不仅仅局限于从各角度对刑法解释的基本问题进行研究，还充分注意了研究刑法解释在犯罪论、刑罚论以及刑法分论的价值和作用，并从中挖掘有利于刑法解释研究的信息，如以刑法解释为视角研究犯罪客体、如何控制和减少死刑、如何看待亲亲相隐罪、贪污贿赂犯罪，等等。

（二）刑法解释研究的缺陷与不足

虽然，学界在刑法解释的研究上取得了丰硕的成果，但由于刑法解释的研究起步较晚，刑法解释仍然有需要改进或者加强之处。

1. 对刑法解释基础理论的研究不够深入

尽管学界注重对刑法解释基础理论的研究，但总体来看，刑法解释研究仍显浮躁，包括重点、热点问题在内的许多问题，学界的论证都不够精细，研究力度仍然有待加强。

例如，关于刑法解释的立场这一热点问题，学界可谓倾注了大量的心血进行研究，发表了许多的论著，但总体上来看，经过一系列争鸣后所形成的有力度的结论并不多见，许多论文都是停留在争议问题的表面进行重复论述，几乎只是换了种表达方式而已；大量的论著也往往把目光集中于刑法解释立场与罪刑法定原则关系之间的论述，很少关注刑法解释立场与其他价值（观）之间的联系。

又如，关于刑法解释的具体方法，学界往往将研究重点放在了文理解释、体系解释、历史解释和目的解释等方面，对其他诸如反对解释、比较解释、当然解释等经常是一笔带过。不可否认的是，前几种解释的重要性一般要大于后者，也有论者拒绝将后几种解释视为刑法解释的方法。但是，鉴于通说认为后几种解释是刑法解释的有效方法，实践中这几种解释方法也发挥了一定的作用，从学术严谨和繁荣学术的角度上来说，应该对这几种解释进行较为深入的研究后再对其进行定位。无疑，从学界目前的相关研究成果来看，这一点是有待加强的。另外，从研究内容上看，即使文理解释、体系解释、历史解释和目的解释等是刑法解释方法的研究重点，但学界对此进行的研究却十分分散，没有形成“百家争鸣”的局面——对于一个没有深入研究的问题来说，争议不多并不是一种好现象。而且，即便是在某些问题上出现了一些分歧，那也往往是集中在诸如定义等基础层面上，不能够给解释方法的展开应用带来很大的帮助，更何况，也少有学者对这些分歧进行专门的比较研究。

2. 对其他理论和实践的借鉴有待加强

虽然，从刑法解释研究的发展轨迹来看，学界对刑法解释的研究已经越来越注重从其他理论和实践中吸取营养，但是，由于学界最近几年才真正开始注重于这一方面的借鉴，因此，无论是从借鉴力度和借鉴面来讲，都还有待加强。

从借鉴力度上来看，虽然有学者将解释哲学、语言学等方面的理论成果，美国、日本、我国台湾等国家和地区的相关理论和实践成果纳入到了刑法解释的研究视域之中，但致力于这方面努力的学者并不多，所形成的研究成果同样也很少。而且，借鉴成果主要停留在了介绍和直接转化等层面，很少有论者专门就某一理论或实践进行深入研究，并详细探讨该理论或实践在我国适用的可行性。

应该说，学者对哲学等学科领域内相关理论的借鉴并不全面，许多著名哲学家（包括语言学家）的相关理论还没有直接吸收到刑法解释的研究范畴之中。从所借鉴的国家和地区来讲，仅仅借鉴美国、日本和我国台湾地区的相关研究成果似乎不足以概括域外的现状。而且，到目前为止，借鉴、研究工作主要都是从刑法解释实践或者法律解释等方面进行，还很少有论著直接对国外学者关于刑法解释的理论进行借鉴和研究。

二、对刑法解释研究的展望

结合上述对刑法解释研究的成就与不足之处的分析，我们认为，以后的刑法解释研究应注重以下几点：

（一）以基础理论研究为本，突出重点，主次兼顾

刑法解释研究是一门方兴未艾的学问，从实际情况来看，尽管学界一开始就注重基础理论的研究，刑法解释研究也取得了不少成就，但受各种主客观因素的影响，刑法解释研究根基尚显薄弱，研究深度

还有待加强，刑法解释研究繁荣的背后还存在不少泡沫。只有通过加强对其他理论和实践的借鉴作用，深化刑法解释基础理论研究，刑法解释研究才有可能取得长足的进步，刑法解释理论对于刑法解释实践的指导作用才会更加明显、更加切合实际。

注重基础理论研究的同时，应该考虑到基础理论内部存在的主次划分。鉴于上文对刑法解释研究不足之处的分析，可以认为，刑法基础理论研究仍然需要以重点理论研究为主，同时，由于学界对某些非重点的基础理论缺乏足够的关注，因此，在接下来的研究中，研究布局应适当向非重点基础理论倾斜，做到主次兼顾。

（二）以理论研究为主，实践指导为辅

注重基础理论研究的同时，还应当注意处理理论研究与实践指导之间的关系。虽然刑法解释研究具有较强的实践性，学界的研究成果也具有一定的实践可操作性。但是，鉴于目前刑法解释理论研究亟待加强，刑法解释研究不可过多关注理论研究是否能够马上运用到实践中，也不可急于为了指导实践而随意创造理论。刑法解释研究应该讲究厚积薄发，其肩负的历史使命，注定了其应该并且必定会走向实践，但真正能够对实践发挥重大、积极作用的势必是一种强大而成熟的理论，急于用理论指导实践，只会产生拔苗助长的不良效果。因此，在后续研究中，应当坚持以理论研究为主，实践指导为辅。

（三）注重发挥通说的稳定作用

通说，是一种在经历了一番学术探索与争鸣后而形成的具有一定普适性的观点。通说的多少在一定程度上可以判断一门学问或者一种理论是否稳定或者封闭。学界在刑法解释研究上就许多问题呈现出了许多反通说的观点，这在一定程度上证明了刑法解释理论不是一种封闭或者保守的理论。但是，如果反通说的观点过多，或者说如果学界形成了以反通说为荣的风气，那么，无疑是不利于处于成长期的刑法解释研究理论的稳定和发展的，因此，应当注重通说的稳定作用。

发挥通说的稳定作用，并不意味着不能否定通说，而是意味着不能随意否定通说，否定通说应该建立在对通说和新观点——如果有的话——的详细、深入的比较分析之上。当然，需要申明的是，注重发挥通说的稳定作用并非要压制目前已经比较繁荣的学术争鸣的局面，相反，这只是一种建议性的学术导向，这样做是为了保护、促使学术争鸣能够在一种更加清澈的环境中进行。

（四）慎重吸收转化外来理论和实践

学术研究需要不断地交流、沟通，对刑法解释的研究也需要借鉴吸收来自于学科外和地域外的理论和实践。由于不同对象、地域具有不同的特点，因此，在这种借鉴、吸收过程中，尤其应当注重抓住刑法区别于其他法律、中国刑法区别于外国刑法、刑法学区别于其他学科、中国刑法实践区别于外国刑法实践而具有的特征属性，立足于实际情况，进行合理变通吸收、转化。由于刑罚是国家在治理社会时所使用的最后的并且是最具严厉性的惩罚手段，而刑法解释是否正确、合理，直接影响到刑罚适用与否及其严厉性，因此，研究刑法解释时对于外来理论和实践的借鉴应该慎之又慎。

（五）加强学术讨论，促进思想交流

学术讨论是一种仁者见仁、智者见智的交流活动，也是一个能够擦出智慧火花的论辩舞台。对于研究一门理论来说，学术讨论就像一种催化剂，能够加速各种观点的成长或者消亡，有利于去伪存真、去粗取精，进而促进理论的繁荣与发展。学术讨论的这一利好，对于刑法解释理论研究来说，应当是显而易见的。

从改革开放至今30多年的刑法解释研究现状分析，基本上，2003年是刑法解释研究的一个分水岭，这一点反映在研究成果的数量分布上。就论著而言，笔者所能查找到的2003年之前专门研究刑法解释的论著仅有4部，而2003年（包括该年）至今出版的相关论著就达17部。就学位论文而言，2003年之前以刑法解释为研究对象的学位论文仅有1篇，而2003年至今撰写的相关论文就达到了81篇。就期刊论文而言，有学者统计，1993～2002年，在中国期刊网上检索到的与刑法解释直接相关的学术论文一共才不到40篇，而仅

2003~2007年这五年间，学术论文的数量就达到了198篇。[①] 然而，恰恰就是在2003年，中国法学会刑法学研究会将“刑法解释问题研究”作为会议讨论的主题之一。虽然没有证据显示这一次年会是导致刑法解释研究出现了如此重大转变的充分条件，但可以肯定的是，如果没有这次会议的促进，关于刑法解释的研究就不会受到学界的广泛关注，那么，随之而来的学术争鸣更是无法充分展开，刑法解释理论就不会呈现出上文所提及的繁荣景象。

由此，既然尝到了学术交流带来的好处，那么，在后续的刑法解释研究中，就应该继续促进学术交流，尤其是加强就某一问题持不同立场的学者们之间的对话。虽然，不能奢望近几年之内刑法解释相关问题能够再次成为刑法学年会的讨论主题之一，但一系列的研讨会仍然是有可能并且有必要开展的。一方面，鉴于刑法解释的重要性以及近年来对刑法解释研究的繁荣，刑法解释研究需要进行一次或者多次集中的总结讨论，以便于学界更加看清刑法解释研究目前所取得的成就以及存在的具体问题，为刑法解释理论更上一层楼打下坚实的基础；另一方面，也只有加强刑法解释的共同研讨，学界关于刑法解释问题的声音才能被放大，刑法解释理论才能更好地发挥指导实践的作用，进而在实践中完善自身。

三、结语

哪里有法律，哪里就需要法律解释。就刑法的特殊地位而言，既然对于刑法条文的适用需要十分慎重地解释，那么，就要对刑法解释的理论进行十分深入、细致的研究。我国刑法解释研究虽然取得了不小的成就，但是依然存在不少问题，有些问题是已经发现了的，有些则需要在不断地深入、对比研究中挖掘，总之，刑法解释研究的完善之路任务艰巨，永无止境。波普尔曾说过，“为了发现错误，我们必须参与自由讨论；要参与自由讨论，我们必须要拥有一个开放的、自

---

① 王政勋：《刑法解释问题研究现状述评》，载《法商研究》2008年第4期。

由的社会”。[1] 同样的道理，为了完善刑法解释研究，学界必须在持不同观点之间、不同学科领域之间和不同地域之间，开展学术交流，造就一种开放、自由的刑法解释研究环境。当然，如同自由意志是相对的一样，刑法解释研究的自由也应当是相对的，即应该遵循科学研究规律，突出研究重点，进行全面而又主次得当的研究。

① ［挪］G. 希尔贝克、N. 伊耶：《西方哲学史——从古希腊到二十世纪》，童世骏、郁振华、刘进译，上海译文出版社 2004 年版，第 580 页。

下编　代表性论文精选

论刑法解释的原则

李希慧

刑法解释的原则，是指解释者在解释刑法时所必须遵循的基本准则。确定我国刑法解释的原则，必须根据我国社会主义法制原则的基本要求、我国刑法立法的基本特点以及刑法解释自身的功能等因素进行。从这一标准出发，我国刑法解释的原则应有以下几个：合法性原则；以政策为指导原则；合理性原则；整体性原则；明确、具体原则。

一、合法性原则

合法性原则，是指刑法的解释必须符合宪法和法律的要求。这是社会主义法制原则对刑法解释的必然要求。由于不同种类的刑法解释的主体、效力等具有不同的特征，因此，合法性原则对不同种类的刑法解释的具体要求不同。

刑法立法解释的主体是具有一定立法权的全国人大常委会，这一主体的地位和权力决定了它对刑法的规定可以作出补充或修正原来含义的解释，但它不能作出违背《刑法》所确定的基本原则的解释。我国《宪法》第67条第3项规定，全国人大常委会“在全国人民代表大会闭会期间，对全国人民代表大会制定的法律进行部分补充和修改，但是不得同该法律的基本原则相抵触”。从这一规定可以看出，全国人大常委会不得对刑法规定作出违背《刑法》基本原则的解释，否则，就是不合法的。

刑法司法解释的主体是最高人民法院和最高人民检察院，其解释刑法的目的是使刑法规定的含义得到明确、具体的揭示，从而使刑法的规定在实践中得到正确的运用。刑法司法解释主体的司法地位决定了刑法司法解释不仅要贯彻刑法的基本精神和基本原则，而且还要受到刑法规定的语义的制约，即其解释不能超出刑法规定语义的可能范围。这就是合法性原则对刑法司法解释的具体要求。

刑法学理解释的主体是国家宣传机构、社会组织、人民团体、法律专家、学者等，这些主体对刑法规定的解释属于理论上的理解和探讨，没有法律效力。所以，对刑法中的一些抽象、具有弹性的规定，不同的学理解释主体有不同的解释是正常的，甚至应该受到鼓励，否则，刑法理论就不可能繁荣。但是，对于那些含义已经十分明确的刑法规定，刑法学理解释者不能作出超出其含义的解释。例如，《关于禁毒的决定》第3条明确规定，非法持有鸦片构成犯罪的起点数量是200克，非法持有海洛因构成犯罪的起点数量是10克。理论上可以对法律确定的这一标准是否适当进行分析评论，提出或降低或提高的立法建议，但在解释非法持有毒品罪的犯罪构成时，就不能将非法持有鸦片、海洛因构成犯罪的上述法定起点数量随意地降低或提高，否则，其解释就不能认为是合法的。

刑法解释坚持合法性原则有着重要的意义。刑法立法解释坚持合法性原则，能够保证《刑法》的基本原则得到切实的遵守，从而保证刑法的适用在基本原则上保持稳定性和连续性，维护社会主义法律的严肃性。刑法司法解释坚持合法性原则，有利于防止刑法司法侵入刑法立法，保证罪刑法定主义的贯彻执行。刑法学理解释坚持合法性原则，可以防止刑法学理解释过于随意的现象，从而增加刑法学理解释对刑法司法实践的指导性。

二、以政策为指导原则

以政策为指导原则，是指在阐明刑法规定的含义时，必须充分考虑党和国家的政策，而不能违背党和国家的政策。这既是由党和国家政策在我们国家政治、经济、法律生活中的地位以及我国刑法立法的特点所决定的，也是保持法律的稳定性和生命力所必需的。

刑法要具有相对的稳定性，不能随意修改和重新制定，但刑法又不能不为现实社会生活服务，否则，刑法就会丧失其应有的生命活力。为了协调刑法的稳定性与生命力之间的矛盾，在刑法立法技术上总是采用一些弹性规定，在对这些弹性规定进行合乎现实需要的解释时，有时党和国家的政策起着决定性的作用，所以，坚持以政策为指导解释刑法是保持刑法的稳定性和生命力所必不可少的。

政策对刑法解释的指导作用具体表现在以下几个方面：

第一，有的刑法规定要根据党和国家的基本政策阐明其含义，随着党和国家基本政策的变化而赋予其不同的含义。对《刑法》第117条投机倒把罪的解释可以作为这一方面的典型例子。《刑法》颁布以后，我们党和国家的基本经济政策有过两次较大的变化。在《刑法》颁布的初期，虽然正在贯彻执行党的十一届三中全会确定的改革开放的大政方针，但从经济体制上讲，当时基本上还没有跳出计划经济体制的圈子，强调国家对产品生产和流通的控制。在这种情况下，对投机倒把罪的解释就必然会把组织包工队、运输队，雇用他人做工，倒卖一般物资牟取暴利等行为包括在投机倒把行为的范围之内，[①] 因为这些行为破坏了国家对产品生产和流通的管制，是当时国家的经济政策所不允许的。随着形势的发展，党和国家明确地将有计划的商品经济确定为我国的经济体制，虽然这种经济体制仍然强调计划的作用，但其根本落脚点旨在发展商品经济，而发展商品经济就要鼓励商品的生产和流通。在这种经济体制之下，势必就要将组织包工队、运输队，雇用他人做工，倒卖一般物资牟取暴利的行为排除在投机倒把行为的范围之外，1985年7月18日，最高人民法院、最高人民检察院发布的《关于当前办理经济犯罪案件中具体应用法律的若干问题的解答（试行）》在列述投机倒把行为的具体形式时，就没有将上述行为包括其中。但是，由于当时的经济体制还不是完全的市场经济体制，商品的价格在很大的程度上不是受市场的调节，而是由国家进行统一的调控，因此，在解释哪些行为是投机倒把行为时仍然将哄抬物价、牟取暴利的行为包括其中。1992年11月，党的十四大对我国的经济政策作了新的调整，宣布我国实行社会主义的市场经济，1993年3月第八届全国人民代表大会第一次会议又通过宪法修正案，将社会主义的市场经济写进了我国的根本大法。在社会主义市场经济的体制下，商品的价格完全通过市场调节（除少数由国家统一控制的特殊商品以外），因此，在一般情况下，哄抬物价、牟取暴利的行为就不能视为投机倒把行为，因为它并没有违背我国的市场经济政策，所

---

① 中央政法干校刑法、刑事诉讼法教研室编：《中华人民共和国刑法分则讲义》，群众出版社1980年版，第60页。

以，在当前的形势下，应该根据我国新的市场经济政策对投机倒把罪的客观行为表现作出新的解释。

第二，有的刑法规定需要根据党和国家的刑事政策进行限制或者扩张解释。例如，《刑法》第 134 条第 1 款规定："故意伤害他人身体的，处三年以下有期徒刑或者拘役。"如果仅从字面意义上讲，本条中的"伤害"应该既包括轻伤害，也包括重伤害，还包括轻微伤害，但在解释时，我们毫无异议地将其阐释为仅指轻伤害，将重伤害排除在该款的"伤害"的范围之外，因为《刑法》第 134 条第 2 款有关于故意重伤如何处罚的专门规定。但是，为什么要将轻微伤害排除在该"伤害"的范围之外？这只能从我国的刑事政策的要求上来寻找答案。扩大教育面，缩小刑法打击面，是我们党和国家一贯奉行的刑事政策之一。根据这一刑事政策，故意造成他人轻微伤害这种日常生活中经常发生的社会危害性显著轻微的行为，就应该被排除在《刑法》第 134 条第 1 款规定的故意伤害的范围之外。

第三，有的由党和国家确定的在某一时期内适用的具体的刑事政策，对解释刑法的有关规定有着很大的影响作用。例如，《刑法》第 139 条第 3 款规定，犯强奸罪和奸淫幼女罪，"……情节特别严重的或者致人重伤、死亡的，处十年以上有期徒刑、无期徒刑或者死刑。"对这一规定中的"情节特别严重"，就可能根据解释时是否实行某一具体的刑事政策而作出不同的解释。在实行对严重刑事犯罪从重从快惩处的刑事政策时，对其就会给予更加宽泛的解释，在没有推行这一刑事政策时，对其的解释就应更加严格。

三、合理性原则

合理性原则，是指刑法的解释要合乎法理、人伦常理和社会发展需要之理。合理性原则是保证刑法解释正确性的关键原则，是我国刑法解释的社会主义性质的要求，也是使刑法的解释符合广大人民群众的意志、促进社会前进的重要保障。合理性原则具体包括以下三个方面的内容：

第一，刑法的解释必须符合刑法之公理。所谓刑法公理，是指长期以来已经被我国刑法学界普遍接受的刑法的基本理论命题，这样的刑法理论命题好比数学公式，其正确性是已获公认的，因此，解释刑法时必须予以遵循。在我国，被刑法学者们普遍接受的刑法理论命题为数不少，既有犯罪论方面的，也有刑罚论方面的。犯罪论方面的如：严重的社会危害性是犯罪的本质特征；行为具备犯罪构成是行为人应当负刑事责任的唯一根据；犯罪是主观心理状态和客观行为的统一；共同犯罪是共同犯罪人整体而不可分割的行为等。刑罚论方面的如：处罚的轻重必须与犯罪行为社会危害性的严重程度相适应；各共同犯罪人均应对共同犯罪的全部后果承担刑事责任；想象数罪从一重处，不实行数罪并罚；牵连犯从一重处，不实行数罪并罚；法条竞合特别法优于普通法等。这些命题是解释刑法时不能违反的。

第二，刑法的解释必须符合人之常理，也就是符合我国广大人民群众的是非善恶观念和行为评价标准，符合广大人民群众的怜悯心和同情感。比如，《刑法》第180条规定："有配偶而重婚的，或者明知他人有配偶而与之结婚的，处二年以下有期徒刑或者拘役。"对"有配偶而重婚"中的"重婚"，理论上却将其解释为既包括重新登记结婚，又包括再与他人形成事实上的婚姻关系。但是，通常我们又指出，对于现实生活中发生的某些已婚妇女确实因家乡遭受严重自然灾害无法生活而流落他乡又与他人形成事实上的婚姻关系的案件，可不按重婚罪处理。这就是根据广大人民群众对这类妇女的怜悯心和同情感对"重婚"一词所作的例外解释。

第三，刑法解释要符合维护社会秩序和促进社会发展的要求。维护社会秩序和促进社会发展，是刑法的任务和目的，是刑法产生和存在的重要理由，刑法的解释应该从有利于维护社会秩序和促进社会发展的角度出发，否则，就会导致刑法的适用不能实现刑法的任务和目的。例如，《刑法》第112条规定："非法制造、买卖、运输枪支、弹药的……处七年以下有期徒刑；情节严重的，处七年以上有期徒刑或者无期徒刑。"根据《枪支管理办法》的规定，枪支是指手枪、步枪、冲锋枪和机枪、射击运动用的各种枪支，狩猎用的有膛线枪、散弹枪、火药枪、麻醉动物的注射枪以及能发射金属弹丸的气枪，而不包括土枪。这就是说，从立法的本意来讲，私自制作土枪的行为不能按非法制造枪支罪定罪处罚。但是，1985年8月21日，最高人民法院发布的《关于人民法院审判严重刑事犯罪案件中具体应用法律的若干问题的解答》指出，私自制作土枪出售，或者将体育运动用枪改装成火药枪，构成犯罪的，应当依照刑法第 112 条的规定，以非法制造（或买卖）枪支罪予以处罚。这是对非法制造枪支罪对象的扩张解释。这一扩张解释就是建立在维护社会秩序的基础之上的。因为土枪虽然不是《枪支管理办法》所规定的枪支，但实践表明，土枪也具有杀伤力，非法制造土枪的行为与非法制造《枪支管理办法》规定的枪支的行为一样，对公共安全造成危害，对社会秩序造成破坏，因此，为了维护公共安全和社会秩序，将这种行为解释包括于非法制造枪支罪的范围之中应该是无可非议的。

四、整体性原则

整体性原则，是指在解释某一具体的刑法规定时，必须综合地考虑刑法的其他规定，在对刑法的总体把握中阐明该规定的含义。

整体性原则的具体要求是：首先，在解释刑法的某一具体规定时，要将该规定置于它所处的法律文件之中，根据该法律文件总的指导思想、立法根据、理由和目的以及该规定与其他规定的关系来阐明其含义。例如，在解释《刑法》的某一规定时，就要在《刑法》的整体规定中说明它的含义，解释单行刑法的某一规定时，就要联系该单行刑法的其他规定阐明意义。举例来讲，《刑法》第 154 条规定："敲诈勒索公私财物的，处三年以下有期徒刑或者拘役，情节严重的，处三年以上七年以下有期徒刑。"这一规定并未指出敲诈勒索罪的构成要求行为人敲诈的公私财物具有一定的数量，那么，是否意味着只要行为人实施了敲诈勒索行为，而不管财物的数额多少都一律构成犯罪呢，如果仅孤立地从该条的文字看，可以这么理解。但联系《刑法》第 10 条"……情节显著轻微危害不大的，不认为是犯罪"的规定，就应该作出否定的回答。也就是说，依据《刑法》总则第 10 条的上述规定，敲诈勒索少量的公私财物的行为，因为情节显著轻微危害不大，不能按敲诈勒索罪处理。其次，在解释刑法的某一具体规定时，还要将其置于刑法部门的整体之中阐明其含义。我国刑法作为我国社会主义法律体系中的部门法，其渊源包括：刑法、一些单行刑法和非刑法法律中规定刑事责任的条款，三者构成刑法部门的整体。在解释刑法规定时，不仅要将其置于它所属的法律文件的整体中加以理解，而且要联系其他法律文件予以阐明。例如，《关于惩治走私罪的补充规定》和《关于惩治贪污罪贿赂罪的补充规定》，都在最后一条规定："本规定自公布之日起施行。"《关于禁毒的决定》和《关于严禁卖淫嫖娼的决定》等也在尾条规定："本决定自公布之日起施行。"在解释"本规定自公布之日起施行"和"本决定自公布之日起施行"这样的规定时，只有结合《刑法》第9条的规定才能正确而清晰地阐明其具体含义，即"本规定"或"本决定"施行以前的行为，如果当时的法律、法令不认为是犯罪的，适用当时的法律、法令；如果当时的法律、法令认为是犯罪，"本决定"或者"本规定"也认为是犯罪，且依照《刑法》的规定又应当予以追诉的，按照当时的法律、法令追究刑事责任。但是，如果"本规定"或者"本决定"处刑较轻的，适用"本规定"或"本决定"。撇开《刑法》第9条的规定，就无法说明"本规定自公布之日起施行"和"本决定自公布之日起施行"的内容。

五、明确、具体原则

明确、具体原则，是指在解释刑法时，其文字表述要具有确定性，不能模棱两可，其阐述的内容要详尽周全，不可片面疏漏。刑法解释是为刑法适用服务的，就是要为刑法的适用提供操作模式，这就要求刑法的解释必须明确、具体。以我国现有的刑法司法解释为考察对象，应该说其中的多数都体现了明确、具体的原则。如1985年8月12日最高人民法院发布的《关于人民法院审判严重刑事犯罪案件中具体应用法律的若干问题的答复（三）》第31条指出："刑法第十四条规定的已满十四岁，是指实际年龄，应以日计算，即过了十四周岁生日，从第二天起，才认为已满十四岁。例如，被告人1968年7月26日生，至1982年7月27日即认为已满十四岁。对已满十六岁、已满十八岁年龄的计算，亦与此相同。并且一律按公历的年、月、日计算。"① 这一解释就非常明确、具体，为司法实践提供了清晰的操作规范。但是，也有的司法解释的明

① 梁国庆主编：《新中国司法解释大全》，中国检察出版社1990年版，第68页、第149～152页。

确性和具体性还不够。如1989年11月3日最高人民检察院发布的《人民检察院直接受理的侵犯公民民主权利、人身权利和渎职案件立案标准的规定》所确定的重大责任事故罪、刑讯逼供罪、破坏选举罪、非法拘禁罪、报复陷害罪等犯罪的立案标准中，就使用了不少模糊的表述，如“影响恶劣”、“造成其他严重后果”、“情节恶劣”、“情节严重”等，[①]这些过于弹性的用语，没有结合司法实践提供具体的标准，不具有可操作性，未体现明确、具体原则的要求。可见，在贯彻刑法解释的明确、具体原则方面，我们还有许多工作要做。

（原载《法律科学》1994年第6期）

① 梁国庆主编：《新中国司法解释大全》，中国检察出版社1990年版，第68页、第149~152页。

罪刑法定视域中的刑法适用解释

梁根林

现代法学界已达成的一个共识是，无论立法者多么充满理性和睿智，他们都不可能全知全觉地洞察立法所要解决的一切问题，也不可能基于语言文字的确定性和形式逻辑的完备性而使法律文本的表述完美无缺、逻辑自足。① 作为立法活动产物的法律文本，不可避免地具有规范性、抽象性、静态性、孤立性等诸多特点与滞后性、开放性、模糊性、不确定性等诸多局限，因而不能自动地与呈现具象性、动态性、复杂性、牵连性的个案事实形成恰当的对应关系。法官在适用法律处理个案时，亦不可能如自动售货机般地投入法条和事实，径直输出法律判决。相反地，法律的意蕴只有通过法官对法律的理解、解释和适用才能表现出来。法律解释既然不可避免，问题的关键就只在于如何认识解释以及怎样解释。迄今为止，虽然我国刑法理论研究具有渊源深厚的规范注释传统，我国司法机关也积累了丰富的适用解释经验，但我国刑法解释论对诸如刑法解释的对象及其特殊性、刑法解释的功能与目标定位、刑法解释的主体、形式、载体、方法、顺序等问题并未形成基本共识，刑法解释的基本规则亦没有全面生成，致使我国刑法学理研究和刑法适用过程中对刑法文本含义的学理解释和适用解释在许多情况下根本无法达成共识。因此，超越对具体刑法文本含义的解释而研究刑法解释的一般原理和一般规则，已经成为制约刑法正确适用特别是刑法运作机制顺畅的一个越来越突出的焦点问题。

一、刑法解释的基点——刑法文本及其特殊性

刑法解释的对象是刑法文本。刑法文本是立法者为了实现一定的立

---

① 张志铭：《法律解释操作分析》，中国政法大学出版社 1999 年版，第1～2页。

法目的，通过正当法律程序，运用日常生活用语或者专业法律术语，按照一定的篇、章、节、条、款、项的体例编排，根据一定的语法关系与逻辑结构加以创制的。特定的日常生活用语或者专业法律术语构成刑法文本赖以存在的原子，而体例编排、语法关系和逻辑结构则是这些特定语词的存在方式。立法者的立法意图、刑法文本的意旨，不仅取决于这些特定的日常生活用语或专业法律用语语词本身的含义，而且也可能因刑法文本的体例编排、语法关系与逻辑结构而定。刑法文本含义的这种体例、语法与逻辑制约性，一方面为刑法文本的体系解释法的运用提供了逻辑可能性，另一方面又对刑法文本的体例、语法与逻辑本身提出了独立的解释要求。亦即虽然刑法解释主要是就刑法文本中产生疑义、歧义及出现的漏洞、不足、需要明确其含义或者填补法律漏洞的特定语词本身进行阐释性或创制性解释，但也不排除在特定情况下将解释的焦点从特定语词本身转移至刑法文本的编排体例、语法关系与逻辑结构上，通过对刑法文本的编排体例、语法关系与逻辑结构的分析，发现真正的立法意旨。例如，我国《刑法》第158条至第160条，均以实施相应构成要件行为并且“数额巨大、后果严重或者有其他严重情节”为虚报注册资本罪，虚假出资、抽逃出资罪或者欺诈发行股票、债券罪的构成要件。在理解法定的“数额巨大、后果严重或者有其他严重情节”构成定量标准时，不仅要求我们正确理解“数额巨大”、“后果严重”、“或者有其他严重情节”这些语词本身的确切含义，而且还要求恰当地把握“数额巨大”、“后果严重”与“或者有其他严重情节”三者之间的逻辑关系，即三者在语法与逻辑上到底是并列关系还是择一关系。其中，发生歧义或成为问题、需要解释的主要是“数额巨大”与“后果严重”在语法和逻辑上是并列关系还是择一关系。由于刑法文本只是在两者之间用“、”加以分割，没有用“和”或“或”加以明示，而“、”在中文语法上既可以表示两个近似或相同的事项的并列关系，也可以表示两个近似或相同的事项的择一关系，因此，这三种犯罪的构成要件定量标准是同时包括“数额巨大”和“后果严重”，还是只要求符合“数额巨大”或“后果严重”其一即为已足，就不无疑义和歧义，由此可能直接制约对刑法文本的解释与适用。如果把“数额巨大”与“后果严重”理解为并列关系，在逻辑上就表现为增加了刑法文本的内涵，内涵的增加相应地会导致刑法文本外延的缩小，从而在适用上表现为收缩刑法文本适用范围；如果将两者理解为择一关系，在逻辑上就表现为减少了刑法文本的内涵，内涵的减少相应地会导致刑法文本外延的扩展，从而在适用上表现为扩大刑法文本的适用范围。

作为一种法律解释，刑法文本的解释无疑具有法律解释的一般共性，应当遵守法律解释论的一般要求和一般规则。但是，刑法解释论更应当强调由刑法文本的特殊性所决定的解释目标、解释方法、解释顺序以及解释规则的特殊性。笔者认为，如果以民法文本为参照系，刑法文本的这种特殊性突出地表现在以下几个方面：

1. 刑法文本与民法文本具有完全不同的调整对象和调整范围

民法调整的是平等主体之间在日常社会生活中发生的以民事权利与民事义务为基本内容的财产关系和人身非财产关系，这种社会关系属于正常的社会关系。民法调整的社会关系的正常性，使民法面临无限广阔的调整范围，要做到法定主义实在不可能。因此，民法必须讲究灵活，必须能够追随不断发展的社会生活并与其保持协调。刑法调整的则是国家和个人之间的因为犯罪而引起的以国家行使刑罚权、犯罪人承担刑事责任为基本内容的一种权力支配与服从关系，这是立法者精心筛选和过滤的非常的和有限的社会关系。这种社会关系的非常性和有限性使得罪刑法定客观上成为可能，而由这种社会关系的权力支配与服从的本质亦使得罪刑法定成为必要。因此，刑法文本应当更为强调安全，使得人们对刑法禁止的行为的法律后果可以预测，不必担心来自国家突如其来的打击，从而保证人们的自由、财产和生命。刑法调整对象的有限性、非常性和不平等性，决定了片断性、不完整性和相对性不可避免地会成为刑法文本的固有属性，刑法规范不可能具有广泛的法益保护体系，而只能局限于特定的依据“应受处罚性”范畴而选定的重点。刑法文本的这种自我限制，不仅不是宾丁所称的立法者的“作品的重点缺陷”，而恰恰是自由法治国家优越性的标志。[1] 刑法文本的片段性、不完整性和相对性应当成为刑法创制与刑法解释的前置观念。

---

① ［德］汉斯·海因里希·耶赛克、托马斯·魏根特：《德国刑法教科书》，徐久生译，中国法制出版社2001年版，第68页。

2. 刑法文本在法律体系中相对于民法文本居于“第二次法”的法律地位

民法以确认权利义务的方式调整民事行为，并通过对侵权与违约行为追究民事责任的方式，实现对民事关系的规范性确认。在法律规范体系中，民事法规范属于“第一次法”。而刑法文本相对于民法文本则属于“第二次法”。刑法是在民事法、行政法等第一次法规范对正常社会关系进行第一次法调整的基础上，通过追究刑事责任、裁量和执行刑罚的方式对第一次法调整无效的严重不法行为进行的第二次调整。“刑罚之界限应该是内缩的，而不是外张的，而刑罚该是国家为达其保护法益与维护法秩序的任务时的‘最后手段’（Ultimaratin）。能够不使用刑罚，而以其他手段亦能达到维护社会共同生活秩序及保护社会和个人法益之目的时，则务必放弃刑罚的手段。”① 易言之，刑法的“第二次法”属性决定了刑法干预必然应当讲究补充性、经济性和最后手段性。②

3. 刑法文本具有完全不同于民法文本的法律属性

德国学者马克斯·韦伯指出：“公法可以界定为这样一种行为原则的总和：按照法律制度必须赋予行为的意向，行为涉及国家的强制机构，亦即它服务于国家机构本身的存在、扩展以及直接贯彻那些依照章程或者默契所适用的目的。而私法则可以界定为这样一种行为准则的总和：按照法律制度所赋予行为的意向，行为与国家的强制机构无涉，而是仅仅可以被国家强制机构视为可以通过准则调节的行为。”③ 换言之，在现代法治社会，如果说私法是以规范和调整私权利的行使为基本内容的确权（利）法，那么公法则是以规范和限制国家公权力的行使为基本内容的限权（力）法。私法调整和确认的公民私权利属于公民自治的领域，只要不违反公序良俗以及其他受法律保护的法益，私权利的行使就不应当受到法律的随意限制。对于国家来说，凡是法律没有授权的，就

---

① 林山田：《刑罚学》，台湾商务印书馆1983年版，第128页。

② ［日］大谷实：《刑事政策学》，黎宏译，法律出版社2000年版，第86页。

③ ［德］马克斯·韦伯：《经济与社会》（下卷），林荣远译，商务印书馆1998年版，第1页。

是国家不应作为的；法律没有禁止的，则是公民可以作为的；法律（对公权力）的授权与（对私权利）禁止又应当基于维护社会秩序、促进社会发展、保障公民权利的确实需要而具有正当和合法的基础。而刑法则是公法体系中最具有强制性的一个法律部门，刑罚权也是和平时期最具有暴力性的国家公权力。刑法的适用不仅关系到法益的保护、秩序的维持，而且必须投入巨大的刑罚资源，运用不当，则必然加剧社会对抗，伤及国家和社会。德国学者耶林曾经断言："刑罚犹如双刃剑，用之得当，则国家和人民皆获其益；用之不当，则均受其害。"因而刑法的创制与适用、刑罚权的启动，必须做到"动之于必动，止之于当止"。这是我们在解释和适用刑法时必须斟酌考虑的最重要的刑法文本特性。

4. 刑法文本遵循的是与民法文本完全不同旨趣的基本原则

民法文本调整民事关系的根本准则是诚实信用原则。诚实信用原则是民法的模糊性的根本规则，是进行民法推理与民法适用的权威性出发点。在功能上，诚实信用原则一方面"以其自身的模糊形式负载法律的灵活、简短、安全价值"，另一方面又"通过它对其他法律的结构成分运行的干预实现法律的正义价值，并实现其整合功能"①。因此，诚实信用原则不仅使民法文本成为一种开放性的规则体系，而且具有授予法官自由裁量权，承认司法活动的能动性和创造性，特别是使法官造法合法化的扩张机能。根据诚实信用原则，一切民法条文都是基本原则的具体化，在没有明文规定的情况下，按基本原则处理就成为当然的选择。法官在适用解释民法时，即使法无明文规定亦可以根据基本原则中引申出实质判断，根据公平正义、诚实信用的一般要求进行裁判。而现代刑法文本的帝王条款则是罪刑法定原则。罪刑法定的直接要求是"法无明文规定不为罪，法无明文规定不处罚"。它首先通过对法官定罪量刑的法律依据的严格限制，防止国家动辄启动刑罚权，任意出入人罪，或者法外用刑。罪刑法定是一种为了保障公民的法自由与法安全而设立的安全机制，它不仅具有排斥法官造法的限制机能，同时也使得受其制约的现

① 徐国栋：《民法基本原则解释》，中国政法大学出版社1997年版，第354页。

代刑法文本成为一个体现刑罚权制约与自我制约双重机制的封闭的规则体系。法官在适用解释刑法时，不得在法无明文规定时进行超法律的实质判断而得出不利于被告人的结论。可以认为，罪刑法定原则的限制机能在根本上决定了刑法解释论的生成与刑法解释的规则设计，也决定了刑法解释论与刑法解释规则区别于其他法律文本解释的特殊性。

二、刑法解释的目标——形式解释论还是实质解释论

法律解释论关于法律解释的目标向来就有主观解释论与客观解释论、形式的解释论与实质的解释论的学说之争。主观解释论强调探询立法者的立法原意，这是一种强调尊重和忠实于立法者通过法律文本表达的立法原意的解释论，因而亦称形式的解释论。而客观解释论则着重发现法律文本现在应有的客观意思。简言之，这是一种强调法律文本的独立性、试图挣脱立法者的立法原意，而根据变化了的情势与适用的目的，挖掘法律文本现在的合理意思的解释论，因而又称为实质的解释论。① 与此相适应，刑法解释论亦一直存在着关于解释目标的形式解释论与实质解释论、主观解释论与客观解释论之争。大体而言，在形式的罪刑法定观念支配下的19世纪的刑法解释论，一般倾向于采纳形式的解释论与主观解释论，20世纪以来，在实质的罪刑法定观念主导下的刑法解释论则多坚持实质的解释论与客观解释论。当然，也有试图调和主观解释论与客观解释论的折中解释论，主张将法律中所明确表述的历史上的立法者的意志作为标准的意思内容而加以尊重和忠实，只要公正性上

---

① 张志铭教授从立法者、法律文本与解释者的视角出发，将法律解释目标学说区分为原意说、文本说与解释主体说。原意说、文本说实际上分别相当于主观说与客观说，解释主体说则主张超越立法者与法律文本，根据解释者的价值判断确定法律文本的意思。参见张志铭：《法律解释操作分析》，中国政法大学出版社1999年版，第36～68页。朱苏力教授认为，所谓“解释”，根本就不是一个解释问题，而是一个判断问题。司法的根本目的不在于明确文字的含义是什么，而在于判定什么样的决定是比较好，可以为社会所接受。因而，法律解释的问题不在于发现对文本的正确理解，而在于为某种具体的司法做法提出有根据且有说服力的法律理由。参见苏力：《解释的难题——对几种法律文本解释方法的追问》，载《中国社会科学》1997年第4期。

的迫切理由、社会关系的发展或时代精神不将过去的价值判断视为过时。按照这种折中解释论，首先应当历史地解释法律，确定立法者的意思，只是在这种意思无法认知或对现代情势所生问题未提供解决基准的场合，才考虑在法律条文可能的语义范围内检讨可能的理由和基准，确认合乎现在法律适用目的的意义。①

在笔者看来，主观的解释论或形式的解释论的意旨在于严格尊重和忠实于立法者通过刑法文本表现的立法意思，试图通过对刑法文本的严格解释，实现对立法意图的重构与包摄，保障刑法文本的可预测性，实现公民的法自由与法安全，并且有助于明确界定国家刑罚权的范围，使法官适用刑法裁判案件的过程具有实现民主宪政的意义。但是，形式解释论或主观解释论难免囿于对立法者立法原意和形式合理性的追求而丧失解释结论与刑法适用的实质合理性，进一步凸显刑法的滞后性和不完备性。实质解释论或客观解释论则试图通过刑法解释使刑法与时俱进，随着时代的发展而发展，克服刑法的不周延性、滞后性和僵化性的弊端，但同时也包含着使刑法文本丧失明确性与确定性的弊端，导致破坏刑法的可预测性、破坏公民的法自由与法安全的后果。主观解释论与客观解释论的对立，反映了论者对罪刑法定及其决定的刑法价值的不同追求，前者是基于形式的罪刑法定主义追求法的安全性、确定性和可预测性，以形式合理性为刑事法治的基本价值，后者则是基于实质的罪刑法定主义而追求法的灵活性、动态性和周延性，以实质合理性为刑事法治的基本价值。笔者主张，刑法解释目标应当根据罪刑法定的价值旨趣及其制约下的刑法文本的特性而确定，同时也应当注意到所要解释的刑法文本所处的法治语境。罪刑法定的价值旨趣及其制约下的刑法文本的特性的判断，是确定刑法解释目标的关键。罪刑法定在其确立初期，首先是通过对成文法主义的倡导、溯及既往效力的排斥、类推解释的禁止、法定刑的明确化等最低限度的形式合理性的追求，实现其限制国家刑罚权、保障公民人权的价值旨趣的。随着司法经验的积累与立法认识能力的提高，针对传统罪刑法定主义的严格规则主义的局限，在有利于被告

① ［德］汉斯·海因里希·耶赛克、托马斯·魏根特：《德国刑法教科书》，徐久生译，中国法制出版社 2001 年版，第 194~195 页。

人、犯罪人的前提下，罪刑法定逐渐由绝对罪刑法定发展成为相对罪刑法定：在定罪的根据上，从绝对禁止类推和扩大解释演变为允许有利于被告人的类推和严格限制的扩大解释；在刑法的渊源上，从绝对禁止适用习惯法演变为允许习惯法成为刑法的间接渊源，但必须以确有必要或不得已而用之为前提；在刑法的溯及力上，从绝对禁止刑法溯及既往演变为在有利于被告人、犯罪人时允许溯及既往；在刑罚的种类上，从绝对禁止不确定刑和不定期刑，演变为允许采用相对的不确定刑与不定期刑。第二次世界大战后，罪刑法定主义浴火重生，进一步派生出了刑罚法规不明确即无效以及内容实体正当等新的要求，实现了从追求形式合理性的形式的罪刑法定向追求实质合理性的实质的罪刑法定的超越。但当代罪刑法定并没有因此而否定对最低限度的形式合理性的坚守，而是在坚守最低限度的形式合理性的基础上，进一步强调刑事责任的追究必须具有实质合理性，实现形式合理性与实质合理性的统一。同时，当代罪刑法定也没有改变其以保障公民人权、限制国家刑罚权为偏一的价值诉求的初衷。法益保护、秩序维持作为刑法这一法律文本与生俱来、不言而喻的原始机能，不应该亦不可能成为罪刑法定的内容与追求。相反地，罪刑法定恰恰是通过对国家刑罚权的限制以及公民人权的保障机能的张扬，使刑法典对法益保护、秩序维持的机能的追求受到人权保障的机能的有效制约，使法益保护与人权保障的双重机能在博弈互动的过程中达致平衡，从而实现社会正义。

当代罪刑法定的上述功能诉求与价值旨趣，运用于刑法的解释与适用，就会衍生出法外入罪禁止与法内出罪正当化解释两大基本机能。根据罪刑法定原则，“法无明文规定不为罪”，犯罪的成立必须以行为触犯刑罚法规的明文规定、该当构成要件，即具有形式的违法性为前提。对法无明文规定的行为，即使实质上具有可罚性和违法性，也不得出于对实质合理性的追求而予以入罪处理。就此而言，罪刑法定具有法外入罪禁止机能。另外，根据“法无明文规定不为罪”的格言，并不能当然地推导出“法有明文规定则必定有罪”的结论。如果行为虽然在形式上触犯刑法文本的明文规定，但依据社会相当性、期待可能性的评价而认为其缺乏实质的违法性和可罚性的，则不得以“法有明文规定”为由对之入罪。只有当行为既在形式上触犯刑罚法规，又在实质上具有违法性和可罚性，追究其刑事责任同时满足形式合理性和实质合理性的双重诉求的，才能予以入罪处理。就此而言，当代罪刑法定又具有“法有明文规定未必为罪”的法内出罪正当化解释机能。① 因此，法国学者斯特法尼在强调刑法解释必须坚持严格解释规则的时候明确指出：“如果说法官有义务严格解释‘不利于被告的规定’，也就是说，有义务严格解释那些确定什么是犯罪与相应刑罚的规定，但是，并没有任何障碍阻止法官对那些‘有利于被告的规定’作出宽松与扩张的解释。”②

根据当代罪刑法定对刑法适用的形式合理性与实质合理性的双重诉求，法官在适用解释刑法文本时，一方面，应当尊重和忠实于立法者通过刑法文本表达的立法当时的标准原意，使刑法适用解释的结果满足形式合理性的最低限度的要求。就此而论，形式的解释论与主观的解释论应当是当代刑法解释论的基本立场。另一方面，在确保罪刑法定所保障的法律后果的可预测性、公民的法自由与法安全的前提下，也不排斥在必要与个别情况下，基于实质合理性的考虑，而对刑法文本及其语词含义进行实质解释或客观解释。这种必要与个别的情况主要是指：（1）在根据立法当时的标准原意进行平义解释所得出的解释结论显然荒谬的情况下，可以超越平义解释及其界定的刑法文本语词的通常字面含义范围（往往也是立法者在立法当时的标准原意），而根据刑法文本及其语词现在应有的客观意思进行扩张其通常适用范围的解释，但不能超越文本及其语词可能具有的最大含义范围。这种扩张解释的结论，可能产生有利于被告人的结果，也可能产生不利于被告人的后果，甚至可能产生类似

---

① 梁根林：《事实上的非犯罪化与期待可能性——对安乐死出罪处理的路径及其法理解读》，载《中外法学》2003年第3期。

② ［法］卡斯东·斯特法尼等：《法国刑法总论精义》，罗结珍译，中国政法大学出版社1998年版，第143页。

大谷实教授所称的“法律适用解释上的犯罪化的效果”。① （2）在行为形式上触犯刑法的明文规定，而缺乏实质的可罚性和违法性的情况下，应当例外地超越立法者的立法原意，而根据实质合理性的要求，结合刑法目的论解释或者合宪性解释，挖掘刑法文本现在客观上应有的合理的意思，甚至允许进行必要的类推解释，对形式上符合犯罪构成而缺乏实质的可罚性和违法性的行为，进行超法规的阻却违法性或阻却罪责的正当化解释。如果固守立法者立法当时的标准原意，机械地解释和适用刑法文本，就可能得出缺乏实质合理性，而与现阶段的公平正义、社会情状与时代精神明显悖反的解释结论与裁判结果。

三、刑法解释的本体——主体、形式与载体

法律解释论将法律解释按其解释主体分为立法解释与司法解释，按其解释形式分为抽象解释与具体解释。立法解释是立法者对法律文本含义的阐释和说明，司法解释则是司法者特别是法官在适用法律处理个案过程中对相关法律文本含义的分析与重构。立法解释一般采取抽象解释的形式，司法解释则一般采取具体解释的形式。抽象解释亦称规范解释，是脱离具体案件的法律适用而对法律文本含义的一般解释活动，其目的是通过对法律文本含义的权威性解释，形成具有普遍约束力的一般解释结论。具体解释又称适用解释，则是在适用法律裁判具体案件过程中，结合个案事实对法律规则的含义所做的分析与重构。立法解释采取抽象解释、规范解释的形式，司法解释则是以刑事判例为载体的具体解

① 大谷实教授认为，犯罪化包括“立法上的犯罪化”和“法律适用解释上的犯罪化”。所谓“立法上的犯罪化”，是指通过立法程序将实质的犯罪规定为法律上的犯罪；而“法律适用解释上的犯罪化”则是指“在解释、适用刑罚法规之际，将本刑罚法规适用于迄今为止没有被作为犯罪予以取缔的事实，它包括变更解释的情况（解释上的犯罪化）和取缔方针变更的情况（适用上的犯罪化）。前者是指通过扩大刑罚法规的解释而进行的犯罪化；与此相对，后者正如在刑罚法规的适用范围内的某种事实，由于长年不对其适用刑罚，实际上等于废止了对其适用刑罚，但现在有重新对其适用刑罚进行犯罪化的情况”。参见［日］大谷实：《刑事政策学》，黎宏译，法律出版社2000年版，第87～88页。

释或适用解释。①

但是，我国的司法解释在制度与实践层面却表现为最高人民法院和最高人民检察院（以下简称“两高”）就法律适用发布的抽象性、规范性司法解释。一般认为，“两高”发布抽象性、规范性司法解释的主要法律依据在于1981年全国人大常委会通过的《关于加强法律解释工作的决议》（以下简称《决议》）。根据该决议，凡关于法律、法令条文本身需要进一步明确界限或做补充规定的，由全国人大常委会进行解释或用法令加以规定。凡属于法院审判工作中具体应用法律、法令的问题，由最高人民法院进行解释。凡属于检察院检察工作中具体应用法律、法令的问题，由最高人民检察院进行解释。“两高”的解释如果有原则性的分歧，则报请全国人大常委会解释或决定。亦即全国人大常委会可以在法律文本本身需要进一步明确界限时进行立法解释，而“两高”则可以就审判和检察工作中法律的“具体应用”问题进行解释，至于立法解释与司法解释的权限如何界定？司法解释应当以何种方式进行？决议则语焉不详。在立法法颁布之前，全国人大常委会除通过颁布“暂行条例”、“决定”或者“补充规定”的形式进行刑事立法外，完全放弃了法定立法解释权的行使，致使实际行使刑法解释权的主体一直是“两高”。“两高”根据其对《决议》规定的误读，不是结合个案的刑法适用和司法裁判就刑法文本及其语词的含义进行具体解释和适用解释，而是以“解释”、“规定”、“批复”等形式，不断发布抽象性、规范性司法解释释文，这些司法解释释文虽然满足了我国当前法治环境下特别是法官职业化司法实践的客观需要，使许多罪刑规范进一步明确化、具体化，也使一些模糊不清以及歧义严重的语词含义得到了澄清。但一些刑事司法解释亦在相当程度上突破、创新了罪刑规范，呈现出“二级立法”或者“准立法化”的趋势，司法实践中更普遍出现了越权性刑事司法解释在事实上优先于刑法文本而适用的反法治现象，造成了法官过于依赖司法解释，甚至没有司法解释就拒绝根据自己对刑法规定的理解裁判个案的刑法机制障碍。在这一背景下，2000年全国人大通过的《中华人民共和

① 张志铭：《法律解释操作分析》，中国政法大学出版社1999年版，第17~23页。

国立法法》对我国法律解释权限进行了重大修改。立法法生效后，全国人大常委会逐渐强化了法律解释职能，先后多次就村民委员会等村基层组织人员的身份、黑社会性质的犯罪组织的特征、挪用公款归个人使用的含义以及渎职罪主体的认定等司法实践中存在广泛争议、需要立法机关进一步明确其含义的问题进行规范性、抽象性的立法解释，但“两高”并未因此就放弃对刑法的适用发布抽象性、规范性的司法解释释文，这就自然引发了应当如何重新划分立法解释与司法解释权限、如何遴选刑事司法解释的形式、如何确定刑事司法解释的载体等一系列的问题。《中华人民共和国立法法》第 42 条第 2 款规定：“法律有以下情况之一的，由全国人民代表大会常务委员会解释：（一）法律的规定需要进一步明确具体含义的；（二）法律制定后出现新的情况，需要明确适用法律依据的。”这一规定是我们界定立法解释与司法解释的权限的基本法律依据。笔者以为，所谓“法律的规定需要进一步明确具体含义”，是指法律适用过程中发现法律规定的语词含义模糊不清或者各方对法律规定的语词含义发生严重分歧时对法律规定及语词确切含义的澄清和确认。而所谓“法律制定后出现新的情况，需要明确适用法律依据”，则是在法律适用过程中针对立法当时未曾预测与预见的新的情况，通过适当的解释，改变、延伸或者扩展现有法律规定的语词含义，使之能够予以适用。这种情况下的立法解释虽然被立法法纳入了法律解释的范畴，但已经不是严格意义上的法律解释，而是立法者行使立法权、创制新的法律规范的一种特殊方式。亦即前者是严格意义上的法律解释，不具有造法的功能；后者是以法律解释之名行法律创制之实，具有造法功能。

对《中华人民共和国立法法》第 42 条规定的这两种立法解释的性质与功能的这种定位，具体适用于刑法解释就可能产生两方面的要求：一方面，如果需要解释的刑法文本属于需要进一步明确具体含义的，则全国人大常委会对其进行的解释属于严格意义上的刑法解释，解释结论只是立法机关对已经生效的刑法规定的语词含义的权威性的澄清与确认，这样的解释结论具有溯及既往的效力，可以适用于作为解释对象的刑法文本生效后、解释结论发布前所实施的行为。但是，如果属于刑法文本生效后出现了新的情况，需要明确适用法律依据时的刑法解释，这种刑法解释因其本质上属于刑法创制活动，其解释结论则不得具有溯及既往的效力，除非有利于被告人。另一方面，既然立法法所规定的第2种法律解释因其具有创制法律规范的功能，本质上属于行使立法权的一种特殊方式，基于立法与司法的分权与制衡原理，这种法律解释显然已经超越了司法机关可以染指的范围，司法机关不得以任何方式对法律生效后出现的新情况，通过法律解释改变法律规定的语词的原有含义，使之能够予以适用。这种情况下的法律解释权限专属于作为立法机关的全国人大常委会，刑法的解释当然也是如此。“两高”不得再以任何借口或以任何形式就此发布具有“造法”性质的刑事司法解释。至于“法律的规定需要进一步明确具体含义”时的法律解释权，在笔者看来，既然立法法作为宪法性法律以及新制定的法律，已经修改了1981年全国人大常委会《关于加强法律解释工作的决议》对法律解释权的规定，实际上将规范性法律解释权排他性地赋予了全国人大常委会，明确规定“两高”需要解释法律（即规范性法律解释）时可以提请全国人大常委会进行解释，“两高”自然也就丧失了继续发布抽象性、规范性司法解释释文的法律依据。如果“两高”罔顾立法法对法律解释权限的重大修改，继续撇开对具体案件的适用解释，发布抽象性、规范性司法解释文件，则必然僭越全国人大常委会的法律解释权，使刑事司法与刑事立法在职权主义的基础上重新合二为一。① 但是，立法法在排斥“两高”通过发布抽象性、规范性司法解释释文的方式参与刑法解释的同时，没有也不应当排斥司法机关结合具体个案的司法裁判和刑法适用，就个案处理过

---

① 当然，由于立法过程中的利益平衡和权力妥协，立法法对《关于加强法律解释工作的决议》是否即行废止进行了模糊处理，对“两高”是否可以继续根据《决议》发布规范性、抽象性司法解释未置可否。尽管如此，笔者认为，作为新法和更高位阶的《立法法》对作为旧法和较低位阶的《决议》关于法律解释权限的修改本身，即表明《决议》关于法律解释权限的规定已经被立法法所取代，《决议》相关规定应被视为自然终止。退一步讲，即使《决议》没有被当然废止，《决议》关于“两高”法律解释的规定也不得继续被“误读”为“两高”进行抽象性、规范性法律解释的法律依据。在我看来，对《决议》关于“两高”可以分别就审判、检察工作中具体运用法律的问题进行解释的规定的正确解读应当是，“两高”特别是最高人民法院应当结合个案的司法裁判和法律适用进行具体解释和适用性解释，而非脱离个案进行抽象性、规范性解释。

程中的刑法适用问题进行具体解释和判例解释。事实上，立法法之所以将“两高”排斥在抽象性、规范性解释主体范围之外，其立法意旨正是要求“两高”特别是最高人民法院根据司法机关司法裁判职能的客观要求与司法裁判过程的客观规律，舍弃主要以抽象解释和规范解释的方式进行刑法解释的传统做法，转而通过对个案的刑法适用和司法裁判，就刑法规定如何适用于具体个案进行权威性的解释，形成能够对下级法院处理类似案件予以指导和约束的适用理由和规则，以实现类似案件类似处理的法治目标。这种结合个案审理进行解释的适用性解释与“两高”传统的抽象性司法解释相比，在解释主体上不再是抽象的司法机关，而是审判具体案件的法官个人；在解释依据上，不再是根据立法对抽象法律解释权限的规定，而是法官在审理个案时，在罪刑法定原则约束下行使自由裁量权、发挥司法能动性的体现；在解释规则上，不再是创设一般性和抽象性的规则，而是针对具体案件由法官界定法条的内涵，使法条内涵明确化、具体化；在解释功能上，不再是静态描述刑法条文的内涵，单向地要求法官予以遵循，而是在法官主导下，通过控、辩双方对法条内涵的不断辨明、经验知识参与案件决断的双方说理过程。①

笔者认为，由“两高”发布抽象性、规范性的司法解释文，是具有典型“中国特色”的一种司法解释方式，是在法官队伍的整体职业化水平不高的特定司法环境下的一种虽属迫不得已但又违反司法活动规律的一种权宜之计。在立法法生效后，应当尽快废弃“两高”传统的抽象司法解释方式，结合个案的刑法适用和司法裁判对刑法文本进行具体解释和适用解释，并且实现刑事司法解释的判例化。刑事司法解释在严格意义上应当是以法院特别是法官主导下结合个案审理的司法裁判和刑法适用的具体解释和适用解释。法官适用刑法处理个案的过程，就是在控辩两造的参与下，经由适用解释，将具有一般性和抽象性的刑法规则适用于具有具象性和特殊性的个案事实的过程。其实质就是在法律运用于个别场合时，法官个人根据对法律的诚挚理解来适用法律，运用经验知识与经验判断阐释刑法规则的含义，弥补刑法规则可能存在的不足甚至漏洞。就此而论，所有适用刑法审理个案的法院及其法官都是刑法适用解

① 宗建文：《刑法机制研究》，中国方正出版社2000年版，第119页。

释的主体，而不仅仅限于作为最高审判机关的最高人民法院及其法官。[①]另外，为了保证刑法的确定性、安全性和可预测性，限制法官的自由裁量权，刑法适用解释又必然要求以刑事判例为基本载体，实行遵循先例原则，在成文刑法的框架范围内赋予刑事判例以一定的拘束力，实现类似案件的类似处理。从某种意义上讲，刑法适用解释便意味着刑事司法解释的判例化。从理论上讲，所有法官结合个案的处理适用解释刑法的过程，都是形成具有一定拘束力的刑事判例的过程。但是，考虑到我国法官的实际素质与司法环境，目前尚不可能赋予所有的法官通过适用解释刑法创制刑事判例的权力，甚至也没有必要将所有已经生效的判决、裁定均视为具有拘束力的判例。笔者主张，现阶段我国刑事判例的创制权应当归属于最高人民法院，主要由最高人民法院结合对具体个案的刑法适用和司法裁判，对刑法进行权威性的适用解释，直接制作在全国范围内对类似或者相同案件的处理具有先例拘束力的刑事判例。同时，鉴于我国刑事审判实行两审终审制度，除死刑案件外，绝大多数案件经过地方各级人民法院的一审和二审就已经审结，期望通过最高人民法院结合个案审理的适用解释形成数量可观、对各级人民法院审理类似案件具有普遍先例约束作用的刑事判例客观上不现实，因此，最高人民法院在结合个案审理直接制作刑事判例的同时，亦可以从全国各地、各级人民法院曾经请示最高人民法院如何适用刑法的已决疑难案件特别是各地人民法院事后上报最高人民法院的存在刑法适用解释研究价值的其他已决案件中，精心挑选出适用解释精确、法律推理严谨和论证说理充分的判决、裁定，经过必要的审查和评议程序，予以间接确认，使之成为代表最高人民法院适用解释立场并对以后发生的类似案件进行类似处理的具有先例拘束力的刑事判例。除了属于重大、疑难案件的刑法适用解释以及所形成的刑事判例依法需要由最高人民法院审判委员会决定或者确认的以外，一般判决、裁定只需经由最高人民法院专职刑事审判的职能部门予以审查和评议，即可确认为刑事判例，并在《最高人民法院公报》上予以正式公告。

---

① 笔者认同检察机关对刑法文本的解释在本质上属于当事人解释而非司法解释的主张，其理由毋庸赘述。

同时又必须指出，以具体解释取代抽象解释，以刑事判例为载体进行刑法适用解释，其实只涉及刑事司法解释的体制、形式与载体的改变，刑事判例也只具有由司法裁判职能所决定的适用解释刑法的功能以及为确保类似案件类似处理的刑事法治目标而应有的先例约束功能。具有这种刑法解释与先例约束功能的刑事判例，较之于传统的抽象司法解释，充其量只是更加丰富、具体地反映了法官个人对法律的诚挚的理解，更多地结合了经验知识和生活逻辑，更贴近个案事实地解释刑法规定的含义，更好地体现个案处理的个别正义以及类似案件类似处理的刑事法治目标。刑法适用解释方式与刑事判例制度的确立，绝不意味着承认判例可以成为成文刑法以外的具有创制罪刑规范功能的一种独立刑法渊源，更不意味着我国刑法在实行成文法主义的同时，应当实行判例法主义。刑事判例虽然是判例法的基本载体，但承认刑事判例的先例拘束力本身并不等于实行判例法主义。我们既不能因为推崇罪刑法定主义、成文法主义而排斥刑事判例的解释刑法的功能，亦不能因发现刑事判例的解释刑法功能而贸然推行判例法主义，企图通过刑事判例创制罪刑规范以弥补成文刑法的不足。

四、刑法解释的过程——方法选择与顺序安排

由刑法文本的公法、强制法、第二次法、罪刑法定原则所决定的刑法规则体系的封闭性、安全性、确定性所决定，刑法文本的解释必须是严格解释，因而刑法解释应当慎重选择和使用既符合一般法律解释论要求又兼顾刑法文本解释特点的特定解释方法，并且对解释方法的适用顺序加以适当地安排。迄今为止，我国刑法解释论对刑法解释方法的遴选、不同解释方法之间的逻辑联系以及不同解释方法的适用顺序并未给予应有的重视，这不能不在相当程度上影响刑法解释结论的妥当性。在笔者看来，符合刑法文本特性、罪刑法定原则与刑法解释目标要求的刑法解释方法及其顺序，应当是文义解释、体系解释、历史解释、目的解释、合宪解释。[①] 现对其遴选依据、逻辑联系以及适用顺序分析如下：

这由刑法文本的特殊性及作为其灵魂的罪刑法定原则所决定，文义解释（亦称平义解释、语义解释、文理解释）应当成为解读刑法文本基本的和首选的方法，能够根据文义解释法合理地界定刑法语词含义的，则没有必要进行论理解释。这里所称文义解释法又包括一般平义解释法和特殊平义解释法。

“前者的基本要求是，法官和律师以及其他阅读法律文本的人追求法律文字的习惯的和通常的含义。而后者，则强调法律文字具有专业性，不能按照常人的使用习惯来理解，而必须按照法律界的习惯意义来理解。……两者都假定意义是隐含在语言中的，差别仅仅在于确定平义的语境，即以哪个语境作为平义的参照系。”[②] 亦即一般平义解释法是以“大众话语共识”解释刑法文本规定的日常用语的通常字面含义，特殊平义解释法则是以法律职业共同体的“精英话语共识”解释刑法文本规定的专业术语的通常字面含义。平义解释法通过阐释与说明刑法文本语词的通常字面含义，使刑法规定进一步明确化、具体化，使之在适用于个案事实的同时，保障公民对行为的刑法后果的可预测性，实现公民的法自由与法安全。

平义解释法严格拘泥于刑法文本本身的文字规定，并以刑法文字规定的明确性为前提。尽管明确性是罪刑法定的题中应有之义，刑法文本“不明确即无效”（void for vagueness doctrine）更成为罪刑法定原则的当代要求。[③] 但是，无论是刑法文本的普通文字规定还是专业术语，都具有语言文字本身固有的概括性、模糊性和流变性。相对于对个案事实而言，刑法文本对犯罪构成特征的类型化描述，是对纷繁复杂的具体不法情状的共性特征的抽象、概括和表达。这种从具体到抽象的概括过程必

① 德国刑法解释论通说认为，刑法解释的方法为文义解释、体系解释、历史解释和目的解释。[德] 汉斯·海因里希·耶赛克、托马斯·魏根特：《德国刑法教科书》，徐久生译，中国法制出版社2001年版，第191~193页。

② 苏力：《解释的难题——对几种法律文本解释方法的追问》，载《中国社会科学》1997年第4期。

③ 储槐植：《美国刑法》，北京大学出版社1996年版，第44页。

然伴随着不同程度的事物个性信息的灭失和失真，而刑法适用过程从刑法文本的抽象规定回到个案事实的具体特征的过程，同样可能会产生一定的信息紊乱。刑法文本的文字规定不可能完全、客观、真实、具体地反映和展现立法原意。同时，正如哈特所言，所有的法律都具有一种空缺结构，表述规则的普通语词的核心意思或许是确定的，但随着核心向边缘的扩展，其含义则会趋向模糊，甚至根本无法确定。这种“边界上的不确定性是在有关事实问题的任何传递形式中使用一般分类语词都需付出的代价”。[①] 又如维根斯坦所言，语词的定义和运用，常常要考虑语境的问题，离开了特定的语境，语词将会失去意义。随着语境的变化，原本清楚、明确的语言文字的含义亦会发生流变，“一个语词在一个历史时期中人们通常所认可的意义在另一个时期会消失或变更”，[②] “语词并不仅仅有历时的变化，还有共时的变化。如果将不同的历史时期理解为不同的社会环境，那么，即使同一社会中的人们，由于职业不同，他们对同一语词有时也会有不同的理解，因此，一个词可能会出现几个‘平义’，从而发生以哪个平义为准的问题。”[③]

由法律文本及其语词固有的这种类型化特征、空缺结构以及语境制约下的流变性所决定，平义解释方法并非在所有的情况下都能够逻辑自足地解释法律文本，甚至可能无法发现法律文本包括刑法文本的真实含义。因此，平义解释方法并非唯一的刑法解释方法，它只是刑法解释的基本和首选的方法。在文义解释无法真切地把握法律文本的真实和客观含义时，就应当超越平义解释，进行论理解释。运用论理解释方法解释特定刑法术语的语词含义时，应当在语词的通常字面含义之外而又不超越语词可能具有的含义的范围内，进行符合立法意图的阐述与说明，根据刑法文本的立法原意或者客观意思，或者进行延伸其字面通常含义范

---

① ［英］哈特：《法律的概念》，张文显等译，中国大百科全书出版社1996年版，第127页。

② 苏力：《解释的难题——对几种法律文本解释方法的追问》，载《中国社会科学》1997年第4期。

③ 苏力：《解释的难题——对几种法律文本解释方法的追问》，载《中国社会科学》1997年第4期。

围的扩张解释，或者进行收缩其字面通常含义范围的限制解释。刑法文本语词可能具有的含义范围，包括文字的自然意义、各文字间的相关意义以及贯穿全部文字之整条意义，这既是刑法解释的最大边界，也是论理解释与类推解释的根本界限。超越了被解释的语词的可能含义范围，或者改变了被解释的语词应有的客观的意思，就不再是对刑法文本本身含义的阐释与重构，而是扩展法条含义、填补刑法漏洞的类推解释。除非产生有利于行为人的法律后果，所有可能导致行为人法律地位恶化的类推解释都是罪刑法定原则所严格禁止的。①

论理解释同样应当讲究各种具体解释方法的适用顺序。论理解释是超越被解释的刑法文本语词的通常字面含义范围进行解释，但这种超越应当是一种有序的、渐进的超越，而非天马行空、纵横驰骋地对刑法文本进行任意和自由的解释。在笔者看来，论理解释对文义解释的超越，首先应当是超越被解释的特定语词本身，在刑法文本范围内运用系统化的解释方法，把对刑法特定语词的解释，与它所在的上下文联系、法律概念的逻辑结构和一般法律原则等协调起来，在保持刑法体系的一贯性和语言文字含义的一致性的基础上，确定刑法特定语词的真实与客观的意思。通常所称的反对解释、补正解释、当然解释、类比推断等，都是常用的体系解释方法。体系解释的基本特点在于，它虽然不再拘泥于刑法文本语词的通常字面含义进行解释，但仍然是依据刑法文本本身对特定刑法语词含义进行解释，因而无疑应当成为论理解释的首选方法。如果根据刑法条文的系统性、一贯性与上下文逻辑联系进行体系解释，就能够明确刑法文本特定语词的真实与客观的含义的，则不必进行其他解释。在体系解释方法仍然不能合理地界定刑法文本语词的含义时，则应当超越刑法文本本身，通过研究刑法文本赖以形成的立法史材料，了解刑法起草过程以及制定当时的立法背景及政策考虑，从而发现和重构立法者于制定法律时所作的价值判断、立法目的以及通过文本意图表达的

① 在具体个案的审理过程中，如何界定类推解释与作为论理解释结果的扩张解释的界限，始终是一个难解的世纪之谜，但界限的难以界定并不构成否定类推解释与扩张解释的概念区隔的理由，更不能因此导致对扩张解释的绝对禁止。

真实意思。但是，历史解释的依据不是刑法文本本身，而是刑法文本赖以形成的立法史材料，因而是比体系解释相对更为自由的一种解释。而且作为解释依据的立法史材料本身不仅需要解释，而且更需要先行考证，立法史材料往往受到诸如史料本身不完整、不全面、不客观、法律文本相对于立法史材料的独立性、立法主体意志与立法意图的不确定性和流变性等主客观条件的限制，因而使得依循立法史材料探询立法原意变得困难重重，甚至成为不可能。如果运用历史解释方法仍然不能适当地确定刑法文本语词的含义的，则应当进行目的论的解释。目的论的解释超越刑法文本与立法史材料，力求根据对法律文本的公共政策分析、立法目的、法的一般原则的价值判断以及法律适用效果的社会学考察，对法律文本的语词含义进行符合立法目的的阐释。自20世纪以来，目的解释方法逐渐超越传统的文义解释、体系解释和历史解释而成为最受青睐的解释方法。伯尔曼曾经指出："没有信仰的法律将退化成为僵死的教条……而没有法律的信仰却将蜕变成为狂信。"① 探询立法目的就是为了恪守法律的信仰。因此，"解释方法的桂冠当属于目的论之解释方法，因为只有目的论的解释方法直接追求所有解释之本来目的，寻找出目的观点和价值观点，从中最终得出有约束力的重要的法律意思。从根本上讲，其他的解释方法只不过是人们接近法律意思的特殊途径。"② "在进行刑法解释时，结局是必须考虑刑法是为了实现何种目的，必须进行适合其目的的合理解释。文理解释、体系解释或者主观解释，不能给予一义的解释或者即使暗示了某种解释时，必须由上述'目的论解释'来最终决定。刑法解释方法与其他法律解释方法的不同，只是刑法的目的与其他法领域的目的不同而已。"③

---

① ［美］伯尔曼：《法律与宗教》，梁治平译，中国政法大学出版社2003年版，第39页。

② ［德］汉斯·海因里希·耶赛克、托马斯·魏根特：《德国刑法教科书》，徐久生译，中国法制出版社2001年版，第193页。

③ ［日］町野朔：《刑法总论讲义案工》，信山社1995年版，第68页以下，转引自张明楷：《法益初论》，中国政法大学出版社2000年版，第216～217页。

目的论的解释不仅超越刑法文本及其立法史材料，甚至可以超越立法者于具体法条和语词表达的立法意图，而合目的地、与时俱进地发展法律文本语词的含义，因而对于探究刑法文本及特定语词的终极含义、保持刑法的可适用性与刑法适用的合目的性，无疑具有重要的解释论意义。但是，刑法目的往往是一种观念的抽象的存在，甚至不是一种客观的存在，绝大多数法域的刑法文本并没有像《模范刑法典》那样明确、具体地规定刑法的一般目的，刑法文本的一般目的往往更多地取决于解释者的价值判断。亦即作为目的论解释依据的刑法目的本身需要被发现、被解释。这种刑法目的的发现和解释，虽然可以通过诸如依循立法史材料的历史解释、构成德沃金的“整体性法”的“规则—原则—政策”三要素的“建设性诠释”①、苏力教授所称的泛指的语境解释（社会学解释）进行②，但这种发现和解释刑法目的的过程本身却是一个相对自由、具有相当的不确定性和主观性的判断和选择的过程。根据这种自由解释而判断和选择的刑法目的，对刑法文本特定语词的含义进行解释，也必然是一种相对更为自由的解释。因而，目的论解释虽然贵为当代刑法解释论的桂冠，其解释结论又不能是绝对的、排他的和终极的。为了确保刑法解释结论的可预测性，目的解释论必须遵守两个基本的限制：一是必须遵守论理解释的基本限制，不得超出刑法文本及其语词含义可能具有的最大含义范围；二是应当受到作为更高位阶的母法的宪法文本的制约。刑法文本的合宪解释因而就作为刑法解释的最高阶段或者

---

① 德沃金主张，当法学家们理解或者争论关于法律上的权利和义务问题时，特别是在疑难案件中，他们使用的不是作为规则发挥作用的标准，而是作为原则、政策和其他各种准则而发挥作用的标准。参见［美］罗纳德·德沃金：《认真对待权利》，信春鹰、吴玉章译，中国大百科全书出版社1998年版，第40页。

② 苏力教授所谓的泛指的语境解释是指，超越法律文本，将法律文本与解释者本人一起视为法律文本解释的语境，使诸如社会学、经济学和政治学的知识以及诸如公共政策、各种自然科学的发展，对判决后果的预测，关于法律制度自身因素的考虑，法治的一般原则、公平原则等因素参与法律解释，因此，泛指的语境解释实际上就是一种社会学解释。

终极方法进入了刑法解释论的视野。①

刑法合宪解释的实质就是刑法文本的合宪审查，其根据在于宪法与刑法的母法与子法的位阶与效力制约关系。哈耶克指出：“宪法与常规法律间的根本区别，类似于一般性法律与法院将它们适用于某个具体案件之间的区别：一如在审理具体案件时法官要受制于一般性规则那般，立法机构在制定具体法律时也必须受制于更为一般性的宪法诸原则。证明上述区别为正当的理由，也适用于下述两种情形：一如司法审判只有在符合一般性法律的情形下才被认为是正当的那般，特定的法律也只有在符合更为一般性的原则的情形下才被认为是正当的。正如我们要防止法官出于某个特定理由而侵犯法律那般，我们也要防止立法机构出于即时的或临时的目的而侵损某些一般性原则。”② 刑法的合宪解释或合宪审查，可以而且应当从多个路径、多个角度并且全方位地进行。在实行以各级普通法院为审查主体、结合普通诉讼案件的审理对法律的合宪性进行具体审查的美国，一般认为，刑法的合宪解释与合宪审查，可以从宪法文本对刑事立法的规范性规约以及宪政过程中立法与司法的紧张关系对刑事立法的实践性拘束两个基本的路径予以考察。③ 宪法文本对刑事立法的宪法性规约则包括三个基本的方面：一是刑事立法的特别宪法限制，具体是指宪法第1条所规定的禁止制定剥夺公权法案与禁止制定溯及既往的法律；二是民权法案即宪法第1至第10修正案规定公民可以行使的宪法性权利对刑事立法的实质性制约；三是正当法律程序、平等保护原则以及宪法虽未明确规定但蕴涵于宪法精神之中的隐私权对刑事立

---

① 在一定意义上讲，合宪解释本身就是一种目的解释。因此，耶塞克教授认为，在根据法律目的进行解释时，法官总是将宪法的价值判断放在首位，进行符合宪法的解释。[德] 汉斯·海因里希·耶赛克、托马斯·魏根特：《德国刑法教科书》，徐久生译，中国法制出版社2001年版，第193页。

② [英] 弗里德利希·冯·哈耶克：《自由秩序原理》（上），邓正来译，生活·读书·新知三联书店1997年版，第224~225页。

③ Joshua Dessler, Understanding Criminal Law, Malthew Bender &Company Incorporated, 1994, pp. 19－24.

法的程序性与实质性制约。[①] 而宪政过程中立法与司法的紧张关系对刑事立法的实践性拘束则主要植根于作为美国宪法立宪基础的分权与制衡原则与联邦主义。而在以专设而单一的宪法法院或宪法委员会为审查主体、对与具体诉讼案件无涉的法律、法规、行政命令的合宪性进行抽象审查的大陆法系国家，刑法合宪解释与合宪审查则更多地表现为强调人民主权原则（民主原则）、分权与制衡原则、法律保留原则、[②] 法律面前人人平等原则、公共干预限制原则、[③] 法治国家原则（罪刑法定原则）、人道主义原则、人性尊严与生命保障原则以及公民权利与义务的宪法性规定对刑法文本的创制与适用解释的制约。[④] 无论表现形式如何不同，这些宪法性规范与要求都足以构成对刑事立法进行合宪解释与审查的宪法依据。刑法合宪解释与合宪审查，必须超越罪刑规范的文本及其适用解释的狭隘视野，在民主宪政的原理与精神的导引下，以宪法文本与宪政实践为依据，进行多角度、全方位的裁量与判断，使解释结论符合正当性与合宪性的要求，并且在必要时宣告违宪的刑法文本无效。[⑤]

（原载《中国法学》2004 年第 3 期）

---

① 储槐植：《美国刑法》，北京大学出版社 1996 年版，第 31 ~ 46 页。

② 法律保留原则要求作为犯罪和刑罚渊源的法必须是严格意义上的法律，即国家立法机关依照法定程序正式制定的成文刑法，而排斥行政机关颁布的行政法规以及地方性法规作为刑法渊源。黄风：《意大利刑法典引论》，载《意大利刑法典》，黄风译，中国政法大学出版社 1998 年版，第 7 页。

③ 公共干预限制原则是指基于对公民自由的保障，刑法有必要对为保障人类的共同社会生活而进行的必要的公共干预进行限制，一般认为，与法益概念相联系的行为的“社会危害性”构成了刑法的公共干预的界限。此外，公共干预限制原则要求维护人性尊严，禁止或者废除残酷的侮辱性的刑罚，禁止羞辱犯人，贯彻罪责原则和手段适当原则。［德］汉斯·海因里希·耶赛克、托马斯·魏根特：《德国刑法教科书》，徐久生译，中国法制出版社 2001 年版，第 34 页。

④ ［德］汉斯·海因里希·耶赛克、托马斯·魏根特：《德国刑法教科书》，徐久生译，中国法制出版社 2001 年版，第 29 ~ 36 页。

⑤ 关于刑法合宪解释，详见梁根林：《罪刑法定视野中的刑法合宪审查》，载《法律科学》2004 年第 1 期。

刑法理念与刑法解释

张明楷

“法的理念作为真正的正义的最终的和永恒的形态，人在这个世界上既未彻底认识也未充分实现，但是，人的一切立法的行为都以这个理念为取向，法的理念的宏伟景象从未抛弃人们。”① “法理念是以三个基本价值的紧张关系表现出来的，这三个基本价值是正义、合目的性与法的安定性。……正义是形式的理念，无数的法规范根据正义采取其形式，即采取对万人平等对待和由法律规制的普遍性。而其内容必须由与正义不同的、因而与正义并列的、也属于法理念的原理来决定，这个原理就是合目的性。”② 但实质合目的性是相对的，需要制定法律予以确定。于是产生了法的安定性理念，即法是实定的，实定法本身是安定的，作为法的基础的事实必须尽可能准确无误地予以确定，不轻易变更实定法。显然，上述正义是指狭义的正义即平等、公平，而三个法理念可以用广义的正义理念来概括。③

法的安定性表现在刑法领域就是罪刑法定主义；法的合目的性具体于刑法上则是保护法益（包括行为人的自由）；法的平等性在刑法（包括立法与司法）上的要求则是平等对待被规制的行为，相同的犯罪行为应相同地对待与处理，不同的犯罪行为应予以有差别的且符合其本质的对待与处理，而且要实现罪刑相适应。由此可见，我国刑法所规定的目

---

① ［德］H. 科殷：《法哲学》，林荣远译，华夏出版社 2003 年版，第 10 页。

② ［德］拉德布鲁赫：《法学入门》，碧海纯一译，东京大学出版会 1973 年版，第 33 ~ 34 页。

③ ［德］亚图・考夫曼：《法律哲学》，刘幸义等译，台湾五南图书出版有限公司 2000 年版，第 155 页。如无特别说明，本文以下所称正义理念皆从广义，而且在等同意义上使用“刑法理念”与“正义理念”两个术语。

的与基本原则，都是对刑法理念的表述，即第2条表述了合目的性的理念，第3条表述了法的安定性的理念，第4条与第5条表述了法的平等性理念。

法解释是指探求规范的法律意义，刑法解释也不例外。狭义的刑法解释是指探求作为文本的成文刑法的法律意义；广义的刑法解释则可称为刑法的适用，使规范与事实进入对应关系，解释规范、剪裁事实并且目光不断地往返于规范与事实之间，从而形成结论。

一方面，在经济发展的复杂社会与重视人权的法治时代，不可能直接根据刑法理念定罪量刑。因为，正义"随时可呈不同形状并具有极不相同的面貌"①，而"法律应当是客观的，这一点是一个法律制度的精髓"②。如果直接根据刑法理念认定犯罪，必然损害刑法的安定性。所以，刑法理念必须具体化、实证化。在成文刑法将刑法理念具体化、实证化之后，还需要刑法解释，使刑法条文符合刑法理念。

另一方面，对刑法的解释必须以刑法理念为指导，解释者应当以实现刑法理念为己任。"通晓正义的诸方面——是法律解释的一个必要的基础；解释犹如法律本身，也服务于正义，正义的各种原则表现在实在法的解释里。"③ 不以刑法理念为指导，只是通过查阅《现代汉语词典》等工具书来探求成文刑法含义的刑法解释学，充其量是一种"文字法学"，甚至不称其为法学。

刑法解释之所以必须以刑法理念为指导，使刑法理念内化于刑法的具体规定，主要是基于以下原因：

首先，刑事立法是将刑法理念与将来可能发生的事实相对应，形成刑法规范。所以，刑法理念构成成文法赖以创建的实质渊源之一。刑法解释（适用）是将现实发生的生活事实与刑法规范相对应，既然如此，

① ［美］E. 博登海默：《法理学：法律哲学与法律方法》，邓正来译，中国政法大学出版社1999年版，第252页。

② ［英］G. D. 詹姆斯：《法律原理》，关贵森等译，中国金融出版社1990年版，第50页。

③ ［德］H. 科殷：《法哲学》，林荣远译，华夏出版社2003年版，第213页。

就不可能偏离刑法理念解释刑法规范，否则，刑法规范便不再成为正义理念的陈述。这是立法者与国民都不愿意看到的现象。事实上，成文刑法在解释和适用里所获得的生机勃勃的发展中，一再追溯到刑法理念所要求的东西，从中得到滋养。如若没有那种追溯，成文刑法的发展将根本无法理解。①

其次，虽然成文刑法是刑法理念的文字表述，法官不能离开用语可能具有的含义而适用刑法，但并不意味着仅仅根据文字就可以发现刑法的全部真实含义。因为：（1）语言并不准确，常常包含可能被误解的因素；"同样的词对不同的人会有不同的含义。"② 所以，同样的制定法会被不同的国家适用和被不同的政治制度利用。这说明，刑法理念的不同，会导致成文刑法含义的变化。（2）"概念就像挂衣钩，不同的时代挂上由时代精神所设计的不同的'时装'。词语的表面含义（二挂衣钩）是持久的，但潮流（概念内容）在不断变化。"③ 只有以符合时代精神的刑法理念为指导，才能揭示刑法概念不断变化的含义。（3）刑法条文并非界定具体犯罪的定义，而是以抽象性、一般性的用语描述具体犯罪类型。因为"形式、抽象性、一般性以及概念性是法律的形成完全不可缺少的，否则法将没有所谓的等同对待，也将没有正义存在"。④ 如若没有刑法理念的指导，就不可能妥当解释刑法中的抽象性、一般性的用语，也不可能合理界定具体犯罪类型。

最后，具体生活事实异常复杂多变，"立法者难以预见到社会生活中涌现出来的大量错综复杂的、各种各样的情况"。⑤ 为了使刑法满足一

---

① ［德］H. 科殷：《法哲学》，林荣远译，华夏出版社 2003 年版，第 165 页。

② ［德］伯恩·魏德士：《法理学》，丁小春、吴越译，法律出版社 2003 年版，第 75 页。

③ ［德］伯恩·魏德士：《法理学》，丁小春、吴越译，法律出版社 2003 年版，第 80 页。

④ ［德］亚图·考夫曼：《法律哲学》，刘幸义等译，台湾五南图书出版有限公司 2000 年版，第 122 页。

⑤ ［法］亨利·莱维·布律尔：《法律社会学》，许钧译，上海人民出版社 1987 年版，第 63 页。

个处在永久运动中的社会的所有新的需要，解释者在面对崭新的生活事实时，必须根据刑法理念与刑法用语得出结论。倘若没有刑法理念的指导，解释者面对新的生活事实时，必然一筹莫展、不知所措。

然而，在现实的刑法解释与适用过程中，常常存在刑法解释偏离刑法理念的现象，而且不断发生同一解释者偏离自己主张或认同的刑法理念得出不同解释结论的现象。如何在刑法理念的指导下解释刑法，如何使刑法解释与刑法理念相一致，是值得刑法学界高度重视的问题。下面联系一些刑法理念，从正反两个角度予以分析。

（一）刑法的处罚范围必须适当

处罚范围适当，是调和刑法的法益保护机能与自由保障机能的当然结局，是实行民主主义与尊重人权的必然要求。刑法的正义性在很大程度上取决于处罚范围的合理性。一方面，全面介入国民生活的各个角落，不分善恶轻重恣意禁止各种行为的刑法，必然不当地限制国民的自由；另一方面，只处罚部分值得科处刑罚的行为，对其他相同甚至更为严重的行为反而不科处刑罚的刑法，必然不符合平等要求。因此，解释刑法时，不可避免要根据普遍的正义观念，衡量行为的可罚性，合理运用各种解释方法。处罚的必要性越高，做出扩大解释的可能性与必要性就越大。然而，在现实中，人们在解释刑法时，常常不考虑行为的可罚性，一概对刑法用语作通常意义的字面解释，甚至在觉得某种行为应受刑罚处罚时，也采取限制解释，将值得处罚的行为排除在刑法规制之外，这便使刑法解释偏离刑法理念。

如果解释者心中有刑法处罚范围必须适当的理念，并在该理念指导下解释刑法，就会使刑法的处罚范围合理化。显而易见的是，对于一个行为而言，其处罚的必要性越高，将其解释为犯罪的可能性越大，相反，如果行为离刑法用语核心含义的距离越远，则将其解释为犯罪的可能性越小。换言之，“解释的实质的容许范围，与实质的正当性（处罚的必要性）成正比，与文法通常语义的距离成反比。”① 因此，面临处罚必要性大的行为时，必须对刑法用语进行扩大解释；反之，当刑法用语

---

①［日］前田雅英：《刑法总论讲义》，东京大学出版会1998年第3版，第85页。

可能涵摄了不值得科处刑罚的行为时，则必须进行限制解释。当然，如果行为超出了刑法用语可能具有的含义，则不管处罚的必要性有多大，也不得解释为犯罪。

（二）刑法保护法益的目的必须得到实现

刑法的目的是保护法益。由于刑事立法以保护法益为目标设定构成要件，所以，法益具有作为犯罪构成要件解释目标的机能。对犯罪构成要件的解释结论，必须是符合这种犯罪构成要件的行为确实侵犯了刑法规定该犯罪所意欲保护的法益，从而使刑法制裁该犯罪的目的得以实现。解释的方法无穷无尽，但最终起决定性作用的是目的论解释，因为目的是全部法律的创造者，每条法律规则的产生都源于一种目的。但是，在现实中，盲目地解释刑法条文的现象比比皆是。例如，人们并不事先探讨《刑法》第 301 条第 1 款（聚众淫乱罪）与第 2 款（引诱未成年人聚众淫乱罪）的保护法益，而对两款中的“聚众（进行）淫乱”做出相同解释，结局必然是要么不当扩大了聚众淫乱罪的处罚范围（一概不要求公然性时），要么不当缩小了引诱未成年人聚众淫乱罪的处罚范围（一概要求公然性时）。[①] 再如，人们不研究《刑法》第 237 条（强制猥亵、侮辱妇女罪）的保护法益，就根据各种字典、词典解释“猥亵”、“侮辱”的含义，导致将本罪与《刑法》第 246 条的侮辱罪相混淆。又如，司法解释不考虑分则条文的保护法益，就成立同一犯罪的数额起点，对单位犯罪与自然人犯罪规定不同的数额标准。

如果解释者心中有刑法保护法益的目的必须实现的理念，并在该理念指导下解释刑法，就不至于用一些无法律根据的、不合理的、隐形的观点来影响对构成要件的解释。不言而喻的是，由于法益具有解释论的机能，对某个刑法规范所要保护的法益内容理解不同，就必然对犯罪构成要件解释不同，进而导致处罚范围的宽窄不同。所以，对刑法条文的解释必须以其保护法益为指导，法益的变更必然影响对刑法条文的解释。如果明确《刑法》第 301 条第 1 款与第 2 款的保护法益不同，就会做出第 1 款的聚众淫乱活动要求公然性、第 2 款的聚众淫乱活动不要求

---

① 张明楷：《刑法分则的解释原理》，中国人民大学出版社 2004 年版，第 336 页以下。

公然性的解释结论。如果明确《刑法》第237条的保护法益是妇女的性行为的自己决定权，就不会要求猥亵、侮辱行为具有公然性。如果明确刑法的目的是保护法益，犯罪的本质是侵害法益而不是获得利益，就不会对单位犯罪与自然人犯罪规定不同的成立标准。

（三）刑法的内容必须协调

因为正义理念首先要求公平，它要求对所有的人都应用一种统一的标准，使相同的犯罪得到相同的处理。要使刑法的内容协调，就必须体系性地解释刑法的各个条文，不致使刑法条文相互冲突与矛盾。可是，在刑法理论上，常常不顾及相关条文的关系，导致法条之间不协调，从而损害刑法的公平性。例如，人们认为招摇撞骗包括骗取财物，于是形成以下两个方面的不公平：一方面，采用其他方法骗取财物的，可能转化为抢劫；而冒充国家机关工作人员骗取财物的，不可能转化为抢劫。另一方面，采取其他方法诈骗公私财物的，最高可以判处无期徒刑；而采取冒充国家机关工作人员的方法骗取财物的，最高只能判处10年有期徒刑。① 在司法实践中，办案人员只是熟悉自己所办案件涉及的条文，对其他条文不去考虑，解释一个条文时根本不考虑该条文与其他条文的关系。这当然不能使刑法内容保持协调。

如果解释者心中有刑法内容必须协调的理念，并以该理念指导刑法解释，就不至于孤立地解释刑法条文，而会进行体系解释，从而实现刑法的公平性。众所周知，刑法是存在于法律体系中的一个整体，它不仅要与宪法协调，而且本身也是协调的。只有如此，才能体现公平正义。如果做出不协调的解释，必然导致对不同的案件作相同的处理，或者对相同的案件作不同的处理，从而有损刑法的公平性。所以，使法律之间相协调是最好的解释方法。为了实现刑法的协调，除了进行体系解释外，还应善于采用限制解释、当然解释、“入罪时举轻以明重”和“出

---

① 或许有人认为，对此可以认定为想象竞合犯，从一重处罚，或者虽承认法条竞合，但采取重法优于轻法的原则。但是，首先，如果将招摇撞骗罪解释为包含骗取财物，它与普通诈骗便不是想象竞合的关系，只能是法条竞合。其次，刑法第266条明文规定只能采取特别法条优于普通法条的原则，如果采取重法优于轻法的原则，则违反刑法第266条。

罪时举重以明轻”等解释方法。例如，当刑法表述存在缺陷时，必须进行补正解释或限制解释等，以实现刑法的协调。例如，《刑法》第 124 条第 1 款规定了破坏广播电视、公用电信设施危害公共安全（尚未造成严重后果）与造成严重后果两种情况，而第 2 款规定的是“过失犯前款罪的”情形，从该条的关系上看，过失破坏广播电视、公用电信设施尚未造成严重后果的也成立犯罪。但如果这样解释，则会导致诸多不协调现象：一是与刑法总则第 15 条关于过失行为只有造成严重结果才成立犯罪的规定不协调；二是与过失破坏交通工具、交通设施等犯罪相比不协调；三是与故意损坏广播电视、公用电信设施尚未造成严重后果的处罚不协调。因此，应当认为，《刑法》第 124 条第 2 款规定的“过失犯前款罪”仅指过失犯前款罪中造成严重后果的犯罪。再如，一个行为如果在符合法条要求的前提下超出了该法条的要求，也没有其他可适用的法条，则依然应适用该法条。例如，《刑法》第 329 条第 1 款规定，抢夺、窃取国家所有的档案的，处 5 年以下有期徒刑或者拘役。倘若行为人以暴力相威胁“抢劫”国有档案，应当如何处理？或许人们会解释道：“既然刑法只规定了抢夺，而没有规定抢劫，根据罪刑法定原则，当然应以无罪论处。”可是，从规范意义上说，抢劫行为已经在符合抢夺要求的前提下超出了抢夺的要求，既然如此，当然可以将抢劫国有档案的行为认定为抢夺国有档案罪。[①] 同样，如果只是以“刑法规定原本如此，解释者无能为力”为由，维持不协调、不正义的局面，则是一种不负责任的态度。

（四）刑罚必须与犯罪相适应

由于罪刑相适应的具体表现随着时代的变化而变化，所以，严格限制死刑也成为罪刑相适应观念的重要内容。罪刑相适应的理念不仅影响刑罚的适用，也影响对刑法规定的解释。但是，一些人虽然有罪刑相适

① 当然，如果以国有档案也具有财物的属性，而且抢劫罪不以数额较大为起点为由，主张对抢劫国有档案的行为以抢劫罪论处，也是一种思路。笔者只是以抢夺与抢劫的关系为例，说明可以通过当然解释将抢劫国有档案的行为认定为抢夺国有档案罪。至于对抢劫国有档案的行为是认定为抢劫罪，还是认定为抢夺国有档案罪，仍需讨论。

应的观念，却不顾及条文的法定刑轻重，仍按用语的字面含义解释，使较重的行为也涵摄在法定刑较重的罪状中，或者相反；一些人主张限制死刑，但面对具体条文时，却没有做出限制死刑的解释。例如，绑架罪的法定刑很高，必须将绑架解释得更为严格，可是，解释者常常将绑架与非法拘禁解释得只是目的不同，不少人甚至认为绑架不需要暴力、胁迫与麻醉方法。再如，人们主张限制死刑，可是在解释《刑法》第50条时，认为只要行为人在死缓期间故意犯罪，不管是犯罪预备还是犯罪未遂，不管故意犯罪是否表明死缓犯人抗拒改造，也不管是否两年考验期限已满，都应当执行死刑。这便使得限制死刑的理念在现行刑法之下难以实现。

如果解释者心中有罪刑相适应、禁止残酷的刑罚、死刑必须受到严格控制的理念，并以该理念指导刑法解释，就不至于单纯从字面上解释刑法条文。非常明了的是，刑法条文是基于对犯罪的整体评价规定法定刑的。既然如此，对罪质相同、类型不同、法定刑有异的犯罪的构成要件进行解释时，就必须使不同构成要件所涵摄的行为与其法定刑既相称又相应。例如，必须将绑架罪的构成要件解释得比非法拘禁罪更为严格，使绑架罪的危害性重于非法拘禁罪。同样，限制死刑的观念是值得提倡的，而就当下情形而言，限制死刑的当务之急是限制执行死刑。所以，一方面，解释者应当将《刑法》第50条的“故意犯罪”解释为明显反映死缓犯人抗拒改造情节严重的故意犯罪,① 而且不包含预备行为。另一方面，对于已经故意犯罪的，也应解释为只有在两年期满以后才能执行死刑。因为死缓制度原本就是应在两年期满以后执行，而且这一解释有可能使一些已经有故意犯罪行为的死缓犯人再通过立功避免死刑的执行,② 从而实现限制死刑的理念。

---

① 从死缓制度的精神来看，有的死缓犯基于值得宽恕的原因实施的故意犯罪，并不表明行为人抗拒改造情节严重时，应当排除在执行死刑的条件之外。旧刑法规定的对死缓犯人执行死刑的条件是“抗拒改造情节恶劣”，新刑法修改为“故意犯罪”只是因为人们认为标准不明确，而不是内容有缺陷。既然如此，就应当围绕“抗拒改造情节恶劣”对“故意犯罪”进行限制解释。

② 张明楷：《刑法学》，法律出版社2003年第2版，第425页。

应当说，不会有人否认刑法解释应当以刑法理念为指导，解释结论应当符合刑法理念，那么，为什么理论上与实践中总是出现刑法解释偏离刑法理念方向的现象呢？分析其原因可能具有以下几种意义：

首先，解释者虽然就刑法理念著书撰文时，显露出妥当的刑法理念，但由于刑法理念没有成为其内心深处的想法与观念，只是停留在口头或者书面文字中，所以不能将刑法理念贯彻到解释结论中。由此看来，解释者只有心中充满正义理念，才不至于使刑法解释偏离正义理念。诚所谓“只有自己是正义的，才能认识正义的事情”。①

其次，解释者或许心中存有刑法理念，但可能因为不善于运用各种合理的解释方法，所以不能得出符合刑法理念的解释结论。所以，善于运用各种合理的解释方法显得十分重要。解释方法可谓无穷无尽，但没有一种解释方法既可以将刑法所有条文都解释得符合正义理念，又不超出刑法用语可能具有的含义。为了追求正义理念、实现刑法目的，解释者必须敢于尝试罪刑法定原则所允许的各种解释方法。

再次，解释者也许内心装有刑法理念，但由于固守对刑法条文的先前理解，导致解释结论不符合刑法理念。大部分刑法用语都具有多种含义，其可能具有的含义也会比较宽泛，而解释者总是对刑法用语存在先前理解，但解释者不可固守先前理解，而应当将自己的先前理解置于正义理念之下、相关条文之间、生活事实之中进行检验。如果先前理解符合正义理念、与相关条文相协调、能够公平地处理现实案件，便可以坚持这种先前理解。但是，当自己的先前理解有悖正义理念、或与刑法的相关条文存在矛盾、或不能公平地处理现实案件时，必须放弃它。放弃先前理解之后，应当寻求新的解释结论，再将新的解释结论置于正义理念之下、相关条文之间、生活事实之中进行检验，直到得出满意的结论为止。例如，面对组织他人向同性卖淫的案件时，解释者可能因为先前理解认为向同性卖淫不属于卖淫。但是，卖淫是指以营利为目的，满足不特定对方的性欲的行为，故向同性卖淫也属于卖淫；组织他人向同性卖淫的行为，同样侵害了刑法规定组织卖淫罪所意欲保护的法益。所以，解释者必须放弃先前理解，重新解释法条。易言之，解释者必须注

---

① ［德］H. 科殷：《法哲学》，林荣远译，华夏出版社2003年版，第9页。

意到正义的诸多层次，各种不同的可能。面对有疑问的条文时，应当想到各种可能的意义，提出各种不同的假设，对各种观点进行充分的论证、反复权衡，看哪一种解释结论最符合正义理念。

又次，解释者可能具有刑法理念，但过于使刑法用语封闭化，导致不能根据生活事实的变化作出符合刑法理念的解释。解释者应当懂得，生活事实在不断变化，刑法用语的含义也在不断变化。“任何一种解释如果试图用最终的、权威性的解释取代基本文本的开放性，都会过早地吞噬文本的生命。”① 解释者应当正视法律文本的开放性，懂得生活事实会不断地填充法律的含义，从而实现刑法理念。

最后，解释者可能认为，只要将妥当的刑法理念灌输到司法人员大脑中即可，而不需要将刑法理念具体化于刑法条文的解释中。可是，如果刑法理念不具体化于刑法条文的解释中，即使刑法理念存在于司法人员的大脑中，也难以充分发挥其应有的作用。例如，如不对刑法第50条的“故意犯罪”作限制解释，就不利于实现减少执行死刑的理念。所以，学者们不能只是抽象地宣传刑法理念，还必须将刑法理念贯彻到具体条文的解释结论中。

（原载《法学杂志》2004年第7期）

---

① ［英］韦恩·莫里森：《法理学》，李桂林等译，武汉大学出版社2003年版，第555页。

刑法解释方法的位阶与运用

苏彩霞

一、刑法解释方法位阶的有无之争

传统刑法解释学认为，刑法解释的方法包括文义解释、体系解释、历史解释、目的解释与合宪性解释。这些刑法解释方法之间关系如何？人们在解释刑法时可以随意选择解释方法吗？运用刑法解释方法是否需要遵循一定的先后顺序？当不同解释方法得出的解释结论不同甚至相互冲突时如何解决？这就是刑法解释方法的位阶问题，即刑法各种解释方法之间的关系与次序。

对于刑法解释方法之间是否存在一定的位阶，刑法解释理论上存在争议。否定说认为，刑法解释的各种方法之间不存在位阶关系。德国著名历史法学家萨维尼（Saviny）就否认了四种解释方法之间存在位阶次序的可能性，他认为："语法解释、历史解释、体系解释、逻辑解释不是人们可以根据喜好和口味可以任意选择的四种解释方式，而是要使解释成功必须协调发挥作用的不同活动。时而这种解释方式重要，时而那种解释方式更重要。"J. 埃塞尔（J. Esser）也认为，"指望人们能够在'解释步骤的先后顺序中'编出一个分层目录（Stufenkatalog）注定是要失败的。"此外，德国其他学者克里勒（Kriele）、朔伊尔勒（Scheuerle）也持否定观点。[①] 肯定说虽然在解释方法的具体位阶上观点各异，但大都承认解释方法存在比较稳定的关系，有大致的次序或分层目录。如拉

① Joach in R ahlf D ie Rangfolge der klass juristische Interpretationsmittel in der strafrech tsw issenschaftlich en A uslegungsleh re, in E ike V on Savigny u a , Ju ristische D ogm atik und W issensch a ftsthe orie, V erlag C. H. Beck, M uechen, 1976, S. 22 – 23.

伦茨（Larenz）、耶赛克（Yescheck）、鲍曼（Bau - mann）、齐迈尔曼（Zimmermann）都持肯定说。①

笔者认为，刑法解释方法之间的位阶关系具有重要的意义，而且是与我们思维过程的客观规律相一致的，应当承认刑法解释方法位阶的存在。

首先，刑法解释方法的位阶关系对于解决刑法解释的争端、保证刑法解释的客观性具有重要的意义。解释是主体对客体的理解，解释总是不可避免地带有主观性，要使刑法解释不破坏刑法的保障功能，就必须通过适用得到承认的解释规则予以实现，"因为这样的解释规则在一定程度上对法官产生客观的约束。"② 这种解释规则就是解释方法的位阶！解释方法的运用并非随意的，而是关系到解释结论的妥当性，甚至关系到法的安定性与正义性。如果强调文义解释在运用上的第一序位性，必然有利于法的安定性的实现；反之，如果一进行刑法解释就首先运用目的解释，则反映出对法的正义性的过分重视。可见，解释方法的位阶应该与国家的法治取向、价值目标相一致。解释方法的位阶还可以解决解释学上的难题，即出现多种解释结论或解释结论相互矛盾时，解释方法的位阶能为之提供选择标准。正因为如此，德国著名比较法学者茨威格特（Zweigert）曾指出："法律解释学说的缺陷具体在于，在各种解释标准中并未找到一个'确定的次序'（gesicherte Rangordnung）。"③ 恩吉施（Engisch）在批评萨维尼的观点时，指出萨维尼"使用了一个机智的表述遮盖了这一问题。我们必须估计到不同的方法导致矛盾的结果这种可

---

① Joach in R ahlf D ie Rangfolge der klass juristische Interpretationsmittel in der strafrech tsw issenschaftlich en A uslegungsleh re, in E ike V on Savigny u a , Ju ristische D ogm atik und W issensch a ftsthe orie, V erlag C. H. Beck, M uechen, 1976, S. 17 – 21.

② ［德］汉斯·海因里希·耶赛克、托马斯·魏根特：《德国刑法教科书》，徐久生译，中国法制出版社 2001 年版，第 190 页。

③ ［德］卡尔·恩吉施：《法律思维导论》，郑永流译，法律出版社 2004 年版，第 95 页。

能性”。[①] 不承认解释方法的位阶性，认为时而此方法重要时而彼方法重要，无法在多种解释结论中给我们提供一个令人信服的选择标准，其结果往往可能导致根据解释者的口味和爱好来选择解释结论，进而影响刑法的安定性。

其次，承认解释方法的位阶关系，是与我们的思维特点相吻合的。不同的解释方法，犹如解决问题的不同途径，更如通向某一城市的不同道路，人们在选择何种途径解决问题、哪条道路通向城市时，不可能杂乱无章，而总是依照一定的顺序来选择途径。思维过程的条理性特点决定了我们在选择解释方法时总有一定的条理性、次序性，而不是胡子眉毛一把抓。

实际上，在法解释学上，从不缺乏在不同解释方法之间确立次序关系的努力。“一方面，存在着努力追求解释方法关系的确定规定，另一方面，只要没有为整个解释学说建立坚实的基石，所有有关的看法都不着边际。需要各种有待深化的见解去为每一个解释方法分派一个相对的权限和特别的逻辑位置。”[②] 据此，在肯定了各种解释方法之间存在某种位阶关系之后，我们的努力不应停顿，我们还需要在下文进一步探讨为不同解释方法分派权限和位置的见解。

二、刑法解释方法位阶的确定之争

刑法解释方法之间应当存在一定的位阶，该如何确定不同解释方法之间的关系呢？对此，肯定论者的观点也各有差异。在德国，对刑法解释方法位阶的研究比较深入。耶赛克认为，刑法解释方法的次序应该是以文义解释为出发点，经由体系解释、历史解释，最后到达目的解释，目的解释是所有解释方法的核心，这一次序是有充分理由的，因为采用这种分层能够解决可能的争议。毛拉赫（Maurach）认为，历史解释是位于最后位阶的辅助因素（Hilfsmittel），系统解释的意义比历史解释重

---

① ［德］卡尔·恩吉施：《法律思维导论》，郑永流译，法律出版社 2004 年版，第 95 页。

② ［德］卡尔·恩吉施：《法律思维导论》，郑永流译，法律出版社 2004 年版，第 99～100 页。

要，文义解释是所有解释的基础与开始，起决定性作用的是目的解释，即以刑法适用时的目的所作的解释。①

我国刑法学界对刑法解释方法位阶的研究刚刚起步，相关著述甚少。有学者认为，各种具体刑法解释方法之间的关系并非都是并列关系，而具有层次上的高低，刑法解释方法的运用大体应遵循以下原则：（1）文理解释运用为先；（2）单一规则，即如果通过文理解释，刑法规定含义明确，不存在歧义，就无须运用论理解释之方法；（3）综合规则，即在解释刑法规定时，既运用文理解释，又运用论理解释；（4）论理解释优势规则，即对刑法规定的同一用语进行解释时，如文理解释的结论与论理解释的结论相冲突时，应取论理解释的结论。② 晚近有著述进行了相对详细的研究，认为刑法解释方法总的位阶关系是文义解释→逻辑解释→体系解释→历史解释→比较解释→目的论解释，并对这些解释方法得出的结论相互矛盾时如何取舍进行了仔细分析。③

笔者认为，确定刑法解释方法的位阶，必须注意以下两个问题：第一，刑法解释方法的位阶如何，应当受制于刑法的价值目标。法的安定性与法的正义性是刑法的价值目标，如何实现安定性与正义性是刑法适用的目标。法的安定性关涉刑法的形式理性与形式的人权保障，法的正义性关涉刑法的实质理性、实质的人权保障以及刑法保护法益的目的。各种解释方法都有其价值基础，各有其功能与局限。例如，文义解释强调通过字面含义拘束法官，着眼于刑法的安定性；历史解释强调立法者当时的立法动机与立法意图，着眼于立法权对司法权的约束；而目的解释强调法律适用当下的规范目的，重在刑法的灵活性与合目的性。可

---

① Joach in R ahlf D ie Rangfolge der klass juristische Interpretationsmittel in der strafrech tsw issenschaftlich en A uslegungsleh re, in E ike V on Savigny u a , Ju ristische D ogm atik und W issensch a ftsthe orie, V erlag C. H. Beck, M uechen, 1976, S. 17 – 21.

② 李希慧：《刑法解释论》，中国人民公安大学出版社 1995 年版，第132 ~ 133 页。

③ 陈兴良主编：《刑法方法论》，清华大学出版社 2006 年版，第 187 ~ 205 页。

见，当刑法的价值目标侧重点不同，必然影响到各种解释方法的地位与顺序。学者们关于刑法解释方法位阶的具体争议，在根基上是基于对法的价值目标的不同理解。欲确定刑法解释方法的位阶，必先就刑法的价值目标达成共识。第二，刑法解释方法的位阶，不仅指运用上的先后顺序，而且包括结论冲突时的地位等级问题。刑法解释方法的运用顺序，是指解释刑法用语时何种解释方法先用、何种解释方法后用的问题；刑法解释结论的地位等级，是指当不同解释方法得出的结论不同乃至冲突时，何种解释方法得出的结论在效力上具有优先性，以排除其他解释方法的结论。前者解决的是运用解释方法在时间上的先后顺序，后者解决的是不同解释方法的效力等级。二者属于两个层面，既相互联系又有所区别，共同说明刑法解释方法的位阶。既不能把二者混淆，也不能把刑法解释方法的位阶简单地等同于运用上的先后顺序或结论上的效力等级。一方面，先使用的某种解释方法，其结论并不必然具有优先效力；另一方面，仅仅研究解释结论的效力等级，也不能反映解释刑法这一思维过程的逻辑特点与先后顺序。

所以，确定刑法解释方法的位阶，首先必须考察刑法的价值目标，其次应区分解释方法的运用顺序与解释结论的效力等级。前者构成刑法解释方法位阶的价值维度，后两者构成刑法解释方法的序列维度与效力维度。

三、刑法解释方法位阶之“三维论”

（一）价值之维：安定性优先，兼顾妥当性的刑法解释价值目标

刑法解释方法各有其价值基础，刑法解释方法的位阶不是简单的先后顺序、排列组合问题，它取决于刑法的价值目标。刑法解释可使刑法具体化、明确化及体系化，以维护刑法的安定性；同时，刑法又是公正、合乎目的的规范，刑法解释应当促进刑法正义。对刑法价值目标安定性与妥当性的侧重不同，将会影响刑法解释方法的位次。强调刑法的安定性，必然赋予诸如文义解释、体系解释等以安定性为取向的解释方法的优势地位；重视刑法的正义性，则会凸显目的解释的作用，甚至认为目的解释的结论可以“逸出”用语文义。

法的安定性与妥当性对法律解释方法的影响，集中见于法学方法史

上概念法学与利益法学、自由法学的争论。19世纪盛行一时的概念法学对于法律的解释偏重于形式逻辑的操作，排除法官对具体案件的利益衡量与目的考量，旨在彻底保证法的安定性。与此相对，利益法学、自由法运动更强调运用目的来解释法律。利益法学的先驱人物耶林由早期的概念法学支持者转而成为概念法学的批判者，在其名著《法的目的》中提出“全部法的缔造者是目的”，坚决反对逻辑崇拜和从概念到概念的形式解释，“因为法学不是数学，目的思考是决定性的。”[①] 随着利益法学对概念法学的取代，法的解释与适用脱离了概念法学的形式逻辑与形式解释，“不是逻辑优先，而是生活的价值居首”。[②] 现实的利益评价越来越多地替代仅仅以形式的——逻辑的推理为基础的方法。自由法运动则走得更远，认为法官在法律不明显或法律有漏洞时有自由的法律创造权力，法官在解释法律时可以进行漏洞补充甚至造法。可见，利益法学、自由法学更注重通过法律解释与适用来实现法的正义性、妥当性，法的妥当性目标甚至优于安定性目标，相应地，法律解释方法也不再拘泥于语法——逻辑的解释，目的解释作为一种更灵活的解释方法居于优先地位，目的解释的结论甚至可以“逸出”用语文义。

确定刑法解释方法的位阶，不应流于就事论事式的表象探讨，而应从刑法的价值目标——安定性与妥当性这一更高层面来考察。法的安定性与妥当性都应是刑法的价值目标。单纯追求安定性的刑法既不能实质地保障人权，也不能实现法益保护的目的。这一点已为历史所证明。同理，忽视安定性而过于追求妥当性，同样会导致刑法走向反面，没有安定性保障的实质正义隐藏着司法恣意、自由被践踏的巨大危险，最终会走向实质的非正义。传统中国过分注重实质理性、实质正义、妥当性的法律实践无不证明了这一点。

笔者认为，我国当前刑法的价值目标应当是刑法的安定性优先、兼顾刑法的妥当性，这是与我国当前的法治国建设目标、罪刑法定原则的

---

① ［德］阿图尔·考夫曼、温弗里德·哈斯默尔主编：《当代法哲学和法律理论导论》，郑永流译，法律出版社2002年版，第166页。

② ［德］阿图尔·考夫曼、温弗里德·哈斯默尔主编：《当代法哲学和法律理论导论》，郑永流译，法律出版社2002年版，第167页。

现代内涵相适应的。[①] 刑法本身的安定性是指“认知可能性、操作可能性与实践可能性的安定性”，[②] 刑法解释不能损害刑法的“认知可能性、操作可能性与实践可能性”，即解释刑法首先应维护刑法的安定性，安定性是法治的首要要求。同时，“解释犹如法律本身一样，也服务于正义”。[③] 如仅为维护刑法的安定性，“将法律的理想加以牺牲，必然使法律的解释沦为形式的逻辑化，难以促成正义的实现”。[④] 因此，由刑法的价值目标决定，刑法解释的价值目标也应是以实现刑法的安定性优先，兼顾促进刑法的妥当性。

刑法解释价值目标的安定性优先，兼顾妥当性是指：（1）维护并实现刑法的安定性，是刑法解释的第一目标。解释者不得为追求结论的妥当性而超出国民预测可能性，从而损害刑法的安定性，即刑法解释不得为过分追求妥当性而损害刑法的安定性。（2）在不损害刑法安定性的范围内，解释者应尽量克服刑法因形式理性、安定性而造成的僵化、呆板甚至个案的非正义，解释者应尽量使刑法面向生活事实开放。

安定性优先，兼顾妥当性，这就是确定刑法解释方法位阶的价值维度。安定性优先决定了刑法解释方法的运用顺序，即那些倾向安定性的解释方法在运用上应先于倾向妥当性的解释方法；兼顾妥当性，决定了不同解释方法结论的效力等级，即在未损害安定性的前提下，倾向妥当性的解释方法的结论在效力上优先于倾向安定性的解释方法的结论。

（二）序列之维：刑法解释方法的运用顺序

笔者认为，解释刑法时应遵循文义解释→体系解释→历史解释→目

---

① 苏彩霞：《实质的刑法解释论之确立与展开》，载《法学研究》2007 年第 2 期。

② ［德］考夫曼：《法律哲学》，刘幸义等译，法律出版社 2004 年版，第 274 页。

③ ［德］考夫曼：《法律哲学》，刘幸义等译，法律出版社 2004 年版，第 186 页。

④ 杨仁寿：《法学方法论》，中国政法大学出版社 1999 年版，第 97 页。

的解释→合宪性解释的先后顺序,[①] 依次运用这五种解释方法。这一运用顺序具有以下合理性:

1. 体现了刑法解释价值目标中安定性优先的要求

第一，刑法文本是刑法的载体，理解刑法必然先从阅读文本开始。离开了对刑法文本语言的理解，刑法的含义将无从得知。“所有的解释都以语法解释为出发点。”[②] 文义解释作为解释的开始，一方面是由成文法都通过语言来记载的特点所决定的，另一方面也是法的安定性要求。立法者通过语言将刑法规范固定下来，语言传达了规范的含义，同时语言保障了国民预测的可能性。文义解释正是强调通过对刑法用语的词义、语法与结构来解释刑法，可见文义解释能保证解释的客观性与预测可能性，脱离刑法文本的解释必然损害刑法的安定性。所以，解释刑法首先应从文义解释开始。

第二，刑法应该是一个体系和谐、逻辑协调的统一体，这是安定性对刑法外在形式的要求，体系冲突、逻辑混乱必然会损害法的安定性。文义解释对用语含义的理解往往借助于词典，这种“词典式解释”固然体现了法的安定性，但有时“词典主义”会损害刑法体系的协调性。例如，依据“暴力”在词典中的含义来解释妨害公务罪中的“暴力”与抢劫罪中的“暴力”，就损害了安定性对刑法体系和谐、逻辑协调的要求。“法律条文只有当它处于与它有关的所有条文的整体之中才显出其真正的含义，或它所出现的项目会明确该条文的真正含义。”[③] 体系解释就是基于安定性对刑法外在形式的要求，通过把待解释用语所处的上下文及其他相关条文协调起来来确定用语的真实含义。或者说，体系解释的目标就是通过解释使刑法体系协调，逻辑一致，从而满足安定性对刑法外

---

① 梁根林:《罪刑法定视域中的刑法适用解释》，载《中国法学》2004 年第 3 期。

② Karl Engisch, Methoden der Strafrechtsw issenschaft, in Josef Esser(Hrg.), Methoden der rechtsw issenschaft T eil I, R. Oldernbourg verlag, Muechen, 1972, S. 54.

③ [法] 亨利·莱维·布律尔:《法律社会学》，许钧译，上海人民出版社 1987 年版，第 70 页。

在形式的要求，造成体系冲突的解释结论不应该采纳。文义解释是通过字面含义来拘束解释者，体系解释是通过刑法体系的协调性、形式性来拘束解释者，二者都重在通过解释的客观性、形式性来实现刑法的安定性。体系解释应该是紧随文义解释之后运用的解释方法。

第三，历史解释是通过考察会议记录、立法资料、立法的发展演变来揭示立法者制定某刑法条文的立法动机与立法意图，从而阐明刑法用语真实含义的方法。“只有弄清楚了对规范颁布具有决定性意义并且决定着最初具有约束力的要求内容的动机、价值标准和规范目的，才能在有疑问的情况下确保达到安定性。”① 相对于文义解释、体系解释的客观性与形式性，历史解释虽然更具有主观性、实质性，但历史解释是通过揭示立法动机与立法意图来限制法官的刑法解释与适用，“使法官受制约于历史上的立法者所作的法律政策上的价值决定，”② 与文义解释、体系解释一样，旨在保障刑法的安定性。因而，历史解释应是第三顺序加以运用的解释方法。

第四，与历史解释注重立法者意志不同，目的解释指适用刑法时以刑法的客观目的、意旨及法益的概念为指导，阐明刑法用语的真实含义。历史解释旨在通过以立法者意志限制法官的刑法解释权，目的解释则强调法官通过发现刑法的现时目的来解释刑法。目的解释往往不受立法者当时意志的约束，主张结合社会现实的变化寻求适应于当下的客观刑法目的，“以具体的妥当性为主导，始合乎公平正义”。③ 可见，与文义解释、体系解释、历史解释侧重于安定性不同，目的解释的根基在于实现法的妥当性。因而，目的解释是在文义解释、体系解释、历史解释之后第四顺序运用的解释方法，这是安定性优先、兼顾妥当性的刑法解释价值目标的要求。

第五，运用合宪性解释对上述解释方法的结论加以选择与检验。刑

---

① ［德］魏德士：《法理学》，丁晓春、吴越译，法律出版社 2005 年版，第 334 页。

② Claus Roxin, Strafrecht, Allgemeiner Teil I, C. H. Beck'sche Verlagsbuchhandlung, Muechen, 1997, Au. f 3, S. 107.

③ 杨仁寿：《法学方法论》，中国政法大学出版社 1999 年版，第 128 页。

法解释必须符合宪法，不符合宪法的解释结论应予排除，合宪性解释是法治国家的要求。合宪性解释虽也旨在保障刑法的安定性，与前四种解释方法主要着眼于刑法文本或刑法目的不同，合宪性解释站在宪法的高度，主要对前四种解释方法的结论根据宪法原则与精神检验其是否合宪。因而，合宪性解释应处于运用顺序上的最后。

2. 该顺序符合人们的先客观后主观、先表象后实质、先局部后整体的思维规律特点

首先，该顺序符合人们认识事物由客观至主观、先表象后实质的规律要求。事物总是以一定的形状、颜色、载体存在于客观世界中，事物的外在形式具有直观性、易掌握性，因而，人们认识事物的思维特点总是从认识事物的外在形式开始至事物的精神实质。刑法作为成文法，它是由刑法条文组成的体系性的整体，人们理解刑法，总是首先理解刑法条文的文字含义与刑法的体系，这既符合人们认识的思维特点，也是形式主义的要求。然而，单纯认识了事物的表象与客观，还不能说对事物有充分的认识，人们还应关注事物的精神实质。文义解释以刑法用语的文字含义为依据，体系解释以刑法的外在体系为依据，二者都属于从客观上理解刑法，是对刑法表象的认识；注重立法意图的历史解释与探寻刑法当下的目的解释，关注的都是立法者当时或当下所作的刑事政策上的价值判断，属于对刑法精神实质的认识。文义解释、体系解释为先，历史解释、目的解释随后，符合了人类由客观至主观、由表象至实质的认识思维特点。其次，该顺序还符合人们认识事物由局部至整体的思维特点。局部只有在整体中才能被理解，整体需要通过局部来体现，人们认识事物总是从局部至整体。文义解释是理解待解释的某个刑法用语或条文的字面含义、语法规则或结构特点，而体系解释则是把该用语或条文放在刑法体系中，通过结合上下文或相关条文来理解。先文义解释后体系解释，是人们认识事物由局部至整体的思维规律要求。文义解释、体系解释、历史解释与目的解释都是以刑法为出发点，体系解释中的体系是指刑法的体系，目的解释的目的也只是某个刑法规范或刑法整体的目的，而合宪性解释不同，合宪性解释是把刑法放在以宪法为最高位阶的整个法律体系中来理解，以宪法来检验刑法解释。在这个意义上，文义解释、体系解释、历史解释与目的解释都属于对局部的认识与理解，

而合宪性解释则属于对整体的把握，所以，这四种解释方法为先、合宪性解释在后的运用顺序，符合人们认识事物由局部至整体的思维特点。

（三）效力之维：刑法解释方法的效力等级

刑法解释方法的运用顺序只是在时间上表明，倾向于安定性的解释方法先于倾向于妥当性的解释方法运用，表达了刑法安定性的价值目标。但这并不等于顺序在先的解释方法所得出的结论在效力上必然高于后使用的解释方法。当不同解释方法得出不同结论，甚至相互冲突时，应当如何选择？哪一种解释方法的结论在效力上优先，可以排除、否定其他解释方法的结论？这就是刑法解释方法位阶的效力之维所要解决的问题，即刑法解释方法的效力等级。

1. 在“可能的文义”之界限“点”上，文义要素具有绝对优先性

文义解释是一切解释的出发点，这是安定性优先的刑法解释目标对解释顺序的要求。不仅如此，要实现安定性优先，还要求文义具有界限功能。即文义不仅是一切解释的出发点，更应是一切解释的终点。任何解释，不管其出于体系上的考虑或者刑事政策上的目的考量，都不能超过刑法用语的“可能文义”范围。可能的文义，在解释刑法时显示出其范围功能，“它划出法律解释活动的最大回旋余地”。①

可能的文义是刑法解释的界限，超出可能文义范围的解释是不允许的。因而，在“可能的文义”之界限点，文义要素具有绝对的优先性：当目的解释、历史解释与体系解释超出可能的文义时，文义因素具有绝对的排除功能。“可能的文义标志着刑法解释的界限，这是刑法方法论上的铁则（eisern Bestand），是法治国原则（die Rechtsstattlichkeit）与三权分立（die Gewaltenteilung）的要求。”② 安定性与妥当性、形式正义与实质正义、形式理性与实质理性之间总存在紧张关系，目的解释、历史解释、体系解释的结论或许更能促进刑法的妥当性，但若因此允许解释

---

① 黄茂荣：《法学方法与现代民法》（第5版），法律出版社2007年版，第340页。

② Ulfrid Neum ann, Der“moegliche Wortsinn”als Auslegungsgrenze in der-Rechtsprechung der Strafsenate des BGH, in Eike Von Savigny u. a. , Juristische Dogmatik und W issenschaftstheorie, VerlagC. H. Beck, Muechen, 1976, S. 41.

可以“逸出”条文的可能文义，那么，刑法在运用时则可能极端地不安定，且带来最大的不法。一方面，立法者通过语言记载的刑法规范调整人们的行为，语言为人们提供了预测可能性的保障，“逸出”可能文义的解释损害了国民预测可能性，从而侵犯了公民的自由。另一方面，立法者通过语言记载的法律文本，为法官提供了具体填充的规则性框架。这个框架是由可能的文义标定的，在这个框架内，法官可以考虑最近的文义、历史解释、体系解释与目的解释，但超出可能文义的解释就是不被允许的类推，是司法权对立法权的僭越。①

值得注意的是，文义要素的“绝对优先性”又是相对的，即在可能文义的“界限点”上，文义要素才具有优先性。换言之，文义要素的绝对优先性，是从否定的层面讲的，即当其他解释方法的结论超出可能的文义时，文义要素否定、排除其他解释方法的结论。这并不意味着在可能文义的界限内，文义解释的结论必然优先于其他解释方法的结论。实际上，正如德国学者鲍曼所言，文义解释的作用最为有限，必须与其他解释方法配套使用。

2. 在“可能的文义”界限内，目的解释是“解释方法之冠”，体系解释与历史解释起一定作用

在可能文义的界限内，文义解释并不当然具有优先效力，实际上文义解释的作用相当有限。这表现在：（1）当刑法用语的含义明确、单一时，需要其他解释方法来检验文义解释的结论正确与否；（2）当刑法用语含义模糊、多义、变迁或者不合理性时，文义解释具有多种结论或与其他解释方法结论不一致，在可能文义的界限内应采纳其他解释方法的结论。② 文义解释的局限性，是由文义解释本身的特点决定的。文义解释视词典为“堡垒”，固然有助于刑法的安定性，但过分拘泥于字面含义则易造成法律的僵化呆板，无法适应社会现实的发展变化，难以实现刑法的妥当性。所以，文义解释必须与其他解释方法配套使用，当文义

① Claus Roxin, Strafrecht, Allgemeiner Teil I, C. H. Beck'sche Verlagsbuchhandlung, Muechen, 1997, Au. f 3, S. 105 – 106.

② 陈兴良主编：《刑法方法论》，清华大学出版社2006年版，第192～193页。

解释的结论与其他解释方法结论不同时，在不超出可能文义的范围内，其他解释方法的结论优先。

在可能文义的界限内，目的解释应是解释方法的灵魂，是所有解释方法之冠。因为，“只有目的论的解释方法直接追求所有解释之本来目的，寻找出目的观点和价值观点，从中最终得出有约束力的重要的法律意思；而从根本上讲，其他的解释方法只不过是人们接近法律意思的特殊途径”。① 日本学者町野朔也认为：“与上述所有的法解释一样，在进行刑法解释时，结局是必须考虑刑法是为了实现何种目的，必须进行适合其目的的合理解释。文理解释、体系解释或者主观的解释，不能给予一义的解释时，或者即使暗示了某种解释时，必须由上述‘目的论解释’来最终决定。刑法解释方法与其他解释方法的不同，只是刑法的目的与其他法领域的目的不同而已。”②

在可能文义的界限内，目的解释处于优先地位。这表现在：其一，当文义解释、体系解释与历史解释的结论存在多种可能性或相互冲突时，目的解释起最终决定作用；其二，当目的解释的结论与文义解释、体系解释、历史解释相冲突时，目的解释的结论优先于其他解释方法结论。目的解释的这种优先地位，是由刑法妥当性的价值目标与目的解释自身的特点决定的。

首先，我国的刑事法治目标不仅要实现“法治”，而且要实现“良法之治”。即安定性是第一位的目标，不得因为追求妥当性而损害安定性；而在不损害安定性的前提下，妥当性就是刑法解释与刑法适用追求的重点。前者要求，在可能文义的界限点上，文义要素具有绝对优先性；后者要求，在可能文义的界限内，刑法的解释与适用应尽可能促进刑法的正义。文义解释、体系解释与历史解释皆旨在保障安定性，唯有目的解释是解释者通过目的考量、价值判断与社会现实的衡平而力图实现刑法妥当性的解释方法。“灾难性的错误判决，特别是在刑法的领域，是以完全正确且细致操作高度细分之概念工具的方式作出的；完美而反

① ［德］汉斯·海因里希·耶赛克、托马斯·魏根特：《德国刑法教科书》，徐久生译，中国法制出版社 2001 年版，第 193 页。

② 张明楷：《刑法的基本立场》，中国法制出版社 2002 年版，第 129 页。

常之实证主义的大师之作正是：以法学的优雅来合法化那种不法，而当所谓无关好坏的技艺导致不道德之际，就应该开始思考法之实践伦理的问题。”[①] 这种对法定实践伦理的思考，正是目的解释的特长。文义解释、体系解释与历史解释有致法律僵化、呆板、非正义之虞，而目的解释则以其对实践伦理的关怀、对刑事政策的考量、对利益的目的权衡，促进了刑法的正义，实现了刑法的终极目的。因而，在可能文义界限内，在满足了安定性的前提下，追求妥当性的目的解释当然具有优先地位。

其次，文义解释拘泥于字面含义，易造成僵化呆板。体系解释以刑法外在体系的协调性、逻辑的一致性为基础来解释刑法用语的含义，或者说体系解释旨在通过解释来实现刑法外在体系的协调。然而，“惟法律体系仅属法律之外在形式而已，利用体系解释如过于机械，拘泥于此项形式，忽视法的实质目的或法意，亦非妥适”。[②] 历史解释强调通过立法意图拘束法官，重在法的安定性。然而，立法意图或者难以探寻，或者面对无限丰富、变动不居的社会现实往往过时。可见，体系解释与历史解释只能起一定作用，这表现在：当目的解释中对刑法规范目的存在不同意见时，能实现刑法体系协调性要求的主张更为可取；对立法文献资料、立法发展轨迹的考察，也有助于目的解释之目的确定。目的解释强调通过刑事政策上的目的考量，结合社会现实的变化，对刑法做出“同时代的解释”。一方面，目的解释使刑法面对生活事实开放，通过解释的灵活性弥补因成文法的稳定性而带来的滞后性；另一方面，它发挥解释主体的主观能动性，使解释者能够通过目的考量、价值判断与社会现实进行“衡平”，以避免因强调刑法的安定性而损害刑法的妥当性。

目的解释是解释者根据刑事政策上的目的考量、价值判断与利益权衡，使刑法面向生活事实开放的一种解释，其优点在于灵活性、妥当性、开放性与实质性，但这也正是目的解释的隐患：目的解释可能因追求妥当性、开放性而有损刑法的安定性，价值判断、目的考量有可能成

① ［德］弗朗茨·维亚克尔：《近代私法史——以德意志的发展为观察重点》，陈爱娥、黄建辉译，上海三联书店2006年版，第534页。

② 杨仁寿：《法学方法论》，中国政法大学出版社1999年版，第128页。

为解释者恣意的借口。因而，为了避免损害刑法的安定性与法官解释的恣意，应当赋予目的解释一定的论证负担，即目的解释的结论虽然效力优先，但必须承担证明义务。比其他解释方法承担更多的论证义务：（1）证明自己的结论更能促进刑法的妥当性、正义性；（2）证明自己的结论没有超出可能的文义，不违背国民预测可能性；（3）证明文义解释、历史解释、体系解释的结论不合理，或者可能导致某种实质的不公平。如此，通过上述论证负担的限制，就能避免目的解释因妥当性而损害安定性，因灵活性而成为恣意。

此外，能根据目的解释作出不利于被告人的解释结论吗？对此，学者们争议颇大。正如町野朔所言，刑法解释方法与其他解释方法的不同，只是刑法的目的与其他法领域的目的不同而已。刑法的目的是保护法益，既保护公民的合法权益不受犯罪的侵害，也保护公民的自由权免受国家刑罚权的侵害。① 基于妥当性的目的解释可能出现两种情况：（1）当刑法字面规定包含了某种不当罚的行为时，目的解释基于妥当性考虑，从处罚的必要性出发限缩解释犯罪构成要件，从而保障了公民自由；（2）当刑法用语通常含义未能包括某种当罚的行为时，目的解释基于妥当性考虑，在不超出可能文义的范围内，将该种行为实质地扩张解释进来，从而保护合法权益。②

第一种情况学者往往没有争议，争议激烈的是第二种情况，即当对刑法条文的理解产生疑问或面临多种选择之时，是否必须作出对被告人有利的解释。有学者认为，“在司法活动中，存疑有利时应当作出有利于被告人的处理。这就是有利于被告人原则。这里的有利于被告人，具体是指对刑法条文的理解产生疑问或面临多种选择时，应该做出对被告人有利的决定。该原则是与刑事诉讼法中‘无罪推定’相匹配的‘实体

① 张明楷：《刑法分则的解释原理》，中国人民大学出版社2004年版，第34～35页。

② 苏彩霞：《实质的刑法解释论之确立与展开》，载《法学研究》2007年第2期。

法上的法保留'"。[1] 另有学者持相反观点，"当不同解释方法得出不同的解释结论时，最终起决定作用的是目的论解释，而不是有利于被告，如果这一解释合理，即使是对被告人不利的，在实践中也应当适用这一解释。"[2]

笔者认为，"疑问时有利于被告人"原则仅指在案件事实难以查明、存在难以排除的疑问时，应当从有利于被告出发而实行疑罪从轻、从无，但不适用于刑法解释存在疑问或争议的情况：

其一，"疑问时有利于被告人"之所以只适用于在案件事实难以查明而又有疑问时，这是由刑事诉讼的特点决定的。刑事诉讼永远是后于案件事实而发动，刑事诉讼的这种滞后性说明刑事诉讼的任务只能是回溯性地查明案件事实，但这种查明只能是法律真实，而难以达到本来案件事实的程度。因而，即使当案件真实情况是行为人有罪，但缺乏关键证据加以证明或现有证据相互冲突不能形成指向一致的证据链时，只能从有利于被告人出发，疑罪从轻、从无。"有证据表明，在一刑事案件中有多种事实上的可能性时，它们相互之间存在一种或多或少的层次关系（Stufenverhaetnis），如果有利于被告人的事实的可能性得到证实，而其他事实上的可能性没有得到证实，则应适用'疑问时有利于被告人'原则。"[3] 而刑法解释不同，刑法解释上的疑问不同于案件事实的疑问，在案件事实已经查明的情况下，仅仅因为在对某一刑法条文理解上的疑惑与争议就一律有利于被告，就会使法官与刑法学者成为"懒惰人的职业"。实际上，刑法条文的普遍性、抽象性，用语含义的模糊性、多义性与易变性，生活事实的无限丰富性，这些都决定了刑法解释与适用的困惑与争议时时、处处存在，而解决这些疑问与争端正是成熟、精致的刑法解释学的任务！

---

① 陈兴良、周光权：《刑法学的现代展开》，中国人民大学出版社 2006 年版，第 69 页。

② 陈兴良、周光权：《刑法学的现代展开》，中国人民大学出版社 2006 年版，第 37 页。

③［德］汉斯·海因里希·耶赛克、托马斯·魏根特：《德国刑法教科书》，徐久生译，中国法制出版社 2001 年版，第 180 页。

其二，刑法解释有争议或疑问时，就应作出有利于被告人的决定，将会导致许多法条成为空文，刑法保护法益的目的无法实现。如《刑法》第 17 条第 2 款的年满 14 周岁不满 16 周岁的人应否对《刑法》第 239 条“绑架并杀害被绑架人”的行为负刑事责任，组织男性向男性多次提供性服务以获取报酬是否构成组织卖淫罪，这些问题在刑法理论与实践中争议都很大，如果一出现争议就有利于被告人，刑法保护法益的目的显然无法实现。刑法目的是保护法益和保障人权，刑法的难题也在于如何更好地协调保护法益和保障人权。刑法解释存在疑问时，关键不在于哪种解释结论有利于被告人就予以采纳，而在于何种解释结论在不超出可能文义的范围内能促进刑法的正义。实际上，可能文义界限内的促进刑法正义性的解释结论并不必然意味着在处理上就对被告人不利，有利于被告人的情况也会存在。

其三，前述学者在论证自己观点时，引用了德国著名刑法学家耶赛克的观点作为佐证，实际上是对耶赛克观点的误解。恰恰相反，耶赛克教授认为当法律有疑问时，法官适用刑法时没有义务必须有利于被告，“不能对被告人的罪责具有重要意义的事实加以证明，则适用‘无罪推定原则’。相反，对法律问题则没有解释规则：它使得法官有义务从诸多解释法律的可能性中选择一个有利于被告人的可能性（即在疑罪情况下作对被告人有利的法律解释）。在疑罪情况下，在对法律规范的解释方面，法院不是选择对被告人最为有利的解释，而是选择正确的解释。”①

3. 合宪性解释是对其他解释方法结论的最后检验，违反宪法的解释结论不应采用

合宪性解释在解释方法的运用顺序上居于最后，这并不意味着合宪性解释最不重要。当其他解释方法得出结论时，合宪性解释起筛选和检验作用：（1）一切解释结论不得超出刑法用语可能文义的范围，超出可能文义范围的解释就违反了法治国原则，因而是不合宪的；（2）某种解释结论虽然在刑法用语可能文义之内，如若与宪法基本精神相冲突，也

---

① ［德］汉斯·海因里希·耶赛克、托马斯·魏根特：《德国刑法教科书》，徐久生译，中国法制出版社 2001 年版，第 190 页。

是不合宪的。不合宪的解释结论不应采用，这是法治国宪法至上的要求。特别是在对涉及宪法中所保障的言论、集会、结社等公民基本权利的刑罚法规进行解释时，必须慎重地考虑，防止为某一低层次的规范目的而不当限制公民的宪法权利。如在日本司法实践中，被告因散发“主张实施内乱罪的正当性和必要性的文书”违反《破坏活动防止法》第38条第2款第2项而被提起犯罪诉讼，法院认为，被告人尽管实施了散布上述文书的行为，但该行为客观上不可能引起内乱，因此认为被告人的行为不成立本罪；另外，在鼓动他人实施罢工的挑唆行为是否构成《地方公务员法》第61条第4款中规定的“煽动行为”的理解上，最高法院也做了限制解释，认为该种行为“属于实施罢工行为时所通常伴随的行为的时候，不应该成为处罚的对象”。①这里，被告散发支持内乱文书的行为在第38条含义范围内，《破坏活动防止法》的目的在于维护社会秩序；鼓动他人罢工的挑唆行为相应也在第61条的含义范围内，《地方公务员》第61条的目的在于维护社会稳定秩序，但如果根据可能文义范围内的目的解释就此认定为两被告行为构成犯罪，在日本最高法院看来是不合宪的解释。因为，言论、游行、示威的权利属于宪法权利，而《破坏活动防止法》、《地方公务员法》维护社会稳定目的属于低层次目的，不得因此不当限制宪法权利，所以，日本最高法院作出了符合宪法的限制解释。

可见，合宪性解释是刑法解释的“最后关口”，主要起把关作用，以防止那些在可能文义的范围内且符合具体规范目的的解释结论违反宪法。合宪性解释在检验其他解释方法结论的层面具有绝对优先性，不合宪的解释结论应予摒弃；当存在多种解释结论时，应优先选择合宪的解释结论。

（四）结论

综上所述，笔者认为，刑法解释方法位阶的确定应遵循价值之维（刑法解释的价值目标）、序列之维（刑法解释方法的运用顺序）与效力之维（刑法解释方法的效力等级），价值之维是更高层面的精神实质与价值目标，序列之维与效力之维分别体现价值之维。具体言之，刑法解

① 黎宏：《日本刑法精义》，中国检察出版社2004年版，第51~52页。

释方法的价值目标是安定性优先、兼顾妥当性。刑法解释方法的运用顺序是文义解释→体系解释→历史解释→目的解释→合宪性解释的先后顺序，重在体现安定性优先。刑法解释方法的效力等级是：（1）在可能文义的界限点上，文义因素绝对优先；（2）在可能文义的界限之内，目的解释是解释方法之冠；（3）合宪性解释是最后的检验，任何解释结论不得违宪。

四、刑法解释方法位阶的具体运用

在确定了刑法解释方法的位阶之后，下文将通过对组织他人偷越国（边）境罪的具体解释来体现这一位阶的运用。

《刑法》第318条规定，组织他人偷越国（边）境的，构成组织他人偷越国（边）境罪。如何理解这里的“偷越”成为定罪的关键。按照一般理解，偷越的典型形式表现为：一是没有出入境证件而出入境；二是使用伪造、变造的出入境证件而出入境。实践中发生了这样的实际案例：被告人何某、刘某2005年3月到2006年9月期间，在北京租房作为窝点，以石家庄某旅行社驻京办的名义，与全国多个地区的犯罪团伙相勾结。他们以湖北及外省农民工为偷渡对象，每人收取数万元费用，为这些人伪造企业高管、人事经理等身份，私刻假印章，以组团出国旅游的名义向外国驻中国大使馆骗取签证，使这些农民工出行到荷兰、罗马尼亚等欧洲国家后，集体失踪，从事非法劳务活动。二被告被武汉市江汉区人民法院一审判决为组织他人偷越国境罪。①

该案向刑法理论提出了新问题：组织他人使用通过伪造身份、假借旅游等名义骗取来的出境证件顺利出境，一旦出境就失踪或滞留不归，或从事非法劳务的，是否属于组织他人偷越国境？有学者认为，“骗取的出境证件，无论是护照还是签证形式上都是合法的，将这种持有形式上合法的出境证件的行为规定为偷越国（边）境，显然不符合偷越的意思”。②

---

① 参见《省内最大偷渡案二审开庭》，载《楚天都市报》2008年4月4日。

② 陈兴良：《刑法教义方法论》，载《法学研究》2005年第2期。

笔者不赞同这种观点。笔者认为，没有出入境证件，使用伪造、变造的出入境证件而出入境，固然是偷越的典型形式，但以滞留不归、在外国从事非法劳务为目的使用伪造身份证、假借旅游等骗取来的出入境证件出入境的，同样属于偷越国（边）境。组织他人使用骗取来的出入境证件出入境的，构成组织他人偷越国（边）境罪。下面运用刑法解释方法的位阶来论证笔者的观点。

首先，按照刑法解释方法的运用顺序来考察这一问题。《辞海》没有对偷越作出专门解释，但“偷”在字典解释中指出：“偷”可理解为背着人做事，如偷渡。① 据此，偷越国（边）境，可理解为背着人出入境。刑法理论对偷越的一般解释为没有出入境证件，使用伪造、变造的出入境证件出入境。至于使用骗取的出入境证件出入境是否属于偷越，文义解释一时难以得出结论。刑法分则在第六章第三节专门规定了妨害国（边）境管理的组织他人偷越国（边）境罪、骗取出境证件罪、运送他人偷越国（边）境罪、偷越国（边）境罪，这几个罪名的罪状表述中都使用了“偷越国（边）境”，根据这几个罪名的紧密关联性和刑法用语统一性规则，可以判定这几个罪名是在同一含义上使用“偷越国（边）境”。《刑法》第 319 条规定，以劳务输出、经贸往来或其他名义，弄虚作假，骗取护照、签证等出境证件，为组织他人偷越国（边）境使用的，构成骗取出境证件罪。如果仅因为出境证件在形式上是合法的，就认为使用骗取的出境证件出境的不属于偷越国境，那么，组织他人使用骗取的出境证件出境的，自然也就不属于组织他人偷越国境，进而为他人出境而用劳务输出、经贸往来名义弄虚作假骗取出境证件的行为，自然也不应构成犯罪。恰恰相反，《刑法》第 319 条为组织他人偷越国（边）境而骗取出境证件的行为规定了骗取出境证件罪，由此可见，偷越国（边）境包括使用骗取的出境证件出入境的行为。

另外，《刑法》第 415 条规定，负责办理护照、签证以及其他出入境证件的国家机关工作人员，对明知是企图偷越国（边）境的人员，予以办理出入境证件的，构成办理偷越国（边）境人员出入境证件罪。如果认为使用骗取的证件出入境不属于偷越国（边）境，偷越国（边）境

① 参见《辞海》1999 年版缩印本，上海辞书出版社 2000 版，第 309 页。

只限于没有证件或使用伪造、变造证件出入境，那么，刑法第415条规定的办理偷越国（边）境人员出入境证件罪何所依存？因为，既然只是没有证件或使用伪造、变造证件的出入境才算是偷越国（边）境，又如何存在负责办理出入境证件的国家机关工作人员为明知是企图偷越国（边）境人员办理出入境证件的情况？可见，如果将偷越国（边）境仅仅理解为无证件或使用伪造、变造的证件出入境，将会使《刑法》第415条形同具文。因而，组织他人偷越国（边）境罪也应包括组织他人使用骗取的出境证件出入境，这是体系解释的结论。

我国1979年刑法只规定了偷越国（边）境罪与组织他人偷越国（边）境罪，没有单独规定骗取出境证件罪。为组织他人偷越国（边）境而骗取出境证件的行为，按照刑法理论本可构成组织他人偷越国（边）境罪的预备犯（当组织者本人为组织他人偷越国（边）境骗取出境证件时）或共犯（为组织者骗取时）处理，但鉴于为组织他人偷越国（边）境而骗取出境证件的行为在实践中的多发性与严重性，作为组织他人偷越国（边）境罪的共犯或预备犯处理不足以处罚该行为，1994年全国人大常委会《关于严惩组织、运送他人偷越国（边）境犯罪的补充规定》专门将此类行为单独规定为骗取出境证件罪。1997年刑法沿袭了这一规定。通过对骗取出境证件罪与组织他人偷越国（边）境罪的历史解释，也可得出结论：使用骗取的出境证件出境的，属于偷越国（边）境。从目的解释来看，刑法分则第六章第四节规定了妨害国（边）境管理罪、组织他人偷越国（边）境罪、偷越国（边）境罪与骗取出境证件罪侵害的法益都是国（边）境管理秩序，而我国的国（边）境管理法规规定，公民在申请出入境证件时，申请理由必须真实、合法。组织他人使用以旅游、经贸往来等虚假理由骗取的出入境证件进出国（边）境的，侵犯了国（边）境管理秩序，符合本罪的目的。随着打击偷越国（边）境行为力度的加大，不经过专门口岸或使用伪造、变造的出入境证件的组织偷越国（边）境行为往往难以成功，近年来，越来越多的组织者、企图偷越者采用更隐蔽的方式，即假借旅游、经贸往来等名义骗取出境证件，进而达到偷越目的，如果认为使用骗取的出入境证件出入境的不属于偷越国（边）境，则对实践中大量发生的骗取出境证件的行为、使用骗取的出入境证件出入境的行为、组织他人使用骗取出入境证件出入境的行为则无法进行刑法规制，一方面造成刑法保护我国出入境管理秩序的目的难以实现，另一方面对实践中屡屡发生的中国公民利用旅游、留学、出国探亲而集体失踪的恶劣行为难以遏制。近年来频频发生组织者利用骗取的出境证件组织他人偷越国（边）境的案件，就笔者在百度网、谷歌网等著名搜索网站的搜索结果看，组织他人使用骗取的出入境证件偷越国（边）境的案件占了相当的比例。所以，目的解释也要求把使用骗取出境证件出境的行为理解为偷越国（边）境。

其次，对上述不同的解释结论如何运用解释方法的位阶加以取舍？前述刑法解释方法的位阶指出，在可能文义的界限点上，文义要素绝对优先，但在可能文义的界限内，目的解释是解释之冠，但目的解释需要承担论证负担。根据目的解释，使用骗取的出境证件出境的行为也属于偷越国（边）境，组织他人使用骗取的出入境证件出入境的构成组织他人偷越国（边）境罪。“解释的实质的容许范围，与实质的正当性（处罚的必要性）成正比，与法文通常含义的距离成反比。”[①] 为此，目的解释应承担以下证明义务：（1）将使用骗取的出境证件出境的理解为偷越国（边）境具有实体上的正当性，即处罚的必要性。行为的处罚必要性通过以下两个方面衡量：一是行为的社会危害程度，二是该类行为的常发性。[②] 组织他人使用骗取的出境证件出境的危害程度前述已经提到，刑法之所以单独规定骗取出境证件罪就是考虑到这种行为危害非常严重，作为组织他人偷越国（边）境罪的共犯或预备犯已不足以处罚该种行为。（2）上述理解没有超出可能的文义。虽然没有出入境证件而出入境、使用伪造的出入境证件出入境是人们所熟知的偷越国（边）境的典型情况，但“所知并非所限”，这两种情况只是“偷越国（边）境”的“概念核”，社会现实的变化可使语词的含义由“概念核”扩展至“概念晕”。一方面，近年来频频发生的此类案件及其危害性已经使人们认识到偷越行为的手段、形式的变化与危害，处罚此类行为没有超出国民预

---

① 陈兴良、周光权：《刑法学的现代展开》，中国人民大学出版社 2006 年版，第 18 页。

② 苏彩霞：《刑法价值判断的实体性论证规则》，载《华东政法大学学报》2008 年第 1 期。

测可能性；另一方面，“偷”字在现代汉语的含义是背着人干事，为非法出境劳务等目的而使用假借旅游、经贸往来、出国探亲等名义骗取来的出境证件出境的，在口语含义上就是“背着人”的进出国（边）境，没有超出可能的文义范围。

最后，作为最后关口的合宪性解释要求，某种解释结论虽然在刑法用语可能文义之内，如若与宪法基本精神相冲突，因为不合宪也不足取之，特别是防止为某一低层次的规范目的而不当限制公民的宪法权利。将组织他人使用骗取的出入境证件出入境的理解为组织他人偷越国（边）境，没有违背宪法的基本精神。

综上所述，根据刑法解释方法的位阶原理，上述目的解释方法得出的结论没有超出可能的文义，合乎宪法，理应优于文义解释的结论。所以，应采取对偷越国（边）境进行目的解释得出的结论，即偷越国（边）境既包括没有出入境证件的出入境行为和使用伪造、变造的出入境证件的出入境行为，还包括使用骗取的出入境证件的出入境行为。

（原载《中国法学》2008 年第 5 期）

刑法解释的限度

——合理的扩大解释与类推解释的区分

刘志远

刑法解释的限度是刑法解释论中的一个重点问题，也是一个难点问题。之所以说是一个重点问题，是因为它关系到罪刑法定原则在司法活动中能否得到真正贯彻执行；之所以说是一个难点问题，是因为在解释刑法规范时，判断某一具体结论究竟是否是该刑法规范所真正包含的合理含义、是否过限，往往并非易事，分歧重重，这种分歧集中体现在对某一解释究竟是符合罪刑法定原则的合理扩大解释还是违背罪刑法定原则的类推解释的争论上。因此，研究刑法解释的限度问题，主要应研究什么是合理的扩大解释，什么是类推解释，两者如何区分？下面笔者拟对此进行具体分析。

一、刑法解释的极限化——合理的扩大解释

所谓刑法解释的极限化，就是将刑法规范可能蕴涵的最大含义揭示出来，尤其是将那些确实为刑法规范所蕴涵而又超出字面含义的意思揭示出来，因此，所谓的刑法解释的极限化，实际上就是指合理的扩大解释。笔者认为，扩大解释有合理的扩大解释与不合理的扩大解释之分，刑法解释的极限化，仅仅是指合理的扩大解释，而不包括不合理的扩大解释；不合理的扩大解释，往往是超出刑法规范的实际含义进行解释，因此是不能允许的。

（一）扩大解释的法律根据——罪刑法定原则与合理的扩大解释的相容性

罪刑法定原则是近现代社会一项公认的刑法基本原则，其基本含义是“法无明文规定不为罪（nul－lun crimen sine lege），法无明文规定不处罚（nullun crimen sine lege）”。罪刑法定原则自诞生到现在，经历了从绝对罪刑法定转向相对罪刑法定的历史嬗变。绝对罪刑法定由刑事古典

学派所倡导，其派生的基本内容是：1. 绝对禁止或排斥类推适用；2. 排斥习惯法的适用；3. 绝对禁止不定期刑，实行绝对确定的法定刑；4. 禁止适用事后法。随着时代发展，社会变迁，刑法学说的进化，绝对罪刑法定的学说在刑事立法和司法中不断得到修正，① 形成当前为刑事实证学派所倡导的相对罪刑法定，派生出新的内涵：1. 从完全禁止司法裁量到允许有限制的司法裁量；2. 从完全否定类推到容许有限制的类推适用，即在有利于被告人的场合容许类推适用；3. 从完全禁止事后法到采用从旧兼从轻，即在新法为轻的情况下刑法具有溯及力；4. 从采用绝对确定的法定刑到采用不定期刑；5. 排斥习惯法等。②

罪刑法定原则在我国刑法的表述是："法律明文规定为犯罪行为的，依照法律定罪处刑；法律没有明文规定为犯罪行为的，不得定罪处刑。"罪刑法定原则在我国刑法中的确立，对我国刑事司法活动提出了严格的要求，这显然有利于在刑事司法活动中强化对人权的保障。按照罪刑法定原则的要求，司法人员只能严格依照法律处罚"法律明文规定为犯罪行为的"行为，对"法律没有明文规定为犯罪"的行为，就不能追究刑事责任。那么，在规定罪刑法定原则以后，是否还允许扩大解释呢？实际上，这个问题的关键在于如何理解"明文规定"。笔者认为，所谓的"明文规定"，应当是指"法律"的明文规定即刑法规范的明文规定，而不是仅仅指哪一个词语、词组的规定。词语、词组是个体性的，而刑法规范是整体性的，是众多字、词含义之间交互作用所产生的一个有机的系统。系统论认为，系统是由要素组成的，但系统不等于要素的简单相加，而是各要素相互作用的有机整体，系统往往具有单个要素所没有的性质和功能。作为系统的刑法规范也是一样，它往往具有孤立状态下的字、词所没有的含义，因此，不能因为某个行为被孤立的词语、词组的含义所未包含，就认为法律没有规定该行为为犯罪，而是应当对刑法规范进行多角度的综合分析，看该行为是否被某一刑法规范规定为犯罪。

---

① 姜伟、陈正云：《罪刑法定与刑法解释》，载《人民检察》2001 年第 1 期。

② 陈兴良：《罪刑法定原则在中国的时代命运》，载《法学研究》1996 年第 2 期。

如果通过对某一刑法规范进行整体性的、多角度的分析，断定这种行为确实是该刑法规范所要处罚的，就应当追究刑事责任。可见，刑法规范的真正含义，并不是其所在的刑法条文中各个词语含义的简单组合，而是在刑法系统中通过刑法规范内部各个部分的相互作用以及与其他刑法规范相互作用，所获得的与所在刑法条文的词语意义有关但有可能不完全一致的含义。以刑法第165条规定的非法经营同类营业罪为例，该条文表述的主体是“董事、经理”，而没有明确指出厂长也可以构成本罪的主体。一般而言，“经理”通常是与“厂长”并列的，在公司法中，经理往往是指公司的行政负责人，而厂长是指非公司形态的生产企业的负责人，因此，二者互不包含，但由于本罪主体的定语是“国有公司、企业”，这里的“企业”，显然是指公司以外的企业，其中生产型企业的负责人一般叫“厂长”，而不叫“经理”，他们既是企业的法定代表人，又是企业的行政负责人。因此，这些“厂长”的权力比作为行政负责人的“经理”还大，他们利用职务便利经营同类营业，所造成的危害比公司经理实施的同类行为有过之而无不及，因此，无论从合理性来看还是从词语与词语的关系来看，本罪中所说的“经理”都应该包括厂长，这样，该条刑法规范的真正含义与其个别文字所包含的意思不一样。

正是由于所谓罪刑法定原则中的“明文规定”，是指法律的明文规定、刑法规范的规定，而不是孤立的某个词语、词组的规定，这样，扩大解释就获得了生存空间，因为它仅仅只是将刑法规范实际蕴涵而被某些词语“掩盖”的含义揭示出来，因此，它并不违背罪刑法定原则的要求，恰恰相反，而是罪刑法定原则的必然要求。从我国对罪刑法定原则的表述来看，罪刑法定原则的要求是两方面的，一方面，对法律没有明文规定为犯罪的，不得定罪处罚；另一方面，对法律明文规定为犯罪的，必须依照法律定罪处刑。所谓依照法律定罪处刑，不仅是指法律没有规定的行为，不得定罪处罚，而且是指法律规定为犯罪行为的，就不能不定罪处罚，不能放纵法律规定为犯罪的行为。因此，对于法律字面上没有的含义，而法律真正包含的含义，就必须揭示出来，凡是符合该含义的行为就应定罪处罚，不得放纵，这也是现代罪刑法定原则的必然要求，它反映了现代罪刑法定原则兼顾人权保障和社会保护双重机能的特点。然而，刑事古典学派却不同，它直面中世纪刑罚权无节制扩张和肆意擅断滥用之事实，秉承古典自然法理念，以个人价值为本位，以人权保障为己任，将社会秩序与自由、社会保护与人权保障予以对立，在价值取向上做出对个人自由和人权保障的偏一性的选择，以防范和遏止刑罚权的扩张和滥用。[①] 因此，该学派对罪刑法定提出了绝对、片面、机械的主张，目的就是为了绝对保障个人自由。为了防止刑罚权滥用，要求死守法律的字面含义，而禁止对法律做出解释，更不用说扩大解释了。贝卡里亚曾提出："刑事法官根本没有解释刑事法律的权利，因为他们不是立法者。""'法律的精神需要探询'，再没有比这更危险的公理了。采纳这一公理，等于放弃了堤坝，让位给汹涌的歧见。""严格遵守刑法文字所遇到的麻烦，不能与解释法律所造成的混乱相提并论。这种暂时的麻烦促使立法者对引起疑惑的词句作必要的修改，力求准确，并且阻止人们进行致命的自由解释，而这正是擅断和徇私的源泉，[②] 这种观点显然是漠视了对社会利益的保障。实际上，个人与社会、自由与秩序、人权保障和社会保护是辩证统一、相辅相成的。刑法的人权保障和社会保护的两个机能是相互协调的，不可偏废。法律的任务就是努力地在尊重个人自由和维护社会根本制度之间保持平衡。对于刑法来说，既要通过其人权保障机能，成为人权的捍卫者，又要通过其社会保护机能，成为社会利益的捍卫者。现代罪刑法定原则正是贯彻了这一意旨，因而，对刑事古典学派的观点做了修正。因此，一方面，现代罪刑法定原则禁止违背法律处罚无辜者；另一方面，也同样禁止对法律有意处罚而仅因文字障碍而不处罚的，后者同样是违背现代罪刑法定原则的。因此，从罪刑法定原则的精神而言，合理的扩大解释不仅是可行的而且是必需的。

（二）合理的扩大解释的限度——本质属性的有无

如前所述，在罪刑法定原则下，没有超过一定限度的扩大解释是允许的，而超过该限度的解释，则往往变为类推解释，这是绝对禁止的。

---

① 姜伟、陈正云：《罪刑法定与刑法解释》，载《人民检察》2001 年第 1 期。

② ［意］贝卡里亚：《论犯罪与刑罚》，黄风译，中国大百科全书出版社 1993 年版，第 12～13 页。

那么这个限度是什么呢？如何掌握呢？对此，一般都主张以可预测性原则作为刑法解释的限度，如日本刑法学者西原春夫认为，刑法司法解释的基准应当是国民的预测可能性，而不应当是国家维持治安秩序的必要性，①那么，究竟如何具体理解和把握可预测性原则进而正确区分合理的扩大解释与类推解释呢？我国台湾地区学者杨仁寿认为，扩张解释与目的性扩张（实际上就是类推解释）区别之所在，端视是否在文义之“预测可能性”之内；如依照碧海纯一之“射程”理论言，在文义射程之内者，为扩张解释。如所扩张之文义，非原有文义所能预测，已超出射程之外，则已不能为扩张解释，仅能为目的性扩张。换言之，扩张前及扩张后文义内涵相同者，应为扩张解释。文义内涵不同者，不能为扩张解释，如有贯彻规范意旨之必要，则应为目的性扩张。②大陆学者李希慧认为，扩张的程度不能超出刑法规定用语可能文义的范围，即不超过法律文义的“射程”，但可以超出刑法规范用语的应当含义。③

笔者认为，这两种意见都是值得商榷的。应当含义与可能含义之间能有什么区别呢？解释前后的文义内涵相同，还能算扩张吗？在形式逻辑中，一个概念的内涵，是其所反映的事物的本质属性的总和。和内涵相对应的是外延。所谓外延，是指概念所确指的对象的范围。内涵和外延之间是一种反比例关系。内涵越大，则外延越小；内涵越小，则外延越大。所谓扩大解释，从形式上来说，也就是将在字面含义上不能包括的事项，通过分析将其包括进去，即通过这种方式，扩大该法律用语的外延；而外延扩大则必然意味着内涵缩小，即所反映的本质属性就少。不可能在保持内涵相同的情况下还能进行扩大解释，在扩大解释中，该概念所反映的一部分本质属性必然被舍弃，只能保留其中一部分本质属性，解释前后的内涵不可能完全相同。

那么，哪些本质属性是必须保留的呢？哪些本质属性是可以舍弃的

---

① 参见［日］西原春夫：《日本刑事法的形成与特色——日本法学家论日本刑事法》，李海东等译，中国法律出版社、日本成文堂1994年联合出版。

② 杨仁寿：《法学方法论》，中国政法大学出版社1999年版，第112页。

③ 李希慧：《刑法解释论》，中国人民公安大学出版社1995年版，第112页。

呢？究竟如何具体取舍呢？需要保留下来的本质属性（简称为核心属性）应当具有什么样的特征呢？

首先，在取舍一个概念的本质属性时，必须充分考虑该概念的语境、立法意图、社会、政治经济因素等，尤其是人们的通常观念。只有解释结论符合人们的通常观念，刑法规范才可能具有可预测性。所谓的通常观念，实际上主要是一种文化规范。刑法规范的本质内容其实就是文化规范。人们其实主要是通过遵守文化规范来遵守刑法规范的，如果文化规范没有禁止，刑法规范原则上也不应该对此行为予以惩罚。当然，有时候，文化规范与刑法规范确实存在一定冲突，而且这种冲突是非常明显的，那么就应当以刑法规范为准。

其次，需要保留的本质属性应当具有以下功能：

(1) 能体现危害性之所在，即在没有相近似的刑法规范的情况下，被解释的概念正是凭借这种属性，才能和条文中的其他概念一起反映行为的危害性之有无及其严重程度。例如，"画"作为名词，一般是指静止的图形，它包括两种属性：静止性和图形（性），但是在1979年刑法第170条规定的制作、贩卖淫书、淫画罪里面，"画"的属性中，能够和"淫"的属性一起说明行为具有危害性的，只是其图形性，至于是否静止，并不重要，相反，如果是活动的画面，危害性更严重，因此，在该刑法条文中，该概念需要保留的本质属性即核心属性是"图形(性)"，而不是"静止性"。因此，将淫画解释为包括活动淫秽电影、录像，符合"画"的核心属性，因此是恰当的。又以丢失枪支不报告罪中的"丢失"一词为例。本罪是指依法配备公务用枪的人员，丢失枪支不及时报告，造成严重后果的行为。"丢失"一词，按《现代汉语词典》的解释是指遗失，而遗失则是指由于疏忽而失掉（东西）。本罪的内涵包括两个方面：一是失掉（的状态），二是（由于）疏忽（的原因）。这两个属性，哪些是需要保留的，有无可以舍弃的属性呢？实际上，无论是什么原因造成枪支失掉，都使枪支失去了合法控制，流散到社会，必然严重威胁公共安全，根据《中华人民共和国枪支管理法》规定，都必须及时报告公安机关，以便采取有力的救济措施。因此，这里的本质属性主要是"失掉枪支（的状态）"，至于是否由于"疏忽（的原因）"造成的，并无多大意义。因此，凡是具有"造成失枪状态"这一属性的行为，无论是出于何种原因，都可以解释为本罪所谓的“丢失”范畴，其中当然包括被盗、被抢、被骗等情形。事实上，因盗枪、抢枪、骗枪的失枪行为造成的危害后果往往大于因疏忽大意而丢枪所造成的后果，因为前者是他人有意而为之，这些人的人身危险性极大，他们往往是为了犯罪而来“获取”枪支的，一旦得到枪支，很可能立即就会实施严重危及人身安全的犯罪，而后者往往是出于偶然，拾枪人往往并非是对社会形成现实危害的人，他们拿枪去实施犯罪的可能性小得多。此外，从失枪人方面考察，枪支被盗、被抢、被骗的，失枪人也往往存在保管不慎的过错，因此，完全可以将枪支“丢失”一词扩大解释为包括“被盗、被抢、被骗”，对于依法配备公务用枪的人员，在枪支被盗、被抢、被骗以后不及时报告，造成严重后果的行为，都应当按照丢失枪支不报告罪定罪处罚。

（2）能体现该刑法规范的特殊性之所在，即在有相近似刑法规范的情况下，被解释的概念正是凭借这种属性，才能单独或者是和条文中的其他概念一起发生作用，使该刑法规范与其他相近刑法规范区别开来、独立存在。与上面第一点相比，它主要说明的是该刑法规范的特殊性，当然，也可能同时说明行为的社会危害性的大小。以1979年刑法第151条规定的盗窃罪为例。盗窃是秘密窃取他人的财产，它的属性包括“手段的秘密性”和“取得他人财产”。在该刑法第151条中，规定了三种侵犯财产的犯罪，即盗窃罪、诈骗罪、抢夺罪，这是三个独立的罪名。它们的共同特点是犯罪对象都是财产，都以非法占有为目的，都以非法手段取得他人财产。其中，盗窃是秘密取得财物；抢夺是不使用暴力、胁迫等强制方法，公然夺取公私财物；诈骗是以虚构事实、隐瞒真相的方法，骗取他人财物，都表现为获取他人财物，盗窃和其他两种行为的区别在于手段的秘密性，这正是盗窃罪这一刑法规范独立存在的根据，舍弃了这一属性，该刑法规范与抢夺罪、诈骗罪的刑法规范之间就没有界限了。因此，如果将通过非“秘密性”手段获得财物的行为，解释为盗窃，显然不正确，因为这种行为不具备盗窃的核心属性，当然，“获取财物”也是其核心属性，这一核心属性说明的主要是盗窃的社会危害性的有无和大小程度，没有这一属性，盗窃所在的刑法规范不仅没有“独立”的价值，更没有存在的价值。这两个属性都是核心属性，都应当保留，任何行为都必须同时符合这两个属性，才能解释为盗窃行为，两者缺一不可，否则就不是合理的扩大解释。例如，在刑法修订以前，没有普通侵占罪，司法实践中对侵占他人遗忘物的，有些法院直接按盗窃罪处理，这是欠妥的，因为侵占他人遗忘物的行为，虽然也非法获得了他人财物，但这种获得并不是通过秘密手段实现的，因此，欠缺盗窃的核心属性之一，所以不能做此扩大解释，当然，在当时允许类推制度时，按照类推处理是可以的，因为类推所适用的法律条文，只要最相似、“差不多”就可以了，而非正是对应的条文。

以上只是分析了取舍本质属性的一般方法，还有待深化、完善。笔者的主要观点是，在扩大解释的限度上宜把握这样一条原则：凡是所解释进去的事项具有被解释的概念需要保留的核心属性的，就是合理的扩大解释；如果不具有这种核心属性，就超出了解释的限度，属于不合理的扩大解释，而可能成为类推解释。

二、刑法解释的过限化——类推解释

刑法解释的过限化，就是超过必要限度进行解释，即把刑法规范本身没有包含的内容也解释进去了，在实行罪刑法定原则的今天，这种过限化的解释显然是不允许的。刑法解释的过限化主要表现为类推解释。什么是类推解释？有的学者认为，是指对于法律规定不明确或法律无明文规定之事项，就刑法中最相类似的事项加以解释的方法。这种观点认为，我国刑法中有一种依照法条的规定而独立存在的类推解释。这种类推解释以法律条文规定有某种抽象、笼统而需按法条列明的事项给予类推的情况为前提条件。例如，刑法中的“其他方法”，法律的规定是不明确的，这就需要进行解释，而解释的方法又离不开法律前面所列举的相类似的其他情况，这就形成了类推解释。① 还有的学者认为，类推解释是指对于法律无明文规定的事项，就刑法中最相类似的事项加以解释的方法。② 这两种观点的差异在于，前一种观点认为，类推解释不仅存在于法律无明文规定的场合，而且存在于法律规定不明确的场合；后一

① 王勇：《定罪导论》，中国人民大学出版社 1990 年版，第 200 ~ 201 页。

② 王作富：《刑事实体法学》，群众出版社 2000 年版，第 29 页。

种观点认为，对法律规定不明确的地方进行解释，不属于类推解释。①我们同意后一种观点。类推解释是有特定含义的，在罪刑法定原则下，之所以普遍允许合理的扩大解释，而反对类推解释，就是因为类推解释是对将法律没有明文规定的内容“解释”进去，而有些地方规定不明确，并不意味着法律有明文规定的，对这些规定不明确的地方进行解释，本身并不违背罪刑法定原则。因此，将这种情况的解释也纳入类推解释显然是不妥当的。

类推解释与类推适用是两个不同的概念。所谓类推适用，是指对刑法分则没有明文规定的行为，比照最相类似的条文定罪处刑的司法行为。类推适用与类推解释的相同之处在于：第一，两者的前提都是法律对某一行为没有明文规定为犯罪；第二，两者在思维过程中都使用了类比的方法；第三，两者的客观结果都是把法律没有明文规定为犯罪的行为作为犯罪认定。类推适用与类推解释的区别大致有以下几点：第一，类推适用是一项定罪判刑的法律制度，而类推解释则是一种解释法律的方法；第二，类推适用是针对定罪判刑的全过程而言的，而类推解释则只限于需要判明法律意义的一个过程而言的；第三，类推适用是在发现法律没有明文规定某一行为是犯罪的情况下进行的，而类推解释既可能是在发现法律没有明文规定某一行为是犯罪的情况下进行的寻找最相类似的条文的活动，也可能是在不知道法律没有明文规定某一行为为犯罪的情况下进行的解释活动，前一种情况的类推解释就是类推适用过程中的类推解释，而后一种情况则是类推适用过程以外的类推解释。

三、合理的扩大解释与类推解释的区别

合理的扩大解释与类推解释究竟有什么区别呢？有些学者认为，两者的区别是：在扩大解释的场合，所解释的两个事项间的关系是一定的种属关系，如“交通工具”和“推土机”；而在类推解释的场合，两个事项间的关系是同级并列的，正因为它们是同级并列的关系，才能得以比较它们的相似之处。② 另有一些学者认为两者的区别是：其一，解释

① 王作富：《刑事实体法学》，群众出版社 2000 年版，第 29 页。

② 王勇：《定罪导论》，中国人民大学出版社 1990 年版，第 202 页。

的思维模式不同。扩大解释是从能否纳入法律条文解释的范围这一观点出发，来考察社会生活中的各种行为，即主要是衡量刑法分则条文的内容是否包括某种行为。当确定刑法分则条文的内容应当包括某种行为，而刑法分则条文的词句、术语的字面或者通常含义过窄，不能真实、完整、准确地反映立法本意和目的时，通过扩张解释词句术语的内容、含义，以真正实现罪刑法定的要求。类推解释是从国家、社会全体的立场出发，来认定某种行为是不可允许的，然后再设法找出类似的刑法分则条文以资援引，并不是对刑法分则条文中某个词句术语进行解释，来确定某种行为是否应当包括在该刑法分则条文的适用范围之内。其二，认识方法不同。扩大解释是从刑法分则条文的含义出发，分析是否包含某种行为。类推解释则是立足行为的社会危害性，分析危害性质和程度，再寻找相关刑法分则来加以适用。扩大解释是以已有的刑法分则条文的真实内容、含义为基点，关注的是法条适用范围的本身，将已有的法条适用于存在的行为；类推解释则是以行为的危害性质和程度为核心，关注的是法条适用范围的相似性，对出现的行为寻找类似的法条。①

笔者认为，第一种观点是从静态的角度即解释结论的差异来分析两者的区别，而第二种观点是从动态的角度即思维模式、认识方法的差异来分析两者的区别。笔者基本上同意第一种观点的分析方法。第二种观点，实际上把类推适用过程中的类推解释与类推适用过程以外的类推解释合二为一了，并且以前者的思维模式和认识方法代替所有的类推解释的思维模式和认识方法，并在此基础上比较类推解释和扩大解释的区别。事实上，在类推适用制度已经废除的今天，已经不再存在“明知法无明文规定而寻找最相类似条文的”类推解释，而只可能存在“不知道法律是否规定该行为为犯罪而对法律条文进行分析”的类推解释，在这种情况下，无论作扩大解释还是类推解释，基本的思维过程都是一样的，往往都是遇到某种行为需要对其进行评价，看其是否构成犯罪，因而开始分析法律条文的含义，看该案件中的行为是否被刑法规定为犯罪，而不可能是在明知该行为是“法律没有明文规定为犯罪”，去找

① 姜伟、陈正云:《罪刑法定与刑法解释》，载《人民检察》2001 年第 1 期。

"最相类似的条文"，实际上无论是合理的扩大解释还是类推解释，其思维模式都是解释者寻找自认为"最合适的条文"，在找的过程中，都可能使用了各种解释方法，唯一的区别在于，如果解释后所新纳入的事项具有所解释的词语在特定刑法规范中的核心属性，则这种解释是合理的扩大解释；如果解释后新纳入的事项不具有该词语在特定刑法规范中的核心属性，而彼此之间仅仅只有一种近似性，该事项不在法律规定的范围之内，则这种解释就是类推解释。因此，笔者认为，合理的扩大解释与类推解释的区别仅仅在于解释结论是否超出了刑法规范本身的蕴涵范围，而不在于思维模式和认识方法不同。就像一个人想从郑州坐火车到保定去办事一样，如果他在保定及时下车了，那就对了；如果他一时糊涂，在保定站没有及时下车，而是坐到北京才下车，那就错了。这种对错的结果，不在于选择路线和车次是否合适，而仅仅在于下车的时机是否合适。合理的扩大解释与类推解释的关系也是这样——使用同样的思维模式和认识方法，如果解释没有过度即没有超过必要限度，就是合理的扩大解释；如果过度了，就可能是类推解释。

与类推解释、扩大解释相关的另一类解释是当然解释。何为当然解释？当然解释是指法条表面上虽未明确规定，但实际上已包含于法条的意义之中，依照当然的道理解释法条意义的方法。当然解释之当然，是事理上之当然与逻辑上之当然的统一，两者缺一不可。所谓事理上的当然是基于合理性的推论，除了事理上的当然以外，还要看是否存在逻辑上的当然。逻辑上的当然，包括两种情况：一种是种属关系的解释，即把种概念范围内的属概念予以具体化、明确化的解释，如把汽车站和火车站解释为车站；另一种是发展关系的解释，是指被解释的事实上的事项是所解释的法条上的事项的发展。这种发展关系实际上是时间上的递进关系，因而属于逻辑上的当然，因此，如果两个事项是同级并列的关系，就不能通过当然解释使之同一起来。[①] 例如，倒卖车票、船票罪的犯罪对象是车票、船票，尽管飞机票的价格远高于车票、船票，但飞机票与车票、船票之间，并非种属关系，也非发展关系，而是并列关系，

---

① 陈兴良：《刑法适用总论》（上），法律出版社 1999 年版，第 33 ~ 34 页。

因此，不能因为飞机票的价格比车票、船票贵，而将倒卖飞机票的行为也作为倒卖车票、船票罪定罪处罚，但也有人认为，倒卖飞机票的行为具有社会危害性，且与倒卖车票、船票罪的构成相同，尽管因飞机票价格高昂且易购，倒卖飞机票的行为不及倒卖车票、船票普遍，但在现实中依然存在，而且随着人们生活水平的逐步提高，乘坐飞机旅行的人员会逐步增加，倒卖飞机票的行为亦会随之增多，因此对倒卖飞机票，情节严重的，可以倒卖车票、船票罪认定。[①] 笔者认为，飞机票与车票之间只具有事理上的当然，而不具有逻辑上的当然，因此，不能将飞机票解释到车票之中。之所以除了事理上的当然以外，还必须具有逻辑上的当然，这是因为，扩大解释后所包括的事项必须具有该用语的核心属性，而这种逻辑上的当然，正是这种核心属性的反映。正因如此，当然解释并未超过刑法解释的限度，所以并不是类推解释。实际上，那种对发展关系的当然解释，其实就是一种合理的扩大解释，而对种属关系的解释，只是一种字面解释，而非扩大解释。因此，在实行罪刑法定主义以后，当然解释还是允许的，但如果脱离刑法规范的具体规定，仅仅以危害性的轻重即事理上的当然进行解释，以某一行为的社会危害性比法律明确规定的行为的危害性还重为理由，因而认为应当定罪处罚的情形，实际上就是类推解释了，而非一般意义上的当然解释，这种解释应当予以禁止。例如，《唐律》中“出罪举重以明轻，入罪举轻以明重”的规定，也只有在具有逻辑上的当然，即所分析的事项具有刑法规范中相应概念的核心属性时，才能适用，否则，仅仅根据事理上的当然，即危害性的大小来出入人罪，这在实行罪刑法定原则的今天，是不允许的。

（原载《国家检察官学院学报》2002 年第 5 期）

---

① 高憬宏：《刑法刑事诉讼法适用问题研究》，中国政法大学出版社 1999 年版，第 116～117 页。

简论刑法中的扩张解释

赵秉志

刑法的解释就是对刑法规范含义的阐明，它是正确适用刑法武器同犯罪行为有效地进行斗争的一种重要手段。全国人大常委会 1981 年 6 月 10 日通过《关于加强法律解释工作的决议》以来，我国刑法的拼律解释尤其是司法有权解释逐步得到重视和加强。从近年来理论和实践的情况看，扩张解释在刑法的法律解释中较为重要和常用，但其中也存在一些不甚明确的问题和不一致的看法，对这些问题有必要从理论上加以探讨和明确。

首先，需要弄清什么是刑法中的扩张解释及其表现形式。

刑法中的扩张解释属于论理解释的一种，它是指按照立法原意把刑法条文作合乎逻辑的、大于字面含义范围的解释。按照解释的效力，法律解释分为正式解释（有权解释）和非正式解释（学理解释等），按照解释的方法，法律解释又可分为文理解释（对法条的字面含义加以说明）和论理解释（包括限制解释、扩张解释）。

刑法扩张解释按照解释权力的大小所决定的解释效力的强弱，可以表现为几种形式：一是立法扩张解释，即由立法机关所作的扩张解释。包括刑法条文明文规定的扩张解释，国家立法机关在法律起草说明中所作的扩张解释以及全国人大常委会针对有权司法解释出现的异议所做的扩张解释。二是有通行效力的司法扩张解释。这种解释又被称为有权司法解释或简称为司法解释。这包括最高人民法院对于在刑事审判过程中如何具体运用刑法规范所作的扩张解释以及最高人民检察院对于刑事检察工作中如何具体应用刑事法律问题所作的扩张解释。这种解释不仅对某一具体案件有效，而且分别对各级审判机关和各级检察机关具有普遍的效力。这种解释近年来日益得到重视和加强，直接指导了司法实践中刑法的正确实施。三是无通行效力的司法解释。这是指最高人民法院、最高人民检察院以下的各级人民法院或人民检察院，分别在具体案件中所作的扩张解释，这种扩张解释对其他人民法院、人民检察院（包括其下级人民法院和人民检察院）并无普遍的效力。但在上级人民法院、上级人民检察院未提出异议尤其是得到最高人民法院、最高人民检察院的认可时，也可以作为其他下级人民法院、人民检察院处理类似案件的重要参考。这种司法解释的客观存在及其重要的实际意义和理论意义，应当得到承认、重视和研究。四是纯学理解释。即在刑法理论中对刑法条文所作的扩张解释，如在刑法学专著、教科书、专论、专题报告或讨论中对刑法所作的扩张解释。这种解释并无法律约束力。但它在提高人们的刑法意识方面具有一定的意义。

其次，要探讨正确适用我国刑法为什么需要扩张解释。

一般认为，对法律规范条文进行字面解释，亦即严格按照其字面含义予以阐明，既不扩张，也不限制，这是解释法律的基本原则和常用方法。那么，为什么又要对法律进行扩张解释呢？根据笔者的理解，符合立法原意而又有利于正确运用刑法同犯罪作斗争的刑法扩张解释之所以被需要，主要是基于下述几种原因：

一是为了弥补立法技术上的不足。例如，刑法第 107 条和 110 条规定的破坏交通工具罪的基本犯罪构成和结果加重构成，是指破坏火车、汽车、电车、船只、飞机，足以或者已经使火车、汽车、电车、船只、飞机倾覆、毁坏的行为。这里，法律条文并没有提到破坏拖拉机的行为。拖拉机是主要用于农业的动力机器，但从我国现阶段实际情况看，拖拉机也用在工业、建筑工程和交通运输上，相当一部分拖拉机担负着大量货运任务，甚至也常乘载人，这种大型的执行交通运输任务的拖拉机和汽车类似，都属于大型的现代化交通工具的范畴。破坏这样的拖拉机，与破坏汽车等交通工具一样，其行为本身就带有造成人身伤亡和大量公私财产损失的巨大危险性。那么，破坏这样的拖拉机，是否可以定破坏交通工具罪？应当说，既然这样的拖拉机与汽车的基本性质和作用相同相似，对二者的破坏行为的危害性质和程度相同相似，把这种行为定为破坏交通工具罪就是恰当的，并不违背立法原意。该罪的法条没有包括用于交通运输的拖拉机，应当说是立法技术上未能充分考虑到我国现阶段的有关情况而产生的一个缺陷。这里就应当根据立法原意，对刑法第 107 条所列举的和第 110 条所概括的交通工具作出扩张解释，把用于交通运输的拖拉机包括在内。刑法学界这种扩张性的学理解释（参见《刑法学》修订本，法律出版社 1984 年版，第 48 页），得到了我国司法实践的承认。再如，《刑法》第 124 条规定，以营利为目的，伪造车票、船票、邮票、税票、货票的，处 2 年以下有期徒刑、拘役或者罚金。本罪的犯罪对象没有包括飞机票。虽然从实践中看，伪造飞机票的案件较为少见，但如果发生了以营利为目的的伪造飞机票的案件，就应当进行扩张解释，把飞机票包括在本罪的犯罪对象内直接以本条定罪。

二是由于法律术语与日常用语含义不尽相同。例如，刑法第 170 条规定了“以营利为目的，制作、贩卖淫书、淫画”的犯罪及其处罚。这里“淫书、淫画”中的“书”和“画”，是概括性的法律术语，与日常用语所指范围有所不同，应当对之作合乎立法原意的扩张解释。在日常用语中，“书”是指装订成册的著作，“杂志期刊”是指定期出版的刊物，二者有所不同，“画”是指笔或类似笔的东西画出的图形或艺术品，“照片”是指用照相机曝光后经过显影、定影而成的人或物的图片，二者也不相同。但是，在刑法该条罪中，就应当对“书”和“画”作扩张解释，把淫秽杂志期刊包括在“淫书”里，把淫秽照片包括在“淫画”里，对制作、贩卖淫秽期刊、照片的行为，一律直接按本条定罪。实际上，我国司法实践也正是这样做的。当然，考虑到立法简明概括的要求以及期刊、照片确实可以为书、画所广义地、合乎逻辑地包括，法律条文只规定为“淫书、淫画”而由扩张解释法律去解决司法实际问题，是完全可以和妥当的。

三是为了适应同犯罪作斗争的新情况的需要。例如，在刑法制定时，播放淫秽录像、影片等的犯罪行为还非常罕见，因此刑法第 170 条的制作、贩卖淫书、淫画罪里对之并未规定。在刑法刚颁行时，对于以营利为目的而播放淫秽录像、影片等的犯罪行为，理论上和实践中都是主张比照刑法第 170 条规定的制作、贩卖淫书、淫画罪类推定罪判刑。当时这种案件还比较个别，这样处理是可行的。但是，近几年这种违法犯罪情况发展较快，案件日渐增多，再适用类推制度定罪判刑已不能适应与这种犯罪作斗争的需要。为了解决这个问题，最高人民法院在 1985 年 7 月 8 日《关于播放淫秽录像、影片、电视片、幻灯片等犯罪案件如何定罪问题的批复》中对这种犯罪情况的处理作出了新的规定：“对于组织播放淫秽录像、影片、电视片、幻灯片等构成犯罪的，可直接依据《刑法》第170条的规定定罪量刑，不需要适用法律类推。”这个规定就是有权的司法扩张解释。它主要是扩张了刑法第170条的犯罪对象。

我们知道，随着科学技术的发展，现在已经出现了一些专营录音带、录像带之类物品的“音像书店”，图书资料也日益采取录音录像形式。所以，对书、画扩张解释把录像带、影片包括在内并非牵强附会。基于同理，如果实践中发生贩卖淫秽录音带的案件，完全可以直接按刑法第170条处理。这一规定同时也扩张了刑法该条犯罪行为的表现形式。刑法该条原来规定的只是以营利为目的的“制作、贩卖”行为，现在把以营利为目的的“播放”行为也包括进去了。虽然以营利为目的“播放”淫秽录像带等的行为，实质上也是一种“贩卖”行为，多次播放可以看作多次贩卖，但是一般说来，“贩卖”淫秽录像带的行为与“播放”淫秽录像带的行为毕竟有所区别。因此，把“播放”淫秽录像带等的行为纳入刑法该条，也是对该条犯罪行为表现方式的扩张解释。同样的道理，以营利为目的“出租”淫书淫画的行为，与“贩卖”淫书淫画的行为也有所不同，但是按照对“贩卖”行为的扩张解释也可以将之包括在内，直接按照刑法第170条定罪判刑。

最后，尤其要明确刑法扩张解释与类推适用的关系。

一般认为，某种危害行为虽然没有为刑法条文的字面意思所包含，但只要运用扩张解释能够为分则某个条文所包含，就应当直接按照刑法该条文定罪判刑，而不需要也不应当再适用类推定罪判刑。也就是说，在扩张解释与类推适用的选择上，应当优先考虑扩张解释，扩张解释不行时，才考虑类推适用。我国刑法中的类推适用，是对刑法无明文规定的危害行为如何定罪判刑的一种刑法制度。刑法第79条规定，刑法分则没有明文规定的犯罪，可以比照刑法分则最相类似的条文定罪判刑，但应当报请最高人民法院核准。从类推制度的立法目的和严格的适用条件来考虑，司法实践中适用类推定罪判刑的犯罪案件，只能是极个别的。而刑法中的扩张解释，是根据立法原意把法条作合乎逻辑的大于其字面含义的解释。其中最高人民法院和最高人民检察院依法所作的扩张解释，对下级人民法院和人民检察院有约束力，因而往往是涉及一类或几类的大量案件；其他各级人民法院和人民检察院处理案件时所作的正确的扩张解释，虽然只是对本案有效，但也可以有一定的数量。而且扩张解释无复杂的核准程序。类推适用与扩张解释的区别大致是：一、适用类推的犯罪行为是刑法分则条文无明文规定的，并且，有关条文无论字面上还是逻辑上都不能包含的，如果直接引用有关法条，就违背了这些法条的原意。适用类推的犯罪行为只是与分则有关条文最相类似，而适用扩张解释的行为和事实，则仅仅是法律条文的字面无明文规定、字面意思没有包含，但在逻辑上能够包含。这种行为与法条字面规定的行为在危害性质上相同，在危害程度上相同或十分相似。二、从司法实践中看，适用类推的犯罪行为与被比照的法条规定的犯罪行为的不一致，一般只是在行为的方式、方法上有所不同。例如，刑法第181条规定的是与军人的配偶同居或结婚从而破坏军人婚姻的犯罪行为，如果被告人与军人的配偶长期通奸，造成了有关人员死亡等严重后果的，对这种通奸行为就可按破坏军婚罪类推定罪判刑，而适用扩张解释的情况，主要表现为其犯罪对象未为法条列举的对象所包括，而又相类似。例如，本文上面例述的把拖拉机包括在破坏交通工具罪的犯罪对象里，把淫秽期刊，照片包括在淫书淫画的犯罪对象里等，都是如此。三、适用类推必须报最高人民法院核准，而适用扩张解释定罪判刑，并无这么严格的程序上的要求。

扩张解释符合有关法条的立法原意和法条字面所能够引申的逻辑含义，也符合社会主义法制的需要，又没有类推那样复杂的程序，与类推制度相比，更能及时、有效地打击犯罪。因此，能够适用扩张解释定罪判刑的案件，就不需要适用类推定罪判刑。当然，司法实践中对适用扩张解释存在异议时，应报请上级司法机关直至最高人民法院和最高人民检察院研究决定。

（原载《人民司法》1986年第6期）

刑法立法解释若干问题新析

刘艳红

在我国当前的刑事立法活动中，刑法的立法解释非常活跃；在刑事司法实践中，刑法立法解释也扮演着重要的角色。然而，在刑法理论界，关于什么是刑法立法解释、刑法立法解释的形式、地位、存废等问题，尚有不少争议。为此，结合刑法立法解释的现状，从理论上展开对相关争议问题的探讨具有重要的意义。本文试图对刑法立法解释的几个基本问题，即刑法立法解释的概念、形式、制定及其未来发展的趋势与走向等进行较为系统的分析。

一、刑法立法解释概念之厘清

什么是刑法立法解释？目前学界并未形成统一认识，代表性观点如下：一是认为刑法立法解释就是由最高立法机关即全国人大及其常委会对刑法的含义所作的解释。① 这也是我国刑法学界的通说。二是认为刑法立法解释就是由立法机关所作的解释。② 三是认为刑法立法解释是立法机关对刑法规范本身的含义所作的解释和补充规定。③ 四是认为刑法立法解释是指全国人大常委会对刑法规定的含义进行阐明的活动，或者对刑法规定含义进行阐明的结论。④

刑法的立法解释本是刑法解释因效力的不同而分类的结果。立法解

---

① 高铭暄、马克昌主编：《刑法学》（上），中国法制出版社 1999 年版，第 21 页。

② 何秉松主编：《刑法教程》，法律出版社 1987 年版，第 44 页。

③ 赵廷光：《中国刑法原理 · 总论卷》，武汉大学出版社 1992 年版，第 47 页。

④ 李希慧：《刑法解释论》，中国人民公安大学出版社 1995 年版，第 137 页。

释，顾名思义就是立法机关所作的解释。对刑法立法解释的概念本不必做过多的纠缠，但我国立法体系的特殊之处决定了对刑法立法解释不能作过于简单的直接理解。如何界定刑法立法解释的概念？笔者认为，刑法立法解释和其他效力的刑法解释都是刑法解释的分支，这就决定了，在对刑法的立法解释进行定义时必须首先考虑到它与其他刑法解释的共性与个性。共性方面，即前述刑法解释的概念中所突出的内容，在此无须赘述，只需利用其个性方面进行界定，否则不但有失繁杂、重复，也会抹杀其特点而违反概念本身的要求——事物最本质、最抽象的特征。那么，哪些范畴才是刑法立法解释的个性而在其概念中应予以体现？按照前述刑法立法解释的概念的四个范畴，即解释的主体、解释的对象、解释的目的、解释的态势来分析，显然刑法立法解释的主体才是其真正的个性，而解释的对象——刑法规范的含义，解释的目的——正确实施刑法，解释的态势——仅仅是一种实践活动而不应包括解释的结论，这三个范畴都是作为共性而不必在立法解释的概念中予以体现的。

按此思路分析，上述四种定义的利弊非常明显。观点一界定了刑法立法解释的主体，这无疑是正确的，但是其对解释主体范围的界定则不甚精确。在我国，最高立法机关是全国人大，全国人大的常委会是其常务机关，也从事着一定的立法和法律解释工作。但是，从我国法律解释的机制来看，刑法立法的解释只应由全国人大常委会来进行。这是因为一方面刑法这种基本法律的解释工作不宜再由其制定机关——全国人大来从事；另一方面法律明确规定立法解释的主体是全国人大常委会而非全国人大。观点二和观点三虽然突出了立法解释主体，但它们均将解释主体界定为立法机关，显然过于宽泛。同时，观点三除了将刑法解释的对象界定为对刑法规范的含义，还认为对刑法规范含义的补充规定也属于刑法立法解释。笔者以为，对刑法规范的补充规定并非属于刑法立法解释。因为，既然是补充规定，也就当然是已有刑法规定中原来没有的，而刑法解释则只能是针对已有的刑法规定，对刑法的补充规定绝对不能作为解释的对象并列予以体现。全国人大常委会《关于加强法律解释工作的决议》第1条的规定对此也提供了有力的说明。该条规定："凡关于法律、法令条文本身需要进一步明确界限或作补充规定的，由全国人民代表大会常委会进行解释或用法令加以规定。"条文中的"进一步明确界限”与“进行解释”相对应；“补充规定”与“法令加以规定”相对照。这表明，刑法立法解释绝不包括刑法补充规定，两者性质并不相同。观点四对刑法立法解释主体的界定较为准确，但该种观点将刑法立法解释的态势分为动态的过程和静态的结果，将对刑法规定含义进行阐明的结论也界定在刑法立法解释概念之中，这与笔者前述分析的反对将刑法解释分为动态和静态两种态势而主张刑法解释只是动态的活动过程的观点相违背，因而为笔者所不取。

综合以上分析，并结合立法法第 42～47 条的规定，笔者认为，刑法立法解释，是指在需要进一步明确刑法规范具体含义或者因出现新情况需要明确刑法适用依据时，由全国人大常委会根据法定程序对刑法作出的专门性解释文件。例如，2004 年 12 月 29 日全国人大常委会《关于〈中华人民共和国刑法〉有关信用卡规定的解释》即为适例。该定义表明：一方面，刑法立法解释和司法解释等其他解释一样有着刑法解释的共性，立法解释的对象、目的、态势等都应该与其他刑法解释无异；另一方面，刑法立法解释的个性主要体现在其解释主体的特殊性上，即其解释的主体是全国人大常委会，同时，还必须依据法定的程序。

二、刑法立法解释形式之界析

刑法立法解释的形式，是指全国人大常委会对刑法作出解释的种类和表现方式。刑法立法解释的形式究竟有哪些，对此刑法学界存在不同观点。

第一种观点，专门形式说。认为刑法立法解释专指全国人大常委会颁布的特别标明解释刑法条文的规范性文件；是根据立法法规定的解释程序，采用《全国人大常委会关于××××的解释》这种专门形式进行的法律解释。①

第二种观点，二分说。认为刑法立法解释的形式有两种：主动解释和被动解释。前者是在刑法实施时如发生异议，由全国人大常委会作出的解释；后者是最高人民法院和最高人民检察院两家的司法解释有原则

---

① 吴大华、蒋熙辉：《论刑法立法解释》，载《贵州警官职业学院学报》2003 年第 6 期。

性分歧而呈报全国人大常委会时由全国人大常委会对有关的刑法规范含义所作的解释。①

第三种观点，三分说。三分说中又分为三种不同观点。三分说（1）认为，刑法立法解释可分为明确条文型、裁断分歧型、修改补充型三种类型。明确条文型刑法立法解释是对刑法条文进行进一步详尽的界定，其实质是不超越法律文本原意的细化规定。裁断分歧型刑法立法解释是在最高人民检察院和最高人民法院形成分歧不能达成共识时进行的裁断性解释。修改补充型刑法立法解释是对不确定或不很确定的法律条文含义补充缺漏、扩充含义，而非具体执行或字面意义的理解说明。② 三分说（2）认为，刑法立法解释包括如下三种，在刑法中用条文对有关刑法术语所作的解释；在刑法的起草说明或修订说明中所作的解释；在刑法施行中立法机关对发生歧义的刑法规定所作的解释。③ 三分说（3）认为，刑法立法解释包括：立法机关在制定刑法时所作的解释，即刑法解释性条文；立法机关通过“法律草案说明”对立法精神和规范含义所作的阐明；通过特别刑法对《刑法》中的某些条款进行解释或作出补充规定。④

以上各种观点中，笔者赞同第一种观点，但认为其他观点均值得商榷，具体如下：

1. 二分说探讨的是刑法立法解释的原因类型而不是形式类型。按照论者的观点，区分主动解释和被动解释的标准是，某一刑法立法解释是由全国人大常委会主动作出的，还是经由“两高”呈报请求作出的，

---

① 王政勋：《论刑事立法解释》，载赵秉志、张军主编：《中国刑法学年会文集（2003年度）（第1卷）：刑法解释问题研究》，中国人民公安大学出版社2003年版。

② 刘晓莉、贾国发：《论刑法立法解释之废止》，载《理论界》2004年第4期。

③ 高铭暄、马克昌主编：《刑法学》，北京大学出版社、高等教育出版社2000年版，第21~22页。

④ 赵廷光主编：《中国刑法原理·总论卷》，武汉大学出版社1992年版，第47页。

前者就是所谓的主动解释，后者则是被动解释。问题是，刑法立法解释的形式探讨的是全国人大常委会作出的刑法立法解释本身采取的是什么表现方式，而不是探讨促使全国人大常委会进行刑法立法解释活动原因的形式。将引起刑法立法解释活动的原因类别等同于刑法立法解释本身的类别，显然是错误的。另外，不同形式的原因促使全国人大常委会进行刑法立法解释活动，所得出的成果——刑法立法解释文件的表现形式既可能是相同的也可能是不同的。换言之，刑法立法解释本身的形式与引起刑法立法解释活动的原因形式之间并没有关系。总之，二分说所关注的是刑法立法解释的原因类型而不是形式分类。

2. 三分说（1）探讨的不是关于刑法立法解释的形式，而是刑法立法解释的功能类型和原因类型问题。首先，前述关于刑法解释的功能表明，刑法解释具有阐明刑法规范含义、明确刑法规范缺漏的功能。因此，将刑法立法解释分为明确条文型和修改补充型实际上是对不同功能的刑法立法解释的分类，易言之，它们关注的是刑法立法解释的功能类型而不是形式分类。其次，截断分歧型刑法立法解释实际上就是二分说中所指的被动解释，如前所述，它是刑法立法解释的原因类型。最后，三分说（1）将功能类型和原因类型这两种不同的标准得出的分类相提并论，在逻辑上也是错误的。因为截断分歧型的刑法立法解释既可以是明确条文型也可以是修改补充型，换言之，刑法立法解释的功能类型和原因类型之间并不是相互独立的形式，同一原因类型的刑法立法解释可以是不同功能类型的解释，同一功能类型的解释也可以是不同原因类型的立法解释。而一部刑法立法解释不可能同时采用两种形式，这从另一个角度也否定了三分说（1）的观点。总之，三分说（1）关注的是刑法立法解释的功能类型和原因类型，而不是刑法立法解释的形式类型；而且，该说将根据功能和原因这两种不同标准得出的分类相提并论，其本身在逻辑上就是混乱的。

3. 三分说（2）与（3）均无限制地扩大了刑法立法解释的形式外延，将立法解释与立法、立法准备活动等混为一谈。综合三分说（2）与（3）的观点，刑法立法解释的形式主要有四种：在刑法条文中对有关刑法术语所作的解释，即刑法的解释性条文；在刑法的起草说明或修订说明中所作的解释；特别刑法对《刑法》某些条款进行解释或作出的补充规定；《刑法》在施行中如发生歧义，由全国人大常委会所作的解释。笔者将逐一分析它们是否属于刑法立法解释。

第一，在刑法条文中对有关刑法术语所作的解释，即刑法的解释性条文，本身属于立法的一部分而不是立法解释。比如，《刑法》第 99 条规定："本法所称以上、以下、以内，包括本数。"该条虽然是对刑法典中以上、以下、以内含义的说明，但是，它本身是作为刑法典中的一个条文而存在，是刑法立法的组成部分。其一，根据《宪法》第 67 条、1981 年第五届全国人大常委会第十九次会议通过的《关于加强法律解释工作的决议》和《立法法》第 42 条规定，凡是关于法律条文本身需进一步明确具体含义的以及法律制定后出现新的情况，需要明确适用法律依据的，由全国人大常委会进行解释。因此，关于刑法立法解释的结论是：只有全国人大常委会对刑法施行中发生歧义的刑法规定所作的解释，才是立法解释。简言之，刑法立法解释权只能属于全国人大常委会，其他任何国家机关、人民团体、社会组织和公民个人均无此权力。而刑法的解释性条文不论其性质，它首先是作为刑法典的组成部分而存在的，而刑法典的制定主体则是全国人大，如果将刑法的解释性条文认为是刑法的立法解释的形式，则说明全国人大也是刑法立法解释的主体。这与宪法和立法法规定的刑法立法解释主体只能是全国人大常委会显然是相矛盾的，并人为造成了刑法立法主体和刑法立法解释主体之间的混淆和矛盾。其二，将刑法的解释性条文当做刑法立法解释看待在逻辑上存在的问题。刑法条文中的解释性条款，如对"公共财产"（第 91 条）、"国家工作人员"（第 93 条）、"毒品"（第 357 条）等概念和术语所作的解释，其本身属于刑法的一种明确规定，它们只能成为刑法解释的对象，而非刑法立法解释本身。如果说它们本身就是刑法立法解释，那就意味这些条款既是解释者又是被解释者，一身兼具两个互为对立的范畴，这在逻辑上难以自圆其说。所以，有学者说："因为刑法中的解释性规定本身就是刑法的解释性规定，如果说解释性规定都是立法解释，那么，《刑法》第 13 条、第 14 条、第 15 条关于犯罪、故意犯罪与过失犯罪的规定，也都是立法解释。结局，几乎整部刑法都是立法解释，但事实上并非如此。”[1] 同理，《刑法修正案》中的解释性条文也不属于立法解释。因为《刑法修正案》也属于刑法立法，其条款不论是解释性条款或者非解释性条款均属于立法的一部分而不是刑法解释。笔者认为，刑法的解释性条文不是刑法立法解释，从法的组成要素上讲，这些在刑法条文中对有关刑法术语所作的解释属于法的技术性要素。因此，不能因为某些刑法条文对刑法术语进行了解释性规定，就将这些刑法条文置于刑法立法之外，而视之为刑法的立法解释，否则，就是将立法解释与刑法立法相混同。

第二，在刑法的起草说明或修订说明中所作的解释，也不是刑法的立法解释，而属于刑法立法的背景资料或立法性文件。其一，刑法的起草或修订说明由全国人大法律委员会负责提交给全国人民代表大会常务委员会，其内容是对为什么要制定新的刑法典或修改刑法有关条文进行的理由和原理说明，其目的是将草案或修订案提交给人大常委会审议后并获通过的。而这一程序也正是《立法法》所规定的法律的立法程序。如果将在履行立法程序的过程中所产生的法律文件，如草案的说明等同于对立法的结果——法律的解释，显然是混淆了立法背景资料和法律本身两个不同的概念。其二，草案说明的主体并不符合立法解释的主体要求。制定草案说明的主体，并不是在法律上有立法权甚至是刑法解释权的立法机构，而是仅负责法律起草等职能工作的全国人大的一个工作部门——全国人大法工委（现称全国人大法律委员会）。其三，刑法的起草或修订说明缺乏立法解释所具有的法律效力。刑法草案或修订说明的对象是法律草案或修订草案，“说明”之后，草案还要根据人大代表的意见进行修改，因而它只是立法过程中形成的一种没有最终法律效力的立法文件，而不是立法本身，所以草案中对有关刑法条文或立法精神的解说或说明在刑法被公布实施后就没有了法定效力。综上，在现行刑法产生及施行过程中对某些条文进行修订所产生的一系列没有普遍适用效力的法律文件都不是刑法的立法解释，而只是刑法立法的背景资料。例如，《关于〈中华人民共和国刑法（修订草案）〉的说明》、《关于〈中华人民共和国刑法第三百四十二条、第四百一十条修正案（草案）〉的

---

① 张明楷：《刑法学》，法律出版社 2003 年版，第 41 页。

说明》、《关于〈中华人民共和国刑法第九十三条第二款的解释草案〉的说明》、《关于〈中华人民共和国刑法修正案（三）（草案）〉的说明》、《关于〈中华人民共和国刑法修正案（四）（草案）〉的说明》，等等。

第三，特别刑法中对刑法所作的解释或补充规定，属于刑法立法而不是刑法立法解释。特别刑法是相对于普通刑法而言的。普通刑法是指具有普遍适用效力的刑法，目前在我国，实际上就是指现行的刑法典；特别刑法是指在适用效力上有所限制的刑法。易言之，特别刑法只适用于特定的人、特定的时间、特定的地域或特定的犯罪。一般来说，单行刑法与附属刑法均属于特别刑法。比如，1998 年 12 月 29 日第九届全国人大常委会第六次会议通过的《关于惩治骗购外汇、逃汇和非法买卖外汇犯罪的决定》，就是针对骗购外汇、逃汇和非法买卖外汇的犯罪行为而作出的特别规定，它既是一部单行刑法，也可以说是特别刑法。很明显，单行刑法和普通刑法的区别只在于适用范围的不同，相同之处则在于它们都属于刑法立法的范畴。故特别刑法，无论其内容是解释性的规定还是对刑法所作的补充规定，是对刑法没有的规定所作的补充或特别、例外的规定；在本质上它属于立法的范畴，而不是对刑法的立法解释。

第四，至于三分说（2）中提出的，在刑法实施中由全国人大常委会对发生歧义的刑法规范所作的解释是刑法立法解释的形式之一。笔者以为，该种表述实际上是对刑法立法解释概念的界定，而不是对刑法立法解释形式的界定；它是对何谓刑法立法解释的表述——而且通过前述笔者对刑法立法解释概念的分析表明，这一表述还并不精确——但并没有指出这种解释的表现形式是什么；而刑法立法解释的形式所要讨论的恰恰是全国人大常委会对刑法的立法解释所采取的是什么形式。

综上分析，笔者以为，刑法立法解释的形式专指全国人大常委会颁布的特别标明解释刑法条文的规范性文件，易言之，是根据《立法法》规定的解释程序，采用《全国人大常委会关于××××的解释》这种专门形式进行的刑法解释。比如，2000 年 4 月 29 日全国人大常委会《关于〈中华人民共和国刑法〉第九十三条第二款的解释》、2002 年 4 月 28 日全国人大常委会《关于刑法第二百九十四条第一款的解释》等。

三、刑法立法解释的制定程序

刑法立法解释的制定是刑法立法解释运行机制的核心环节，从广义上讲其内容包括刑法立法解释制定的步骤、所要遵循的原则、具体技术方法等内容。

一个最为理想的刑法立法解释的出台，不单体现在解释结果的公正上，而更应该是解释制定程序的公正。刑法立法解释制定出台并发布实施的文本是依照法定的程序规则、经程序参与主体参与后所形成的文本，其解释的内容是否科学合理是由刑法立法解释程序的导引而实现的，是程序之外的实体公正，属于立法解释程序的外在价值所关注的对象。而刑法立法解释程序的公正则是由普遍的、复数适用的程序规范要求所体现出来的一般公正，并时刻内涵于刑法立法解释的程序规则中。解释结果公正与程序公正之间并不是必然相联系，公正的程序并不必然产生公正的结果。但是，较好的程序规则和较为公正的解释程序则是相当容易把握和实现的，毕竟程序规则不是临时地为某一个别情况而设立，而是事先统一制定的；只要立法解释主体严格遵守了那些预先制定的公正程序，其所形成的解释文本就应该视为可以接受的。换言之，在结果公正难以轻易检验的情况下，从概率上讲，刑法立法解释程序愈是公正完善，也就愈能发挥保障解释结果公正之功效。因此，必须着重从程序上来论述刑法立法解释的制定。长期以来，我国缺乏立法解释的程序规范，作为具体的立法解释——刑法立法解释的制定也就没有程序规范予以指导了。引起这种现象的原因主要有两个：一是对立法解释的程序重要性认识不够。我国长期以来的法治观念，尤其是程序观念的缺失状态是引起人们对立法解释程序认识不够的原因。在立法解释中，人们往往只注意如何确定立法解释对象的内容和含义而不注意通过何种程序或过程来进行解释并赋予解释结果的合法性与正当性。二是受“成熟一个，制定一个”的立法观念的影响。这一信条曾长期指导着立法以及立法解释的制定，并在一定程度上造成了我国立法解释程序上缺乏系统性和固定性。具体到刑法立法解释，则还有一个客观原因，即长期以来刑法立法解释只是理论的存在，并没有真正被赋予实践，真正的突破也不过是2000年4月29日全国人民代表大会常务委员会《关于〈中华人民共和国刑法〉第九十三条第二款的解释》。正因如此，在刑法立法解释越来越受重视和越来越多的情况下，完全可以通过重视程序来规范刑法的立法解释的制定，从而彻底改变刑法立法解释的程序缺失的状态。可以说，立法法的通过初步解决了我国立法解释程序匮乏的状况。

要真正实现刑法立法解释制定程序的公正性，必须遵守以下两个原则：一是程序参与原则；二是程序公开原则。前者旨在保障一般公民能尽可能地参与到刑法立法解释的过程中；后者旨在保障刑法立法解释的每一阶段每一步骤都应当以社会看得见的方式进行，使公众知悉并获取立法解释制定的基本资料和相关信息。

至于刑法立法解释制定的具体程序，笔者以为，刑法立法解释的过程和其他种类的立法解释一样，大致包括立法解释的准备阶段、从提出立法解释法案到公布规范性立法解释文件的阶段和立法解释的完善阶段。在每一阶段中都需要进行许多工作，但并非每一个阶段、每一个工作都是刑法立法解释程序的组成部分，只有刑法立法解释主体在整个立法解释活动中必须经过的、法定的步骤才属于立法解释程序的内容。参照《立法法》第四节的相关规定，刑法立法解释的具体程序应当包括以下几个步骤：

1. 提出刑法解释议案。即依法享有立法解释提案权的机关或机构以及人员按照一定的程序向全国人大常委会提出关于解释某项或某些刑法规范的动议。这是刑法立法解释制定的开始。根据《全国人大组织法》和《立法法》第43条规定，对有关全国人大常委会议事规则的规定，有权向全国人大常委会提出刑法立法解释议案的主体包括：有关机构和常委会委员。其中，有权提出刑法解释要求的有关机构包括：国务院、中央军事委员会、最高人民法院、最高人民检察院；有权提出刑法解释要求的常委会委员包括：全国人民代表大会各专门委员会以及省、自治区、直辖市的人民代表大会常务委员会。简言之，即所有常委会委员。

至于不享有提案权的组织或个人，可以向有关部门提出刑法立法解释建议，再经由有关部门向全国人大常委会提出立法解释议案。比如，无权提出刑法立法解释议案的组织或个人可以向全国人大法律委员会提出立法解释议案，再经由全国人大法律委员会向全国人大常委会提出刑法立法解释议案。立法解释议案应当列明需要解释的刑法具体规范或条款、需要解释的问题以及解释的具体内容和意义等。

2. 拟定刑法立法解释草案。根据《立法法》第 44 条的规定，刑法立法解释草案由常务委员会工作机构研究拟订，并由委员长会议决定列入常务委员会会议议程。

3. 审议刑法立法解释草案。即由立法解释审议权的主体对所提出的刑法解释议案进行审查议论，决定其是否应当列入议事日程，是否需要进行解释的实质性阶段的程序。该程序意义在于，为了使那些真正需要作出立法解释的议案进入制定的实质性阶段，而避免那些不需要作出立法解释的议案进入制定的实质性阶段，从而保证刑法立法解释的严肃性、权威性以及节约立法解释的成本。

根据《立法法》第 45 条规定，刑法立法解释草案经人大常委会会议审议，由法律委员会根据常务委员会组成人员的审议意见进行审议、修改，提出法律解释草案表决稿。具体来说，有权提出立法解释议案的两类不同主体即有关机构和常委会委员，他们所提出的议案在提交审议时的效力略有不同。如果议案是由有关机构提出，委员长会议可以决定提请常务委员会会议审议，或者先交有关的专门委员会审议、提出报告，再决定提请常务委员会会议审议。可见不论是否先交专门委员会审议，这类议案肯定会提交常务委员会会议审议。如果议案是由 10 名以上的常务委员会委员提出，委员长会议可以决定提请常务委员会会议审议，或者先交有关的专门委员会审议、提出报告，再决定是否提请常务委员会会议审议。其结果有可能是不交常务委员会会议审议。如果委员长会议决定不交常务委员会会议审议，委员长会议应当向常务委员会会议报告或者向提案人说明。①

4. 通过刑法立法解释草案。表决和通过立法解释草案，即由有刑法立法解释表决权的主体对该解释草案表示最终的、具有决定意义的态度——赞成或不赞成。表决结果直接关系到该刑法立法解释法案能否成为规范性的法律文件，因此它是刑法立法解释程序中最为关键的一环。

---

① 王晨光：《全国人大常委会立法解释的程序思考》，载《法学》2000 年第 4 期。

经过表决，该刑法解释法案能够获得法定数目以上的多数人的赞成即表示通过。根据《立法法》第46条规定，刑法立法解释草案表决稿由常务委员会全体组成人员的过半数通过。

5．公布刑法立法解释文件。即由法定的公布主体，在特定时间内、采用特定方式将刑法立法解释的最后文本公布于众。刑法立法解释不单是指导司法工作，而更在于其同刑法规范一样要发挥其教育、引导、威慑等功能，因此通过后必须予以公布。根据《立法法》第46条规定，刑法立法解释草案表决稿通过之后，由常务委员会发布公告予以公布。一般来讲，刑法立法解释除了必须公布于《全国人大常委会公报》外，《人民日报》、《法制日报》等媒体也应全文登载。

四、刑法立法解释的发展趋势

虽然，刑法立法解释被宪法以及《全国人大组织法》、《全国人大议事规则》以及《立法法》等确认为应然的刑法解释方式，并在2000年4月29日以后至今逐步出现了9部刑法立法解释，[①] 从而使刑法立法解释在实然的层面朝着健康的轨道缓慢前进。但是，在刑法理论界，有关保留还是废除刑法立法解释的争论从未停止过，刑法立法解释在应然层面的肯定和实然层面的应用并未完全消除人们对刑法立法解释前途的疑虑和非难。为此，有必要从理论上进一步对刑法立法解释的未来发展趋势

① 这9部刑法立法解释是由全国人大常委会依次颁布的：2000年4月29日《关于〈中华人民共和国刑法〉第九十三条第二款的解释》；2001年8月31日《关于〈中华人民共和国刑法〉第二百二十八条、第三百四十二条、第四百一十条的解释》；2002年4月28日《关于〈中华人民共和国刑法〉第二百九十四条第一款的解释》；2002年4月28日《关于〈中华人民共和国刑法〉第三百八十四条第一款的解释》；2002年8月29日《关于〈中华人民共和国刑法〉第三百一十三条的解释》；2002年12月28日《关于〈中华人民共和国刑法〉第九章渎职罪主体适用问题的解释》；2004年12月29日《关于〈中华人民共和国刑法〉有关信用卡规定的解释》；2005年12月29日《关于〈中华人民共和国刑法〉有关出口退税、抵扣税款的其他发票规定的解释》；2005年12月29日《关于〈中华人民共和国刑法〉有关文物的规定适用于具有科学价值的古脊椎动物化石、古人类化石的解释》。

进行探讨。

（一）刑法立法解释存废之争

1. 废止论。该种观点认为，刑法立法解释与其说是解释不如说是立法，而且是一种不规范的立法现象。①

2. 肯定论。肯定论是我国刑法学界的主流观点。持肯定论者的学者认为，刑法立法解释有利于维护罪刑法定原则，并能解决刑法适用中的实际问题，因此主张刑法立法解释有存在的必要性。② 在肯定论的观点中，又有限制论与强化论之分，前者主张，可以保留但同时应限制刑法立法解释的扩张；③ 后者主张，就目前的司法实践来讲，应强调刑法立法解释的作用。

（二）肯定·限制论之提倡

如何看待上述两种截然相反的观点？笔者以为，在当前我国国情之下，应该对刑法立法解释的存在持肯定态度。但是，肯定刑法立法解释的存在不等于大力提倡刑法立法解释，而主张应该在肯定刑法立法解释合理性的前提下限制刑法立法解释的发展。

1. 应该肯定刑法立法解释的必要性。废止论否定刑法立法解释的主要理由是，认为刑法立法解释与刑法立法难以区分，换言之，认为刑法立法解释因其主体、程序、效力等的特殊性，实际上并非法律解释，而属于立法的范畴。笔者认为，这种观点实际是对刑法立法解释性质的误解；刑法立法解释虽然在某些方面与刑法立法相同或相似，但这并不表明刑法立法解释就是刑法立法；刑法立法解释仍然属于刑法解释的

① 参见陈金钊：《何谓法律解释》，载《法学论坛》2001 年第 1 期；陈丽琴：《质疑立法解释》，载《法学论坛》2002 年第 3 期；袁吉亮：《论立法解释制度之非》，载《中国法学》1994 年第 4 期；袁吉亮：《再论立法解释制度之非》，载《中国法学》1995 年第 3 期；陈斯喜：《论立法解释制度的是与非及其他》，载《中国法学》1998 年第 3 期；等等。

② 李国如：《罪刑法定原则视野中的刑法解释》，中国方正出版社 2001 年版，第 140～143 页。

③ 刘艳红：《开放的犯罪构成要件理论研究》，中国政法大学出版社 2002 年版，第 399 页。

范畴。

第一，分析解释主体。虽然，全国人民代表大会和全国人民代表大会常务委员会行使国家立法权，它们是国家的立法机关，但在具体的分工上仍存在差别。根据《立法法》第7条的规定，全国人民代表大会制定和修改刑事、民事、国家机构的和其他的基本法律；全国人民代表大会常务委员会制定和修改除应当由全国人民代表大会制定的法律以外的其他法律；在全国人民代表大会闭会期间，对全国人民代表大会制定的法律进行部分补充和修改，但是不得同该法律的基本原则相抵触。这表明，《刑法》作为国家的基本法律，是由全国人民代表大会制定修改的；只有在闭会期间，才由全国人大常委会进行部分补充和修改。而刑法的立法解释的主体则是全国人大常委会，在任何情况下都不能由全国人民代表大会进行。因此，刑法立法和刑法立法解释的主体虽然同为立法机关，但在具体法律的立法、解释时，仍存在一定差别：前者主要由全国人民代表大会进行；后者主要由全国人大常委会进行。

同时，全国人大常委会也并非纯粹的立法机关。根据我国宪法的规定，它应该是权力机关，行使的权力既包括立法权、法律解释权，也包括监督权、重大决定权等其他宪法规定的权力。可见，立法权仅仅只是全国人大常委会这一权力机关的主要职权，而不是其全部职权。既然全国人大常委会是权力机关而不是纯粹的立法机关，那么，当它行使自己权力的一部分——法律解释权时，它所行使的是宪法赋予的法律解释权而非立法权，因此，由全国人大常委会作出的刑法立法解释当然也不具有立法的性质。

第二，分析解释程序。至于解释程序，虽然刑法解释程序与立法程序很相似，但对比《立法法》第12～23条共12个条文对立法程序的规定与第42～47条共6个条文对法律解释程序的规定表明，立法程序较之法律解释程序更为精细复杂，后者则相对简单；前者在某些程序上要求更为严格，后者相对宽松。例如，法律解释可以由省、自治区、直辖市的人大常委会提出要求，但这些级别的人大常委会是无权提出法律案的；法律案如果不列入人大常委会会议议程的，必须由委员长会议或有关的专门委员会向常务委员会会议报告或向提案人说明，但是法律解释草案如果不列入人大常委会会议议程的，《立法法》并未规定必须报告或说明；法律案发给常委会成员的日期以及随后审议的次数、审议的步骤、内容等，《立法法》均有严格规定，而法律解释草案在这些方面并无要求；法律案在正式稿出台前的讨论、听取专家意见、公布草案征求意见等方面的要求很严格，而法律解释草案在出台前则没有这些方面的过多要求；常务委员会通过的法律由国家主席签署主席令并公布，而法律解释通过后是由常务委员会公布。总之，虽然立法程序与法律解释程序有一些相似之处，如都要经过议案的提出、审议、表决、通过、公布等程序，但在具体步骤上差别还是比较大的。更何况，《立法法》对立法解释的程序作出较为完善的规定，也是为了更好地规范立法解释，使其制度化、公开化。如果在某些方面与立法程序相同，也不足以成为否定立法解释的理由。

第三，分析解释性质。废止论所提出的刑法立法解释的性质问题实际上涉及的是抽象解释与具体解释之间的关系。立法解释虽然带有一定的抽象性，但法律解释并非只能是具体解释而不能是抽象解释，此其一。其二，即使是由法院为主体进行的司法解释，也不尽然都是具体解释。比如，最高人民法院于2002年4月8日颁布的《关于对采用破坏性手段盗窃正在使用的油田输油管道中油品的行为如何适用法律问题的批复》规定，正在使用的油田输油管道，属于刑法规定的“易燃易爆设备”。行为人采用破坏性手段盗窃正在使用的油田输油管道中的油品，构成破坏易燃易爆设备罪、盗窃罪等犯罪的，依照处罚较重的规定定罪处罚。如果严格的以抽象解释和具体解释来划分，该解释就是抽象解释而非具体解释，因为它所形成的就是具有普遍约束力的一般解释性规定。显然，即使是由法院为司法解释的主体所作的解释也不纯粹都是具体解释，其中也不缺乏抽象解释的存在。其三，具有抽象性质的立法解释与立法本身仍存在区别。前者是描述性的，以展示解释对象的固有含义为目的，因此，解释者要受解释对象的全面制约，负有忠实于解释对象的责任，解释者与解释对象之间有一种紧张关系——一种服从与被服从、描述与被描述的关系；后者是创制性的，以制定新的法律规范为目的，即使是立法中各种明显的解释现象，其目的也在于给对象注入、限定或选定某种含义，因此，在这种关系中，立法者处于比较自由的状态，只需在法律的位阶关系中满足“不抵触”的要求即可。[①] 其四，抽象解释和具体解释的区分只是相对的。即使是作为具体个案裁判者的法官将法律规则适用于具体案件的活动中所作的具体解释，如果对以后的相类似案例具有约束力，那么，实际上所有的具体解释也就演变成为了具有一般约束力的所谓抽象解释。综上所述，以立法解释的抽象性为由否定刑法立法解释属于法律解释的观点是难以成立的。

2. 在肯定刑法立法解释的前提之下应该限制刑法立法解释的发展。虽然前述在持肯定论的前提下，笔者认为，全国人大常委会是权力机关而不是纯粹的立法机关，当它行使自己权力的一部分——法律解释权时，它所行使的是宪法赋予的法律解释权而非立法权，但这样的理由并不能否定刑法立法解释的确存在废止论者提出的刑法立法解释与刑法立法主体都是立法机关这一弊端。全国人大常委会是权力机关，这样的命题是正确的；全国人大常委会是立法机关，这样的命题无疑也是正确的。可以说，后一命题是前一命题的具体化。由此，当全国人大常委会行使法律解释权时，认为是由立法机关在解释法律，这样的说法亦是没有错的。全国人大常委会在解释刑法时，虽然行使的是法律解释权而不是立法权，但这并不能否认此时行使法律解释权的是立法机关。显然，废止论者指出的刑法立法解释与刑法立法主体都是立法机关这一弊端无论如何都是存在的；而这一弊端也确实违背了现代法治国家的权力构建原则和分工制约的法治观念。在此情况下，笔者以为，大力强化刑法立法解释是不妥当的，而应该对刑法立法解释的发展进行限制。

第一，立法解释的存在体现着绝对权力观念的盛行。在我国，“有权制定法律，就有权解释法律”，或者说“谁立法、谁修改、谁解释”的规则，已经成为立法解释合理存在的标语式语言，这种观点并被认为是立法统一的要求。[②] 这句话直接地传递了立法解释与权力相联系的信息，即立法机关的立法解释，实际上就是国家权力行使的结果，是国家权力观的体现。

---

① 张志铭：《法律解释的操作分析》，中国政法大学出版社 1999 年版，第 22 页。

② 周振晓：《也论立法解释》，载《中国法学》1995 年第 2 期。

实际上，无论是立法解释还是司法解释，只是在解释的主体和解释的程序上有所区分，但在实质上，它们对司法实践都具有同样的约束力，法官在适用法条的过程中都须遵照执行。而且它们都来自于国家权力机构的解释，只是在权力机关的级别上，立法解释机关高于司法解释机关。如果强化立法解释，势必会造成另一种形式的集权制，即由最高司法机关行使立法权的集权制变更为由立法机关直接行使这一权力。而这种权力的集中程度更高，权力的效率更大。因为立法解释的法律效力至少从形式上说要高于司法解释。而且，立法解释的强化和蔓延，是立法者直接通过自己的类似于立法的行为将本应属于刑法适用过程中由法官解释刑法的行为予以了剥夺，基本上是直接以立法的形式实现了概念法学的法典万能主义，而不是假最高司法机关之手。如此，目前我国以司法解释为主导的刑法解释体制的弊端，如立法权被法律解释权侵入、刑法副法体系的产生与刑法统一性的破坏、刑事司法的弱体化与变异化等,[①] 同样会在所谓的以立法解释为主导的刑法解释体制下存在。

第二，从当今其他国家的情况看，像中国立法机关这样除了承担法律的制定、修改、补充、废除等立法任务之外，还承担法律实施过程中的法律解释任务，并不多见。[②] 换言之，立法者解释法律并不是如人们想象的那般合理，至少世界各国法律实践的现状给我们的信息是如此。在其他国家的法律实践中，法律解释都是在个案的适用过程中由法官根据法律条文的规定具体解释之。也就是说，法律解释主要是一种法官的司法裁量活动，而不是由权力机关行使的一种权力活动。法官造法在“英美法系国家殆视为当然，在大陆法系国家，其判例的效力虽不若英美各国所具权威，惟无可否认，其亦具有造法的功能”。[③]《法国民法典》第4条就规定，法官借口法律无规定、规定不明确或不完备而拒绝审判者，得以拒绝审判罪追诉之。《瑞士民法典》第1条规定，法律问题，

① 刘艳红：《开放的犯罪构成要件理论研究》，中国政法大学出版社2002年版，第338～358页。

② 张志铭：《法律解释的操作分析》，中国政法大学出版社1998年版，第252页。

③ 杨仁寿：《法学方法论》，中国政法大学出版社1999年版，第142页。

在文字上及解释上，法律已有规定者，概适用法律，法律所未规定，依习惯法。无习惯法者，法院因遵照立法者所拟制之原则予以裁判，于此情形，法院务须苛遵稳妥之学说及判例。显然，法官造法的权力在大陆法系国家同样是受到首肯的。法律没有规定或者没有明确规定，就要按照法理和习惯办，不能不办。英美法系和大陆法系的法律实践表明，各国的司法实践基本上形成了这样的司法原则，即有法律就依照法律，没有法律就要依据法理和习惯办案。虽然笔者不主张现阶段我国的法官造法，但对于世界其他各国立法机关只承担法律的制定任务，而将补充、修改等立法之外的任务赋予司法机关，那么，如果还强调由立法机关继续这一权力，那就是逆潮流而动。而且，既然我国这种“有权制定法律，就有权解释法律”的立法解释体制的确立本身就不尽合理，那么，立法机关尽量少作一些立法解释未必不是对这种不合理体制的弥补。反之，只会增加不合理的成分。

第三，法律解释与立法活动是两种不同性质的活动。立法者的任务就是制定出具有普遍性、抽象性能够适用于不同形势和案件的法律规则，而不是在如何将这些抽象性的法律规则适用于具体案件的问题上费心，后者是司法裁判者的任务。立法者受主体认识能力、语言表达能力、客观环境的复杂性等各种因素的决定，不应该也不可能制定出一个针对形形色色案件的将甲乙丙丁戊诸种情况一一列举的刑法典，他们只能制定出一个抽象的规范。将抽象规范与具体案件相结合的具体化过程当然只能由案件的裁判者——司法官员完成。“如果把法律解释作为一种区别于立法（包括立法中的解释现象）的话，那么甚至可以说，由立法者之外的实施者解释法律，尤其是由司法裁判者在利害双方或多方参与的情况下解释法律，更符合客观公正地理解和实施法律的要求。”①

第四，从现行刑法实施以来立法机关颁布立法解释的情况来看，截至目前，全国人大常委会已经颁布了九部立法解释，较之1979年刑法实施的17年间一部立法解释都没有的情况已是不可同日而语。这表明，我国的立法机关已经开始高度重视运用其所享有的法律解释权了，其法律

① 张志铭：《法律解释的操作分析》，中国政法大学出版社1998年版，第251页。

解释意识已大大增强。在此情况下，如果还提倡强化立法解释，甚至建立起以立法解释为主的刑法适用体制，那么，可以想象，立法解释会更频繁，最后的结果就会如同前述第一点所论述的一样。

基于笔者在刑法立法解释问题上所持肯定·限制论的基本立场，笔者反对的是过多的刑事立法解释，以防止由刑事司法解释过多的一种不好倾向走向刑事立法解释泛滥的另一种不好倾向。但是，笔者也并不反对合理的刑事立法解释。如果在刑法的执行过程中确实遇到了关于法律、法令条文本身需要进一步明确界限或做补充规定的情况，笔者当然主张由全国人大常委会进行解释或以法令加以规定。

（原载《华东政法学院学报》2007 年第 1 期）

关于刑法立法解释的几个问题

薛瑞麟

一、解释的主体范围问题

从现代系统论角度看，刑法立法解释本身是一个由相互联系、相互作用的诸要素组成的整体。在这个有机体中，各要素以一定的方式结合在一起，从而形成立法解释的整体性质与功能。其中，解释主体是最具活力的要素，它是立法解释的倡导者和发起者。因此，研究立法解释的首要是界定其主体范围。

依照宪法第 67 条的规定，全国人大常委会是包括刑法在内的法律的法定解释主体。笔者认为，授权全国人大常委会解释刑法等法律，是从我国国情出发作出的最佳选择。首先，人大常委会是全国人民代表大会的常设机关，在国家整体权力结构中处于极为重要的地位，由它作立法解释具有很大的权威性。其次，作为常设机关的全国人大常委会是名副其实的议会机关，每两个月召开一次例会。在会议上，对于“法律、法令条文本身需要进一步明确界限或作补充规定”的问题，它能够及时、灵活地作出反应。同全国人民代表大会相比，其优越性也就在于此。再次，全国人大常委会拥有自己的工作机构和辅助机关。就前者而言，特指法制工作委员会，后者为法律委员会。这些委员会或由法律专家组成，或有一批专家在发挥作用，这样就使立法解释建立在科学的基础上，保障了立法解释的准确性、权威性和功能性。总之，全国人大常委会作为刑法立法解释法定授权主体是非常适宜的。

除了人大常委会外，全国人民代表大会能否成为立法解释的有权主体？有的同志认为，直接解释刑法内容的“权力已赋予全国人大常委会”。① 言外之意，全国人大不再充当立法解释的有权主体。笔者认为，该意见有其合理性的一面，其合理性在于我国法律明确提到有权解释刑法的是全国人大常委会；其不足是没有充分考虑到我国立法解释的实际。我国刑法学界以及持该观点的同志都承认，解释性条款是立法解释的一种重要形式。所谓解释性条款，是指立法者在其制定的法律中，以专门条款对其中的内容作出专项解释。我国刑法第 81 条至第 88 条对公共财产、国家工作人员、司法工作人员、重伤、首要分子等的含义所作的解释均系解释性条款。以法典为形式的刑法是国家的基本法，它只能由全国人民代表大会加以制定并颁布，而解释性条款又是刑法典的有机组成部分。这说明作为立法者的全国人民代表大会仍保留了一定范围内的立法解释权。此外，根据宪法第 62 条第 11 项规定，全国人民代表大会有权“改变或撤销全国人民代表大会常务委员会不适当的决定”，改变或撤销全国人大常委会的决定是以其“不适当”为前提的。要确认决定是否“不适当”，对全国人大常委会的有关决定所依据的刑法条款进行解释是不可避免的。尽管尚无这种先例，但从对法律的分析上看，不能排除解释的可能性。应当指出，笔者无意否定人大常委会在立法解释上的主导地位、也无意混淆事物的质与量的相关度，只是想证明全国人大在特定的场合仍拥有立法解释权。

全国人大常委会法制工作委员会是否为刑法立法解释的有权主体？近年来，法制工作委员会常以解答的形式对实践中急需解决的刑法问题作出解释和说明。例如，1991 年 2 月 26 日，法制工作委员会对如何理解刑法第 157 条作出解答，指出“刑法第 157 条规定的是两个罪，即以暴力、威胁方法阻碍执行公务罪和拒不执行人民法院判决罪。拒不执行人民法院判决罪，不需要以暴力、威胁方法为前提条件”。法制工作委员会对如何理解和执行刑法问题所作的解答，具有两个特点：一是解释主体自身的特点。法制工作委员会作为一个工作机关，其主要职能是负责拟制包括刑法在内的各种法律草案，因此，对法律草案的制定背景、

① 郭华成：《法律解释比较研究》，中国人民大学出版社 1993 年版，第 167 页。

立法意图以及法律草案上升为法律的过程十分了解，由它出面解释更容易符合立法者的真实意图。这也是法制工作委员会在立法解释上的一个优势。二是解释对象的特点。法制工作委员会所解释的对象是涉及如何理解和执行的紧迫刑法问题，即具有明确的针对性，因而其解释有事实上的约束力。尽管如此，笔者认为，法制工作委员会仍不能视为立法解释的有权主体。其一，法制工作委员会是全国人大常委会的工作机关，从法律地位上说，它从属于后者。在法律把立法解释权赋予人大常委会的情况下，作为其组成部分的法制工作委员会不具有人大常委会的整体功能，自然也不能成为立法解释的有权主体。其二，法制工作委员会不是代表全国人大常委会对前述刑法问题作出解释的，而且人大常委会也未就其解答的问题形成决议，在这种情况下，它所作的立法解释不具有正式的法律效力。

二、刑法草案说明的法律属性问题

关于刑法草案说明的法律属性问题，在我国刑法界似乎并无争议，各种版本的刑法教科书都把它看做是立法解释的一种形式，但没有进行论证。近年来，一些法理学者对此提出了异议。[①] 他们认为，关于法律草案的说明（也包括刑法草案的说明）无论其草案是否被通过，都不能视为立法解释的文件，它不像立法解释那样具有法律效力。[②] 其主要理由如下：

第一，法律解释的对象是法律，而法律草案说明的对象是法律草案。法律与法律草案有着质的区别。法律对其适用范围内的每一个人都具有约束力，而法律草案本身则无约束力。它可能被法律审议和批准机关所通过，也可能被否决。如果否决的话，法律草案就不能成为法律，对它的说明也不能称为法律解释。如果法律草案被通过，则法律草案就改变性质成为法律，而这一过程中有些法律草案条文可能被改变了，被删除了，或被增加了。所以，法律草案由于立法机关的立法活动可以上

① 张根大、方德明：《立法学总论》，法律出版社1991年版，第337页。

② 马利和：《试述立法活动中的法律草案说明》，载《法学杂志》1991年第2期。

升为法律，而法律草案的说明没有经过立法机关的审议，没有经过立法活动，没有产生质变。

第二，法律解释的主体有法定解释主体与非法定解释主体，而法律草案的说明主体既不能视为法定解释主体，又不能说是非法定解释主体。法律草案说明主体事实上是法律草案的提案主体。

第三，法律解释的目的是为了准确实施法律，是供司法、执法和守法者运用的，而法律草案说明是供立法者审议法律草案时使用的。

以上论据是从法的一般理论的视角提出的，自然也是否认刑法草案说明是立法解释的一种形式的理由。

鉴于本文研究的是刑法立法解释，因此，笔者准备从自己的研究视角来对前述理由加以评述。从形式上看，前述论据及其逻辑推论不乏其合理性因素。但是，我们研究问题更重要的是要注重事物的实际方面并在事物的实际联系中把握其属性。就刑法领域而言，仅有的几次刑法草案说明，如彭真同志在第五届全国人民代表大会第二次会议上《关于刑法草案的说明》、王汉斌同志《关于处理逃跑或者重新犯罪的劳改犯和劳教人员的决定（草案）》的说明，都是在这些草案通过后正式加以颁布的。颁布的虽然是刑法草案或单行刑法草案的说明，但此时所说明的对象已是具有法律效力的刑法条文，即说明的对象已"发生质变"。正是从这个意义上讲，有的同志称这种说明是提前解释（有权解释）。笔者认为是颇具道理的。不言而喻，刑法草案在审议和通过的过程中，确实存在个别条文增删修改的问题。但是，正式颁布的说明内容是有选择性的，即选择那些对正确理解和执行刑法有意义的内容加以颁布，而且条文的增删修改问题不在说明之中。由此可见，条文的增删修改对颁布的说明本身并无影响力。事物的另一面是，如果刑法草案被否决，在我国对其所作的说明也不加颁布（当然，可以作为一种立法资料或信息加以刊载）。实践以其特有的魅力排除了前述论者关于法律草案被否决以及对否决的法律草案说明的性质的种种推论。"理论是灰色的，而生活之树是常青的。"但愿我们在考察该问题的时候，不会忘记经典作家所推崇的这一格言。为其一。

其二，正如前述论者所言，法律草案说明的主体具有一定的特殊性。从刑法角度看，草案的说明主体既是该刑法草案的拟定者，又是

“审议和批准机关”的重要成员。不论他扮演何种角色，但有一点是明确的，说明主体对刑法草案所作的说明并不是代表他个人的观点和意见。笔者认为，问题的关键并不在这里。如前所述，刑法草案的说明是这些草案上升为法律时颁布的。这意味着立法机关通过刑法草案的同时也承认了对其所作的说明。这种承认以审议刑法草案及其说明为前提，并使刑法草案说明具有了法律效力。

其三，一般言之，刑法解释的目的与刑法草案说明的目的在侧重点上确有不同。但这种区别是相对的，在一定的条件下，它们还会重合起来。例如，刑法草案说明的主要目的是便于立法者审议和通过。但是，刑法草案一经被通过并将对其的说明内容有选择地加以颁布，这时就不好说是“供立法者审议法律草案时使用”了。确切地讲，颁布的目的“是为了准确实施法律，是供司法、执法和守法者运用的”。①

以上是从刑法角度对被通过的刑法草案的说明的性质所作的阐发，也是与前述论者商榷的理由。从现象上看，是以特殊性来反对共性，实际上并不如此。这里我们只想强调，高层次的理论概括应当立足于各种法律草案说明的实际，而不能满足于一般的推论。总之，笔者认为，把被通过的刑法草案的说明视为立法解释的一种形式，是符合我国立法解释实际的。承认它，就意味着刑法草案说明具有了法律约束力，从而有助于保障刑法的准确实施。

三、补充性规定的法律属性问题

近十几年来，全国人大常委会常以非刑事法律、单行刑法等形式对刑法某些条文的适用作出了补充性规定，如《中华人民共和国商标法》、《关于惩治走私罪的补充规定》等。这些补充性规定是否是立法解释的一种形式？有的同志对此作了肯定性回答，即认为补充性规定是立法解释的一种。他们指出，补充性规定是“对法律已经有类似规定，但因社会经济、政治的发展而显示出不充分、不全面或不准确的内容进行解释

① 张根大、方德明：《立法学总论》，法律出版社1991年版，第358页。

性规定”。[①] 例如，《关于惩治走私罪的补充规定》、《关于惩治贪污罪、贿赂罪的补充规定》等。

前述意见值得研究。笔者认为，补充性规定的情况较为复杂，其性质也不尽相同。从我国法律规定看，补充性规定大体有以下几种情况：

第一，是对刑法原有条文的重大修改。例如，人大常委会《关于严禁卖淫嫖娼的决定》第3条将引诱、容留妇女卖淫罪修改为引诱、容留他人卖淫罪，其构成要件也发生重大变化。

第二，名义上是补充规定，实际上是制定新的刑法规范。例如，《关于惩治泄露国家秘密犯罪的补充规定》，以补充规定的形式增补了新的罪名，即窃取、刺探、收买、非法提供国家秘密罪。本罪不仅在构成要件上与泄露国家机密罪有重大区别，而且在其法定刑上也重于后者。

第三，是对刑法原有条文既有修改又有补充。例如，《关于惩治走私罪的补充规定》不仅修改了走私淫秽物品罪的构成条件，而且还对本罪的主体范围作了补充，即法人可以成为其主体。

第四，是对刑法原有条文含义的阐明。例如，1982年全国人大常委会通过的《中华人民共和国商标法》第40条规定：“假冒他人注册商标，包括擅自制造或者销售他人注册商标标识的，除赔偿被侵权人的损失，可以并处罚款外，对直接责任人员由司法机关依法追究刑事责任。”本条是对刑法第127条假冒商标罪所作的补充规定，指出擅自制造或者销售他人注册商标标识的，也是属于假冒商标的犯罪行为。而且，由于这条的规定，使得刑法第127条假冒商标罪的主体范围也扩大了，即犯罪主体不限于工商企业的直接责任人员，事业单位的人员、个体工商业者或者其他公民，也可以构成假冒商标罪。因此，上述补充就其实质是人大常委会以类推解释的方法对刑法第127条作出的立法解释。

对于这些性质不同的补充规定，如果不加区别地一律都认为是立法解释，就会不适当地扩大立法解释概念的范围，并同刑事立法活动混淆起来。立法解释乃是立法机关对它制定与颁布的法律所作的解释。它本身不包括法律规范的创制、修改与废除的内容。如果一项补充规定是创

---

① 郭华成：《法律解释比较研究》，中国人民大学出版社1993年版，第154页。

制新的刑法规范或者对刑法条文进行修改、废除，那么，它就超出立法解释范畴而成为刑事立法活动了。基于此，我们认为，凡人大常委会颁布的非刑事法律、“决定”、“补充规定”是对刑法条文含义的阐明，均可以视为立法解释的一种形式，反之，就应将其置于立法解释之外。

（原载《政法论坛（中国政法大学学报）》1995年第1期）

论刑法司法解释权

罗堂庆

一、刑法司法解释主体

长期以来，我国的刑法解释相当混乱，擅自解释的机关相当多。

（一）刑法典颁布前解释刑法的机关

单独作刑法解释的有：（1）公安部，如1951年10月公安部《关于处理女犯、少年犯及老年犯的指示》；（2）司法部，如1955年3月2日司法部《关于有期徒刑量刑最高年限的批复》；（3）政务院，如1953年1月9日政务院《对华东公安部、华东司法部、华东分院关于判处死刑缓期两年执行的反革命犯在缓刑期满时的处理意见的批复》；（4）外交部，如外交部《关于外侨犯罪的各种案件处理规定的指示》；（5）中央人民政府法制委员会，如1951年10月18日中央人民政府法制委员会《关于判处死刑缓期执行的反革命犯案件中疑义的解释》；（6）中共中央，如1956年7月中共中央《关于处理反革命分子和各种犯罪分子自首问题的指示》；（7）政务院政法委员会党组干事会，如1954年6月政法委员会党组干事会《关于被判处徒刑的人犯减刑或改判后的刑期计算问题的指示》；（8）最高人民检察院，如1957年4月16日最高人民检察院《关于缓刑期间被告人是否有政治权利等问题的批复》；（9）最高人民法院，如1974年4月3日最高人民法院《关于无期徒刑可否减为提前释放问题的复函》；（10）最高人民法院的分院，如1952年4月最高人民法院西北分院批复陕西省人民法院《关于缓刑的具体适用问题》。

联合解释更多，最高人民法院分别与公安部、司法部、最高人民检察院、财政部等机关一起作过许多解释，如1964年6月30日最高人民法院、最高人民检察院、公安部《关于死缓和无期徒刑减为有期徒刑的刑期计算问题的联合批复》。

笔者认为，上述解释大多不是刑法司法解释。根据法律规定，刑法典颁布前只有最高人民法院享有司法解释权。因而，司法部、公安部、最高人民检察院的解释不是刑法司法解释。政务院、中央人民政府法制委员会的解释也不是司法解释。根据当时的法律规定，其于1954年宪法颁行前所作的解释应是刑法立法或刑法立法解释。中共中央、政务院、华东分院、中南分院等所作的刑法解释也不是刑法司法解释。根据1955年全国人大常委会《关于解释法律问题的决定》规定，只有最高人民法院审判委员会作的解释才是司法解释。联合刑法解释，除最高人民法院参与外，其他解释也不是刑法司法解释。

（二）刑法典颁布后解释刑法的机关

单独作刑法解释的有：（1）最高人民检察院，如1983年6月30日最高人民检察院《关于已羁押的精神病人犯病住院鉴定期间是否算羁押期问题的批复》；（2）最高人民检察院一厅，如1983年5月26日最高人民检察院一厅《关于自制火药枪是否适用刑法第一百一十二条问题的答复》；（3）最高人民法院，如1988年12月26日最高人民法院《关于假冒商标案件两个问题的批复》。

这一时期的刑法司法解释以联合解释居多。最高人民法院与最高人民检察院分别与公安部、司法部、民政部、卫生部、国务院侨务办公室及全国人大常委会法制工作委员会等联合发布了一些刑法解释，如1986年全国人大常委会法制工作委员会、最高人民法院、最高人民检察院、司法部《关于劳教工作干警适用刑法关于司法工作人员规定的通知》。很明显，这一时期的刑法解释较前一时期相对规范了，擅自解释刑法的机关明显减少。这是健全法制的结果。但这一时期的刑法解释也不完全是刑法解释。笔者认为，最高人民检察院在1981年6月10日《关于加强法律解释工作的决议》颁行以前所作的刑法解释不是刑法司法解释，因为那时法律尚未赋予其以司法解释权。最高人民检察院一厅所作的刑法解释也不是刑法司法解释，“一厅”只是最高人民检察院下属的一个职能部门，它无权作刑法司法解释。

全国人大常委会法制工作委员会参与刑法解释让人难以辨别该解释是刑法立法解释，还是刑法司法解释，说是刑法立法解释，法制工作委员会又不能代表全国人大常委会，且最高人民法院等又参与了解释，说是刑法司法解释，法制工作委员会又参加了。

（三）有关刑法司法解释主体的建议

1. 取消最高人民检察院的司法解释权。刑法颁行之前，法律明文规定只有最高人民法院一家享有司法解释权，但各家仍争相解释刑法。刑法颁行之后，各家争相解释刑法稍有收敛。《关于加强法律解释问题的决议》增列最高人民法院、最高人民检察院享有司法解释权后，各家争相解释刑法的局面有了改观，没有解释权的不再单独解释刑法，但仍挤进有解释权的行列中，合伙解释起刑法来。

公安部最先表态也是唯一表态不参与刑法司法解释的机关。1984 年 11 月 8 日公安部《关于印发最高人民法院、最高人民检察院两个司法解释文件的通知》中明确规定，根据全国人大常委会《关于加强法律解释工作的决议》规定，今后凡涉及司法解释问题，以最高人民法院、最高人民检察院下发文件为准，公安机关均应参照执行，公安部不再印发。但是，公安部并未终止参与刑法司法解释，1986 年 3 月 18 日最高人民法院、最高人民检察院、公安部《关于惩处倒卖车、船票的犯罪分子如何适用法律条款的问题的批复》即是例证。

依笔者看来，现有刑法司法解释的机关不是少了，而是多了。司法解释只能由最高人民法院行使，公安部和最高人民检察院不应享有司法解释权。从世界各国司法制度来看，大多数国家只赋予最高审判机关以司法解释权，公诉机关是无司法解释权的。有人认为，最高人民检察院享有刑法司法解释权，“不失为我国司法解释制度的一大特色”。笔者大不以为然。最高人民检察院是我国的法律监督机关，自己解释法律，自己监督，势必会使监督流于形式。况且，“两高”同时行使刑法司法解释权，必然会导致政出多门，令出多门。《关于加强法律解释工作的决议》对此亦有预料：“最高人民法院和最高人民检察院的解释如果有原则性的分歧，报请全国人民代表大会常务委员会解释或决定。”事实上，“两高”意见不一的刑法司法解释也是很多的。各自所作的解释，两家见解不一的尚且不说，仅联合解释就有许多意见不统一。这种现象是不利于法制的协调统一的，故笔者建议修改有关法律，取消最高人民检察院的司法解释权。

2. 禁止地方司法机关进行刑法司法解释。我国幅员辽阔，人口众多，各地区的政治、经济、文化发展不平衡，人民生活水准也有较大差异。因此，具体应用刑法时也应区别对待，充分考虑到各地区的具体的、实际存在的不同情况。最高人民法院、最高人民检察院在《关于当前办理盗窃案件中具体应用法律的若干问题的解答》、《关于当前办理经济犯罪案件中具体应用法律的若干问题的解答（试行）》中规定，各省、自治区、直辖市的司法机关可以参照两个《解答》规定的数额标准，根据本地经济发现状况，并考虑社会治安情况，确定本地区认为盗窃、诈骗、投机倒把“数额较大”、“数额巨大”、“数额特别巨大”的具体数额标准。这是符合实际且切实可行的。

但是，近几年来，各地司法机关尤其是省级司法机关也都竞相制定司法解释性文件，形成了所谓的“二级司法解释”，这是于法无据的。笔者认为，对此应严加禁止，否则，将会破坏国家法制的统一。例如，浙江省司法机关1985年6月12日《关于办理经济犯罪案件具体应用政策法律的若干问题的意见》规定，盗窃花木枝头数额较小，但花木实际损失严重的，可按故意毁坏公私财物罪论处，个人盗窃花木，一般可以七百元左右为数额较大的起点……而同年3月9日上海市司法部门《关于处理盗窃珍贵花木、盆景案件的几点意见》却明文规定，盗窃、偷剪珍贵花木、盆景的价值虽在三百元以下，二百元以上（较小），但造成花木、盆景严重损伤，损失高达一千元以上（严重），也应依盗窃罪论处或收容劳教，盗窃、偷剪珍贵花木，盆景价值在三百以上，情节严重的……依法追究刑事责任，追缴非法所得。对此性质情节基本相同的行为，两个经济状况、生活水平较为接近的地区却各自规定了不同的法律责任，而且相差较大。由此可见，由地方司法机关擅自作刑法司法解释势必会造成同罪不同罚的恶果，不利于国家法制的统一。

最高人民法院对此及时作出了《关于地方各级法院不宜制定司法解释性质文件问题的批复》，才使得此风有所纠正。但是，“两高”1988年7月6日却在《关于依法惩处倒卖飞机票犯罪活动的通知》中规定，倒卖飞机票以投机倒把罪论处的数额标准，可由各省、自治区、直辖市高级人民法院和人民检察院根据当地实际情况自行确定。既无上限亦无下限规定，实际上是授予了地方司法机关的刑法司法解释权。

二、刑法司法解释的权限

根据1981年6月10日全国人民代表大会常务委员会《关于加强法律解释的决议》，刑法司法解释权仅限于解释司法工作中具体应用刑法的问题。凡关于刑法条文本身需要进一步明确界限或做补充规定的，其权在于立法机关。此限定十分必要，但所用措辞让人不甚明了立法解释和司法解释之间的界限。什么是“具体应用法律、法令问题”？什么是“法律、法令条文本身需要进一步明确的界限”？笔者认为，现行刑法司法解释中有许多都“明确”了刑法条文本身需要进一步明确的界限，这些刑法司法解释是否都侵犯了刑法立法解释的权限？

正确地回答上述问题，笔者认为，先有必要探讨刑法司法解释和刑法立法解释的界限。有不少学者对此进行了探讨，其区别主要有这么几点：（1）解释的主体不同。刑法立法解释权只能由全国人大常委会行使，刑法司法解释权只能由最高人民法院和最高人民检察院行使。（2）解释的内容和原则不同。刑法司法解释必须贯彻立法原意不得修改刑法，刑法立法解释在必要时对刑法条文的有关规定予以补充或修改。（3）解释的制定和颁行的程序不同。刑法立法解释属于刑事立法的范畴，适用有关立法的程序，刑法司法解释属于刑事司法的范畴，其制定和颁行程序较立法解释简单。（4）效力不同。刑法立法解释的效力高于刑法司法解释，后者不得与前者相抵触，否则即被视为无效。

弄清了刑法司法解释与刑法立法解释之间的界限并不等于就弄清了刑法司法解释权与刑法立法解释权之间的界限。实践中，划分刑法立法权和刑法司法权之间的界限实属不易，特别是“两权”的结合地带，如补充性刑法解释，立法机关可以运用立法解释进一步明确刑法条文的界限，司法机关也可以运用扩张或限制解释对刑法条文之含义予以明确。这时，刑法司法解释是否越权很难判断。它不同于刑法条文的创立或修改，如刑法司法解释创立或修改了刑法条文，越权则一目了然，如有关刑法司法解释中关于挪用公款以贪污论处的规定及关于缓刑考验期内可以减刑的意见等，明显是越权解释。但有些刑法司法解释则介于越权和没有越权之间，如对重大责任事故罪的主体的司法解释，大多数人认为越权了，笔者则认为没有越权。笔者认为，刑法司法解释是否越权不能以立法者立法时的意思为标准，而应当以法律条文的意思为标准。如果司法解释的内容为现有刑法条文所能涵盖，则是没有越权；如果司法解释的内容为现有刑法条文所不能涵盖，则属越权。丹宁勋爵有一句名言："一个法官绝不可以改变法律织物的编织材料，但是他可以，也应该把皱折熨平。"（丹宁勋爵：《法律的训诫》，群众出版社1985年版，第10页。）就重大责任事故罪来说，立法者在创立刑法第114条时，并无将个体企业、联合企业等职工纳入本罪的主体（主要是因为当时未出现这种企业），但刑法第114条中有"其他企业、事业单位的职工"的规定，而将新出现的个体企业等职工解释为"其他企业、事业单位的职工"并未超出刑法第114条所能涵盖的外延，故这一解释是合法的，并未越权。

毋庸讳言，现行刑法司法解释有部分解释是越权解释。这一部分解释常常也是急刑法实践之所需，实属不得已。笔者认为，合理的解决刑法司法解释之越权问题，使刑法解释真正做到及时、合法、慎重，必须处理好如下两个关系：

（一）客观需要和形式合法的矛盾关系

刑法立法不可能包容和预见一切危害社会的行为，形势的变化常常会使一些不太突出的危害行为变得突出或使一些非常突出的危害行为变得不突出，如长途贩运，在刑法立法时是一种较为突出的犯罪行为，而现在则不是，制作、播放淫秽录像，在刑法颁行时尚不突出，而现在则是灾情严重的"六害"行为。形势变化影响着刑法立法，也影响着刑法司法解释。一些越权刑法司法解释由于切中时弊因而大受群众欢迎，又由于其越权不合法又受到法学界、司法界的批评。原因之一，恐怕就在于没有处理好客观需要与形式合法的关系，如最高人民法院、最高人民检察院《关于贪污、受贿、投机倒把等犯罪分子必须在限期内自首坦白的通告》对惩腐倡廉起了很大作用，但由于此通告越权修改了有关自首的处罚原则，出现了一些不同的看法。其实，形势需要与形式合法这一矛盾不是不可以解决的，如上述通告，如果以全国人大常委会的名义颁布，作为法律，而不是刑法司法解释，则兼顾了客观需要与形式合法两个方面。

（二）刑法司法解释与刑法立法解释的关系

刑法立法解释过多过细，则刑法司法解释的空间太窄，少有灵活性，如果刑法立法解释过少，加之刑法条文过粗，则刑法司法解释又难免恶性膨胀，甚至损害立法权。

解决这个问题的办法是应当加强刑事立法和刑法立法解释工作。如果在全国人大常委会内部设立专门的立法解释机构，当然需要，但不一定能做到。因为立法解释工作的全面开展，既要求有大批法律知识渊博的人才，也要求直接掌握大量的司法实践材料。而立法机关要长期聚集大批法学人才从事日常的立法解释，现实上不太可能。由立法机关直接掌握大量的司法实践的感性材料也比较困难。因此，可由立法机关委托“两高”起草立法解释文件，而在立法机关内部设置专门的法律解释审查机构，负责审查并以立法机关名义签发。这一办法既能保证刑法立法解释权的合法行使，又能保证刑法立法解释的及时、准确性。

（原载《政治与法律》1993年第1期）

刑法司法解释主体探析

马松建

刑法司法解释主体混乱的现象由来已久，这种现象严重地阻碍了刑法司法解释在司法实践中作用的发挥。在刑法理论上，关于刑法司法解释权的归属，即刑法司法解释的主体问题，存在较大的意见分歧。理论上的认识不一致，势必又更进一步加剧实践中刑法司法解释主体的无序状态。本文试就我国刑法司法解释主体理论聚讼及其界定作一浅析。

一、刑法司法解释主体的理论聚讼

（一）刑法司法解释主体的历史和现状

新中国成立后，虽然有关的刑法司法解释一直在进行，但由于并无相关法律对司法解释主体作出明确规定，刑法司法解释主体呈现出无序的状态。1954 年第一届全国人民代表大会第一次会议通过了《人民法院组织法》，该法明确规定了司法解释主体，“最高人民法院对于在审判过程中如何具体应用法律、法令的问题，进行解释”。随后，1955 年 6 月全国人大常委会又颁布了《关于解释法律问题的决议》，该决议进一步明确了刑法司法解释的主体，即“凡关于审判过程中如何具体应用法律、法令的问题，由最高人民法院审判委员会进行解释”。根据上述法律的明确规定，有权进行司法解释的主体是一元的，即最高人民法院审判委员会。1981 年 6 月 10 日全国人大常委会颁布了《关于加强法律解释工作的决议》（以下简称《决议》），由最高人民法院进行司法解释的一元司法解释主体格局不复存在，而形成了由最高人民法院和最高人民检察院都有权进行解释的二元司法解释主体格局。该《决议》规定，凡属于法院审判工作中具体应用法律、法令的问题，由最高人民法院进行解释。凡属于检察院检察工作中具体应用法律、法令的问题，由最高人民检察院进行解释。此外，全国人大常委会颁布的《人民法院组织法》

和《人民检察院组织法》也有类似的规定。

根据上述法律的明确规定，刑法司法解释的主体只能是最高人民法院和最高人民检察院。然而在司法实践中，许多不具备刑法司法解释主体资格的机关参与了刑法司法解释，与司法解释的有权主体一道成为事实上的刑法司法解释主体。这种事实上的刑法司法解释主体，其范围极为广泛，如公安部、司法部、安全部、民政部、财政部、国家外汇管理局等国家行政机关；中央纪律检查委员会、中央政法委员会等党的中央机关；省、自治区、直辖市一级的人民法院和人民检察院；甚至还包括诸如中华全国总工会、全国妇联等群众性社团组织。这种无权进行刑法司法解释的主体参与事实上的刑法司法解释，无疑极大地破坏了刑法司法解释的形象和权威，使刑法司法解释主体呈现出一种混乱的状态，影响了其功能的发挥。

（二）刑法司法解释主体的理论聚讼

关于刑法司法解释主体的内涵和外延，不同的论者从不同的视角进行理解与把握，得出的结论颇不一致。主要有多元主体说和单元主体说两类不同的观点：

多元主体说认为，刑法司法解释的主体并非是单一的，而是存在多元的主体。具体又包括以下几种不同的认识：

一是“一级二元说”。该说认为，我国刑法司法解释的主体是最高人民法院和最高人民检察院，除此之外的其他任何机关和组织都不能成为刑法司法解释的主体，无权参与制发司法解释。其主要依据是上述1981年全国人大常委会《关于加强法律解释工作的决议》的明确规定。“一级二元说”是刑法理论的通说。①

二是“二级多元说”。该说认为，根据解释主体和解释效力范围的不同，司法解释可分为规范性司法解释和个案司法解释，二者对主体的要求不同。规范性司法解释的主体是最高审判机关、检察机关与省级审判机关、检察机关共同行使规范性刑法司法解释权。而个案解释的主体是具体行使刑事审判权和检察权的法官和检察官，没有级别上的限制。

---

① 赵秉志主编：《刑法新教程》，中国人民大学出版社2001年版，第26页。

二级多主体说从我国的具体国情在理论上进行了阐述。[①]

单元主体说认为，刑法司法解释的主体是单元而非多元的，即刑法司法解释的主体只能是人民法院。在具体的叙述中，又包括以下几种不同的观点：

一是“多级一元说”。该说认为，基于我国检察机关的性质、地位、作用和法制建设深化的客观要求，应逐步取消最高人民检察院的刑法司法解释权，建立以最高审判机关为核心的多级审判解释体制。在这种“多级一元”的司法解释体制中，虽然各级人民法院都是司法解释的主体，都有权制发刑法司法解释，但各级审判机关所制发的刑法司法解释的效力是不相等的，具有等级上的差别。其中，最高人民法院制发的刑法司法解释具有最高的法律效力。[②]

二是“复合的多级一元说”。该说以客观说的刑法解释基本思想为前提，认为刑法解释的唯一主体是法院。由于刑法解释包括规范性解释和个案解释，规范性解释的主体是最高人民法院，它所进行的解释具有普遍的效力；个案解释的主体则是各级审判委员会和个案中的法官，他们所作的解释对具体案件有效。[③]

多元论认为，刑法司法解释的主体既包括人民法院又包括人民检察院，而一元论则将人民检察院排除在刑法司法解释主体之外，但其共同的特征是将刑法司法解释的主体限定在司法机关，承认人民法院或者人民检察院有刑法司法解释权，是刑法司法解释的主体。不过也有论者对司法机关的法律解释权予以完全否认，即不承认人民法院或者人民检察院的刑法司法解释权，它们不具有刑法司法解释主体的资格。该论者认为，“解释刑法，虽不是立法，但其重要性不亚于立法，甚至重于立法，最高立法机关应根据宪法的规定，独立行使这一重大职权，再也不能使

---

① 苗生明：《关于刑法司法解释权合理配置的构想》，载《人民检察》1999年第2期。

② 游伟、赵剑峰：《论我国刑法司法解释权的归属问题》，载《法学研究》1993年第1期。

③ 吴丙新：《刑法解释的基本思想及主体》，载《现代法学》2001年第3期。

其旁落其他国家机关之手”，并进而认为，“我国目前存在的多个国家机关解释刑法的问题，是违反宪法规定的”。①

二、刑法司法解释主体的界定

上述诸种关于刑法司法解释主体内涵和外延的认识，之所以存在如此大的分歧，其主要的原因就在于考察问题的角度不同、采取的标准不统一所致。就其结论本身而言，大都不乏合理之处，其不足在于没有设定特定的视角和考察标准，或者将不同的视角和标准混同使用，结果造成某些结论与实际情况不相符合。笔者认为，如果将问题具体化，多角度地考察刑法司法解释的主体，所得出的结论也许更为全面，也有助于该问题讨论的深化。据此，可以从以下应然和实然两个不同的视角，刑法司法解释是否具有规范性来分析认定我国刑法司法解释的主体：

（一）刑法司法解释的实然主体与刑法司法解释的应然主体

这是从实然和应然的角度来考察刑法司法解释主体。从一般意义上讲，实然是当下现存实有的，或者说是已经实际存在的。而应然是尚未发生的，是人们对未来的追求。从认识论的角度来看，应然就是指处于一定历史时期和发展阶段上的人们，基于自身发展的需要，结合社会环境条件、能力之可能而形成的关于未来社会图景和实现途径的前瞻性或超前性认识。②

刑法司法解释的实然主体，是指现实法律明文规定的刑法司法解释主体。根据上述人大常委会的《决议》、《人民法院组织法》和《人民检察院组织法》的规定，目前，有刑法司法解释主体资格的只有最高人民法院和最高人民检察院。在这种意义上，上述刑法司法解释的“一级二元说”的刑法学界通说观点无疑是正确的。那么，应如何看待具有刑法司法解释主体资格的最高人民法院和最高人民检察院分别授权省级人民法院和省级人民检察院对刑法适用的某些问题所作的解释呢？如最高人民法院在《关于审理盗窃案件具体应用法律若干问题的解释》中授权各省、自治区、直辖市高级人民法院确定盗窃罪“数额较大”、“数额巨

---

① 郑厚勇：《论我国刑法解释主体问题》，载《江汉论坛》2003 年第 5 期。
② 叶泽雄：《社会理想论》，武汉大学出版社 1998 年版，第 138 页。

大”、“数额特别巨大”的标准；最高人民检察院在《关于人民检察院直接受理立案侦查案件立案标准的规定（试行）》中授权各省级人民检察院确定本地区对挪用公款罪立案侦查的数额标准等。在这种具有刑法司法解释主体资格授权的情况下，被授权的省级人民法院和省级人民检察院，是否可以视为刑法司法解释的主体？笔者认为，省级人民法院和省级人民检察院解释法律缺乏法律依据，无论其是否被授权，都不具备刑法司法解释的主体资格，因而不是刑法司法解释的主体。最高人民法院和最高人民检察院的上述授权并无法律依据，是违法的。

然而，无论是现行宪法还是立法法，都只规定了全国人大常委会“解释法律”，立法法更明确规定，法律解释权属于全国人大常委会，国务院、中央军委、最高人民法院、最高人民检察院和全国人民代表大会各专门委员会以及省、自治区、直辖市的人大常委会可以向全国人大常委会提出解释法律的要求。根本未涉及最高人民法院和最高人民检察院有权解释法律的问题，这就直接导致了上述全国人大常委会的《决议》、《人民法院组织法》和《人民检察院组织法》与现行宪法和立法法的矛盾。从宪法的法律效力的角度看，前述否认最高人民法院和最高人民检察院的刑法司法解释权，并非是空穴来风，没有任何依据的。消除这种由于法律之间的不相协调所造成的尴尬局面，只能通过修改相应的法律来实现。

刑法司法解释的应然主体，是指基于刑法司法解释的本质属性其解释权的自然归属。把握刑法司法解释的应然主体关键在于不能囿于现行法律的有关规定，而是以满足刑法司法解释自身发展的需要为前提，通过对其实然主体的分析，排除与其本质属性相抵触的所谓“主体”。刑法司法解释，顾名思义，应指在司法过程中对刑法所进行的解释。但何为司法？何为司法的主体？何为司法解释的主体？

从字面上考察，所谓“司法”，意指“掌管法律”，即适用法律。在通常意义上，适用法律具有终局性的含义，其意味着对个案的依法裁判，而对个案依法裁判的权力显然属于审判机关。由此得出结论，作为国家审判机关的法院是司法的主体，当然也就是司法解释的主体，刑法司法解释也不例外。得出的结论自然将刑法司法解释另一个实然主体——人民检察院排除在刑法司法解释的应然主体之外。

将人民检察院作为刑法司法解释的主体存在诸多不妥之处。事实已经证明，在两种有效的司法解释冲突对抗的情况下，不利于审判独立和司法公正，结果会造成司法适用的混乱。一方面，当审判机关和检察机关对同一刑法适用问题作了不同解释时，“检察机关按照自己的解释侦查、起诉的案件，在审判阶段就可能出现另一个出乎检察机关预料的判决结果，而作为监督机关的检察机关则极有可能以自己的理解和解释对审判机关进行‘监督’。于是就使得审判机关和检察机关在对法律进行解释前的协调成为必要或必然。在这种情况下，审判就可能变成与公诉机关的妥协，司法独立也许就只是保留了一个名称而已”。① 另一方面，在检察机关有权解释刑法的情况下，必然会依照自己具有法律效力的解释进行起诉，而如果审判机关恰好又缺乏相应的解释，就只好依照检察机关的解释来作出裁判。审判机关在此种情况下所作出的裁判其公正性荡然无存。

由此，从应然的角度考察，上述刑法司法解释主体的“单元主体说”，将刑法司法解释的主体范围限定在法院或者法院及法官，存在合理性。其中，“复合的多级一元说”以刑法司法解释是否具有规范性对解释主体作了进一步划分，并将规范性刑法司法解释主体限定在最高人民法院，符合中国的国情，且更具全面性；“多级一元说”的不足之处在于，认为各级人民法院都是司法解释的主体，不仅过于宽泛，难以保障法制的统一，而且忽视了个案解释主体的实际情况，似显笼统。在理论上，还有论者认为，刑法司法解释的应然主体只能是处理个案的法官，否定法院作为刑法司法解释的主体，其缺陷显然是在于忽视了刑法司法解释的规范性。②

（二）规范性刑法司法解释主体与个案刑法司法解释主体

规范性刑法解释主体与个案刑法司法解释主体，是从刑法司法解释是否具有规范性的角度对解释者所作的分类。该种分类与上述从实然和应然的角度对刑法司法解释主体所作的分类采取的标准和指向的对象不

---

① 董皞：《司法解释论》，中国政法大学出版社 1999 年版，第 13 页。

② 参见董皞：《司法解释论》，中国政法大学出版社 1999 年版，第 208 页；刘晓丽：《刑法解释的主体》，载《吉林大学社会科学学报》2003 年第 2 期。

同，即前者针对刑法司法解释主体本身，而后者则依据刑法司法解释的性质对解释主体进行的分类。或者说，前者是一种基于正向思维的考虑，后者为一种基于逆向思维的结论，二者不仅不矛盾，而且还能起到互相说明、深化理解的作用。如前所述，刑法司法解释的实然主体和应然主体，都包括规范性刑法司法解释主体和个案刑法司法解释主体；与之相对应，规范性刑法司法解释主体与个案刑法司法解释主体，也均可分为刑法司法解释的实然主体和应然主体。

所谓规范性刑法司法解释主体，是指所作出的刑法司法解释具有规范性，即具有普遍约束力的解释者。具体而言，我国目前的规范性刑法司法解释的实然主体是最高人民法院和最高人民检察院；而规范性刑法司法解释的应然主体是最高人民法院。也有论者从应然的角度，以我国幅员辽阔，地域广大，各地区、各民族的发展状况不尽一致为由，主张采取原则性与灵活性相结合的原则，建立多级审判体制，各级审判机关都是刑法司法解释的主体，即上述的"多级一元说"。[①] 笔者认为，即使从应然的角度看，"多级一元说"这种规范性刑法司法解释主体的见解也存在诸多不合理之处：首先是削弱了规范性刑法司法解释的权威，不利于其效力的发挥；其次是难以保证规范性刑法司法解释的准确性，给刑法的正确实施制造人为的障碍；最后是由于各级审判机关的解释不一，会破坏法制的统一性。否定"多级一元说"的规范性刑法司法解释主体，全国各地发展状况不平衡等类似的问题也并非没有解决办法。可以由各省、自治区、直辖市高级人民法院根据本地区经济发展的实际情况，对刑法有关的原则性规定作出解释性说明草案，报最高人民法院审核通过并以最高人民法院的名义发布实施，以保障解释的规范性。

个案刑法司法解释主体，是指针对具体刑事案件适用刑法问题的解释者，即承办个案的法官。当然，个案刑法司法解释主体所作的解释，仅对具体刑事案件有效。一般而言，从个案的角度考察，任何具体案件都存在法官对所适用法律的不同程度的解释，也只有通过法官对法律的解释才能实现法院的审判职能。"法律解释的实质是法官活化法律，司

---

① 游伟、赵剑峰：《论我国刑法司法解释权的归属问题》，载《法学研究》1993 年第 1 期。

法职业的实质是法官塑造人类的正义生活。法律的生命开始于法官对法律的解释。”[①] 法院的审判职能表明，承办具体案件的法官对法律的诠释几乎渗透到每一个具体的案件中，实际上享有个案的法律解释权，即应当承认法官是个案刑法司法解释的主体。不过，在承认个案刑法司法解释主体是法官的前提下，应采取措施消除法官对法律可能的任意解释。因为，“即使法律再好，如果法官可以任意解释法律，那么法律往往也是不会执行得好的”。[②] 实际上，我国各级审判机关的审判委员会就发挥着制约个案法官任意解释的作用。因此，从实然的角度考察，审判委员会也可以认为是个案刑法司法解释主体（从实然的角度考察，可以作为个案刑法司法解释主体的审判委员会，应当将最高人民法院审判委员会排除之外。因为最高人民法院审判委员会作出的是规范性刑法司法解释，是实然的规范性刑法司法解释主体）；但从应然的角度分析，个案刑法司法解释主体只能是承办个案的法官。

（原载《河南师范大学学报（哲学社会科学版）》2004 年第 1 期）

① 谢辉、陈金钊：《法律：诠释与应用——法律诠释学》，上海译文出版社 1999 年版。

② ［英］温斯坦莱：《温斯坦莱文选》（中译本），任国栋译，商务印书馆 1982 年版，第 151 页。

改善我国刑法司法解释的新路径

夏　勇

近年，我国刑法司法解释问题日益受到关注，诸多改善建议中不乏“个案解释”的主张，但到目前为止，这一概念都是作为法官解释的同义语来使用的：“刑法适用上的个案解释是指法官在适用刑法过程中，针对具体案件，对刑法条文作出的说明。”① 本文将要论述的“个案解释”，有着与此完全不同的意义，它不是法官解释，而是一种法官参与其中的有权解释。笔者认为，对实践性极强的刑法司法解释进行探讨，不能停留于坐而论道，应该在辨明方向的基础上尽可能地为实践提供操作方案。这正是本文要做的尝试。

一、我国刑法司法解释的困境与个案解释

我国现存的刑法司法解释有主动解释与被动解释。所谓主动解释，指有权机关不经任何正式请求而就刑法条文含义作出的解释，表现为“解释”、“规定”、“意见”等条文式的文本。所谓被动解释，指基于正式的解释请求而作出的回应性解释，表现为最高人民法院和最高人民检察院作出的“批复”、“答复”等。比较起来，无论解释文件的数量还是内容，条文式的主动解释都是刑法解释中的主干部分，成为司法工作者办理刑事案件时最常用的依据。

然而，主动解释再多，也不可能穷尽刑法需要解释之处。其实，刑法解释作为对刑法条文的理解，决定了“每一个法规范均需要解释”，②

① 包雯、魏健：《刑法适用上的个案解释研究》，载赵秉志、张军主编：《中国刑法学年会文集（2003 年度）（第 1 卷）：刑法解释问题研究》，中国人民公安大学出版社 2003 年版，第 215 页。

② ［德］汉斯·海因里希·耶赛克、托马斯·魏根特：《德国刑法教科书》，徐久生译，中国法制出版社 2001 年版，第 196 页。

姑且不论解释机关面对不断发展变化的社会现实情况，有没有可能把刑法条文全部解释一遍，即便能够如此，仍然没有解决刑法的理解问题。由于语言的特性，一词多义或内涵模糊现象普遍存在，“文字和书面语言不管怎么明确，也绝不是一个意思而具有多种意思”，“想找出能够完全适合千姿百态的社会行为的用语，本身就几乎是不可能的……”① 当人们解释刑法某一个词语时，用来解释该词语的更多词语往往又是需要解释的。而且，刑法主动解释作为规范性解释，它总是一般性的解释而不是针对个案的解释，故要把这种解释用到特殊的个案中，常常仍需要进一步理解。因此，刑法最终离不开办案的司法工作者尤其是负责裁判的法官的理解，对此，法官深有体会：“基层法官的刑法适用解释行为是难以回避的事实存在……无时不在，如影随形。”② 在西方国家，不存在我国这种统一的规范性刑法解释，刑法解释就是法官对刑法的理解，存在于法官办理刑事案件的过程及裁判理由之中，有时体现在判例之中。

正是看到了办案法官解释刑法是不可回避或排除的事实和合乎规律的发展趋势，我国刑法学者也提出了“有效解释法律的不仅仅是司法机关，还应该有拥有审判权的审判人员即法官。”③ 主张学习西方国家的法官解释、判例法或判例制度。“建立一种以法官的适用解释为主体的刑法解释”，“提升判例在刑法解释中的地位和作用”。④“承认司法官的刑法司法解释权限是‘明智’的，也是‘必要’的。”⑤ 但是，正如许多学

---

① ［日］木村龟二主编：《刑法学词典》，顾肖荣、郑树周等译校，上海翻译出版公司1991年版，第82页。

② 王宗光：《刑事司法中的罪行法定与基层法官的刑法解释权》，载《政治与法律》2004年第2期。

③ 陈为：《论司法解释的解释问题》，载赵秉志、张军主编：《中国刑法学年会文集（2003年度）（第1卷）：刑法解释问题研究》，中国人民公安大学出版社2003年版，第613页。

④ 刘守芬、房树新：《论法官为刑法解释的应然主体》，载赵秉志、张军主编：《中国刑法学年会文集（2003年度）（第1卷）：刑法解释问题研究》，中国人民公安大学出版社2003年版，第601页、第607页。

⑤ 苗生明：《关于刑法解释权合理配置的构想》，载《人民检察》1999年第2期。

者所指出的那样，“论者虽也有理，但至少不符合目前的国情和审判官实际水平，势必在适用法律上引起更多混乱。”① “对赋予地方法院及其法官以司法解释权，人们最大的担心就是由于法官和地方法院的素质低而影响我国法制的统一性问题。……当前我国法官的素质较低且法制不健全，这是众所周知的事实。在这种情况下赋予法官太大的自由裁量权力，将会造成对个人权利的不尊重，不利于我国法制的统一。”② 菲利也曾说：“如果没有好的法官来实施，最有学术价值和崇高的法典也不会产生多大效果。”③ 总之，刑法的有效适用离不开法官对刑法的理解，法官要正确理解刑法，则要求法官有着良好的素质。

不难看出，我国的刑法司法解释呈现出一种恶性循环的悖论：一方面，实践需要法官解释，但实行这种解释有待于法官素质的提高和法制环境的改善，我们的法官（尤其是办案最多的基层法官）恰恰还缺乏严格的专业培训；缺乏应有的独立司法权力；缺乏应有的法律信仰和深刻理念；缺乏应得的较高个人待遇和社会保障，在这种情况下实行完全的法官解释，的确很难保证其对法律的忠诚，很难避免适用法律时的随意性，而目前的统一司法解释则有助于法制的统一和严肃性。另一方面，不实行法官解释，势必不断强化法官对现行刑法解释的依赖性，法官素质就难以得到提高，数量众多的主动解释虽然为办案提供了依据和方便，却同时也让法官始终处于被动境地，剥夺了他们独立进行法律思维和判断的用武之地且压抑了积极性。“在司法实务中，法官往往不是积极地以刑法的基本精神来解释法律，而是依赖最高法院的司法解释，……司法实务工作者的这种心态，说明了法官自己也不认为自己有解

① 程璞：《越权司法解释破坏法制统一》，载赵秉志、张军主编：《中国刑法学年会文集（2003年度）（第1卷）：刑法解释问题研究》，中国人民公安大学出版社2003年版，第711页。

② 郝守才、蔡军：《论我国的刑法司法解释》，载赵秉志、张军主编：《中国刑法学年会文集（2003年度）（第1卷）：刑法解释问题研究》，中国人民公安大学出版社2003年版，第625~626页。

③ ［意］恩里科·菲利：《犯罪社会学》，郭建安译，中国人民公安大学出版社2004年版，第243页。

释法律的权力。”①“司法解释助长了法官的惰性和依赖性，不利于法官素质的提高。……由于我国司法解释的大量存在，法官依赖司法解释办案愈来愈普遍，……如此以来，法官丧失了‘独立品格’，久而久之，则养成不求上进、不钻研业务的坏习惯，实则不利于法官素质的提高。”② 的确，这种依赖性已经相当突出。例如，最高人民法院《关于对采用破坏性手段盗窃正在使用的油田输油管道中油品的行为如何适用法律问题的批复》解释：“正在使用的油田输油管道，属于刑法规定的‘易燃易爆设备’。”——不要说专业人士可以鉴定，就是普通人也知道“正在使用的油田输油管道”是一种既容易燃烧也容易爆炸的设备。又例如，最高人民法院、最高人民检察院《关于对军人非战时逃离部队的行为能否定罪处罚问题的批复》的解释是，军人违反兵役法规，在非战时逃离部队，情节严重的，应当依照《刑法》第 435 条第 1 款的规定定罪处罚。不妨看一下《刑法》第 435 条的两款原文：“违反兵役法规，逃离部队，情节严重的，处三年以下有期徒刑或者拘役。战时犯前款罪的，处三年以上七年以下有期徒刑。”从该条第 2 款的“战时犯前款罪的”表述，难道还不能清楚地确认该条第 1 款恰恰就是指“非战时逃离部队”的情况吗？还需要为这样简单的问题请示吗？现行解释体制所导致的依赖性难以提高法官的素质和主动性。

面对悖论，改善我国刑法解释的任务只能是双向兼顾：既要有利于提高法官素质，增强法官解释刑法的动力和能力，为法官解释创造条件，又要有利于法制的统一，不能放弃目前的主动解释，以保证刑法的正确实施。怎么办？笔者认为，本文所称的“个案解释”就是值得考虑的解决悖论的方案之一。一方面，个案解释是一种被动解释，但它不再是规范性解释，而是由办案法官在处理刑事案件适用刑法时遇到疑难而

---

① 李洁：《中国有权刑法司法解释模式评判与重构》，载赵秉志、张军主编：《中国刑法学年会文集（2003 年度）（第 1 卷）：刑法解释问题研究》，中国人民公安大学出版社 2003 年版，第 536 页。

② 汪明亮、顾婷：《论法官解释——兼论“瑕疵”刑法规范的适用》，载赵秉志、张军主编：《中国刑法学年会文集（2003 年度）（第 1 卷）：刑法解释问题研究》，中国人民公安大学出版社 2003 年版，第 591 页。

向解释机关提出解释请求，由解释机关就该案所涉及的疑难刑法规定作出的个别性解释，只不过，这一解释具有普遍的权威性，可以作为后来出现的同类案件适用刑法有关条文的理解依据。这种被动解释在起到了有权解释作用的同时，把解释的提起从有权机关更多地转移到了办案法官的手里，即把解释的主动权给了法官，有助于促进法官对法律含义的积极思考。另一方面，个案解释仍然是有权解释的一种，法官虽然提出了解释的问题，但作出解释的还是有权机关，这就能避免在素质普遍不够高且司法环境不理想的情况下法官理解刑法时的不到位和随意性，从而保证刑法的严肃性和适用上的统一性，由于这种解释只是在现有解释体制上的改进，并没有抛弃现在的模式（有权解释）而另起炉灶（法官解释或判例法），故更容易被接受和实行。同时，由于现有解释机制内的某些内容与形式会因本文所称个案解释的实行而发生变化，也就必然带动现有解释机制的整体作出适应性调整或协调性变动。因此，笔者提出个案解释并非心血来潮，而是基于我国刑法司法解释的现实困境所作的针对性思考和创意，它对于我国刑法解释机制的改革和完善，也许是一个有价值的突破口。

二、适合我国的刑法个案解释之构思

（一）个案解释的启动及条件

个案解释的启动主体是法官，而且应当是具体办理刑事案件的主审法官（在合议庭中担任审判长）。按照传统的主观解释论，法官只能根据立法时的原意理解法律，不能越雷池半步。但是，后来出现的客观解释论认为，罪刑法定原则并不排斥法官根据案件发生时的实际情况理解法律。两种学说都有道理。但至少后者告诉我们，无论刑法条文制定得多么细密或在制定出来之后得到了多么详尽的解释，无论这些解释考虑得多么周到，在适用于具体案件之前，都仍然是抽象的，到了具体案件中，仍然会发现需要解释的疑难之处。那么，办案法官自然是这些疑难的发现者，他在将刑法条文所包含的定罪量刑的标准运用到具体案情的时候，往往才发现一个平时似乎不成其为问题的法律条文成了疑难。此时，办案法官会尽力思考和研究这个法条的含义，但绞尽脑汁也不能解决，就有了求助的需要，他便可以用一种正式的形式，提出有权解释的请求。显然，作为对这种请求的回应，有权解释会更具有现实针对性，更具有对法律适用中新的疑难问题反应快捷的实践价值。

为了防止法官对个案解释的依赖性和避免增加有权解释机关的负担，必须对法官启动个案解释请求设置必要的限制条件。办案法官提出个案解释，有必要以书面形式说明两个问题：其一，结合案情阐述并指明适用法律上的疑难；其二，说明已有的法律解释不能解决案件中的疑难问题。这两点的作用在于促使法官在启动有权解释之前，对法条含义切实地进行理性思考，用刑法原理原则进行分析，在能够确认这是一个前所未有的疑难法律问题时，才慎重地提起个案解释的请求。个案解释的请求范围应是那些涉及（尤其是决定着）罪与非罪界限以及重大的刑罚轻重界限（如能否适用死刑）的疑难问题。只有对这样的疑难，有权机关才有必要给予解释，也必须给出解释结论及理由。

显然，这种有案情、有实质性疑难问题、有解释结论和解释理由的个案解释就具有了一个判例所需的要素，实际上成了解释机关在个案的关键疑难问题上帮助办案机关加以解决的判例，即解释机关在这种帮助的过程中对疑难法律问题作出的权威性的正式理解，为其他办案机关提供了在其他个案的类似情境中掌握法律标准的先例。同时，解释机关通过个案解释中包含的案情、疑难、解释理由、解释结论构成的全面内容和内在联系，为所有办案机关提供了适当理解法律的思路，起到了示范作用。这样，个案解释既能照顾我国现实中缺失且不易于推广判例法的国情，也把西方国家判例法的实质性优点借鉴过来融入其中；既能借助于有权机关的权威性来解决实际问题并保持法制统一，又能挖掘法官潜力和锻炼司法队伍。

（二）个案解释的形式及要求

因个案解释属于被动解释，故有权解释机关在进行个案解释时，可以继续采取现有的“批复”形式，这有助于加强实行个案解释的可行性，但需要对现有的“批复”加以改造。从目前的实际情况看，采用“批复”形式的被动司法解释的起因是具体办案的各级司法机关遇到法律适用问题时的请示，但由于公布的“批复”中只有司法解释的内容而省去了具体的案情，而且解释者往往将具体案情中的问题推广到一般，使得人们看到的只是抽象的法律概念的含义以及法律概念之间抽象的逻辑关系，这仍然在很大程度上成为扼杀司法者提高其领悟力、分析力和裁断力的障碍，因为法官只需要等待现成的结论，无须思考这种结论与具体案情的联系。另外，对于善于思考的法官来说，这种解释仍然是不到位的，他仍然需要去考虑解释结论应用的场合和情境，即办理个案时还是需要法官自己根据具体案情去把握。对目前这种“批复”进行改造，把它作为个案解释的形式，可以从以下几个方面着手：

1. “批复”应当客观叙述该解释所针对的个案的具体案情，指明个案中遇到的法律疑难问题的具体内容，并附上办理该案的法官提出的解释请求报告。这里最重要的是要求结合案情阐明解释结论的理由，这样有助于办案法官能够更清楚地理解，也能促使解释本身更加科学，经得起推敲。

2. “批复”应当结合个案的具体案情说明存有疑难的法条的含义，并作出明确的结论。当然，这里的结论只是对法律的解释结论而不是对该案件的处理结论。有权机关只是就具体个案中的法律疑难作出回答，该具体个案的判决，只能由办案法官根据已经明确了含义的法律规定衡量已经查明的案件事实而作出。

3. “批复”应当向提出个案解释请求的办案法官作出，载明法官的姓名及其所在的人民法院，以解答的疑难法律问题为文件名称，以刑法条文序号归类，再按时间顺序连续编号，公开发布，汇集成册并定期出版，以便实务者和研究者查找。

（三）个案解释的体制及程序

在我国，最高人民法院和最高人民检察院依法享有司法解释权，对此，一些学者从应然的角度，就最高人民检察院的司法解释权提出了质疑，这种讨论对于完善我国司法解释体制是有意义的。然而，笔者在这里更为关心的是实然范围内的问题，因为要回答是否从国家的基本法律中去掉一个权威机关的司法解释权绝不那么简单和容易，如果把个案解释的方案与这样重大的问题联系在一起，个案解释变为现实的可行性就大大降低，至少它会离我们更加遥远。承认“两高”的刑事司法解释权，是建立本文所称个案解释的基本体制框架。

然而，在现有司法解释框架内，需要“两高”解释的场合并不完全相同，这是由两种司法机关各自负担的司法职能以及在刑事诉讼中角色和所处阶段的不同所决定的。在立案阶段，检察机关必须掌握刑法规定的每一个罪名的立案标准，而刑法中的许多条文本身并没有具体到可以直接用于操作，如对数额的规定就往往不明究竟是多少，最高人民检察院对于检察工作中遇到的立案标准问题进行解释，就是由其职能所决定的顺理成章的事情；同样，在审判阶段，审判机关面对已经查清事实且需要作出判决结论的案件，却由于法律适用上的疑难无法作出判决，最高人民法院对于审判工作中遇到的法律疑难问题加以说明，也是非常自然而必要的。在上述两种不同情况下，“两高”分别成为当然的解释主体，各自完全可以独立地作出解释。但在两个司法系统并存的情况下，不可能前面一种解释情况由最高人民法院来承担，后面一种解释情况由最高人民检察院来承担。除非是二者联合解释。这表明，某种特定解释由“两高”中的一家来作出，也能够符合现有解释体制。本文所称个案解释正是这样，它专指办案法官在审判过程中遇到法律疑难而请求最高人民法院作出解释性“批复”的情况。

当然，不能每一个办案法官提出的法律疑难都直呈最高人民法院，否则最高人民法院会应接不暇，难以应付。必须有一套筛选程序：办案法官在正式提出解释请求之前，首先自己要精心研究，然后可向本法院提出这个意向，由本法院先就疑难组织讨论，经讨论仍为疑难，则法官可正式提出解释请求。解释的请求应逐级向上一级法院报告，上一级法院审查认为存在疑难，则往上报，如果认为疑难不成立，则可作出书面解答，退回申请，办案法官不服解答和退回申请的决定，可以进一步说明理由并坚持请求个案解释，如果上级法院不能以充分的理由说服申请的法官，则应将其请求上报。为了认真审查个案解释请求，应充实各级法院研究室的专业力量并充分发挥其作用，法院可以研究室为主导并由业务强和经验丰富的审判骨干参与的小组进行审查。最高人民法院应建立一个专门的刑法司法解释机构——刑事法律解释庭，负责包括个案解释在内的一切刑法（亦包括刑事诉讼法）司法解释。

三、个案解释能够产生的联动效应

由上可见，个案解释的实质是在我国现有刑法解释框架内借鉴判例法机制，由有权机关对法官在办案时发现的法律疑难进行解释，从而使法制的统一性与法官的主动性有机地结合起来，成为一种由有权机关解释法律向法官解释法律的过渡形态。除此之外，个案解释也能为我国刑法司法解释机制及法院内部环境带来联动改善。

（一）改善刑法司法解释结构，增强实用性

司法解释作为一种有权解释，它与学理解释的基本区别就在于能够直接作为办案的依据，可供办案法官在审判具体案件时直接适用，且这种适用的结论是有法律效力的。因此，权威性与实用性是对司法解释的基本要求。对照我国现实情况，由“两高”作出的刑法司法解释之权威性毋庸置疑，但其实用性如何呢？

从1997年刑法出台后至2004年年底的统计来看，“两高”制作的刑法司法解释文件共168项，其中，应各级司法机关解释请求而制作的“批复”、“答复”、“复函”等被动解释共64项，占38%，其余的62%都是由“两高”自行作出的主动解释。① 由此可见，我国现存司法解释中，主动解释占据多数。由于主动解释采取了条文形式，其内容和文字量都比仅就某一特定问题作出回答的被动解释要多得多。如果这些众多的主动解释都能直接用于案件的认定，那么，花大力气去进行这种解释就是值得的。但问题恰恰在于，除了其中的“数额”等量化规定外，大多数主动解释都是对刑法条文中概念属性的理解，这就决定了这些解释不可能直接适用于案件。因为，第一，要说明一个概念的内涵，必须使用更多的概念，而更多的概念本身往往又是需要解释的，故这样的司法解释在适用于具体案件之前，仍有待于办案法官的理解。例如，最高人民法院《关于审理走私刑事案件具体应用法律若干问题的解释》第1条第（3）项对刑法第151条走私武器、弹药罪客观要件的解释为：“走私武器、弹药虽未达到上述数量标准，但具有走私的武器、弹药被用于实施其他犯罪等恶劣情节的。”这里的“……恶劣情节”是什么呢？“恶劣”这个词语不仅不能清楚解释原条文中的“情节较轻”，反而成为一个更难于解释的对象。正如有学者指出的那样，“最高司法机关很少直接具体审理案件，所以刑法司法解释更多的是从法理上对刑法条文进行

① 李立众编：《刑法一本通——中华人民共和国刑法总成》（第2版），法律出版社2005年版，第370～384页。

分析，带有抽象性”。[①] 第二，在说明一个概念外延的时候，使用的是列举方式，但实践中的情况千差万别，不可能列举穷尽，这也正是“……恶劣情节”一类解释存在的原因，同时也表明，超出了具体列举的事项，还是只能用概括抽象的词语来进行模糊解释，这种解释不可能直接用于案件，需要法官进一步解释。总之，司法解释有一种“立法化”或“泛立法化”倾向，而且这“已经成为我国刑法司法解释的一个基本特征和普遍趋势”，[②] 而“一个典型的法典中，几乎没有一条法规不需要作司法解释”。[③] 即是说，立法文本中的规定大都需要解释，则立法化的司法解释也不可避免地需要再解释，且这种解释往往还会增加法官再解释的困难。

此外，作出立法化主动司法解释的解释者们也面临着悖论：一方面，如果及时跟进刑事立法，直接从条文中引出逻辑论理，那么，这种解释有可能脱离实际——尽管理解正确，却可能空置，因为实践中尚未出现这种解释需要；另一方面，如果解释动机来源于实践，则肯定是在经过普遍性调研的基础上才能形成解释，不能不说具有一定针对性，但正是由于立法化的解释不可能因一个个案就作出，也不可能因一个解释需要而作出，而是要花费很大力气获得普遍性资料，并集中就一类问题作出，使得这种解释距离解释需要的首次发生总是有一个相对较长的时间段，故总是在司法实践中滞后于解释需要。总之，无论如何，立法化的司法解释都难以充分适应司法实践的需要。

可见，主动司法解释成本高且不实用。个案解释恰恰能够弥补其缺陷。作为被动解释，它有求才应，这与立法化的主动解释事先假定或主

---

① 向朝阳、刘秀：《论我国刑法司法解释权的配置》，载赵秉志、张军主编：《中国刑法学年会文集（2003 年度）（第 1 卷）：刑法解释问题研究》，中国人民公安大学出版社 2003 年版，第 554 页。

② 向朝阳、刘秀：《论我国刑法司法解释权的配置》，载赵秉志、张军主编：《中国刑法学年会文集（2003 年度）（第 1 卷）：刑法解释问题研究》，中国人民公安大学出版社 2003 年版，第 556 页。

③ ［美］约翰·亨利·梅里曼：《大陆法系》，顾培东等译，知识出版社 1984 年版，第 47 页。

观上认为诸多问题需要解释相比，不仅有着现实针对性——出现需要解释的第一个个案时就及时作出具体反应，而且会大大减少抽象解释文本和文字以及避免由解释文本和文字可能产生的更多的解释需要，从而节约了司法资源，同时也发挥了有权机关和法官在解释刑法时的双重优势。

（二）改善刑事法官队伍结构，增强专业性

关于我国法官队伍的人员结构和素质以及相应的改革建议，在学界和实务界都有诸多有价值的研讨，本文无须赘述。笔者想要指出的是，人事改革的动力在于业务的真正需求，只有刑事审判工作的专业性，才能驱使刑事法官岗位专业化。在现有司法解释的模式下，有权机关的解释仅仅是一些结论而已，并不阐述刑法机理，[①] 法官的任务主要是等待和运用由最高司法机关作出的有权解释，法官即便对有权解释有疑义或异议，也没有任何正式的场合、形式和程序可供表达，故法官的角色是过于单纯的执行者而不是研究者。法官要完成他的工作，并不需要深入探寻刑法的机理。这就决定了我国的法官不可能普遍成为“学者型”的法官，未经过严格法律训练的人员照样可以当法官甚至法院的院长。同时，现有司法解释恰恰又给现有司法队伍留下了大量仍需解释的空间，这就难免让那些并不热衷法律理性或缺乏专业素养的法官把法律的经给念歪了。

个案解释正好可以通过它对刑法机理的阐述要求，凸显法官的岗位资质，引导和鼓励法官不断钻研专业理论，成为法律和法学精英。在刑法个案解释中，无论提出解释请求的办案法官，还是起草权威解释文本的法官，都必须结合具体案情阐述刑法条文规定的含义，而且这种阐释要公之于众，便促使法官们谨慎地解释法律，为此必须细致地研究法律，这就会大大增进司法解释的科学性，大大增进法官学法遵法的良风正气，大大增进理论与实践的有机链接。总之，要想提高司法解释的质量就需要具备专业素质的人才，而建立一种只有专业性人士才能胜任的

---

① 除了《全国法院审理经济犯罪案件工作座谈会纪要》这种极少的解释文件之外，该文件有一定的阐述性。例如，在理解司法实践中对于将公款供其他单位使用的，认定是否属于“以个人名义”的情况时，指出“不能只看形式，要从实质上把握”，等等。

刑法司法解释机制，是解决问题的重要前提。

（三）改善审判体系组织结构，增强服务性

我国的法院，除了办案的法官之外，还有一系列的审判组织和审判辅助机构，但从它们发挥的作用来看并不理想，以至于改革的呼声也较高。那么，障碍究竟何在？应当如何改革？笔者认为，现存的最大弊端在于，法院还没有成为最讲法的地方。这里的“讲法”当然不应当是一般性的低水平要求。法院是执掌法律生杀予夺之地，是居中裁断体现公正、彰显正义的殿堂，这里的一切活动都应当以法律为中心，除了阐明案件事实之外，法院日常所做的就是学习、研究和运用法律。法院的中心是办案的法官，一切组织形式都应为法官办案服务，有助于法官更好地理解法律，这自然是改善法院有关组织形式及其功能的基本出发点。个案解释恰恰能够突出法官与这些组织形式之关系的主旨，从而理顺这些关系。从我国法院内部设置来看，有三个组织形式与法律解释之间存在实质关系：合议庭、审判委员会和研究室。实行个案解释，对这三个组织形式会分别发生影响：

1. 个案解释对合议庭中的陪审制度的影响。在实行陪审制度的西方国家，表面上，作出裁决的是陪审团，但陪审团中并非法律专家的陪审员之所以能作出判断，主要是靠法官根据自己对法律的理解而在法庭上进行的深入浅出的引导。在他们的法庭上，法官就代表法律，故法官在进行引导时毫无外界障碍，游刃有余。反观我国，立法化的法律解释往往姗姗来迟，等待权威解释的办案法官自己在主观上就对法律的含义缺乏确定性，他又如何能够自信而具有说服力地引导陪审员呢？建立个案解释，在促使法官更多关注法律含义的同时，给予其个人就疑难法律问题主动请示的机会，能够使首次遇到某个法律疑难的刑事案件及时得到权威解释，可以保证法官始终发挥其主导作用。

2. 个案解释对审判委员会的影响。法官向最高人民法院提出解释法律疑难问题的请求，是一件极为严肃而慎重的事情，必须保证其请求确实具有疑难性，这就需要给予必要的审查，本来就负有对于疑难案件进行讨论和决定职责的审判委员会自然可以担当起审查的任务，为法官的解释请求把关。这样一来，个案解释条件下法官对于法律含义的研究就延伸到了审判委员会。笔者认为，可以采取这样的制度设计：审判委员会没有充分法理依据不能否定办案法官提出的疑难，就应当同意上报法官的解释请求，而如果最高人民法院审查后认为疑难不存在，则由审判委员会负责；在审判委员会不能从法理上说清否定解释请求的理由而办案法官不服时，办案法官应向上一级法院的审判委员会提出请求，如果最终各级审判委员会均予以否定，但不能提出充分的否定理由，办案法官仍然坚持请求，则可直接向最高人民法院解释庭提出。整个这些过程均应记入解释文件。这就会在一定程度上促使审判委员会的讨论把重点放到法理上来，减少这一活动事实上存在的随意性和行政性，促使审判委员会真正成为解决案件疑难的业务性组织。

3. 个案解释对法院研究室的影响。中级以上的人民法院普遍设有研究室。目前，办理刑事案件的法官遇到法律疑难问题时，法院研究室也要参与研究，但这并不具有程序上的意义。因此，研究室是否参与研究，研究到什么程度，研究室的人员应当具有什么样的水平，都没有具体要求，就使得这种研究的质量大打折扣。同时，办理大量刑事案件而容易遇到法律疑难的基层法院则没有设研究室，更难有合格的研究人员。这都不利于为办案法官正确理解法律提供服务。如果实行个案解释，则会对研究室的工作及其人员提出更高的要求，从而加强法院研究工作的针对性和重要性；也会产生在基层法院设立专门研究室的强烈需要，通过研究室的普遍设立与工作，从整体上提高法院的专业水平和知识结构，有助于改变从实践到实践的经验主义的工作方法和基层法院法律水准的层次也低的误区。

总之，刑法个案解释不仅能够为我国司法解释走出困境提供一个相对合理的路径，而且能够推动我国法院刑事审判系统的整体改革。

（原载《法学》2006 年第 9 期）

刑法司法解释的溯及力

刘宪权　阮传胜

修订后的我国刑法明确规定了从旧兼从轻的溯及力原则，那么，刑法司法解释对其生效实施以前的行为是否有溯及力呢？在司法实践中，可以分三个方面：一是刑法司法解释对所解释的刑法规定颁布实施以前的案件是否有溯及力；二是刑法司法解释对所解释的刑法规定实施以后而自身发布实施以前所发生的案件是否有溯及力；三是刑法司法解释对其解释的刑法规定实施以后而其自身施行以前，已有司法解释正在生效实施，新的司法解释是否有溯及力。

1. 关于刑法司法解释对其所解释的刑法规定实施以前发生的案件是否具有溯及力的问题。刑法司法解释是对刑法所作的解释，因而其内容的解释不能违背刑法的立法精神和刑法中确定的有关原则。笔者认为，刑法司法解释应与现行刑法的规定相协调，亦即以从旧兼从轻原则为准。现行刑法第12条重申了从旧兼从轻原则，而其后制定单行刑法和非刑事法律中规定的刑事责任的条文都没有对其溯及力的问题进行专门的规定，刑法又是基本法律，因此，现行刑法所确定的有关溯及力的原则对它们也是适用的。对刑法及单行刑事法律、非刑事法律中的刑法规范进行解释的刑法司法解释，对上述刑事规定生效以前的行为是否具有溯及力，也应以现行刑法的规定为准，亦即以从旧兼从轻为其溯及力原则。

2. 关于刑法司法解释对其所解释的刑法规定实施以后而自身公布以前的案件是否具有溯及力的问题。由于与刑法规定相比，刑法司法解释总是具有“滞后性”的特点，因而在司法实践中也就必然存在刑法司法解释对其所解释的刑法规定实施以后，而自身公布实施以前的案件是否有溯及力的问题。笔者认为，解决这一问题，仍应以从旧兼从轻原则为准。也就是说，原则上刑法司法解释对其公布实施前的行为没有溯及力，但如果刑法司法解释的规定更有利于犯罪嫌疑人、被告人和罪犯，则有溯及力。

目前，对此问题，理论上有两种不同观点：一种观点认为，由于刑法司法解释是对法律内容的理解和阐释，其目的是为了统一刑事法律的执行，而不是创制新的行为规范去约束人们的行为，因此它的效力从溯及力的角度来说应与法律同步。刑法司法解释的效力受制于被解释的条文的规范效力：不能脱离其解释的刑法而独立存在。① 另一种观点认为，刑法司法解释对其生效以前的案件是否具有溯及力，应根据刑法司法解释的内容不同区别对待：刑法司法解释的内容不属于扩张性解释的，其溯及力的有无应以其生效后有关案件是否正在办理或尚未办理为准。属于正在办理或者尚未办理的，即使行为发生在司法解释生效以前，也应适用新的司法解释。刑法司法解释的内容属于扩张解释的，其溯及力的有无应以扩张解释是对被告人或者犯罪嫌疑人有利还是不利为准，如扩张解释是对被告人或者犯罪嫌疑人有利的，则该司法解释对其生效以前的案件具有溯及力；如扩张解释是对被告人或者犯罪嫌疑人不利的，则该司法解释对其生效以前的案件则不能具有溯及力。②

笔者认为，上述两种观点虽具有一定道理，但均有其不合理之处。第一种观点，只强调刑法司法解释与刑法规范的同一性的特点，因而在溯及力上刑法司法解释须与刑法规范同步。但是，这种观点却忽略了我国刑法司法解释客观存在的与刑法规范的“非同一性”的特点。第二种观点，将刑法司法解释分为“扩张解释”和“非扩张解释”两种，并分别采用不同的溯及力标准，看似合理，但由于标准的不统一，必然会带来实践中应用上的困难。更何况何为“扩张解释”，何为“非扩张解释”，实际上也较难加以区别。笔者认为，在这种情况下，刑法司法解释的溯及力仍应贯彻从旧兼从轻原则。诚然，刑法司法解释只是对刑法规范内容的阐释和理解，但是，由于刑法司法解释自身的特点，其解释

---

① 参见游伟、鲁义珍：《刑法司法解释效力探讨》，载《法学研究》1994年第6期；李志增：《刑法司法解释效力性质初探》，载《法律学习与研究》1990年第5期。

② 张军：《试论刑事司法解释的时间效力》，载《中国法学》1992年第2期。

的内容与其解释的刑法规范会有所不同。因此从有利于被告人的角度来看，从罪刑法定原则的内在要求角度考虑，确定对于刑法司法解释对其解释的刑法规定实施以后，而自身公布实施以前的刑法司法解释是否具有溯及力，也应以从旧兼从轻原则为准。而且确定刑事司法解释的溯及力的时间标准应以刑事司法解释公布施行日为准。此外，从维护刑法司法活动的稳定性、刑事判决的严肃性角度考虑，刑法司法解释对其所解释的刑法规定实施以后，而自身实施以前所发生的案件已经判决的则不应具有溯及力。因为对于已经判决的案件再适用新的司法解释予以重新处理，必将导致刑法司法活动处于一种不安定状态，且使广大人民群众对刑事判决的严肃性心存怀疑。但是，当适用新的刑法司法解释不影响已经发生法律效力的判决的执行且对犯罪人有利时，则可以让这种新的刑法司法解释适用于其实施以前发生的并已经判决的案件。例如，最高人民法院于1981年7月6日发布的《关于劳动教养日期可否折抵刑期问题的批复》的规定，在本批复下达以前，已判处有期徒刑……没有折抵刑期，现仍在服刑的，可补行折抵；已服刑期满的，即不再作变动。这一规定无疑是正确的。不过，这种情况是一种特殊的例外。

3. 关于刑法司法解释对其解释的刑法规定实施以后而其自身施行以前，已有司法解释正在生效实施，而且新旧司法解释内容又不一致，新司法解释是否具有溯及力的问题。例如，对于“挪用公款归个人使用”的问题，根据最高人民法院于1998年发布的《关于审理挪用公款案件具体应用法律若干问题的解释》的规定，“挪用公款给私营公司、私有企业使用的，属于挪用公款归个人使用”，可以构成挪用公款罪。而在该司法解释生效（1998年5月9日）之前，则按1989年“两高”的《关于执行〈关于惩治贪污贿赂罪的补充规定〉若干问题的解答》执行，该司法解释规定“挪用公款后，为私利以个人名义将挪用的公款给企事业单位、机关、团体使用的，应视为挪用公款归个人使用。”两个司法解释对相同的刑法规定，有不同的解释，这就必然会产生如何适用司法解释的问题，特别是对现行刑法生效后，新司法解释执行以前的挪用公款行为（未经处理或处理未确定），如果在新司法解释实施后进行处理时，应适用哪一个司法解释的规定？笔者认为，在这种情况下，由于最高人民法院有关通知中曾规定，“在新的司法解释生效实施前，可参照原作出的司法解释执行”;[1] 因此，在新司法解释实施以前，如旧的司法解释与现行刑法的规定不相矛盾，应仍适用旧司法解释；但如果新刑法司法解释生效实施后，则应根据从旧兼从轻的溯及力原则，确定新司法解释是否具有溯及力：(1) 如果犯罪行为发生在新司法解释生效实施后，处理时应适用新司法解释；(2) 如果犯罪行为发生在新司法解释施行之前，而在新司法解释施行之后进行处理的，原则上依照旧司法解释进行处理，如果新司法解释规定的处罚更轻，则应适用新司法解释。

综上所论，笔者认为，从严格贯彻罪刑法定原则的角度，从维护刑事司法活动的稳定性的角度，从有利于被告人的刑事立法精神角度考虑，在刑事司法实践中，刑法司法解释的溯及力应严格以从旧兼从轻原则为准。

值得一提的是，由于刑法司法解释是刑法在实际适用中的具体化，它一方面要求社会成员普遍严格地遵循；另一方面也要求司法机关在执法工作中全面准确地适用。因此，刑法司法解释也应全面公开化，以便全体社会成员像知悉刑法规范一样，了解刑法司法解释。这是罪刑法定原则的内在要求，也是刑法司法解释溯及力贯彻从旧兼从轻原则的要求。

（原载《政治与法律》1999 年第 4 期）

---

① 参见《最高人民法院关于认真学习宣传贯彻修订后〈中华人民共和国刑法〉的通知》(1997 年 3 月 25 日)。

关于刑法司法解释权合理配置的构想

苗生明

多年来，我国刑法司法解释权限不明，解释主体混乱的现象，已成为一个日益突出的问题。这种现象使得刑法解释的权威性、统一性和严肃性大打折扣，并严重影响到我国的刑事司法。特别是1997年通过并已施行的修订刑法，一方面在总则规定了罪刑法定原则；另一方面在分则又存在诸多的模糊条款和法律漏洞，需要在适用过程中予以解释。因此，严格界定刑法司法解释的主体，合理配置刑法司法解释权，便成为完善我国刑法司法解释制度的一个重要环节。

笔者认为，在刑法司法解释权的归属即解释权配置上，既要集权又要分权，实现集权与分权的统一。一方面，为了保证刑法司法解释的权威性、统一性和严肃性，从外部关系上说，需要集权，即刑法司法解释权应当由司法机关（包括检察机关和审判机关）集中行使，其他任何机关或组织都无权单独或者参与制作司法解释。另一方面，考虑到在全国范围内适用刑法的复杂性和具体案件的多样性，从内部关系上说，则应当分权，即对于具有普遍性的规范性司法解释，确立二级司法解释体制，并确认司法官（包括法官和检察官）对个案的解释权。

一、集权：杜绝行政机关等参与制发刑法司法解释，确立检法两家独行解释权

1981年全国人大常委会《关于加强法律解释工作的决议》明确规定，凡属于法院审判工作中具体应用法律、法令的问题，由最高人民法院进行解释。凡属于检察院检察工作中具体应用法律、法令的问题，由最高人民检察院进行解释。根据这一规定，只有最高人民法院和最高人民检察院才享有司法解释权，其他任何机关或组织无权参与制发刑法司法解释。然而，在司法实践中，不仅有“两高”单独或联合制发的刑法司法解释，而且还有一定数量的会同其他部门（主要是国家行政机关），

如公安部、国家安全部、司法部等依法不具有司法解释权的机关联合制发的司法解释。

以这种方式制发司法解释，貌似体现各有关部门对刑法实施的重视，实际则蕴涵着行政机关的越权。当然，“两高”依法独立行使刑事司法解释权，并不意味着“两高”在制作司法解释的过程中涉及相关领域的问题时，不可以不必要请求有关部门的协助与配合，但有关部门则不必也不应该以制发人的身份在司法解释文件中出现。

二、分权之一：对规范性司法解释应确立二级司法解释体制

（一）分权之概说

刑法司法解释权只能由司法机关即审判机关和检察机关独立行使，这是我们确立刑法司法解释权归属问题的大前提。同时，笔者认为，从解释主体和解释的效力范围来看，刑法司法解释有规范性司法解释与个案司法解释之分。前者是指特定的司法机关制发的能够在某一地域范围内适用于某一类案件的具有类别特征的普遍性解释；后者则是指司法官在审理案件过程中对某一特定案件具体适用法律问题时所作的解释。

由于解释效力范围的不同，决定了上述两种司法解释的主体要求是不一样的。对于规范性司法解释而言，解释的主体是特定的司法机关。从我国目前的司法实践考虑，笔者认为，应当建立由最高审判机关、检察机关与省级审判机关、检察机关共同行使规范性解释权的二级司法解释体制。对于个案解释而言，其解释主体是具体行使刑事审判权的法官和行使检察权的检察官，它没有级别上的限制，但必须是直接参与刑事案件处理的现职法官和检察官。

（二）建立二级司法解释体制之必要性

在我国，确立二级司法解释体制，主要是由以下两个方面的因素决定的：

首先，从我国国情看，我国幅员辽阔，地域广大，各地区、各民族的政治、经济、文化发展状况不平衡。因此，具体应用刑法时也应区别对待，充分考虑各地实际存在的不同情况，赋予地方司法机关以刑法司法解释权。令人回味的是，过去，我们虽然从立法和理论上均否认地方司法机关的司法解释权，但在司法实践中，“两高”迫于现实的需要，

往往又不得不将部分司法解释权授予地方司法机关。甚至在1987年最高人民法院下达了《关于地方各级人民法院不应制定司法解释性文件的批复》后，“两高”又在1988年7月6日制发的《关于依法惩处倒卖飞机票犯罪活动的通知》第4条作了授权性的规定：“倒卖飞机票以投机倒把罪论处的数额标准，可由各省、自治区、直辖市高级人民法院和人民检察院根据当地实际情况自行确定。”这说明，地方司法机关享有一定的刑法司法解释权是十分必要的，而且事实上它们也从未间断过刑法司法解释权的行使。

其次，从理论上说，人民法院和人民检察院对法律的解释权源于宪法赋予法院和检察院的审判权和检察权，或者说，审判权和检察权中天然地含有司法机关在适用法律时解释法律的权力。最高人民法院和最高人民检察院根据法律的特别授权，固然享有解释法律的权力，地方各级法院和检察院根据其自身所享有的审判权、检察权，也理应有权解释法律并适用法律，这是一个不争的事实。我国传统的法律解释理论一直将地方法院、检察院对法律所作的规范性司法解释视为越权解释，这实在是对司法解释权的一种误解，是由于对司法机关的审判权、检察权的内涵缺乏全面的认识所致。至于是否应当赋予地方各级司法机关以制发规范性司法解释的权力，当然需要综合考虑各方面的因素予以确定。

在我国刑法学界，有的学者基于各级司法机关均应享有司法解释权的认识，提出建立多级司法解释体制的主张，认为最高人民法院、高级人民法院、乃至中级人民法院和基层人民法院都有权制发刑法司法解释(包括规范性司法解释)。① 笔者认为，这种主张至少在我国目前是不妥当的。

其一，制发规范性刑法司法解释的权限绝对集中于最高司法机关一家，固然存在种种弊端，但保持这种解释的统一性则有有益的一面；如果将规范性司法解释权下放至基层，势必会造成规范性司法解释的混乱和无序，以至于形成各有各的解释、各行其是的局面。其二，我国司法官特别是地方基层法院、检察院的司法官素质普遍较低，而制发规范性

① 游伟：《论我国刑法司法解释权的归属问题》，载《法学研究》1993年第1期。

司法解释则要求解释主体应有较高的法律素养和对法律条文、立法意旨的深刻理解，这一点是他们难以企及的。其三，将规范性刑法司法解释权的行使限制在最高司法机关和省级司法机关，既可以照顾到各地的不同情况，又能确保司法解释的统一；同时，省级司法机关的司法官一般相对具有较高的法律素养，对本辖区的司法实践状况也比较了解，由它们制发适合本地实际情况的规范性司法解释，既具有针对性，又能保证解释文件的质量，因此，建立二级司法解释体制应当是我国目前最适当的选择。其四，笔者主张建立二级司法解释体制并非否定地方司法机关的刑法司法解释权。地、市级以下司法机关虽然不能行使规范性司法解释权，但完全可以而且应当通过司法官对具体案件的处理，对刑法及上级司法机关所作的规范解释进行个案解释，它们所行使的只不过是个案解释权罢了。

（三）建立二级司法解释体制的基本构想

二级刑法司法解释体制，应包含两个方面的内容：一是从解释主体上说，最高人民法院、最高人民检察院为一级主体，省、自治区、直辖市高级人民法院、检察院为二级主体。二者所制发的刑法司法解释的效力是不等的，具有等级上的差别性。其中，“两高”的解释具有最高的效力。二是从解释性质上说，这里所讲的刑法司法解释是以司法机关的名义制发的司法解释，属于规范性刑法司法解释，不包括司法官在处理具体案件中所作的个案解释。

1．一级解释。在规范性司法解释体制中，“两高”处于核心地位，对于刑法适用过程中，在全国范围内带有普遍性、共同性的问题，应当制发刑法司法解释，并由“两高”的审判委员会或者检委会讨论通过后颁行，其效力及于各级司法机关，在司法解释体制中属于一级解释。同时，最高人民法院有权撤销或者变更高级人民法院制发的与一级解释相抵触的审判解释，最高人民检察院有权撤销或者变更省级人民检察院制发的与一级解释相抵触的检察解释。最高人民法院对刑法适用中的问题已经作出解释的，地方各级人民法院应当严格遵循；同样，最高人民检察院对刑法适用中的问题已经作出解释的，地方各级人民检察院亦应当严格遵循。

关于一级解释的方式，当前我国采用的主要有案例、通知、通告、规定、意见、解答、答复、批复、函等十余种。它有灵活多样，针对性强的优点，但也有杂乱、不规范的缺陷。因此，应当对其进行规范化改革，以体现司法解释的严肃性和权威性。

2. 二级解释。省、自治区、直辖市一级的人民法院、人民检察院，有权就本辖区内带有普遍性的刑法适用问题制发规范性司法解释，由本级人民法院审判委员会和人民检察院检委会讨论通过后颁行，其效力及于本级司法机关和其辖区内的地方司法机关。省级司法机关的解释，其内容不得与上述一级司法解释相抵触，其效力低于一级司法解释，故称为二级解释。

省级司法机关制发二级解释，应当遵循以下规则：

第一，二级解释的对象，既可以是刑法本身，也可以是对一级解释的进一步解释。对于在刑法适用中一级解释已经作出明确解释的问题，二级解释不宜再作重复解释，更不能作出与一级解释相抵触的解释。

第二，在解释的程序上，二级解释应当由高级人民法院审判委员会或者省级人民检察院检委会讨论通过，并报送最高人民法院或者最高人民检察院备案。二级解释必须由审判委员会或者检委会讨论通过，是由解释的规范性和普遍约束力所决定的，它是司法机关的单位行为，而非司法机关某长官的个人行为。二级解释还必须报送最高人民法院或者最高人民检察院备案，其意义有二：一是能够保障“两高”及时地对二级解释的合法性、准确性进行审查，以免因解释存在纰漏而在司法实践中产生不良后果；二是“两高”作为统管全局的司法机关通过建立备案制度，统一规制全国各地的二级解释，以保障二级解释在全国范围内的统一与协调，避免各省级司法机关之间在对同一问题的解释上存在较大的抵触和不一致。

第三，关于二级解释的形式，因为其性质亦属司法解释，所以可以借鉴采用上述一级解释的各种形式。

需要指出的是，在司法实践中，由于对二级司法解释缺乏规范机制，以至于在解释的形式上呈现出杂乱无序的状况。例如，笔者在调查中发现，在某省，被中级、基层法院作为省高院司法解释的文件中，除了上述较为规范的几种形式外，甚至包括某些会议纪要、省院院长、主管副院长乃至刑庭庭长的讲话。由于这些文件大多没有经过审判委员会的集体讨论，往往带有长官意志的成分，使二级司法解释的合法性与权威性得不到保障；同时，由于是会议纪要或者领导讲话，所以，在下发时还常常冠之以“机密”的字样，且不说被告人，即便是辩护律师也是不能获悉的。这种不公开性，与司法解释应当公开的要求是相违背的，其结果必然会妨害被告人有效地行使辩护权。因此，此类形式的文件在原则上不能作为司法解释。如果确有必要，则应经由审判委员会、检委会讨论、修改并通过后，才能下发执行。

三、分权之二：确认司法官对刑法的个案解释权

司法官在审理（主要包括审查起诉和审判）刑事案件过程中，对某一特定案件具体适用法律问题有权作出解释。这种权力与上述司法机关的规范性解释权一样，也是来自于宪法和法律——刑事诉讼法、法官法和检察官法赋予司法官的审判权、检察权，只不过其个案解释的效力仅及于该具体案件而已。

我国传统法学理论和实践，将司法解释的概念仅仅理解为（最高）司法机关在适用法律过程中对具体适用法律问题所作的规范性解释。这数十年一贯制的概念，不仅只是停留于描述表面现象，而且也遮盖了司法解释的独特性。从实践来看，真正的司法是具体体现在司法官的审理活动之中的，即司法官将具体的法律规范适用到面临的案件中去，使法律条文与特定的案件事实相结合。其结果是通过案件事实使法律文字的概括性含义演化为具体的含义，并最终体现在检察官的诉讼文书（如起诉书、不起诉决定书等）和法官的判决中。所以，承认司法官的刑法司法解释权既是明智的，也是必要的。

具体说来，称其为“明智”，是因为无论人们是否承认司法官对法律的司法解释权，它在客观上都是实际存在和现实发生的。可以说，司法官对法律的诠释几乎渗透到了每一起具体案件之中。不同的司法官[①]对法律以及相关司法解释的理解和表述可能有所差异，这种差异甚至会

---

① 这里的“司法官”既包括具体的受案司法官，有时也包括根据现行检察体制和审判体制所形成的办案组、合议庭、检委会、审委会等司法官群体。——作者注

体现在他们对“本案”所作出的是否起诉、以何种罪名起诉的决定和法院的判决之中，但是，不含有司法官对法律进行个案解释的决定或判决几乎是不存在的。

称其为“必要”，是因为从整个刑法适用的运作过程来说，司法机关对刑法的规范性解释固然是不可或缺的，但它也只能说明或解决问题的一个层面。因为这种解释在许多场合下还是过于抽象和概括，不能直接据此导致判决结果。其价值仅在于：通过对极为抽象或易于产生误解的法律文字的进一步阐释和说明，从而降低这些文字的抽象度或增强这些文字的清晰度。如果只强调规范性司法解释而无视司法官的个案解释，其结果将抹杀司法官在司法活动中的主体地位。

面对法律固有的许多概括性文字以及这些文字所包含的案件发生的无数复杂场所场合，不可能由某一机构作出能普遍遵循的阐释，更不用说穷尽其中包含的复杂场合了。这些概括性文字的具体含义只能由司法官结合案件事实一一确定和表达。易言之，要使抽象的法律文字乃至规范性司法解释具体化而具有个案的可用性，还必须靠司法官对个案事实的感受，并据此架构个案与法律条文间的桥梁。所以，从这个意义上说，司法官是进行司法解释的最重要主体，而且，只有司法官结合个案事实对法律文字的具体含义所作的直接可适用于“本案”的解释，才是更具实践价值的司法解释。笔者认为，从必要性上，我们应当确认司法官的个案解释权；从客观性上，我们也必须承认司法官的个案解释权。

当然，承认司法官享有个案解释权，并不意味着可以放任司法官对法律进行任意的解释。“即使法律再好，如果法官可以任意解释法律，那么法律往往也是不会执行得好的。”① 为此，我们在承认司法官享有个案解释权的同时，还应对其予以规制。首先，应充分发挥司法机关集体（如法院审判委员会和合议庭）的作用，使单个司法官的活动受到集体的制约，使其对法律的理解和对案件事实的感受不可能全然不考虑他人的意见。其次，注重培养司法官感受法律和案件事实的群体意识，如通过及时发现、充分重视和广泛介绍那些将法律条文恰当运用于具体事

---

① ［英］温斯坦莱：《温斯坦莱文选》（中译本），任国栋译，商务印书馆1982年版，第151页。

实，并能解决司法实践面临的具有普遍性的问题的案例，使司法官们既能透过具有典型意义的案例中的事实去理解法律，又能透过法律去统一对这些事实的评价，从法律与案例的相互阐释和印证中更好地理解法律和衡论事实。另外，针对司法官素质普遍较低的现状，应尽力提高司法官的专业理论修养，增强其理论思维能力和解决问题的能力，这是确保司法官准确灵活地理解法律和适用法律的一个根本点。

四、结语：集权与分权的协调和统一

辩证唯物主义告诉我们，矛盾双方既是对立的，又是统一的。集权与分权之间虽然存在矛盾，但并非不能协调和统一，其关键在于如何合理配置和分配权力。

根据前面的论述，笔者认为，从集权而言，相对于外部机关或组织，刑法司法解释权必须集中于检法两家；相对于内部机构和其组织成员，对刑法作出规范性司法解释的权力，应当集中于最高司法机关和省级司法机关。这是维护司法解释的统一性和权威性的必要保障。前者体现了集权的绝对性、排他性，后者则体现了集权的相对性，即将部分规范解释权分配给省级司法机关。

从分权而言，刑法司法解释权的分配亦应是相对的：一方面，应当根据解释主体的不同级别和类型，赋予其不同的解释权；另一方面，解释权的行使要受到严格的规范和制约，而不能任意行使。这样，既可以保证司法解释的适应性，又可体现司法解释的严肃性。

应当承认，刑法司法解释权的合理配置是一个十分复杂的问题。在以上的大致框架下，我国的刑法司法解释体制还将面临诸多的问题。比如，如何处理司法解释与立法解释的关系？如何解决检法解释冲突？最高司法机关与省级司法机关的解释范围如何划分？等等。所有这些问题，笔者拟作为将来进一步研究的课题。

（原载《人民检察》1999年第2期）

中国刑法司法解释体制演进过程之检视与反思

陈志军

刑法的严厉性（涉及对公民自由乃至生命权利的剥夺）和最后性（秩序的最后一道法律防线）特征，决定了集中行使刑法司法解释权的重要性。司法解释权的集中行使是维护刑法人权保障功能、贯彻罪刑法定主义的重要保障。但遗憾的是，我国的刑法司法解释权配置体制出现了不少了备受诟病的弊端，一方面表现为法定的配置体制的合理性值得商榷；另一方面表现为无权主体参与解释的现象非常普遍。我国的刑法司法解释权刑法司法解释的规范化和科学化，已经成为中国加强社会主义刑事法治建设进程中亟须解决的一个重要问题。本文拟对中国刑法解释体制的演进过程进行研究，试图从历史的视角探寻我国现今刑法司法解释体制混乱局面的成因。纵观我国的刑法司法解释权配置体制的演进过程，1955 年全国人大常委会《关于法律解释问题的决议》和 1981 年全国人大常委会《关于加强法律解释工作的决议》是两个标志性的立法文件。以这两个文件为分界点，可以将新中国刑法司法解释权配置体制的演进过程分为决议前阶段、1955 年决议阶段和 1981 年决议阶段三大阶段，每一个大阶段中还可以分几个小的阶段。下面就针对每一演进阶段的特征进行具体的考察和评析。

一、决议前阶段

从 1949 年 10 月 1 日新中国成立起至 1955 年 6 月 23 日《关于法律解释问题的决议》施行以前这一阶段，刑法立法活动开始进行，新生政权的司法机关逐渐建立，运用刑法惩治犯罪成为司法机关的重要任务之一，要把当时粗疏且形式很不规范的刑法规范运用到司法实践中去，刑法解释的需要日益突出。但由于法制建设的经验不足等原因，刑法解释问题并未得到应有的重视，法律上也没有明确规定。在这一阶段尽管法律没有对刑法司法解释权问题规定，但刑法解释工作已经开始进行。以1954年9月第一届全国人民代表大会第一次会议的召开为界，又可以将这一阶段分为两个小的阶段：

（一）新中国成立至第一届全国人大第一次会议。1949年9月27日中国人民政治协商会议第一届全体会议通过了《中央人民政府组织法》，决定在中央人民政府委员会之下设立最高人民法院、最高人民检察署作为国家最高审判机关及检察机关。起临时宪法作用的《共同纲领》第17条对新中国的司法制度作出了原则性规定："废除国民党反动政府一切压迫人民的法律、法令和司法制度，制定保护人民的法律、法令，建立人民司法制度。"这些规定为新中国司法体制的建立和刑事立法工作的进行提供了法律基础，新生政权开始组建各级人民法院和人民检察署，同时新中国的刑事立法也开始起步。这一阶段的刑法立法主要有以下一些单行刑法：1951年2月21日发布的《中华人民共和国惩治反革命条例》；1951年4月19日发布的《妨害国家货币治罪暂行条例》；1952年4月21日发布的《中华人民共和国惩治贪污条例》。此外，刑法典的起草活动也开始启动了，写出了《中华人民共和国刑法大纲草案》和《中华人民共和国刑法指导原则草案（初稿）》两个稿子。[①] 司法机关在适用这些刑法规范处理刑事案件的过程中难免会遇到一些疑难问题，刑法解释问题也成为新生政权刑事司法活动中不可回避的课题。但是，《人民法院暂行组织条例》、《最高人民检察署暂行组织条例》和《各级地方人民检察署组织通则》都没有对刑法解释问题作出规定。只是在《中央人民政府组织法》第7条规定："中央人民政府委员会，依据中国人民政治协商会议全体会议制定的共同纲领，行使下列职权：一、制定并解释国家的法律，颁布法令，并监督其执行……"可见，在当时情况下，只有中央人民政府委员会才享有法定的法律解释权（包括刑法解释权）。在这一阶段，根据《中央人民政府组织法》的规定，中央人民政府委员会享有立法权和法律解释权（包括刑法立法权和刑法解释权），[②] 而没有

---

① 高铭暄：《中华人民共和国刑法的孕育和诞生》，法律出版社1981年版，第2页。

② 这实际上是一种刑法立法解释权。

规定最高人民法院和最高人民检察署享有刑法解释权，即关于刑法司法解释权的法律规定尚处空白阶段。而在实践中，最高人民法院（包括最高人民法院分院）、最高人民检察署已经在发布刑法司法解释性文件，而且政务院、司法部、公安部等行政机关乃至地方行政机关都在发布刑法司法解释性文件，刑法司法解释权的行使处于一种尚不规范的局面：

1. 最高人民法院发布的刑法司法解释。最高人民法院成立于 1949 年 11 月。成立不久就开始发布刑法司法解释。例如，1950 年 11 月 10 日《处理烟毒犯应坚决废止专科与易科罚金办法》；1952 年 10 月 8 日《关于缓刑及缓期执行等问题的意见》；等等。

2. 最高人民法院分院发布的刑法司法解释文件。根据 1951 年 9 月 4 日中央人民政府公布了《中华人民共和国人民法院暂行组织条例》第 32 条规定："最高人民法院得在各大行政区或其他区域设分院或分庭，在其所辖区域内执行最高人民法院的职务。"① 其实从 1949 年底开始，最高人民法院就已经陆续地成立了东北、西北、华北、华东、中南、西南六个分院。这些分院在成立后也开始大量地发布刑法司法解释性文件。例如，1950 年 1 月 1 日最高人民法院西南分院《关于剥夺政治权利的期间从何时起算的解答》；1950 年 1 月 1 日最高人民法院华东分院《徒刑期满可否酌情延长问题的解答》。

3. 最高人民检察署发布的刑法司法解释性文件。例如，1952 年 10 月 18 日《关于处理战犯、汉奸、官僚资本家及反革命分子财产的初步意见》；1953 年 9 月 15 日中央人民政府最高人民检察署发布的《关于在全国及地方各级人民代表大会选举工作中检察工作的指示》②；等等。根据《中央人民政府最高人民检察署暂行组织条例》第 15 条规定："最高人民检察署得在各大行政区或其他区域设分署，在其所辖区域内执行最高人民检察署的职务。"由于资料所限，笔者尚未发现设在大行政区的最高人民检察署分署制发的刑法司法解释性文件。

---

① 根据该暂行条例第 34 条的规定，最高人民法院分院的刑事判决为终审判决，但重大或疑难的案件，应报请最高人民法院审查处理。

② 规定了采用暴力、威胁、欺诈、贿赂等非法手段破坏选举行为的刑事责任。

4．最高人民法院与最高人民检察署联合发布的刑法司法解释。最高审判机关和最高检察机关联合发布刑法司法解释的例子在这历史时期就已经出现，如1952年5月23日最高人民法院、最高人民检察署、司法部、公安部《关于通缉在逃犯问题的联合通知》。但这一阶段还未出现最高人民法院与最高人民检察署两家联合发布的刑法司法解释文件。

5．最高人民法院与政务院、司法部、公安部等行政机关联合发布的刑法司法解释性文件。非司法机关参与制定刑法司法解释性文件的现象在这历史时期就已经存在。例如，1950年7月21日政务院、最高人民法院《关于镇压反革命活动的指示》；1952年5月23日最高人民法院、最高人民检察署、司法部、公安部《关于通缉在逃犯问题的联合通知》；1953年6月11日最高人民法院、司法部《关于有期徒刑最高年限的批复》；等等。

6．最高人民法院分院和其他机关联合发布的刑法司法解释性文件。设在大行政区的最高人民法院分院除了自己单独制发一些刑法司法解释性文件外，有的还与所在大行政区的其他机关联合制发了一些刑法司法解释性文件。例如，1952年2月22日最高人民法院华东分院、华东司法部《对在职干部犯重婚罪应如何处理的批复》；最高人民法院西南分院、西南军政委员会司法部《关于妇女兄妹间发生不正当的性行为应如何处罚问题的复函》；等等。

7．最高人民法院的内部机构发布的刑法司法解释性文件。最高人民法院的内部机构发布刑法司法解释性文件的现象在这一历史时期也已经出现。例如，1952年8月21日最高人民法院刑事审判庭《关于管制期间计算问题的意见的函》；1953年6月19日最高人民法院办公厅《关于缓刑等问题的解答》；等等。

8．其他机关制发的刑法司法解释性文件。除了有最高审判机关、最高检察机关参与的刑法司法解释文件外，其他一些机关也制定了一些刑法司法解释性文件，这些文件往往也成为人民法院审理刑事案件的依据，这些机构主要有：[1]（1）政务院。[2] 例如，1953年1月9日《对华东公安部、华东司法部、华东分院关于判处死刑缓期两年执行的反革命罪犯在缓刑期满时的处理意见的批复》。（2）中央法制委员会。例如，1953年11月2日《关于缓刑与缓期执行等问题的意见》。（3）公安部。例如，1951年6月9日《关于各地量刑标准的综合通报》和1952年6月27日《关于管制反革命分子暂行办法》。（4）司法部。例如，1950年5月20日《关于假释、缓刑、褫夺公权等问题的解释》。（5）中央节约检察委员会。例如，1952年3月31日《关于追缴贪污分子赃款赃物的规定》。（6）政务院政法委员会党组干事会。例如，《关于被判处徒刑的人犯减刑或改判后的刑期计算问题的指示》。（7）地方人民政府及其工作部门。例如，1951年6月11日中南军政委员会司法部《关于妨害税收案犯无力缴纳税款及罚金是否可折劳役问题的处理办法的解释》；1953年8月11日《武汉市人民政府给武昌区人民法院关于真正精神失常的疯人可不负刑事责任的批复》。

（二）第一届全国人大第一次会议至1955年6月23日。1954年9月15日至9月28日，第一届全国人大第一次会议召开，会议通过了《宪法》和包括《人民法院组织法》在内的五个组织法，对包括司法体制在内的国家机构制度作出了新的规定。就司法体制而言，重要的变化就是：一是由于取消了大行政区设置，最高人民法院分院和最高人民检察署分署也随之撤销；二是将人民检察署改名为人民检察院；三是法律解释权由原来的中央人民政府委员会转移到全国人大常委会，根据《宪法》规定，全国人大常委会享有包括刑法解释权在内的法律解释权。虽然刑法的立法解释权的配置格局出现了变化，但无论是《宪法》还是《人民法院组织法》、《人民检察院组织法》都未对包括刑法司法解释权在内的司法解释权问题作出明确规定。这次会议之后到1955年6月23日全国人大常委会通过《关于法律解释问题的决议》之前，我国司法解

① 当时刑法解释权的法定主体是中央人民政府委员会，政务院只是其下属的组成机构之一。

② 高铭暄主编：《刑法学原理》（第1卷），中国人民大学出版社1993年版，第70～74页。

释权的行使仍然处于“无法可依”阶段，但由于国家司法体制、行政体制的变化，参与刑法司法解释的主体有所变化：

1. 最高人民法院发布的刑法司法解释。例如，1954 年 1 月 19 日《关于处理奸淫幼女案件不得以 14 岁为幼女年龄标准的通知》。

2. 最高人民法院与司法部等行政机关联合发布的刑法司法解释。例如，1954 年 9 月 30 日最高人民法院、司法部《关于“改判”与“减刑”的法律解释问题的函》。

3. 司法部发布的刑法司法解释。例如，1955 年 3 月 2 日《关于有期徒刑量刑最高年限的批复》。

4. 最高人民法院内部机构发布的刑法司法解释性文件。例如，1955 年 5 月 17 日最高人民法院办公厅《关于未成年人杀人应如何处理问题的批复》。

综上可见，决议前阶段我国刑法解释体制的特点是，法律仅仅规定了刑法立法解释权的主体（但实际上并没有进行刑法立法解释），刑法司法解释权的行使处于没有法律依据的时期。在以第一届全国人民代表大会第一次会议为界的前后两个小阶段中，刑法解释体制也发生了一定的变化：第一，前一阶段中央人民政府委员会是刑法立法解释权的主体，后一阶段全国人大常委会是刑法立法解释权的主体。第二，刑法司法解释权的行使主体也有一定的变化，例如，由于撤销了大行政区设置，最高人民法院分院、各大行政区的军政委员会或者行政委员会及其工作部门已经退出了刑法司法解释的舞台；中央人民政府法制委员会撤销；人民检察署改名为人民检察院；地方人民政府基本上退出了刑法司法解释的舞台。但刑法司法解释主体的这种变化并不是刑法解释体制自身的完善带来的，而是由于国家行政体制的变化使然，而且都不是实质性的变化。在决议前阶段，刑法立法解释权未被实际行使、刑法司法解释权又没有法律规定，但刑事司法对法律解释的实际需要无法回避，因而刑法司法解释权的行使出现了群雄逐鹿的局面，无论在前一阶段还是后一阶段，包括最高人民法院、最高人民检察署、司法部、公安部等中央机关乃至很多地方机关都在行使刑法司法解释权。

二、1955 年决议阶段

这一阶段是指 1955 年《关于解释法律问题的决议》通过之后到

1981 年《关于加强法律解释工作的决议》通过之前的时期。具体是指 1956 年 6 月 23 日到 1981 年 8 月 5 日。在这一阶段，刑法解释体制的重要法律依据就是《关于解释法律问题的决议》。随着社会主义刑法立法和刑事司法活动的进行，法律解释必要性和重要性日益突出。1956 年 6 月 23 日第一届全国人大常委会第十七次会议通过《关于解释法律问题的决议》，对法律解释问题作出了如下规定：

1. 凡关于法律、法令条文本身需要进一步明确界限或做补充规定的，由全国人民代表大会常务委员会分别进行解释或用法令加以规定。

2. 凡关于审判过程中如何具体应用法律、法令的问题，由最高人民法院审判委员会进行解释。根据这一规定，我国形成了立法解释和司法解释并存的法律解释体制，全国人大常委会是立法解释的主体，最高人民法院是司法解释的主体。规定全国人大常委会是立法解释的主体只是对《宪法》规定的重申而已，而规定最高人民法院的司法解释权具有十分重要的意义，这是我国第一次以法律的形式赋予最高司法机关以法律解释权，最高司法机关结束了此前实际解释法律却无法律依据的历史。需要指出的是，《关于解释法律问题的决议》并未赋予最高人民检察院以法律解释权，实际上建立了最高人民法院“一元一级”司法解释体制。在旧决议阶段发生了严重破坏法治的“文化大革命”，直到党的十一届三中全会后，才逐渐走上正常发展的轨道。为此可以将决议前阶段细分为三个小阶段：

（一）1955 年决议制定至“文化大革命”开始前

具体是指 1955 年 6 月 23 日全国人大常委会通过《关于法律解释问题的决议》起至 1966 年 5 月 15 日“文化大革命”开始前。在这一阶段，尽管“左”的错误有时已经比较严重，但刑事立法、刑事司法活动基本上仍在正常进行，刑法司法解释活动也在同步进行。从所掌握的资料来看，行使刑法司法解释的主体有：

1. 最高人民法院。《关于法律解释问题的决议》使最高人民法院的刑法司法解释活动从此具有了法律依据。在这一阶段，最高人民法院所作的刑法司法解释，如 1958 年 3 月 21 日《关于与军人配偶通奸的案件为什么只对与军人配偶通奸一方判罪问题的复函》和 1966 年 5 月 7 日《关于无期徒刑减刑权限问题的批复》。

2. 最高人民检察院。例如，1955年《关于法律解释问题的决议》并未规定最高人民检察院享有法律解释权，但其实际上仍在行使刑法解释权。在这一阶段其单独制定的刑法司法解释很少，只有1957年4月16日《关于缓刑期间被告人是否有政治权利等问题的批复》等少数几个。

3. 最高人民法院和最高人民检察院联合发布的刑法司法解释。例如，1956年11月6日最高人民法院、最高人民检察院《关于死缓减刑等有关问题的联合批复》。这类刑法司法解释也不多。

4. 最高人民法院、最高人民检察院和行政机关等其他机关联合发布的刑法司法解释。例如，1957年10月5日最高人民法院、最高人民检察院、公安部、司法部《关于劳改犯人减刑、假释问题必须慎重处理的联合批复》。

5. 最高人民法院和公安部、司法部等行政机关联合发布的刑法司法解释。例如，1956年10月5日最高人民法院、公安部、司法部《关于宣布管制的一般刑事罪犯有无选举权问题的联合通知》。这类刑法司法解释数量较多，仅次于最高人民法院单独发布的刑法司法解释。

6. 最高人民法院的内部机构发布的刑法司法解释性文件。例如，1963年10月19日最高人民法院办公厅《关于管制刑期计算问题的复函》。这类刑法司法解释性文件也不是太多。

（二）“文化大革命”开始至十一届三中全会召开之前

具体是指从1966年5月16日“文化大革命”开始到1978年12月17日党的十一届三中全会召开之前的这段时间。在这一阶段，法治遭到严重破坏，但也有一些零星的刑法司法解释性文件。这些解释主要包括：

1. 最高人民法院发布的刑法司法解释。例如，1974年6月10日《关于处理破坏援外职工婚姻家庭案件的复函》；1978年11月17日《关于保外候审期间可否折抵刑期的批复》。

2. 最高人民法院与其他行政机关、党的机关联合发布的刑法司法解释性文件。例如，1975年10月29日最高人民法院、公安部、中央统战部《关于宽大释放在押的原国民党县团以上党政军特人员的实施方案》；1977年11月14日最高人民法院、公安部《关于加强对监外就医、监外执行、假释、缓刑犯人管理工作的联合通知》。

（三）十一届三中全会召开至1981年决议通过之前

具体是指从1978年12月18日党的十一届三中全会召开到1981年6月9日。在这一阶段，法治开始逐渐恢复，刑法立法、刑法司法活动开始有序运行，刑事法治也迎来了春天。新中国第一部刑法典得以颁布实施是这一阶段刑法立法工作的最重大成就。刑法司法解释活动也得以顺利进行。这一阶段主要的刑法司法解释有：

1. 最高人民法院发布的刑法司法解释。例如，1979年1月19日《关于罪犯在公安机关收容审查期间折抵刑期两个具体问题的批复》。需要指出的是，关于最高人民法院的司法解释权在1979年通过的《人民法院组织法》中得到了明确，这实际上是将1955年《关于解释法律问题的决议》的有关规定吸收到了《人民法院组织法》中。即1979年7月1日第五届全国人大第二次会议通过的《人民法院组织法》第33条规定："最高人民法院对于在审判过程中如何具体应用法律、法令的问题，进行解释。"

2. 最高人民法院、最高人民检察院联合发布的刑法司法解释。① 例如，1980年11日《关于转发全国人民代表大会常务委员会（80）人大常委会第10号通知的通知》等。

3. 最高人民法院、最高人民检察院和其他部门联合发布的刑法司法解释性文件。例如，1979年12月31日最高人民法院、最高人民检察院、公安部《关于已减为有期徒刑的原死缓犯和无期徒刑犯减刑问题的批复》。

在旧决议阶段，根据《关于法律解释问题的决议》，只有最高人民法院有法定的刑法司法解释权，但实际上最高人民检察院、司法部、公安部等行政机关也在行使刑法司法解释权。刑法司法解释权的法定配置格局和实际行使格局出现了矛盾，无权机关参与刑法司法解释制定的状况并没有因为《关于法律解释问题的决议》的出台而改变。不过在这一阶段，实际行使刑法司法解释权的主体还是存在以下几个变化：第一，毕竟《关于法律解释问题的决议》没有规定最高人民检察院的法律解释权，

---

① 1979年7月1日五届人大二次会议通过的《人民检察院组织法》并未规定最高人民检察院享有司法解释权。

所以这一阶段最高人民检察院单独制发的刑法司法解释很少,[①] 当然这与最高人民检察院在“文化大革命”中受到较大冲击有关，1975 年《宪法》第 25 条规定检察机关的职权由各级公安机关行使，取消了检察机关。[②] 第二，司法部在 1959 年以后退出了刑法司法解释的舞台，因为 1959 年起取消了司法行政机关的设置。[③] 总之，在这一阶段，最高人民法院的刑法司法解释在整个刑法司法解释中占有绝对的多数，最高人民检察院等其他机关参与制发刑法司法解释的情形不太常见。

三、1981 年决议阶段

这一阶段具体是指 1981 年 6 月 10 日《关于加强法律解释工作的决议》通过以后至今。1981 年 6 月 10 日，第五届全国人大常委会第十九次会议通过了《关于加强法律解释工作的决议》，在 1955 年《关于解释法律问题的决议》的基础上对法律解释权进行了重新配置：

（1）凡属于法律、法令条文本身需要进一步明确界限或做补充规定的，由全国人民代表大会常务委员会进行解释。

（2）凡属于法院审判工作中具体应用法律、法令的问题，由最高人民法院进行解释；凡属于检察院检察工作中具体应用法律、法令的问题，由最高人民检察院进行解释；最高人民法院和最高人民检察院的解释如果有原则性的分歧，报请全国人民代表大会常务委员会解释或决定。

（3）不属于审判和检察工作中的其他法律、法令如何具体应用的问题，由国务院及主管部门进行解释。根据这一规定，和 1955 年《关于法律解释问题的决议》的规定相比，就刑法解释权的配置体制而言，全国人大常委会仍是刑法立法解释权的主体，但刑法司法解释权的配置体制发生了重大的变化：第一，明确授予最高人民检察院刑法司法解释权，即最高人民检察院对属于检察院检察工作中具体应用刑法的问题有解释权。第二，给公安部、司法部等与刑事司法活动有一定关系的行政机关

---

① 只有 1957 年 4 月 16 日《最高人民检察院关于缓刑期间被告人是否有政治权利等问题的批复》等少数几个。

② 1978 年《宪法》第 43 条规定恢复检察机关设置。

③ 直到 1979 年 9 月五届全国人大常委会第十次会议决定重建司法部。

参与行使刑法司法解释权留下了一个模糊缺口，决议在规定了“两高”的刑法司法解释权后，还规定“不属于审判和检察工作中的其他法律、法令如何具体应用的问题，由国务院及主管部门进行解释”，于是公安部、司法部也认为他们有权对“公安工作、司法行政工作中的刑法如何具体应用的问题”有权解释。

概而言之，仅从法律规定层面来看，1955 年《关于解释法律问题的决议》确立的刑法司法解释权配置体制是最高人民法院“一元一级体制”，1981 年《关于加强法律解释工作的决议》确立的是最高人民法院和最高人民检察院“二元一级体制”。但这只是立法层面的规定，刑法司法解释权行使的混乱局面在新决议阶段并没有得到多大改观，公安部、司法部等行政机关参与制发刑法司法解释的状况仍在继续，二元体制还带来以前没有出现过的“两高”解释“打架”损及法制统一性、权威性的问题。综观 1981 年 6 月 10 日《关于加强法律解释工作的决议》通过以来的刑法司法解释，实际上在行使刑法司法解释权的主体主要有以下几类：

1. 最高人民法院。[①] 最高人民法院发布的司法解释仍是这一阶段刑法司法解释的主体。例如，1981 年 7 月 6 日《关于劳动教养日期可否折抵刑期问题的批复》；1996 年 6 月 26 日《关于对贪污、受贿、挪用公款犯罪分子依法正确适用缓刑的若干规定》；等等。

2. 最高人民检察院。[②] 例如，1981 年 8 月 19 日《关于贪污罪追诉时效的复函》；2002 年 2 月 11 日《关于非法经营国际或港澳台地区电信业务行为法律适用问题的批复》。在这一阶段，最高人民检察院开始较为频繁地独自制发刑法司法解释。

3. 最高人民法院和最高人民检察院联合制发的刑法司法解释。例

---

① 1983 年 9 月 2 日通过的《关于修改〈中华人民共和国人民法院组织法〉的决定》，但并未对 1979 年《人民法院组织法》第 33 条关于最高人民法院享有司法解释权的规定作出变动。

② 1983 年 9 月 2 日六届人大常委会第二次会议通过的《关于修改〈中华人民共和国人民检察院组织法〉的决定》仍未规定最高人民检察院享有司法解释权。

如，1984年11月2日《关于当前办理流氓案件中具体应用法律的若干问题的解答》；2001年6月4日《关于办理伪造、贩卖伪造的高等学校学历、学位证明刑事案件如何适用法律问题的解释》。

4. 最高人民法院、最高人民检察院和行政机关乃至社会团体联合制发的刑法司法解释。例如，1984年4月16日最高人民法院、最高人民检察院、公安部、司法部《关于办理自首和有关问题具体应用法律的解答》；2000年3月20日最高人民法院、最高人民检察院、公安部、民政部、司法部、全国妇女联合会《关于打击拐卖妇女儿童犯罪有关问题的通知》；等等。

5. 最高人民法院和最高人民检察院内部机构发布的刑法司法解释性文件。例如，1984年9月17日最高人民法院研究室《关于对拘役犯在缓刑期间发现其隐瞒余罪判处有期徒刑应如何执行问题的电话答复》；1989年5月29日最高人民法院刑二庭《关于办理减刑假释工作有关问题的电话答复》；2002年10月24日最高人民检察院法律政策研究室《关于通过伪造证据骗取法院民事裁判占有他人财物的行为如何适用法律问题的答复》；等等。

6. 行政机关发布的刑法司法解释。例如，1982年8月21日中国人民银行《关于变造国家货币按伪造国家货币治罪的复函》。

四、结语

通过对中国刑法司法解释权配置体制的演进过程的考察，可以发现中国刑法司法解释权的配置格局一直存在立法格局和实际格局两张皮。立法格局“束之高阁”，实际格局“群雄逐鹿”，这是我国刑法司法解释体制自始至终的痼疾。

1. 从立法的层面来看，以1955年《关于解释法律问题的决议》和1981《关于加强法律解释工作的决议》两个立法文件为标志，可以分为三个阶段：决议前阶段是无法可依的群雄逐鹿阶段；旧决议阶段是最高人民法院“一元一级体制”阶段；新决议阶段是最高人民法院、最高人民检察院“二元一级体制”阶段。从立法的层面来看，这三个阶段的刑法司法解释权配置体制确实存在重大差异。

2. 从现实的层面来看，无论是在旧决议阶段还是在新决议阶段，关于法律解释问题的两个立法文件都未得到严格地贯彻执行，都存在法定的刑法司法解释主体以外的主体参与制发刑法司法解释的现象，而且比较普遍，现实的刑法司法解释权配置体制背离了立法规定。可以说，目前这种无权解释主体参与制发刑法司法解释的现象在新中国成立初期的决议前阶段就已经存在，而且至今仍无根本的改变。除了实际中无权主体参与制定发布刑法司法解释等有法不依的情形外，新决议阶段确立的二元体制本身也存在许多弊端，既存在理论障碍，也在现实中引发不少问题，最高人民法院和最高人民检察院作出互相矛盾的解释之严重损害解释严肃性的情形已不少见。总之，无论在制度设计层面还是实际运作层面，中国的刑法司法权配置体制都存在不少弊端，不符合建设社会主义法治国家的总目标的要求，应当纳入国家司法改革的总体规划中予以妥善解决。

（原载《云南大学学报法学版》2006 年第 1 期）

中国有权刑法司法解释模式评判

李　洁

法律解释，一般是指对特定法律规定意义的说明。[①] 本文所说的有权法律解释，是指具有法律效力的法律解释，以区别于不具有法律效力的法律解释，即学理解释。有权的法律解释可以分为立法解释与司法解释两类，由立法机关所作出的法律解释是立法解释，而司法机关所作出的法律解释属于司法解释。全面探讨法律解释是一篇文章所难于做到的，因而本文选取有权司法解释为文章的基本方向，以有权司法解释的模式为研究内容，以刑法司法解释为基本视角，侧重评判，故设定中国有权刑法司法解释模式评判为文章题目。

一、中国有权刑法司法解释模式

（一）解释模式：二元一级抽象式有权刑法司法解释

有权刑法司法解释，是指在司法中具有法律效力的解释。依据中国相关法律的规定，中国有权刑法司法解释的模式是二元一级抽象式的刑法司法解释模式。

1．二元：法院与检察院

我国《人民法院组织法》第33条规定："最高人民法院对于在审判过程中如何具体应用法律、法令的问题，进行解释。"《全国人民代表大会常务委员会关于加强法律解释工作的决议》第2条规定："凡属于法院审判工作中具体应用法律、法令的问题，由最高人民法院进行解释。凡属于检察院检察工作中具体应用法律、法令的问题，由最高人民检察院进行解释……"依据上述规定，有权进行刑法司法解释的机关应该是

① 沈宗灵：《法理学研究》，上海高等教育出版社1994年版，第420～421页。

人民法院与人民检察院。其所作出的司法解释是一般有效的，不但本机关要遵照执行，其他机关也必须遵照执行，而其他机关不具有司法解释的权利。

2. 一级：最高人民法院与最高人民检察院

依据上述法律的规定，法院与检察院的司法解释权并不是赋予全部的法院和检察院，而是只赋予最高人民法院与最高人民检察院（简称"两高"），"两高"之外的法院和检察院不是法定的刑法司法解释机关，无权对法律进行解释，或者说，其解释是不具有法律效力的。

3. 抽象式：准立法式的对立法规定的细化方式

抽象式，是对"两高"司法解释方法的概括，即"两高"所作出的司法解释，一般不是在裁判案件的过程中，通过判决理由的说明来表现司法者对法律的解释，而是通过发布专门的司法解释文件，或者通过对下级法院提出的在处理案件过程中对应用法律问题的请示进行批复的方式，对法律进行解释。因此，中国的有权刑法司法解释，在方式上是抽象式的解释方式。该种司法解释的特点是：其一，在适用的范围上，一般不针对具体案件的裁判，而是面向全部的刑法司法领域，即不是对案件的，而是对全部司法机关的，在司法解释发布之后，不管是哪个司法机关，对此问题均应依据司法解释来司法。其二，在解释方式上，一般不是对具体案件适用法律的解释，而是对法律所进行的细化性的规定；不是说理性质的，而是规定性质的。也正是因为如此，有人提出这种司法解释在一定程度上演变为"准立法"。① 其三，在解释的效力上，刑法司法解释具有司法机关一体遵行的效力，不能违反，如果不按司法解释的规定司法，其司法结果就可以被认为是违法。其四，对司法解释进行解释的必要性。由于刑法司法解释是准立法性质的司法文件，是对"世"的，而不是对"事"的，是抽象的规定，而不是具体的说明，因而对司法解释的适用在相当多的情况下不能直接适用，而是需要对司法解释进行解释，以使具有抽象性质的解释规定能够适用于具体案件。

---

① 陈兴良：《刑法的人性基础》，中国政法大学出版社 1996 年版，第 540 页。

（二）法官是否是有权司法解释的主体

需要指出，在具体的刑法司法过程中，法官对法律的解释是大量存在的。一方面，“两高”的司法解释并非对所有的刑事立法规定均存在，有相当多的刑事立法内容并没有“两高”的司法解释，而立法的抽象性，使对其适用的解释不可避免。另一方面，“两高”的司法解释由于具有准立法的性质，是对刑法立法规定的细化，而不是对法律条文与具体案件的适用关系方面的解释，因而，其抽象性质也就决定了对“两高”司法解释同样具有解释的必要性。这两方面的原因，导致法官在具体进行刑事司法活动的过程中，对法律进行解释的必要性，或者说，虽然有“两高”的司法解释，也不能使刑法达到不需要解释就可以适用于具体案件的程度，导致法官在具体裁判案件的过程中，解释法律具有不可避免性。

那么，这是否意味着法官也是法定的有权刑法司法解释的主体呢？笔者认为，法官解释刑法的现象是存在的，而且是大量的，但不能由此推导出法官具有刑法司法解释权的结论。这至少可以从以下两个方面得到说明。

1．立法未规定法官作为司法解释的主体

如果立法不对司法解释的主体作明确规定，且将法律解释理解为“为了解决具体案件，必须获得作为大前提的法令规范。这种获得作为判决大前提的法律规范的作业，亦即广义的法律解释”① 的话，作为裁判者的法官，应该具有解释法律的权利，法官应该是当然的法律的解释者。但是，我国用法律的形式规定了司法解释的主体是最高人民法院与最高人民检察院，而没有规定法官是司法解释的主体。当然，对于立法的这种规定也可以作如下理解：法官是当然的解释法律的主体，但法院和检察院并不是当然的解释法律的主体，为了使法院与检察院解释法律主体的地位得到确认，而在法律上予以规定。但是，这样的可能并无相应的法律与制度或者习惯的支持。也正因为如此，有学者依据相关的法

① 梁彗星：《民法解释学》，中国政法大学出版社 1995 年版，第 192～193 页。

律规定提出："司法解释的主体只能是国家最高司法机关"①，即最高人民法院与最高人民检察院。

2. 错案追究制说明法官的司法解释实质无效

错案责任追究制度，试行于20世纪80年代末90年代初，截至1993年10月底，已有河南、河北、海南、甘肃、宁夏、天津、山东、湖南、江苏、江西等省、市、自治区在三级法院全面推开，现在已经在全国法院实行的制度。不仅如此，在一些地区，错案追究制也成为其他与刑事司法相关的机关即检察院、公安机关的一种因错案而追究办案者责任的制度。如果说，司法者因徇私舞弊、收受贿赂或者其他故意枉法的情形而受到追究，这是当然的事情，而且这可以说是世界通例。但是，我国的错案追究制不是这种意义上的错案追究，而是指对错案的界定大多以二审、再审改判作为衡量的标准。② 下级机关的结论被上一级机关改变时，下级机关就属于错案。这样的错案追究制在实质上否定了法官解释法律的权力。因为，权力是"处于某种社会关系内的一种能够不顾抵制而实现其个人意志的可能性"③，因而权力行为是不应当被追究的。如果法官有司法解释权，只要其没有故意徇私枉法的事实，不管其解释的内容是否为其他法官所赞同，都是有法律效力的，只要依据这种解释所作的判决没有因上一级法院的改判而归于无效，其判决就具有法律效力。即使其判决被上一级法院改判而归于无效，这也只是认为不同的法官对法律的解释不同，同时在法院内部因不同审级的权力制约关系导致一审法官的解释被二审法官的解释所取代，而不能认为一审法官对法律的解释是错误的，当然也不能追究一审法官的错案责任，而且，不同的法官

---

① 张志铭：《当代中国的法律解释问题研究》，载《中国社会科学》1996年第5期。

② 刘淑君：《法官独立行使审判权探析》，载《甘肃政法学院学报》2002年第1期。

③ 周振想主编：《权力的异化与遏制——渎职犯罪研究》，中国物资出版社1994年版，第4页。

所裁判的相同类型的案件，生效判决所依据的法律解释也可以是不同的。①

而在我国的错案追究制之下，只要下级法官对法律的解释被上一级的裁判所否定，对下级法院的法官以错案进行追究本身，就意味着法官没有解释法律的权力。也正因为如此，在司法实务中，法官往往不是积极地以刑法的基本精神来解释法律，而是依赖最高人民法院的司法解释，如果没有司法解释，就有感到案件难于处理的可能。司法实务工作者的这种心态，说明了法官自己也不认为自己有解释法律的权力。

以上情况说明，在中国，法官是不具有解释法律的权力的。即使进行了解释，也会因为错案追究制而使这种解释实质上归于无效。

二、支撑中国有权刑法司法解释模式的基础

以上分析了中国有权刑法司法解释的模式是二元一级抽象式的模式。这种刑法司法解释的模式是独特的，与其他国家通行的刑法司法解释的模式具有不同的特征。那么，我国何以会形成这样的刑法司法解释的模式？笔者认为，这不是偶然的，而是具有与中国的法律、制度之一致性。

（一）法律基础：立法对刑法司法解释的规定

形成我国有权刑法司法解释现有模式的基础首先是法律的规定，即法律明确规定了解释法律的机关。这种立法规定就使现在有权刑法司法解释的模式之形成有了法律依据。在立法中，只规定最高人民法院与最高人民检察院是刑法司法解释的机关，而未规定其他机关有这样的权力，可以认为是在立法上排除了其他机关和个人解释法律的权力。而这种解释机关的规定，也就决定了刑法司法解释的抽象式的特征。因为最高人民检察院作为检察机关不具有裁判案件的职权，不可能在具体处理案件过程中解释法律是不言而喻的；最高人民法院一般情况下也不裁判具体案件，因而难于在裁判过程中体现出对法律的解释。因而这种司法解释权的行使，其最可能的方式就是通过发布具有“准立法”性质的司

① 例如，依据同一部刑法，对共同伤害案件中难于认定是谁实施了致重伤的打击时，司法实务中就存在不同的认定与处理方式，这种不同的处理方式所依据的对法条的理解当然是不同的。

法解释，行使法律所规定的解释法律的权力。这种司法解释权的行使方式，一方面，具有效力范围大的特点，可以适用于所有的法院之法官对案件的裁判；另一方面，只有采取这样的司法解释的模式，才可以与法律规定的司法解释权力机关与对法律的解释具有统一性。如果不采取这样的司法解释的方式，就会出现有解释法律权力的机关不具有解释法律的机会，因为最高司法机关一般并不裁判具体案件，而具有裁判一般案件职责的其他法院与法官又不具有法定的司法解释的权力，使法律规定的司法解释权出现落空的局面。也就是说，立法规定的司法解释机关，已经使中国有权刑法司法解释的模式不得不呈现现有的状态。

（二）制度基础：中国的司法体制

如果追问中国的立法为什么规定了这样的司法解释机关，其回答，应该说与中国的司法体制有直接关系。作为最直接的中国司法制度的内容，至少有以下两个方面：其一，将检察机关设定为法律监督机关。依据我国《人民检察院组织法》第1条规定，中华人民共和国人民检察院是国家的法律监督机关。而检察院行使的法律监督权应该属于司法权的范畴。① 也就是说，我国的司法机关不但有人民法院，也包括人民检察院。需要指出，从广义来看，作为控诉机关的人民检察院，具有司法机关的性质是可以理解的。但解释法律的机关，就不能是广义的司法机关，而是具有依据法律裁判案件权力的机关，即人民法院。但由于我国立法将法院与检察院设定为具有平行性质的两个司法机关，那么，在对平行机关的权力设置上，也就不得不具有平衡的性质。将刑法司法解释的权力赋予“两高”，当与这种权力设置具有密切关系。其二，法院独立审判的审判体制。依据我国《人民法院组织法》的规定，我国是采取法院独立审判制度，而不是法官独立审判（《人民法院组织法》第4条）。除轻微刑事案件可以由一名法官独任审判之外，其他案件均要求组成合议庭进行（《人民法院组织法》第10条）。作为审判组织，在法院还设立有审判委员会，审判委员会是法院的最高权力组织，重大案件由审判委员会决定案件的处理（《人民法院组织法》第11条），审判委员会不是合议庭之上的又一个审级，而是一个审级内的法院的权力组织。在一级

---

① 石少侠：《检察权研究》，吉林大学法学院2002年博士学位论文。

法院内，具体承办案件的合议庭的审理结果并不一定是案件的审判结果，如果是有必要由审判委员会讨论的案件，审判委员会有权改变合议庭的结论，作出判决。各个级别的审判机关均有审判委员会的组织。这种司法体制说明，我国不是法官独立审判而是法院独立审判，审判权不是赋予法官而是赋予法院的。

这样的司法体制，反映在司法解释权限的设定上，也只能是有审判权的机关即法院有司法解释权，而不是法官。也就是说，我国的司法体制是支撑我国刑法司法解释体制的制度基础。在我国的司法体制之下，将司法解释权赋予法官是不现实的，因为法官虽然有裁判案件的权力，但这种权力并非是只受法律的制约而不受其他限制的权力，法官的裁判权只是法院裁判权的表现形式之一，其所作出的判决不经过上诉或抗诉的程序也可以在本院内由审判委员会改变。这样的司法体制，说明将解释法律的权力赋予法官是不现实的。

三、中国有权刑法司法解释模式评判

以上简要分析了中国有权刑法司法解释模式的现状以及产生的基础。笔者认为，中国的有权司法解释的模式是存在相当问题的。这可以从解释机关的设定、解释级别与人员的设定、解释方式三个方面进行分析。

（一）将检察机关设定为刑法司法解释机关具有不合理性

如前述，在我国，检察机关是法定的刑法司法解释机关。但如果从检察机关的性质、职能等方面进行分析，将检察机关设定为有权刑法司法解释机关不具有合理性。具体可以从以下方面得到说明。

1. 检察机关解释法律无实质根据

检察机关作为刑法司法解释机关是法律规定的，[①] 存在着作为刑法

---

① 《全国人民代表大会常务委员会关于加强法律解释工作的决议》第2条规定："凡属于法院审判工作中具体应用法律、法令的问题，由最高人民法院进行解释。凡属于检察院检察工作中具体应用法律、法令的问题，由最高人民检察院进行解释。……"其中虽然未指明这种解释包含对刑法的解释，检察院作为法定的公诉机关，其自然涉及对刑法的解释问题。同时，最高人民检察院对刑法的解释已经是现实。

司法解释机关的法律依据。但是，依据我国相关法律的规定，检察机关的职权是侦查（部分案件）、批捕、起诉、法律监督等方面，应该说，检察机关的以上职权并不能为其刑法司法解释权提供实质的根据。

刑法司法解释，是就刑法的适用所进行的解释，也就是说，是对法律的蕴涵进行的解释，以便将抽象的法律适用于具体的案件事实。而这种解释的目的，是为了说明行为人的行为是否符合法律的规定，以决定是否应该对某具体的事实认定为符合法律的规定，以便对行为人进行裁判。也就是说，对刑法的解释是为了进行司法裁判，以决定行为人的罪与非罪、此罪与彼罪、重罪与轻罪等实体事项。如果依据责任与权力统一的原则，这样的权力应该由具有裁判权的机关来行使。因为依据我国的司法体制，法院是审判机关，只有法院才有权对刑事案件行使裁判权，其他机关不具有这样的权力。同时，依据权力与责任统一的原则，具有司法裁判权的法院，也要对其错误的裁判承担责任。如果依据这样的原则，就只能由具有裁判权的机关来解释法律。笔者不能设想，不具有裁判权的机关具有解释法律的权力，而对于裁判的错误要由裁判者承担责任，这种权力与责任不对等的状况不具有公正性。同时，一般说来，法律解释是对法律规范的含义以及所使用的概念、术语、定义等所作的说明，[①] 也就是将具体的案件适用于抽象的法律之判断过程，不具有裁判权的机关解释法律，想要对法律进行中肯的、有针对性的解释是困难的，赋予其司法解释权也就难于具有实质的根据。

2. 作为控诉机关与被告方不对等

检察机关的重要职能之一，是在刑事诉讼中作为公诉人代表国家行使控诉权。如果赋予检察机关刑法司法解释的权力，作为控诉机关，其与被告方的不对等是显而易见的。在刑事诉讼中，基本的诉讼模式是检察机关代表国家作为原告人，或称控诉人，控诉作为相对方的被告人一方，控诉人与被告人作为刑事诉讼中相互对立的双方进行诉讼，由法院居中裁判的诉讼结构。在这样的诉讼结构中，作为居中裁判的法院具有解释法律的权力是合理的，因为法院是裁判者，由裁判者对规则进行解

---

① 参见《中国大百科全书 · 法学》，中国大百科全书出版社 1984 年版，第 81 页。

释具有公正性。而作为控诉方的检察机关，处于一方当事人的地位。如果诉讼中允许一方当事人具有解释法律的权力，而他方当事人不具有解释法律的权力，其地位的不对等是显而易见的。而在不平等的诉讼结构中，想有公平的裁判是困难的。正如竞技比赛中，不但裁判有解释规则的权力，而且参与竞技的双方中还有一方具有解释规则的权力，而另一方则不具有这样的权力一样不公平。如果检察机关的法律解释与裁判机关的法律解释具有同等的效力，在对某个法律规定法院没有司法解释而检察院有司法解释的情况下，法院的裁判者也要依据检察院的司法解释裁判案件，裁判者也就不具有居中裁判的性质，而是与控诉方合作，共同对付被告一方。

在这种诉讼模式下，其公平何在？这种诉讼模式，也就使司法公正的追求化为乌有。如果要达到对等，或者同时赋予被告方，即被告人以及作为其代理人的律师也具有法律解释的权力。可是这样一来，参与刑事诉讼的三方，即原告方、被告方、裁判方均具有解释法律的权力，若其解释的结论不同（这种情况应该是常态的），各执己见，诉讼岂非成了儿戏；如果将不同主体的解释之间划分出不同的效力，低效力的解释又有什么意义呢。

3. 作为监督机关与被监督者不对等

依据我国《人民检察院组织法》项的规定，检察机关还具有法律监督的职能。[①] 依据法律的规定，这种法律监督的对象，包含了整个刑事诉讼的过程以及执行过程是否合法，也就是说，不但作为刑事诉讼当事人的被告方，而且作为裁判方的法院，也受到检察机关的监督。在这种情况下，作为刑事诉讼的当事人双方，一方有监督裁判者与对方当事人的权力，而裁判者与对方当事人只具有接受监督的义务，这种关系的不对等也是显而易见的。当一方当事人同时又是法律监督者的时候，这意味着当事人双方地位的不对等，在不对等的双方所进行的诉讼，在形式上就是不公正的。在不具有形式公正的情况下，实质公正并非不可能，

---

① 依据《人民检察院组织法》第5条之（三）、（四）、（五）项的规定，检察院有权对侦察、审判、判决的执行以及监狱等劳动改造机关的活动是否合法实行监督。

但不公正的可能性也并非偶然。当然，作为出庭支持公诉的检察官并非同时具有在本法庭进行法律监督的职责。[①] 但是，公诉与法律监督毕竟是同一检察机关的职权，作为被监督者的法院，对检察机关所作出的司法解释，由于所处的地位，是否也可能容让几分呢？在这种不对等的情况下，作为同样是被监督者的被告一方，其权利如何得到有效的保护也就不无问题了。

（二）解释级别与人员设定的不合理性

1. 裁判权与司法解释权的分离：裁量大量案件的下级法院无司法解释权

一般来说，司法对立法的解释来源于立法的原则或者抽象性。制定一部不需要解释的刑法典曾经是大陆法系国家的追求。大陆法系在资产阶级革命后，展开了一场规模宏大的法律编纂运动，制定了一系列具有数以万计条文的法典，意图使法官无权解释法律。当这样的设想失败之后，刑法的适用需要解释在世界范围内已经成了现实。[②] 而立法之所以不能不需要解释，就是由于法律规定抽象与现实发生之案件的具体、复杂。法律不得不抽象，是由于立法客体对立法者的制约、立法者的局限性、法律载体的局限性等原因导致的。[③] 在立法上列举现实中可能发生的全部事件是人力所不及的，不仅立法者难于在立法当时预见法律制定后可能发生的情况，就是立法当时已经存在或者可能发生的情况，立法者将其列举无遗也是办不到的，这就是人的能力的限制。为了制定法律具有必要的张力，法律的解释就不可避免。如果司法解释确实来源于立法能力的限制，那么，就是为了使具体发生的案件适用于具体的法条而需要解释。依据此前提，顺理成章的结论就是实体案件的裁判者具有解释法律的必要和可能。而依据我国的司法解释模式，具体案件的裁判者

---

① 依据《人民检察院组织法》第5条之（四）的规定，检察院具有公诉权与审判监督权，但并未要求出庭支持公诉的检察官同时监督本法庭的审判活动是否合法。

② 董皞：《司法解释论》，中国政法大学出版社1999年版，第120～122页。

③ 董皞：《司法解释论》，中国政法大学出版社1999年版，第78～85页。

不具有解释法律的权力，而具有解释法律权力的最高人民法院和最高人民检察院或者不具有裁判权，如最高人民检察院，或者极少裁判具体案件，如最高人民法院，而且，即使最高人民法院裁判的案件，其裁判一般也不是司法解释的来源，即最高人民法院所作的司法解释一般并不是就自己所裁判的案件而作出的解释，虽然也有针对具体案件进行司法解释的情况，如以“批复”的形式所作的司法解释就可能是针对个案作出的，但大多数的司法解释不是针对具体案件而作出的。这样，就产生了司法解释权与裁判权的分离：裁判大量案件的各级法院不具有司法解释权，而具有司法解释权的最高人民法院又很少裁判案件。

这种分离导致的可能后果是，司法解释很难是针对具体的案件事实作出的，而只能是针对一类事实作出的抽象解释，而抽象的解释是否可以解决具体案件的法律适用问题仍然是存在疑问的（此问题容后详述）。

2. 裁判者与解释者的分离：裁判者不具有司法解释权

如果说抽象的法律适用于具体的案件导致司法解释的不可避免，那么，我国的司法解释模式的设置，是否能达到解释的初衷就不无疑问。因为依据我国的司法解释模式，具有具体案件之裁判权的法官是不具有司法解释权的，因而裁判者在具体裁判案件的时候，就只能有两种选择：一是按照法律与“两高”的司法解释，将具体案件事实套用法律或解释的规定，若不具有直接套用的可能性，就依照稳妥的原则，就低不就高裁判案件，放任这种做法所可能导致的违背公正结果的出现。二是依据自己对法律的解释，追求尽可能公正地裁判案件，而忍受可能出现的受到错案追究这种不利于自己的后果。因而法官如果创造性地解释法律，就有可能与具有司法解释权的机关之看法不一致，这种不一致最起码在抽象的司法解释与具体案件事实之间具有存在的必然性。

例如，甲（在将盗窃的成罪数额起点确定为1000元的地区）一次入室盗窃盗得财物价值500元，一次扒窃200元。由于盗窃总额不足1000元，盗窃次数不足3次，依据最高人民法院的司法解释，本行为不构成犯罪。但是如果与一次扒窃1000元相比，其行为的社会危害性明显比后者要大。在依据最高人民法院的司法解释将其认定为非罪与具体案件的裁判者依据法条的精神将其裁判为构成犯罪两者之间，其结果是确定的：无权者失败。①

以上情况说明，在我国的司法解释模式之下，其后果是裁判者与解释者的分离，裁判者不具有司法解释权。而司法者不具有司法解释权的后果，一方面导致案件的裁判有失去实质合理性的可能，违背立法原意；另一方面，导致司法者难于具有依据裁判的需要不断提高业务素质，提高裁判质量的内在动力。因为现行的司法解释模式不要求具体的裁判者将自己当做一个独立的裁判者，而是一个照章办事的办事员，只要不违规，就不会犯错误，即使事后证明其裁判是错误的，也不是办案者的错案而是司法解释机关的责任。在这样的司法解释体制之下，法律的张力就难于体现，司法者的能力难于最大限度地发挥，司法公正的追求难于全面实现，我国的司法水平提高也失去了相当的内在动力。

3. 权力与责任的分离：无人对法律的解释错误负责任

权力如果失去了制约，就有被滥用的危险，而制约权力的应该是责任。但在中国的司法解释模式之下，其权力与责任恰恰是分离的：最高人民法院与最高人民检察院具有司法解释权，但由于其一般不裁判具体案件，不会存在错案的责任；各下级法院的法官具有裁判案件的权力，但由于其不具有司法解释权，其裁判案件所依据的司法解释是“两高”制定的，具体的裁判者对之只具有遵照执行的义务而无评判或者修改的权力，因而，只要是依照司法解释裁判案件，无论其结果是否在形式上或者实质上符合立法规定或者是否符合立法意图，裁判结果是否合理，具体的司法者可以在所不问。于是形成这样的局面：“两高”作为司法解释者对法律负责任，而具体的司法者只对“两高”负责任，即对上级负责任。那么，谁对案件的裁判负责任呢？结论是无人负责。即由于解释者与裁判者的分离，如果法律解释出现错误，对于法律因此得不到正确执行的状况是没有责任存在的。如果权力是不受责任制约的，其解释权的行使是否能够保有必要的审慎是值得怀疑的。

4. 检察机关与法院均有司法解释权：解释冲突发生的可能性

依据我国的法律规定，司法解释权是赋予最高人民法院和最高人民

① 在我国，“两高”的司法解释既然具有准立法的性质，就不能允许对之不予遵守。

检察院两个机关。由于两个机关的职能不同，也由于不同机关的构成人员对具体法条的理解不同，“两高”的司法解释不同甚至存在冲突的可能性是存在的。在近年来的司法解释中，这种冲突也确实存在过。例如，在1997年刑法生效之后，“两高”分别作出了关于罪名的司法解释，但“两高”司法解释在罪名确定上却存在不同，最明显的是对《刑法》第397条第2款的规定，最高人民法院未将其解释为独立的罪名，而最高人民检察院将其解释为独立的罪名即徇私舞弊罪，出现了解释上的冲突。两种有权司法解释均具有法律效力，均要求被执行，其结果是难于设想的，而且这种冲突也表明了法律解释的不严肃。

5．检察机关作为有权司法解释机关的处境：尴尬

如果从检察机关作为刑法司法解释机关为检察机关所带的益处来看，可以说，检察机关所具有的这种解释法律的权力，实际上并未一概带来检察机关地位的上升，而是有时会为检察机关带来处境的尴尬。仍以关于罪名的司法解释为例。当适用《刑法》第397条第2款的时候，各级检察机关依据最高人民检察院关于罪名的司法解释，以徇私舞弊罪起诉，而法院则依据最高人民法院的司法解释以滥用职权罪定罪，检察院所确定的罪名不为法院接受。在这种情况下，检察院只有两种可能的处理方式：一是默认自己的司法解释实质无效；二是以抗诉的形式一直到由最高人民检察院向最高人民法院就罪名问题提起抗诉，最后由作为中国权力机关的人大常委会依职权进行裁量，其结论是确定对《刑法》第397条第2款是否应当确定独立罪名，即裁量两高的司法解释哪个是有效的。[①] 第一种方式是默认检察机关的司法解释权低于审判机关的司法解释权，而这种默认与我国《全国人民代表大会常务委员会关于加强法律解释工作的决议》确认的司法解释权限是不统一的；[②] 第二种方式的结果可能是由权力机关认定检察机关的司法解释权在与裁判相关的领

① 《全国人民代表大会常务委员会关于加强法律解释工作的决议》第2条：最高人民法院与最高人民检察院的解释如果有原则性的分歧，报请全国人民代表大会常务委员会解释或者决定。

② 依据该决议，两高的司法解释权是平行的，而不是分等级的，因为正是如此，才会有决议第二条后半段的规定。

域低于法院，也是在实质上使检察机关的司法解释权的地位下降或者实质上无效。也就是说，无论是哪种情况，检察机关的司法解释权带给检察机关的，不仅有权力的荣耀，还有尴尬与无奈。

也许是为了解决这个问题，经常出现的是最高人民检察院与最高人民法院联合发布司法解释的情况，这种方式解决了检察机关的尴尬问题，对这样的司法解释法院与检察院一体遵行是没有问题的。但却产生了另一个问题：检察院是以何种职权发布司法解释？如果作为监督者，监督者与被监督者共同发布司法解释，监督还如何进行？如果是以控诉者的身份与法院一起发布司法解释，就意味着原告与裁判者共同发布司法解释，裁判者与原告联手，如何与被告的权利达到平衡？这也是在我国现行有权司法解释模式之下不得不面对的问题。

（三）解释之抽象方式的不合理性

就我国有权刑法司法解释的方式来看，其抽象的解释方式的不合理性也是明显的，至少可以指出以下几个方面。

1. 立法机关的难题在司法机关同样存在

如前述，在世界范围的刑法立法史上，意图制定一部不需要解释的刑法典曾经是立法者的追求，而且也曾将这种追求付诸实施，但这种追求并未得到实现，到现在为止世界上尚未发现不需要解释的刑法典。如果我们不评论制定一部不需要解释的刑法典的立法追求所体现的对法院或者法官的不信任的观念是否合适，仅就其可能性来说，这种追求也是不可能实现的。对于实现这种追求的障碍最少可以列举出三个方面的理由：一是预后困难。法律的制定不是为了处理法律制定前的事件，如果按照刑法不溯及既往的原则，法律制定之前的行为是不能用新的法律来规制的，法律是为了适用于之后可能发生的行为制定的。虽然事物的发展有其规律，社会生活具有延续性，但立法要将现实尚不存在而其后可能发生的应当用刑法规制的行为用细密的列举方式规定无遗是难于做到的。正如哈特指出的："很明显，这个世界不是我们的世界。人类立法者根本不可能有关于未来可能产生的各种情况的所有结合方式的知识。"①二是立法遗漏。立法者是人，作为人也就必然具有人的局限。作为认识论来说，我们可以说世界是可以认识的，没有不可认识之物，但这样的认识是以人类的历史延续为前提的，而作为一个时代、一个人或者人的群体来说，其认识是有限的。这种有限性就导致作为立法者的人或人群所立之法必然具有存在漏洞、缺陷或不周延的可能性。三是语言限制。人的语言能力不是无限的，词不达意的情况决不限于语言低能者，因此如何用语言在立法中表现立法意图将是更困难的事情，"世界上的事物比用来描述它们的语词多得多"。②同时，"一个概念的中心含义也许是清楚的和明确的，但当我们离开该中心时它就趋于变得模糊不清了，而这正是一个概念的性质所在。沃泽尔用一种略微不同的隐喻将概念比喻成'一张轮廓模糊且愈到边上愈加模糊的照片'"。③以上三个方面的理由导致立法者无法制定出一部不需要解释的刑法典。

那么，如果由最高司法机关作出准立法形式的司法解释，是否可以达到解释的意图，实现解释的功能呢？笔者认为结论是否定的，因为立法机关的难题在司法机关也同样存在。由于我国的有权司法解释一般不是就具体案件的处理所进行的解释，而是对立法机关所立之法进行细化，而这种细化了的司法解释仍然具有抽象性，只是其抽象程度比立法低些，于是立法机关所存在的问题在司法解释时同样存在：预后困难、立法遗漏、语言限制。这些问题一方面导致对最高司法机关之司法解释再进行解释的必要性，这种必要性导致法官解释法律的不可避免，即立法未赋予法官解释法律的权力，但没有这种解释法官就难于处理案件，于是只好解释法律；另一方面导致有权司法解释难于达到解释的功能：难于依此处理复杂的具体案件。如果依据司法解释难于处理具体案件，其司法解释的价值何在是值得深思的。

---

① ［英］哈特：《法律的概念》，张文显等译，中国大百科全书出版社1996年版，第128页。

② ［美］E.博登海默：《法理学——法哲学及其方法》，邓亚来、姬敬武译，华夏出版社1987年版，第464页。

③ ［美］E.博登海默：《法理学：法律哲学与法律方法》，邓亚来译，中国政法大学出版社1999年版，第486页。

2. 违法解释存在的可能性

依据《中华人民共和国立法法》的规定，立法权只能由立法机关即全国人民代表大会和其常务委员会行使，司法机关所进行的解释不能违背法律的规定，否则司法解释无效。但是，由于我国的有权司法解释是抽象式的解释，具有“准立法”的性质，司法解释一经制定，就对司法机关发生法律效力，各级司法机关必须遵照执行。同时，正是由于由最高司法机关所进行的解释的普遍适用性，也就不可能对这样的司法解释是否合理具有来自司法机关、司法人员的监督。依据《全国人民代表大会常务委员会关于加强法律解释工作的决议》的规定，对司法解释是否合法所能够监督的只能是立法机关，而立法机关是否有暇对大量的司法解释进行审查是存在疑问的，于是司法解释的违法就存在现实的可能性。事实上，这种司法解释违法的实例是存在的。例如，最高人民法院于2000年11月10日通过的《关于审理交通肇事刑事案件具体应用法律若干问题的解释》第5条第2款规定：“交通肇事后，单位主管人员、机动车辆所有人、承包人或者乘车人指使肇事人逃逸，致使被害人因得不到救助而死亡的，以交通肇事罪的共犯论处。”而依据刑法对交通肇事罪的规定以及理论界的通论观点，交通肇事罪是过失犯罪，① 而依据《刑法》第25条的规定：“共同犯罪是指二人以上共同故意犯罪。二人以上共同过失犯罪，不以共同犯罪论处；应当负刑事责任的，按照他们所犯的罪分别处罚。”该条规定说明，共同犯罪以共同故意的存在作为成立的必要条件。而交通肇事后逃逸，只是交通肇事罪的法定加重处罚情节，而不是独立的罪名，作为公认为过失犯罪的交通肇事罪，不可能存在共同犯罪。而最高人民法院的司法解释明确规定交通肇事罪可以成立共同犯罪，其司法解释的违法性是明显的。而这种司法解释的违法性之所以能够存在并得到延续，就是由于我国有权刑法司法解释的准立法性导致的。

3. 违背公正解释存在的可能性

如果说，由于我国刑事司法解释的准立法性可能导致司法解释的违

---

① 高铭暄、马克昌主编：《刑法学》，中国法制出版社1999年版，第656页。

法性，但毕竟这种违法的解释是个别存在的，那么，违背公正解释的可能性就更加明显。如前述，从能力上来说，司法机关并不强于立法机关，立法机关做不到的事司法机关同样做不到。就以对犯罪成立或者法定的加重、减轻犯罪之成立条件来说，立法机关无法进行具体规定的情况下，由最高司法机关以司法解释的形式进行规定可以达到一般的公正吗？笔者认为值得研究。以前面提到的盗窃罪为例，显然，其行为的综合社会危害性大，但由于不符合司法解释规定的列举择一式的成罪标准，会出现综合危害性大却不构成犯罪的不公正。类似这样的司法解释导致的实质处理案件的不公正绝不是个别现象。这种司法解释的不公正是明显的，而这种不公正在我国现行的有权司法解释体制之下是不可避免的。

4．解释的效力范围导致不公正的扩散性

应该说，司法解释的不公正在任何国家的司法解释中都是不可避免的，因为解释者对法律的解释是个体（法官解释法律的模式下）或者法定机构（在我国的司法解释的模式下）对法条的解释，而无论是个体还是机构都不可避免其局限性。但是，在解释者为个体的模式下，其解释只对个案有效，其不公正的范围只限于个案；而我国的司法解释模式之下，司法解释具有全部司法机关一体遵行的效力，这种效力范围就导致不公正的扩散性，只要司法解释不公正，全国的司法机关依据该司法解释所处理的案件均具有不公正的可能性。

以上情况说明，抽象式的司法解释模式，因其不具有解释所应当具有的适用于具体案件的性质，其解释的结果具有违法、不公正、不合理的可能性，于是就存在选择：我国是坚持这种解释模式而放任这种解释的不利结果，还是改变我国的有权司法解释的模式，力图尽可能地实现解释的公正？笔者认为，选择后者，是理智的。如果我们了解一下其他国家的有权司法解释模式，对我国的选择也许是有益的。由于资料所限，笔者在这里只列举几个国家的司法解释模式。在日本，解释法律是法官的权力，法官在裁判具体案件的过程中，确定抽象的法条所具有的意义，以将抽象的立法规定适用于具体的案件事实。[1] 在美国，案件的裁判是法官的职权，法官制作的判例不仅可以对成文法进行解释，而且

---

① ［日］秋原滋：《罪刑法定与刑法解释》，日本成文堂1998年版，第30页。

可以创制法律规则，即法官造法，解释法律当然是法官的权力。[①] 正如有学者指出的，在大多数西方国家，司法解释就是法官对制定法的解释，这是明白无误的，尽管在他们的法律里可能找不到一贯司法解释或法官解释的字眼，但这似乎成了一个不言自明的事情。[②] 也就是说，一些法治传统比较悠久或者有一定代表性的国家，尚未发现类似我国的有权司法解释的模式。

还需要指出，我国的司法人员的素质情况，不足以作为支持我国现在有权司法解释模式的充分依据。不可否认，由于历史的原因，我国司法人员的素质不高，难于完全适应现代司法对法官的要求。但是，问题的关键在于如何选择。不给法官司法解释权，自然可以限制法官由于素质不高所可能导致的误判，但同时也限制了法官努力提高自己的业务素质的主动性，使法官安于现状；如果将司法解释的权力赋予法官，在与其相配套的司法体制之下，会促使法官努力提高自己的业务素质，在司法过程中，造就合格的法官。不能设想，在不给法官司法解释权的司法模式下，期待法官去精通法律，对不同的案件进行不同的解释，使法律的内涵得到最大限度的揭示，使法律保持必要的张力，法官只要了解司法解释就可以了，至于法律意蕴的挖掘，是最高司法机关的权力。

以上论述了中国有权刑法司法解释的不合理性。如何改变这种解释模式？笔者认为，建立一元、个体、判决式的有权刑法解释模式是合理的。一元，只有法院是具有解释刑法的权力个体，只有法院中的法官具有司法解释的权力；判决式，以刑事判决中的判决理由说明解释的内容。当然，这种改变又需要相应的制度支撑。因此，中国有权刑法司法解释模式的改变，依赖于中国司法体制的改革，包括，制度调整：确定只有法院是具有司法解释权的司法机关；审判模式：确立法官独立审判的模式；消解限制：取消错案追究制。以上说明，中国有权刑法司法解释模式的改革，是中国司法体制改革的重要一环，只有与司法体制改革同步，中国有权刑法解释模式才有望达到科学合理的状态。

（原载《当代法学》2004 年第 1 期）

---

① 董皞：《司法解释论》，中国政法大学出版社 1999 年版，第 11 页。
② 董皞：《司法解释论》，中国政法大学出版社 1999 年版，第 11 页。

论刑法立法解释权与立法权和司法权的纠葛

林　维

通常认为，立法解释权实际包含了对立法权的适用，但由于权力主体的双重性导致的权力双重性，直接影响了立法解释权同立法权的正当区分，也导致立法解释权同司法解释权之间无法正确区分。在刑法解释领域，刑事立法解释权同刑事立法权、司法解释权的混淆反映了刑事立法解释权变相地对立法权、司法权的侵犯，而对于被告人而言，这种侵犯将意味着他可能处于事后法这一不公正的处境之中。本文对此略加探讨，希望能对这一问题的深入研究有所裨益。

一、刑法立法解释权与立法权在权力内容上的纠葛

（一）混淆：以《关于刑法第九章渎职罪主体适用问题的解释》为例从权力的角度，立法者试图尽力地将立法权和解释权加以区分

宪法第67条将两者规定为两种并列的权力，并且《中华人民共和国立法法》（以下简称《立法法》）也将全国人大常委会的解释权与立法权分别规定，其程序也存在区别。例如，有权提请立法解释的主体范围要比有权提出刑法修改草案的主体范围宽；同时，虽然法律草案和法律解释草案表决稿都是由常务委员会全体组成人员的过半数通过，但是前者在此之前经过了更为复杂的审议、讨论等阶段，包括法律委员会、有关的专门委员会和常务委员会工作机构以座谈会、论证会、听证会等多种形式听取各方面的意见，并且常务委员会工作机构应当将法律草案发送有关机关、组织和专家征求意见，将意见整理后送法律委员会和有关的专门委员会，等等。而对于解释草案，只是规定常务委员会工作机构研究拟订法律解释草案，由委员长会议决定列入常务委员会会议议程；经常务委员会会议审议，由法律委员会根据常务委员会组成人员的审议意见进行审议、修改，提出法律解释草案表决稿。法律草案应当由国家

主席签署主席令公布，而法律解释案则以全国人大常委会名义颁布。在形式上又通过“解释”名称加以区分。

从发展渊源上讲，解释权在一定程度上成为全国人大常委会立法权的补充，甚至在某个时期通过解释权实现了立法权限的扩张。也正如此，立法机关的解释权和立法权在其起源上就相互纠缠。另外，即便全国人大常委会没有立法权，由于解释在理论上的扩张性以及其界限的含糊性和不易确定性，因而如何界定解释超越了立法规范的界限，转变成为一种新的规范制定，更加成为一件人云亦云的事情。这样的特性决定了立法权和解释权的区分在实践中的确极为困难，这是两者区分在理论上的困境。这样的困境成就了立法机关的解释权，加剧了两者之间的混淆。①

以迄今为止的刑事立法解释为例。一般而言，从解释内容同规范内容的对应性看，立法解释大多数属于明确规范内容，由于对规范内容并不存在一个通常含义的“射程”，因此很难讲是当然解释还是扩张解释，如《关于〈中华人民共和国刑法〉第三百一十三条的解释》、《关于〈中华人民共和国刑法〉第三百八十四条第一款的解释》等。有的立法解释则属于当然解释，如《关于〈中华人民共和国刑法〉第二百二十八条、第三百四十二条、第四百一十条的解释》；有的属于扩张解释，如《关于〈中华人民共和国刑法〉有关信用卡规定的解释》；而有的则属于立法性质的类推解释，例如《关于〈中华人民共和国刑法〉第九章渎职罪主体适用问题的解释》。刑法第 93 条第 1 款规定，本法所称国家工作

---

① 这样的混淆不仅反映在通过立法解释达到立法修正，有时还可能采用立法修正案的形式来实现实际上完全可以通过解释达到的结果。例如，国务院提出《关于〈中华人民共和国刑法〉第三百四十二条、第四百一十条修正案（草案）》，但是初步审议过程中，部分委员、最高人民法院乃至全国人大常委会法制委员会都认为，草案规定的造成森林或者其他林木严重毁坏的行为，根据刑法第 344 条、第 345 条和有关司法解释的规定，是能够追究刑事责任的，即无须修正。因而法律委员会的最终解决方案是在此修正案草案基础上，根据其规定内容的性质，分别制作《刑法修正案（二）（草案）》和《关于〈中华人民共和国刑法〉第二百二十八条、第三百四十二条、第四百一十条的解释（草案）》。

人员，是指国家机关中从事公务的人员，即我们通常所说的国家机关工作人员。直观地按照规范用语，国家机关工作人员的特征应当包括：首先，他必须在国家机关中工作。这一特征要求单位性质，但并不要求机关编制，在某一单位工作同其是否具有特定编制并没有必然联系，因此编制无限制说是正确的。① 另外，“在国家机关中工作”也可以做扩大解释，即虽然属于国家机关的人员（如其在编人员），但为国家机关派出的人员当然也应被认为属于国家机关工作人员。其次，他必须是从事公务的人员。但是，最高人民检察院对这一问题的态度却采取了扩张理念，采取了单位性质无限制说。② 立法解释的内容同样直接违背了《刑

① 例如，最高人民检察院于2000年12月5日《关于合同制民警能否成为玩忽职守主体问题的批复》认定合同制民警在依法执行公务期间，属其他依照法律从事公务的人员，应以国家机关工作人员论，可以构成玩忽职守罪。这一解释的实质在于：国家机关工作人员并不要求具备相应编制，即机关编制无限制。

② 最高人民检察院于2000年4月24日《关于以暴力、威胁方法阻碍事业单位编制人员依法执行职务是否可对侵害人以妨害公务罪论处的批复》指出，对于以暴力、威胁方法阻碍国有事业单位人员依照法律、行政法规的规定执行行政职务的，或者以暴力、威胁方法阻碍国家机关中受委托从事行政执法活动的事业编制人员执行行政执法职务的，可以对侵害人以妨害公务罪追究刑事责任。《刑法》第277条第1款规定，妨害公务罪的侵害对象是国家机关工作人员，显然这一批复认为，上述人员可以被认定为国家机关工作人员。同样，最高人民检察院于2000年4月30日《对〈关于中国证监会主体认定的请示〉的答复函》指出，中国证券监督管理委员会为国务院直属事业单位，是全国证券期货市场的主管部门，是具有行政职责的事业单位，据此应当视同为国家机关工作人员。这一观点的实质在于：国家机关工作人员并不要求必须在国家机关中工作，即单位性质无限制。最高人民检察院在上述解释中所表现出来的立场就是：国家机关工作人员的认定，并不一定以其单位的机关性质和主体的机关人员编制而论，特定场合中身份的认定取决于其所从事的是否属于行政执法活动，笔者暂且将这一观点称为职能说。职能说也存在微妙变化，较早的检察解释直接根据其职能将非国家机关内的工作人员认定为国家机关工作人员，但此后的解释更谨慎地将此类人员“以国家机关工作人员论”，笔者把这样的结论称为国家机关工作人员拟制论。

法》第93条的规定。既然按照《刑法》第93条的规定，规定单位性质是必须的，那么关键问题就在于能否扩张地解释国家机关的范围。以该立法解释所确定的范围为例，依照法律、法规规定行使国家行政管理职权的组织或者受国家机关委托代表国家机关行使职权的组织，在代表国家机关行使职权时，是否能够被解释为国家机关？显然，有两种不同的标准：单位性质和单位职能。根据宪法第三章关于国家机构和有关国家机关组织法的规定，国家机关应该是指组成国家机构并行使国家权力的部门，包括国家权力机关、国务院和地方各级人民政府即行政机关、审判机关、检察机关和军事机关。显然，是否能够被解释为国家机关，只能按照单位的本来性质加以认定。对于国家机关的准确范围，检察机关也认为：只有国家机关才具有宪法所赋予的管理国家和社会的各项职能，因此刑法第93条第1款规定国家工作人员是指国家机关中从事公务的人员，科学准确地反映了国家工作人员的本质属性。因此，将合同制民警以国家机关工作人员论，实际上是说他并不是国家机关工作人员。① 这一表述足以充分地说明，司法机关作出解释时对自己解释结论的类推性质是一清二楚的。如果按照职能的角度认为国家机关当然地包含拟制的国家机关，实际上完全架空了刑法第93条第1款的规定。虽然出于其他考虑，如我国当前改革和社会管理的实际情况，党政不分、政企不分的问题还没有完全解决，一些国有企业、事业单位还在行使政府的某些职能，政协、各民主党派、人民团体等机构工作人员和其他一些依法从事公务的人员还在广泛参与着对国家和社会的管理活动，因此将这些人员排除在国家工作人员以外，与我国政治、经济等社会管理的实际情况并不相符，也不利于对国家和人民利益的有效保护，但是这属于立法所要解决的问题，不能成为解释越权的正当化理由。

显然，拟制的国家机关工作人员同拟制的国家工作人员完全不同。由于《刑法》第93条第2款的规定，后者是一种立法的拟制，而通常

① 张穹主编：《解读最高人民检察院司法解释》，人民法院出版社2003年版，第411页。

的罪刑法定主义并不反对立法拟制，[①] 这是因为立法拟制通常作为一种立法技术，立法者可能出于法益侵害的类似性甚至立法手段的经济性等不同考虑，直接、硬性地规定某一事物按照另一事物等同处理，这完全属于立法权的当然范畴。但是司法的拟制不同，将针对某一构成要件所作的规定，适用于另一构成要件，在刑法中可能会构成对被告人不利的类推。司法的拟制掩盖了决定性的理由，即它要主张的是正确性，而不应从事规定，将说理贬抑为表象说理，[②] 是司法机关所应避免的。因此，由最高人民法院和最高人民检察院建议全国人大常委会对此作出明确解释，而不再是由司法机关针对具体个别情形继续解释下去，在现行体制下，应当说是一个明智的做法。

但是司法解释不能超越的，立法解释同样也不能超越。如上分析，前述立法解释实际上也不仅是对刑法第93条第1款的解释，而是在实质意义上形成了一种立法。即“根据该解释，除国家机关工作人员以外，在行使国家权力时，玩忽职守、滥用职权、徇私舞弊构成犯罪的，应当依照刑法关于渎职罪的规定追究刑事责任”的还包括上述三类人员；并且这一立法解释所要解决的不是这三类人的“血统”、“身份”问题，而是要解决当这些人在行使国家机关职权过程中，有渎职行为构成犯罪时，如何适用刑法追究刑事责任的问题。[③]

（二）立法机关愿意运用刑法立法解释权替代立法权的理由

我们需要解释的是，为什么在全国人大常委会能够行使其立法权的前提下，仍然愿意并且尤其愿意在刑法领域运用立法解释权来替代立法权？

首先，立法权的运作开始于法律提案，而法律案同法律解释案在内容的体系性和完整性上存在很大的不同，一般法律案的内容更加体系

① 这并不是说我们就不能讨论立法拟制内容的合理性和正当性，但是，从立法权和司法权的区分角度，立法拟制不存在任何的疑问。

② ［德］卡尔·拉伦茨：《法学方法论》，陈爱娥译，台北五南图书出版公司1996年版，第162页。

③ 黄太云：《全国人大常委会〈关于刑法第九章渎职罪主体适用问题的解释〉的理解与适用》，载《刑事审判参考》2003年第1期。

化，通常都是针对一个制度性的问题或者提出一个整体的解决方案，而解释案则可以针对某一条文甚至词汇进行解释，因而更为简便。因此在面对一个细微的具体问题时，立法机关就会更倾向于以立法解释的形式加以解决。其次，立法法尽可能地通过立法程序的不同规定将立法权和解释权相区分，使得立法程序较之解释程序更为复杂，变化因素更大，因而导致立法权的成本极高，效率较低，整个立法时期可能会持续较长一段时间。但是，解释所面对的实践问题通常具有解决的急迫性，不适宜过长地拖延，这就为立法机关使用解释权提供了动力。尤其在刑法领域中，某一问题的解决往往对政治的管理、国家的稳定和社会秩序的维护具有重要意义，因而更不允许立法机关经过拖沓冗长的程序加以处理。最后，虽然针对一个较小的问题，但是当立法机关是明确地对原有刑法规范进行显而易见的修改时，立法机关也不可能适用立法解释形式加以解决，如现有大部分的刑法修正案均涉及对原有规范的构成要件要素进行了添加、修订或者对法定刑进行了提升，而这些都不可能以解释形式加以解决。但是，由于同一个权力主体同时握有不同的权力，在没有任何规范明确两种权力的不同行使范围或者其行使极易混淆的情形下，如刑法规范的解释同创制在很多时候并不容易区分，在这样的场合（而这样的场合又极为常见），立法机关就敢于运用解释形式来完成应该由立法完成的任务。解释同创制在学理上的微妙区分为立法机关运用立法解释权替代立法权提供了可能。因此，正是不同权力在同一主体的集中配置，使得权力的界限发生了混淆，而同时正是因为立法成本问题，使得立法机关更加愿意运用刑事立法解释权来处置一些需要立法权加以解决的问题，造成了有意识的混淆。通过刑法立法解释，立法机关能够更为便捷地、混同地运用权力以规制社会，从而避免了一些烦琐程序的限制。

二、权力的混淆与权利的侵犯

（一）宪法意义下的权力混淆

《宪法》第 67 条规定，全国人民代表大会常务委员会行使下列职权：……（3）在全国人民代表大会闭会期间，对全国人民代表大会制定的法律进行部分修改和补充，但是不得同该法律的基本原则相抵触。

因此在理论上，全国人大常委会的立法权限本身就受到严格的限定。如果允许全国人大常委会对刑法作大范围的补充和全面、根本性的修改，势必架空全国人大的刑法立法权。但是，在程序上截然区分立法权和解释权的情况下，通过刑法立法解释程序达到刑事立法的效果，无疑削弱了刑事立法审查的严肃性，导致立法权流于形式，从根本上也不利于刑事立法质量的保障。

（二）刑法立法解释与罪刑法定原则

通过前述立法解释中国家机关工作人员的拟制论，印证了前述结论：刑事立法解释权实际上同时包括了立法权和具体适用活动的解释权。《立法法》第 42 条规定的需要解释的情形包括法律制定后出现新的情况，需要明确适用法律依据的。无论属于哪种新情况，如果超越了构成要件可能容纳的范围，理论上都不属于解释范畴而属于立法范畴。有的学者认为，这种情况下，在法律制定后出现新的情况，如果符合原来法律规定的精神，是原来的法律规定所能包含的，则可以通过法律解释的方法，明确其法律适用依据，以减少对法律的修改，保持法律的稳定性。此时采用立法解释还是应当修改法律的界限一般是：凡属于不需要改变原来的法律规定，而是作为一种特殊情况对法律进行变通执行的，可以采用立法解释的方法，不修改法律；如果问题的性质应该修改法律，但问题比较具体，修改法律一时提不上议事日程，可以先采取立法解释的方法。① 显然，这样的解释活动实质上就是一种变相的立法。

由于立法解释活动既具有解释性，又具有立法性，通过立法解释活动就可以填补法律漏洞，为新情况寻找法律依据从而扩大法律规范的适用范围。对于规范体系而言，并没有产生任何新规范，所适用的法律依据完全是已经存在的现有规范，但是这一规范的内容已经因立法解释的充实补充而更新，因而在实质意义上是一个不同于以往的规范。这样通过立法解释达到了立法的效果。如此一来，刑事法律规范呈现出一种开放性的体系。在为新情况寻找法律依据的过程中，立法解释机关（虽然同为立法机关）主要地通过立法解释活动中的类推解释，而不间断地过

① 张春生：《中华人民共和国立法法释义》，法律出版社 2000 年版，第 143 页。

渡到开放的法的续造阶段。这种造法活动使这一解释活动已经完全超越了或者不仅仅单纯地停止在对某一具体个案或者类型性案件的法律适用，而成为一种溯及既往的立法活动。

正是因此，立法解释的立法性混淆甚至掩盖了其类推性。从类推解释的价值观上看，它并不是对某个词句进行解释，看某种行为包括不包括在此词句内，而是从国家、社会全体的立场来看某一行为的不可允许，然后再设法找出类似的条文以资适用，即其既定的目标就是千方百计地为现有行为寻找处罚依据。因而类推解释（主要是不利于被告人的类推）与其说是一种解释方法，不如说是一种法律适用的方式，很容易产生国家刑罚立法权的恣意行使，进而对公民个体的自由和权利产生不当压制，因而与实质的罪刑法定原则冲突，是绝不能允许的。实际上，立法者也一直认为“在法律的规定需要进一步明确具体含义的”这一规定，包含着对立法权的适用。相应的学理解释认为这种情形一般包括三种情况：需要进一步明确法律界限的；需要弥补法律规定轻微不足的；对法律规定含义的理解产生较大分歧的。[①] 在此意义上，立法解释权同立法权无法加以正当地区分，这种混淆使得刑事立法解释权变相地侵犯了立法权，而这在根本上又造成了对被告人的侵害。同民事法领域中的解释的放射性和主动干涉性不同，在刑法领域中，解释的功能是限制性的。类推性的立法解释活动根本没有存在的余地。但是由于立法解释权力天然地包括了类推性立法解释，造成立法解释“可以对条文进行扩大解释和限制解释，并可阐明新的含义”，[②] 因而在刑事立法解释中恐怕很难避免类推立法的存在。

刑法立法解释所造成的解释权和立法权之间的混淆，使得罪刑法定原则的适用存在了一定漏洞，立法机关甚至司法机关可以在罪刑法定原则的严格限制和灵活惩罚危害行为之间寻求一种“平衡”。这样的平衡，由司法机关行使，可能会被人们批评为越权，但是由立法机关来行使却披上了“正当的外套”。但是，在应然意义上，立法解释权既然仅仅是

---

① 张春生：《中华人民共和国立法法释义》，法律出版社 2000 年版，第 144 页。

② 蔡定剑：《中国人民代表大会制度》，法律出版社 2003 年版，第 240 页。

一种对现有规范的解释，那么罪刑法定原则应当毫无疑义地适用于立法解释。在刑法解释领域，要求司法解释做到的，立法解释同样需要遵循。有的学者认为，由于刑法立法解释解释主体的特殊性，导致它在遵循罪刑法定原则时的特殊性，即认为由于刑法立法解释的主体为全国人大常委会，刑法立法解释所受到的制约要小一点，解释的任意性要大一点，在涉及犯罪构成要件需要作明显的扩大解释时，尤其是关系到罪和非罪的界限时，应进行刑法立法解释，而司法解释则应当严格遵循罪刑法定原则。[①] 这是一种错误的观点。罪刑法定原则不仅是一种司法原则，同样也是一种宪法性原则，对于任何解释都应毫无例外地适用，立法解释同样如此。这一原则的核心在于罪刑规范对于行为人的事先明确告知，刑事立法同样不应制定不利于被告人的溯及既往的规范。而如果刑法立法解释可以突破罪刑法定原则，那么罪刑规范的稳定性、明确性、事先性就毫无意义，罪刑法定原则也就被因为刑法立法解释而被空心化了，在根本上也就意味着刑事司法也将突破罪刑法定原则的限制。

（三）刑法立法解释的溯及既往问题

对于刑法立法解释的权力合理性和正当性的考察，应当同其所造成的溯及既往的可能性联系起来加以判断。仅仅是立法机关本身的权力混淆并不是最可担忧的事情。因为上述两种权力同样属于一个主体即全国人大常委会，因此混淆并不会造成侵夺。但是在刑法领域，类推解释的本质缺陷就在于对个体归责时往往会进行不利的溯及既往，立法解释也是如此。在此涉及刑事立法解释的时间效力问题。不同的观点包括：其一，认为立法解释的时间效力是一个难题，因为“立法解释无法解决是否有溯及力的问题”；[②] 其二，认为立法法规定法律解释的效力等同于法律的效力，所以刑法立法解释的时间效力等同于刑法的时间效力，并以立法法规定了全国人大常委会作出的有关立法解释由常委会发布公告予

---

① 封杰、征国忠：《试析我国刑法立法解释的理论与实施》，载《黑龙江政法管理干部学院学报》2002 年第 4 期。

② 陈斯喜：《论立法解释制度的是非及其他》，载《中国法学》1998 年第 6 期。

以公布，但没有规定具体生效时间为理由；① 其三，认为应当考察解释内容究竟是当然解释还是补充规定，如果是前者，则生效时间与刑法立法同步，立法机关无须对解释的生效时间作出规定，若是以补充规定的形式对法律本身进行了补充，则应当规定立法解释的生效时间。②

但是，迄今为止所有的刑法立法解释都没有规定生效时间（包括“从公布日期之日起生效”的规定），因此，全国人大常委会暗示着，立法解释应当附属于被解释的法律规范，自然也就没有必要讨论溯及力的问题。而事实上讨论补充性和解释性也是一件人云亦云的事情，无法作出确定的厘清，全国人大常委会更不可能去明确什么是补充性的解释，因而实践中也无法对此作出区别的溯及力规定。

所以，溯及力问题恐怕是立法解释所无法加以解决的。而按照2000年6月29日最高人民检察院《关于〈全国人大常委会关于刑法第93条第2款的解释〉的时间效力的批复》规定，立法解释是对刑法规定的进一步明确，并不是对刑法的修改，因此，立法解释的效力适用于修订刑法的施行日期，其溯及力适用修订刑法第12条的规定。即立法解释的溯及力问题无须独立地进行讨论，而是附属于其所解释的刑罚规范。立法解释公布之前还没有判决的案件，应当根据立法解释的精神适用有关刑法条文作出判决。③ 但是，如果立法解释并非是对刑法规定内涵的明确，而是类推适用，实质上使旧的刑法规范产生一个新的适用领域，那么将这样的立法解释的效力适用于修订刑法的施行日期而非始于其本身的颁布日期（立法解释并不独立规定生效日期），必然导致对个体归责不利的溯及既往，破坏罪刑法定原则。对于刑事立法解释而言，由于其中程序设置等问题，其创造性较之刑事立法更大，缺少更多的限制，因而可能对罪刑法定造成更大的破坏。事实上，现在有的刑事立法解释已经被

---

① 汪治平、范三雪：《司法解释的时效性》，载《人民法院报》2001年12月29日。

② 钱业弘、赵永红：《全国人大常委会关于刑法第93条第2款的解释何时生效》，载《人民检察》2000年第8期。

③ 黄太云：《全国人大常委会〈关于刑法第九章渎职罪主体适用问题的解释〉的理解与适用》，载《刑事审判参考》2003年第1期。

认为具有不利于被告人的溯及既往性质。[①] 因此，在刑法领域，通过溯及力的变通，立法解释权软化了罪刑法定原则。

因此，在补充性的刑法立法解释和现行的溯及力规定之间始终存在悖论：如果承认刑法立法解释中存在不利于被告人的类推解释，那么刑法解释的溯及力必然违反了即便是刑法规定本身都要遵守的禁止事后法的原则；如果认为刑法立法解释的溯及力具有附属性，那么刑法立法解释无论如何都不能超越规范的可能范围，解释权与立法权在何种意义上都不能混淆。显然，在关注司法解释越权问题的同时，现在我们不得不更加警惕立法机关以刑事立法解释的名义，行刑事立法之实，并借助类推的溯及适用，从而破坏罪刑法定原则的实现。正是由于刑法立法解释与立法修正、补充在实践上无法加以区分，加上立法解释欠缺溯及力的禁止，使得它成为罪刑法定的一个明显的体制漏洞，而存在巨大的法治风险。

三、刑法立法解释权和司法权之间的侵夺

理论上，在法律解释中，更多地必须从实际应用而非逻辑推论的意义讨论规范的模糊性。任何法律解释不管表面上直接针对的是不是法律条文本身，实际上都要结合或针对一定的问题或个案事实对法律条文本身进行解释。因而立法解释与司法解释的内容并无不同，无法形成真实的区分。以现有的刑法立法解释为例，所有的解释内容实际都来源于实践中的问题，这些问题或者带有一定的群体性、典型性，或者来源于案件事实，属于相应主管机关或者司法机关管辖的范围，甚至根本上就是审判工作或者检察工作中的问题，有些甚至也完全无须进行所谓的明确性解释。例如，《关于〈中华人民共和国刑法〉第二百二十八条、第三百四十二条、第四百一十条的解释》中所谓“‘违反土地管理法规’是

---

① 例如，《关于〈中华人民共和国刑法〉第九十三条第二款的解释》，有的人即认为村委会等村基层组织人员从事相关事务，以“其他依照法律从事公务的人员”论，是立法原意根本没有的，也是从字面含义解释不出来的，实际上是遇到问题后进行的一个补充性的规定。参见张军、姜伟、朗胜、陈兴良：《刑法纵横谈》，法律出版社2003年版，第49页。

指违反土地管理法、森林法、草原法等法律以及有关行政法规中关于土地管理的规定”，法律委员会也认为相应规范的解释当然包含这一内容，因而可以进行明确。问题在于，这一当然解释从技术上完全没有必要由全国人大常委会通过立法解释加以解决。

现有刑法立法解释案的提出中，《关于〈中华人民共和国刑法〉第九十三条第二款的解释》、《关于〈中华人民共和国刑法〉第九章渎职罪主体适用问题的解释》由最高人民法院和最高人民检察院建议解释，《关于〈中华人民共和国刑法〉第二百二十八条、第三百四十二条、第四百一十条的解释》则是在国务院提交的《关于〈中华人民共和国刑法〉第三百四十二条、第四百一十条修正案（草案）》基础之上制定的，《关于〈中华人民共和国刑法〉第二百九十四条第一款的解释》、《关于〈中华人民共和国刑法〉第三百八十四条第一款的解释》则均由最高人民检察院提出解释请求，其余解释案虽然由法律委员会制作提出，但是仍然同最高人民法院、中国人民银行等机构具有相关性。因而整体上，刑法立法解释无论是意义明确型还是纠纷裁决型，都是被动性的。这一被动性的另一面就是，刑法立法解释往往出现于解释发生争议的场合，或者是司法机构之间的解释纠纷，或者司法机构同其他机构之间的解释争议。无论如何，在刑法领域，全国人大常委会成为相应机构寻求正确解释的最后机构。显然，刑法立法解释的存在，首先并不是因为解释的内容只能由立法机关作出；其次也并不是因为从技术的角度，立法机关是最正确的解释主体，而仅仅因为从权力的角度，立法机关成为最适宜的解释主体（有的时候是从解释权、解释结论发生争执的角度，有的时候从相应其他机构在现行体制下无法进行最适宜的政治决定角度）。依赖这样的制度，相应机关从全国人大常委会那里寻找到了自身解释的合理性和正当性，并能够对其他机构的解释结论进行抵制，或者能够使自身的工作或者职权得到进一步的刑法保护，进而能够在其主管范围上扩张其范围或者强化其保护手段。因此，立法解释权对司法权或者行政权在理论上的侵夺并不是一种真正的侵夺，而是司法等机构主动的让渡，但这一让渡的真正目的在于，它指望能够从全国人大常委会那里获得另外一种形式的对其权力的认可和强化。或者说，人们所要指望从立法机关那里得到的并不是正确的解释结论，而是解释结论所外在的权力色彩。

刑法立法解释的动力更多，或者因为寻求正当性的强化或者立法机关对其工作的支持，或者因为这一结论存在机构之间的争议而需要立法机关作出裁判。因此，正是由于最高人民法院在整个刑法解释制度中的强势地位以及它在诉讼体制中的最终裁判者地位，使得相对于最高人民法院而言，其他机关，如最高人民检察院、行政机关等，更愿意从全国人大常委会那里寻求自身解释结论的合法性和权威性，也更愿意从立法解释的角度挑战最高人民法院的权威性。

但是，全国人大常委会的刑法立法解释权又的确对司法权形成了冲击和侵害。这种冲击主要但并非全部地表现为刑法立法解释权对最高人民法院的司法解释权的冲击。① 在现行的立法解释体制下，最高人民法院从来就不是最高的法律解释主体，即便在刑事犯罪这样一个最终都可能会提交人民法院予以审判的领域中，最高人民法院的司法解释权也受到了极其苛刻的限制。立法解释制度本身并不是人们通常所理解的那样，仅仅是反映了"有权制定法律就有权解释法律"这一原则的不合理性，而是在于：它导致了最高人民法院自始至终都不能够成为最高司法机构，而仅仅是最高审判机构。最高司法机构意味着它对法律的实施具有最终的决定权，因而包括法律解释在内的职能均应由其行使，法院的法律解释就是最终的结论，就代表着法律之中所认可的真正含义，其他机构只能服从而不能提出异议。前文已经论证，从技术上或者内容上，并不存在只能由全国人大常委会进行解释的必要的前提下，立法解释体制对最高人民法院司法解释权的冲击，首先，在于规定了法律解释要求的平行提出制度，即《立法法》第43条规定，国务院、中央军事委员会、最高人民法院、最高人民检察院和全国人民代表大会各专门委员会以及省、自治区、直辖市的人民代表大会常务委员会可以向全国人民代表大会常务委员会提出法律解释要求。虽然仅仅是提出法律解释请求，但是在其请求报告中往往会提出自己相应的主张或者结论。这一体制使

① 立法解释制度当然也会对行政机关产生消极影响，如当公安部同最高人民检察院的意见相左时，最高人民检察院也可以通过立法解释请求要求进行解释，进而要求公安部遵循对自己有利的结论。但是鉴于最高人民法院在诉讼程序中的被动性，这样的体制对最高人民法院的冲击是最严重的。

得上述任一机构理论上都可以对最高人民法院的解释结论甚至具体案件判决结果（在可以归纳为一个规范的解释问题的前提下）提出异议，要求立法机关进行解释，实质上是要求其进行裁决。

在这样的意义上，立法解释往往都具有被动裁决性，因而变成一种十足的权力运作行为。这样的体制同我们的诉讼体制、人民法院在权力体系中的地位完全相对称，在后者中，人民法院的判决也始终没有能够获得真正的终局意义，总是存在某种途径尤其是外来途径（如检察机关在判决生效后的抗诉以及通过人民代表大会的个案监督等制度性或政策性的措施）予以推翻的可能。因此，刑法立法解释的潜在影响在于，它维持了我们一向地对司法机关的权威性、终局性所进行的消解，并且肯定了其他不同性质的机构对司法的制约和监督。其次，从另一方面，通过立法解释制度，全国人大常委会真正地奠定了立法机关高于其他行政机关、司法机关的地位，具有了高于其他机关在规范解释上的话语权，实现了其监督权。从政治制度上讲，国务院、最高人民法院、最高人民检察院等国家机关都是全国人民代表大会及其常委会的执行机关，只有受人民代表大会及其常委会监督的义务，而拥有监督权就必须要求有法律解释权加以保障，要求权力机关享有最高、最后的解释权，否则监督权就无从实现。如果立法机关的影响无法及于法律适用领域，其高级地位可能仅仅是理论上的，因为行政机关、司法机关完全可能以解释技术篡改了立法机关的本来含义（无论是否存在立法原意，至少在立法机关予以否认的角度上可以发现其中的矛盾），因而使得法律实际上就变成了法官或者法院的法律。因此，刑法立法解释制度的存在，构成了我国的法律实施体制和英美法中法律实施体制的不同，这一差别同最高人民法院至上的体制就存在了内在逻辑的不同。

因此，在某种意义上，刑事立法解释的发生和发展，存在权力回归的意味。正如我们通常在分析刑事司法解释泛滥的时候，通常得出的结论是：刑事司法已经成为由司法解释所主宰的领域，越来越多的刑事司法解释冲淡了刑事立法在刑事司法中的重要程度，使得法律的适用在其形式上更多地表现为对司法解释的适用而非立法的使用。在这种情况下，立法机关可能会对刑法的适用失去控制，而使刑事司法完全成为司法机关尤其是审判机关主宰的领域。但是，由于刑事立法解释的介入并且对刑事司法解释的裁判作用，使得全国人大常委会能够对刑法适用重新具有强大的话语权，使得刑法能够在立法机关的管束下依照其意志进行，立法重新对法律的适用起到主宰作用。但是，我们也要看到，立法解释的发展使得立法机关的作用不仅局限于立法活动或其过程，还扩张到法律的适用，而在这一意义上，这样的事件又具有典型的权力扩张或延伸的含义。立法权不仅仅表现为制定法律的权力，其所延伸的解释权同时又具有了监督权的含义和内容。

最后，刑法立法解释的存在导致了解释结论在权力层级上的正确与错误之分。以往在同一权力层级的意义上，同一解释主体对于同一刑法问题先后作出不同的解释是一件司空见惯的事情，同样不同解释主体对同一问题作出不同的解释也是一件经常的事情，其原因可能是因为解释的背景不同，或者理解不同。这样的解释冲突虽然可能引发机构之间的矛盾，但是由于解释结论的机构内部有效性，即便是最高人民法院的刑事司法解释对最高人民检察院也没有强制力，因而仅仅是解释结论的差异，并不会发生其中错误与否的问题。进一步而言，即便以某一解释主体的结论为依据认定另一解释主体的结论是错误的，同样由于解释的内部效力，也不会发生适用的问题，无非是各自为政。但是，刑法立法解释的裁断性意味着它可能必须对其他机关，如司法机关的解释结论作出肯定或者否定，而这又意味着对司法解释作出正确或错误的判断。这就使得解释体制中第一次可能出现不同权力层级的解释主体之间对于同一问题可能出现解释结论的分歧（如立法解释否定司法解释），而这种分歧在本质上形成一种正确与错误的否定或肯定关系的对应。其悖论就是：如果司法机关已经按照自己的理解对案件作出处理，但这个处理结果与后来立法机关所作的解释相违背，司法机关是否应当纠正案件结果？即便不考虑刑法立法解释的类推性问题，如果司法机关不纠正，立法解释的权力等级无从体现，立法解释的裁断性也无从体现；如果纠正，操作中存在问题（究竟以什么样的程序进行纠正），而且又引发溯及力的问题。①

（原载《当代法学》2006 年第 5 期）

① 但是，同样有学者主张，如果执行机关在法律解释作出以前，已经对某些案件作出处理，而在处理该案件时对法律的理解与后来的解释不一致，为了照顾现实，维护社会关系的稳定，解释机关可以根据情况决定原来的处理维持不变，参见陈斯喜：《我国法律解释的现状和建议》，载《行政与法制》2000 年第 8 期。实践中，1999 年 6 月 26 日全国人大常委会对我国香港基本法有关条款的解释，就明确规定该解释不影响终审法院 1999 年 1 月 29 日对有关案件判决的有关诉讼当事人所获得香港居留权。问题在于，这样的解决方案更多地考虑到了政策因素，同时也是为了有利于当事人，但是，在对当事人不利的场合应当如何处置，仍然是一疑难。

论刑法立法解释与司法解释的协调

贾济东

刑法立法解释是最高国家权力机关的常设机关全国人民代表大会常务委员会对刑法作出的有权解释，刑法司法解释是最高司法机关（最高人民法院和最高人民检察院）对刑法作出的有权解释，它们是刑法解释中最为重要的部分。我国1979年刑法颁布后，特别是1997年刑法修订以来，全国人大常委会先后对刑法的适用问题作出了一些立法解释，“两高”也针对审判工作和检察工作中具体应用法律的若干问题制发了大量的司法解释。这些举措，不仅对于准确理解刑法本义、正确指导司法实践具有重要意义，而且在培育法制理念、完善刑事法治等方面也发挥了不可低估的作用。不过，刑法解释工作也存在不容忽视的问题，其中，刑法立法解释与司法解释的协调问题一直是各界广为关注、目前尚未彻底解决的重大课题。为推动有关问题的解决，笔者拟从分析刑法立法解释和司法解释的现状入手，在探讨问题原因的基础上，提出初步的解决方案，以促进二者的规范运作和协调发展。

一、刑法立法解释与司法解释的现状与特点

当前，刑法立法解释与司法解释虽然成就斐然，发展态势喜人，但仍未能避免解释失谐的尴尬，即刑法立法解释与司法解释不协调、司法解释规范化和立法解释经常化的程度不够高，解释越位与缺位的情况时有出现。从刑法解释的现状来看，刑法立法解释与司法解释呈现出如下特点：

（一）刑法司法解释的随意性和立法化

根据全国人大常委会《关于加强法律解释工作的决议》第2条的规定：“凡属于法院审判工作中具体应用法律、法令的问题，由最高人民法院进行解释。凡属于检察院检察工作中具体应用法律、法令的问题，

由最高人民检察院进行解释。最高人民法院和最高人民检察院的解释如果有原则性的分歧，报请全国人民代表大会常务委员会解释或决定。”可见，“两高”的司法解释权是由全国人大常委会赋予的；司法解释的范围仅限于“两高”工作中具体应用法律、法令的问题；“两高”的解释如果有原则性的分歧，要报请全国人大常委会解释或决定。这就决定了司法解释是有权力界限的。由于司法解释是具体应用法律的依据，对司法实践活动具有普遍的约束力，因此，它的制定必须具有程序性，它的内容和形式必须具有规范性、合法性。然而，事实上，尽管“两高”作出了一系列有价值的刑法司法解释，为正确执行刑法提供了司法适用上的依据，有效地解决了司法实践中的一些难题，但是，解释失范、解释越权、解释违法的情况仍客观存在。有些刑法司法解释远远超出了该决议授权的范围，造成了司法中的混乱和执法上的不协调。主要表现在以下几个方面：

1. 司法解释违背立法原意

司法解释是“两高”就审判工作或检察工作中具体应用法律、法令的问题所进行的解释，因此，司法解释只能符合法律规定的基本精神，而不能与之相违背。然而，这一原则并没有被彻底贯彻到司法解释的实践中去。以自首的立法和解释为例，《刑法》第67条第2款规定：“被采取强制措施的犯罪嫌疑人、被告人和正在服刑的罪犯，如实供述司法机关还未掌握的本人其他罪行的，以自首论。”对于本条中“其他罪行”的含义，学术界存在认识分歧。广义说认为，“其他罪行”是“在性质或者罪名上可以不同也可以相同的一定罪行”，[①] 既包括其他不同种罪行，也包括同种罪行；[②] 狭义说认为，“其他罪行”仅指其他不同种罪行，而不包括同种罪行；[③] 综合说则认为，“其他罪行”是“从理论上讲自然包括同种罪和非同种罪，但是从立法本意上来讲，原则上应当是指

---

① 高铭暄、马克昌主编：《刑法学》，北京大学出版社、高等教育出版社2000年版，第285页。

② 徐林、张琪：《对余罪自首与坦白的探讨》，载《广东法学》1997年第6期。

③ 马克昌：《刑罚通论》，武汉大学出版社1999版，第384页。

非同种罪行”，不过“对于同种类的其他重大犯罪也应当包括”。[①] 笔者认为，刑法并未限定“其他罪行”的范围，因此，按照文义解释，只要上述人员如实供述了司法机关尚未掌握的余罪，无论是同种罪行还是不同种罪行，都应以自首论。同时，从历史解释的角度看，现行刑法与1979年刑法相比，不仅放宽了自首的时间和对象条件，而且处罚也较之为轻，可见，立法者的意图是要通过放宽自首的条件，以进一步发挥“惩办与宽大相结合”的刑事政策的作用，这样，既有利于案犯交代余罪，及时有效地惩治犯罪，又有利于切实保障犯罪嫌疑人、被告人和服刑罪犯的权益，从而达到预防犯罪的目的。准此以论，对“其他罪行”也应该作广义的理解。但是，《最高人民法院关于处理自首和立功具体应用法律若干问题的解释》（以下简称《解释》）对此却作出了狭义的解释。该《解释》第2条规定：“根据刑法第六十七条第二款的规定，被采取强制措施的犯罪嫌疑人、被告人和已宣判的罪犯，如实供述司法机关尚未掌握的罪行，与司法机关已经掌握的或者判决确定的罪行属不同种罪行的，以自首论。”这里将“其他罪行”解释为“不同种罪”，实际上是人为地缩小了自首的范围，不仅违背了刑法保障人权的思想，而且，在实践中也极不利于案犯交代余罪，这显然是不合适的。

2. 司法解释立法化问题严重

司法解释立法化，实际上是司法机关违法越位，司法解释超越权限，司法权侵入立法权。根据法律授权，司法解释只能就司法实践中如何具体应用法律进行解释，如果涉及法律、法令条文本身需要进一步明确界限的问题时，该司法解释就属于越权解释（因为这是立法解释的任务）。越权解释本应为无效解释，然而，司法权侵越立法权的情况在实践中却不乏其例，并往往造成司法活动的混乱。例如，2000年11月15日通过的《最高人民法院关于对变造、倒卖变造邮票行为如何适用法律问题的解释》规定，对变造或者倒卖变造的邮票数额较大的，应当依照刑法第227条第1款的规定定罪处罚。即对变造或者倒卖变造的邮票的行为以“伪造、倒卖伪造的有价票证罪”定罪处罚。而从刑法分则的条

---

① 刘家琛：《新刑法新问题新罪名通释》（修订本），人民法院出版社1998年版，第305页。

文来看，“伪造”之中并不包含“变造”，《刑法》第227条也没有规定“变造或者倒卖变造的邮票的行为”的刑事可罚性。① 也有人以盗窃罪为例，认为《最高人民法院关于审理盗窃案件具体应用法律若干问题的解释》第3条明确规定构成盗窃罪的数额标准，超出了法律规定的职权范围，因为特定的盗窃数额标准是区分罪与非罪界限的重大原则性问题，是确定某种行为本质属性的一个标准，应由全国人大常委会来规定。② 另外，“两高”关于渎职罪主体的一系列扩大解释也难逃僭越之嫌。③ “如果在法律解释过程中解释者对所要解释的法律以是恶法的名义而任意地篡改，那么，法律解释就纯粹是一种解释者的主观活动，从而丧失了基本的客观标准。特别是在奉行成文法的国家，更应强调解释者对法典的尊重，否则，法律解释的结果只能增加法律的模糊和混乱，而无法达致法律的清晰和透明。”④

无论是从法理的角度，还是从现行法律的规定来看，司法解释立法化都是缺乏依据的。正如有的学者所指出的那样：“从逻辑上说，司法解释赖以存在的现实合理性与必要性并不能成为证成其‘立法化’的正当性与合法性的论据。如果司法机关可以随意地改变国家立法或者是取代国家立法，那么法律的权威也就无从树立，法治也就只能徒具其形而失其实，司法机关也就异化为另一个立法部门。当立法机关的立法存有违宪或违法的疑问时，我们可以建立宪法法院或宪法委员会，或者通过司法审查制度来加以控制，但当司法机关行使立法权时，又如何对可能出现的违法现象加以控制呢？”⑤ 很显然，刑法司法解释的立法化必然要

---

① 刘艳红：《观念误区与适用障碍：新刑法施行以来司法解释总置评》，载《中外法学》2002年第5期。

② 吕素平、王建国：《对司法解释中几个问题的思考》，载《政法论丛》2000年第6期。

③ 李希慧、贾济东、廖焱清：《渎职罪主体解释回顾及立法建言》，载《国家检察官学院学报》2003年第4期。

④ 谢晖：《解释法律与法律解释》，载《法学研究》2000年第5期。

⑤ 袁明圣：《司法解释“立法化”现象探微》，载《法商研究》2003年第2期。

突破刑法的规定，这样，最高司法机关不仅越了位，侵犯了全国人大的立法权，而且直接违背了罪刑法定原则。同时，由于司法解释不受立法程序制约，以司法解释的形式立法必然降低法律规范的质量。这样的后果，恐怕不是追求法治的人们所愿意看到的。

此外，审判解释与检察解释互相冲突的现象也时有发生。在解释的内容、效力和司法观念等方面，"两高"有时缺乏协调统一，不可避免地损害了国家法律统一、准确适用的基础，在一定程度上影响了办案的质量和效率。由于这是司法解释内部的协调问题，本文姑且存而不论。①

（二）刑法立法解释的滞后性和薄弱化

刑法立法解释的滞后性和薄弱化主要表现为两个方面：一是法律、法令条文本身需要进一步明确界限时，立法机关无所作为；二是最高人民法院和最高人民检察院的司法解释存在原则性的分歧或者司法权侵越立法权时，立法机关无动于衷。按照全国人大常委会《关于加强法律解释工作的决议》的规定，凡关于法律、法令条文本身需要进一步明确界限或补充规定的，由全国人民代表大会常务委员会进行解释或用法令加以补充规定。最高人民法院和最高人民检察院的解释如果有原则性的分歧，报请全国人民代表大会常务委员会解释或决定。在上述两种情况下，立法解释可谓一言九鼎。及时出台立法解释，既是全国人大常委会的权力，也是其应尽的职责。然而，在相当长的一段时间里，它所奉行的信条却是沉默是金，无所作为。立法解释的长期缺位，给司法解释提供了更大的发展空间，为司法解释侵入立法解释领域提供了条件；同时，立法机关对司法机关一些恣意妄为的举动反应迟钝，甚至是大肚能容，实际上又为司法权侵越立法权大开了方便之门，进而导致甚至加剧了立法解释与司法解释严重失衡的现状。无为则无位，"立法解释否定说"也随之呼声鹊起。以至于一些学者在评述刑法立法解释的状况时，

① 相关论述，请参阅贾济东：《刑法解释若干问题探讨》，载赵秉志、张军主编：《中国刑法学年会文集（2003 年度）（第 1 卷）：刑法解释问题研究》，中国人民公安大学出版社 2003 年版，第 143～164 页。

一针见血地指出："我国近年来的刑事立法解释工作非常薄弱。"[①] 甚至认为"用'一片空白'四个字来概括可谓恰如其分"。[②]

卢梭曾经说过："制定法律的人要比任何人都更清楚，法律应该怎样执行和怎样解释。"[③] 全国人大常委会作为我国的立法机关，当然也比任何机关和个人更清楚应该怎样解释法律。在社会关系日益变化和改革开放的今天，法律在施行的过程中必然会遇到大量的新问题，这正是立法解释千载难逢的良好机缘。立法解释要改变"非常薄弱"的现状，就必须变"无为"为"有为"，使立法解释经常化。立法解释走向繁荣，就是对"立法解释否定说"的最好还击。同时，立法解释经常化，自然也会加强立法机关对司法解释的监督，迫其回复到本来的位置，逐步推动司法解释的规范化。

所幸的是，1997 年修订刑法以来，全国人大常委会调整了工作思路，为繁荣刑法立法解释做了大量的工作，取得了一定成绩。以刑法立法解释而言，自 1997 年刑法修订以来，全国人大常委会已先后出台了 6 件解释：2000 年 1 件，2001 年 1 件，2002 年 4 件。总量虽然不多，但趋势喜人，可以说，立法解释正在走向经常化，以前那种"立法解释与司法解释的地位与作用倒置的局面"（司法解释的过度膨胀和立法解释的极端委靡）[④] 可能会有所改变。根据我国现行法律解释体系设计的意图，立法解释应该在整个法律解释体系中居于主导地位，而这种地位的形成是与立法解释的经常化紧密相连的，全国人大常委会如果能从制度上来保证立法解释的经常化和高质化，那么，立法解释繁荣昌盛的局面应该是可以预期的。

---

① 董成美、赵秉志、王利明：《法律调整新论》，中国人民大学出版社 1990 年版，第 93 页。

② 李希慧：《刑法解释论》，中国人民公安大学出版社 1995 年版，第 154 页。

③ ［法］卢梭：《社会契约论》，何兆武译，商务印书馆 1980 年版，第 87 页。

④ 张洁：《法律解释体系的重新构建——论我国的法律解释体系及其完善途径》，载《复旦学报》（社会科学版）2001 年第 6 期。

二、刑法立法解释与司法解释失谐的原因

刑法解释工作的实践在很大程度上弥补了法律规定的不足，在健全社会主义法制、维护法律的统一正确实施方面发挥了很大作用，但同时，刑法立法解释与司法解释不平衡、不协调甚至解释之间相互冲突矛盾的问题也不容回避。那么，这种解释失谐的原因究竟何在呢？笔者认为，既有法律制度的因素，也有部门的因素和实践的因素。

（一）法律制度因素

法律制度不健全、不完善，刑法解释的形成机制不完备和监督措施不到位，是造成刑法解释领域争论不断、解释失范并进而导致刑法立法解释与司法解释不协调、发展不平衡甚至相互冲突矛盾的根本原因。尽管《最高人民法院关于司法解释工作的若干规定》和《最高人民检察院司法解释工作暂行规定》对“两高”制定司法解释的程序等问题作出了规定，但还不完善。如果说《最高人民检察院司法解释工作暂行规定》第15条关于“制定司法解释，应当认真调查研究，充分论证、征求立法机关、有关部门和有关法学专家的意见……”的规定，展示了检察机关自觉接受监督的理念的话，那么，《最高人民法院关于司法解释工作的若干规定》则与此截然相反，不仅只字未提征求立法机关意见的话，而且还在第16条规定：“最高人民法院对地方各级人民法院和专门人民法院在审判工作中应用司法解释的情况实行监督。上级人民法院对下级人民法院在审判工作中应用司法解释的情况实行监督。”完全以监督者自居，丝毫没有接受立法机关（司法解释的授权机关）监督的意识。在这种指导思想的支配下，有关部门在司法解释中作出僭越之举自然不足为怪了。司法机关之所以无视立法机关调停解释争端的职能（《关于加强法律解释工作的决议》第2条已明文分工），之所以敢于侵入立法领域，与司法解释的形成机制不完备以及立法机关等部门的监督措施不到位不无关系。

（二）部门因素

刑法立法解释与司法解释不够协调和平衡，与立法机关和司法机关的主观意识是分不开的。司法机关的主动与立法机关的被动共同作用，一道造成了刑法立法解释与司法解释严重失衡的局面。一方面，司法机

关从部门的利益或立场出发，热衷于扩大本部门的权力，是司法解释越位和混乱的重要原因。

由于部门意识作祟，司法解释的制定者有时没能顾及其他机关或民众的不同认识，超越立法机关的授权和监督，视自己为法律的化身，最终必然冲破我国宪政体制和法律解释体制的现行规范，不可避免地导致司法解释的随意性。司法解释违背立法原意、司法解释立法化以及司法机关超越授权范围进行解释，都是部门扩权思想使然。另一方面，之所以会出现“立法解释非常薄弱，司法解释异常繁荣”的局面，立法解释缺位是其直接原因。“司法解释异常繁荣”固然有其主客观因素（如部门存在扩权思想、办案人员依赖司法解释以及司法机关拥有丰富的案例等），但立法解释同样有繁荣的客观条件，比如，司法实际部门同样期待着立法解释的及时出台；立法机关的执法检查和执法监督等工作同样可以发现法律适用中存在的问题并收集相关的案例；而且，全国人大常委会作为国家最高权力机关常设机构的崇高地位更是其他机构无法望其项背的，因此，“立法解释非常薄弱”的局面首先要归咎于立法机关的主观能动性不够。此外，对于“两高”解释存在的原则性分歧（如“身份论”与“公务论”之争等）置若罔闻、对于司法解释立法化等越权解释的现象熟视无睹等监督乏力之举，无不暴露了立法机关在解释的主观能动性方面的弱点。

（三）实践因素

“立法解释非常薄弱，司法解释异常繁荣”的局面，除了上文分析的法律制度和部门意识的因素外，还有着司法实践的根据。司法机关的丰富案例和办案人员的强烈要求为司法解释的大量出台提供了实践上的支持，客观上推动着司法解释不断走向繁荣；而立法机关的执法检查和执法监督工作不仅缺乏经常性，而且往往流于形式，以致立法解释缺乏良好的形成机制，解释滞后的态势在所难免。

第一，司法实际部门及其办案人员对“两高”司法解释的依赖心理推动着司法解释的不断出台。在我国的司法实践中存在一个很普遍的现象，就是办案机关和办案人员一旦遇到应用法律方面的问题时，就会向上级请示或汇报，上级机关又往往会将这些案件请示件层报最高司法机关（最高人民法院或最高人民检察院）。各级司法机关都迫切要求最高司法机关加强司法解释工作，及时出台司法解释，以便更好地指导全国的司法实践。可以说，司法解释已成为保证各级司法机关办案工作正常进行的必要条件。正如有些同志所指出的："目前我国司法人员素质还不能完全适应执法的需要，在办案中对司法解释的依赖性较强，不由'两高'作出解释，难以保证各地统一、正确执法，难以保证办案质量。"① 正是这种依赖性，在司法实践中演变为一股强大的推动力，自下而上地推助着司法解释的出台。

第二，办案部门的丰富案例为最高司法机关制发司法解释提供着源源不断的素材，地方各级审判机关和检察机关每年都要向最高司法机关提出大量的具体应用刑法有关问题的请示件，这些案件请示无疑为最高司法机关制发司法解释提供了充足的素材和养分。另外，最高司法机关的职责要求它们对各地报送的案件请示应当及时研究作出决定和批复，而这种研究的结果，往往就是制发司法解释。事实上，这种方式已成为最高司法机关指导各级司法机关办理具体案件，并对办案活动进行领导或监督，以保证法律在全国司法机关统一、正确实施的重要手段。正是这种工作流程，在司法系统内部自上而下地推动司法解释的繁荣。

第三，立法机关的执法检查和执法监督工作经常化不够，且往往流于形式，以致立法解释坐失良机。立法机关的执法检查和执法监督工作，本来是发现执法中的问题、解决法律适用中的难题并进而将有关决定上升为立法解释的最好形式，然而，事实并非如此。主要原因，一是执法检查工作的经常化不够，接触面较窄。司法机关每天都可能要办理大量案件，在办案过程中，往往会发现法律适用中存在的问题，而这些问题，都可能被整理并报送最高司法机关供其研究决策；而立法机关的执法检查每年才一两次，每次也不可能深入到每一个具体案件，其所接触的范围与司法机关的掌握面相比，简直是天壤之别，立法解释与司法解释严重失衡的结局，可以想见。二是执法检查工作不够深入，往往流于形式。执法检查工作所检查的问题，主要是执法中的违法办案等问题，法律适用中的难点问题往往摆在其次。作为司法机关，办案的主动

---

① 陈国庆：《最高人民检察院司法解释权应当保留》，载《中国律师》2000年第7期。

性较强，但应付问题检查往往较为消极，尤其是要检查违法办案等问题时，他们往往会用推敲谨严的文字汇报材料，冠冕堂皇地予以应付。由于执法检查组的工作开展得既不广泛也不深入，因此具体案件中所包含的法律适用问题也就不易显现，立法解释自然就失去了可贵的源泉。三是执法检查的主观性较强，有时会有片面性。执法检查不是自下而上地反映问题，而是自上而下地检查监督；不是下面反映什么问题就解决什么问题，而是事先由立法机关拟好了专题再下去调研，主观性较强，客观性不足，不便于全面掌握情况，及时发现有关问题。因此，立法解释成了无源之水，无本之木。在司法解释异常繁荣现状的映衬下，越发显得不协调、不平衡了。

三、完善制度和法律规范，推动刑法解释的良性运行和协调发展

通过上文的分析，我们不难发现，要彻底解决刑法立法解释与司法解释不协调、解释之间互相矛盾冲突的问题，就必须实现刑法司法解释的规范化以及立法解释的经常化，而最根本的措施则是要完善制度、加强协调、强化监督，即从完善刑法解释的立法规范、健全刑法解释的形成机制、加强刑法解释的监督制约等方面入手，逐步实现刑法解释的制度化、法律化。

（一）完善刑法解释的立法规范

现行有效的涉及刑法立法解释与司法解释的法律、法规和规定有：1981 年全国人大常委会《关于加强法律解释工作的决议》、1982 年《宪法》、1983 年《人民法院组织法》、1996 年《最高人民检察院司法解释工作暂行规定》、1997 年《最高人民法院关于司法解释工作的若干规定》以及 2000 年《立法法》等。这些法律、法规和规定分别从不同的角度和层面对法律解释问题作出了规定，但它们存在不协调、不统一、不规范、不完整等问题。建议以协调、规范和完备为目标，及时对有关法律进行立、改、废。

1. 制定《法律解释法》

在现有法律规定的基础上，在总结刑法立法解释与司法解释经验的前提下，通过制定《法律解释法》，对法律解释的体系、程序和解释主体的权限等问题作出明确、全面的规定。

首先，《法律解释法》应坚持刑法解释法定主体的唯一性和授权主体的二元性相结合的原则，完善以全国人大常委会为主体的、最高人民法院与最高人民检察院分工配合的“一主两翼”的刑法解释体制。① 全国人大常委会是刑法解释的法定主体，即《宪法》和《立法法》所规定的法律解释的唯一合法主体；最高人民法院和最高人民检察院是刑法解释的授权主体，全国人大常委会可以通过《法律解释法》授权上述机关在各自的范围内适用刑法时分别享有解释权。这样，既可以避免解释刑法的任务过分集中于全国人大常委会，使其不堪重负，进而影响刑法解释的质量以及立法任务的完成，同时，也可以避免司法解释的越权和混乱，以充分发挥各机关的优势和能动性。

其次，《法律解释法》要进一步明晰不同机关的解释权限，保证各解释主体严守自己的权力界限，防止滥用权力。刑法立法解释涉猎的应是抽象的或类型化的法律概念、能够普遍适用的法律原则或者具有争议性的法律问题，具体有三种情况：一是法律的规定需要进一步明确具体含义的；二是法律制定后出现新的情况，需要明确适用法律依据的；三是最高人民法院和最高人民检察院的解释有原则性的分歧时，报请全国人大常委会解释或决定的。这就排除了全国人大常委会就个案中的法律适用问题作解释的情况。刑法司法解释则是最高人民法院和最高人民检察院就审判工作和检察工作中具体应用法律、法令的问题所进行的解释。这里所说的“具体应用法律、法令的问题”，应该是与具体案件办理中的法律运用问题紧密相联的，是具体的、个别化的问题。据此，何谓“国家工作人员”或“国家机关工作人员”之类的问题，就不应该是司法机关所要解释的了，而应由立法解释来解决。这样可以克服部门保护主义，防止司法机关极力扩大、滥用刑法解释权。因此，明晰权力的界限至关重要。

另外，《法律解释法》应在《立法法》、《最高人民检察院司法解释

---

① 关于“一主两翼”的刑法解释体制问题，请参阅贾济东：《刑法解释若干问题探讨》，载赵秉志、张军主编：《中国刑法学年会文集（2003 年度）（第 1 卷）：刑法解释问题研究》，中国人民公安大学出版社 2003 年版，第 143 ~ 164 页。

工作暂行规定》、《最高人民法院关于司法解释工作的若干规定》等的基础上，对刑法解释的程序问题作出规范、协调、一致的规定。

2. 修改《人民检察院组织法》

建议修改《人民检察院组织法》，增加“最高人民检察院对于在检察工作中如何具体应用法律、法令的问题，进行解释”的规定，以与《关于加强法律解释工作的决议》和《法律解释法》的有关规定协调一致。

3. 删除《立法法》中“法律解释”一节

建议将“法律解释”一节从《立法法》中删除，其内容经修改后，合并规定到新制定的《法律解释法》中。因为法律解释与立法是两个不同的概念，将“法律解释”规定在《立法法》中，不仅使有关概念变得更加含糊，而且使得法律规定的内容不规范、不协调，更会使法律解释的实践变得越发混乱。

（二）健全刑法解释的形成机制

为了确保刑法解释的质量，必须规范刑法解释的制定程序，健全刑法解释的形成机制。刑法解释主体每年年初应拟定年度解释工作计划，使确定选题、报请立项、组织起草、审查论证等各个环节的各项工作都走上制度化的轨道。

1. 抓好“两个结合”，拓展选题的产生渠道

一是上下结合，即刑法解释的法定主体主动解释与下级机关报请解释相结合。主动解释的情形有：本单位领导交办的、专项执法检查发现的、工作调研中提出的，等等。报请解释也可称为被动解释，包括下级单位提出解释要求的、下级机关在办案中涉及具体应用法律的问题而提出制定解释的请示的等情况。无论是主动解释还是被动解释，都应广辟来源，为提出高质量的论证报告提供条件。

二是左右结合，即接受其他组织、社会团体或个人的建议，对有关问题及时进行解释。社会组织、团体或个人建议解释的情况，往往能反映社情、代表民意，这是解释选题产生的好渠道，应大力疏通。关于实践中法定主体与其他组织联合解释现象，有人认为代表了各主体的共同意志，便于统一思想、贯彻执行，应予发扬。笔者则不敢苟同，因为这种做法既无法律依据，又容易引起理解上的混乱。左右结合，重在思想

认识上的沟通和解释内容上的认同，而不在于不同单位形式上的联名。至于便于统一思想、贯彻执行的理由，也是难以自圆其说的。既然刑法立法解释和司法解释具有普遍的约束力，那么，谁又有权不贯彻执行呢？因此，笔者主张的“左右结合”，是指立法机关或司法机关在接受有关方面建议的基础上所作的单独解释或者检法两家作出的联合解释，而不是与非授权组织联名解释。

2. 建立“三项制度”，提高解释的社会化程度

一是调研制。起草法律解释之前，应当深入调查研究，总结实践经验，广泛听取有关机关、组织和公民的意见。听取意见可以采取召开座谈会、论证会、听证会等多种形式。起草部门应当就涉及其他部门的职责或者与其他部门关系紧密的规定，与有关部门协商一致。

二是课题制。法律解释主体可以根据拟订的法律解释工作计划，设置相应的课题，组织有关专家申报，并与专家联合研究，共同攻关。借助专家的智力支持，提高解释草案的论证质量。

三是公开制。公开才能公正，解释草案可向社会公布，征求意见。解释草案涉及的主要问题应发送有关组织、专家和公民征求意见。解释主体的工作机构应当就解释草案涉及的主要问题，深入基层进行实地调查研究，听取基层有关机关、组织和公民的意见。涉及重大、疑难问题的，应当召开由有关单位、专家参加的座谈会、论证会，听取意见，研究论证。解释草案直接涉及公民、法人或者其他组织的切身利益的，可以举行听证会，听取有关机关、组织和公民的意见。解释主体的工作机构应当认真研究各方面的意见，与起草部门协商后，对解释草案进行修改，形成草案和对草案的说明。解释草案的说明应当包括解释的必要性、需要解决的主要问题、各方面的不同意见等，并附国内外的有关资料、调研报告、考察报告等材料。

（三）加强刑法解释的监督制约

孟德斯鸠说过，权力不受制约就会发生腐败。这一断言至今仍有其现实意义。事实证明，任何权力如果不在制度上设置有效地监督与制约机制，就会失控越轨，甚至滋生执法不公等腐败现象。刑法解释权也是如此。然而，我国关于刑法解释权的监督制约机制相当缺乏。一是监督依据缺乏。除了《最高人民检察院司法解释工作暂行规定》第15条规

定了“制定司法解释，应当认真调查研究，充分论证、征求立法机关、有关部门和有关法学专家的意见……”外，其他法律、法规和规定中还没有监督制约法律解释权的内容。二是有权机关监督意识不强。从法理上看，全国人大常委会作为最高权力机关的常设机关理应具有对下级各种法律解释活动进行监督的权力，然而它却自动放弃权力，几乎从未主动对下级机关的越权行为进行纠正或阻止。三是解释主体自我约束能力不强。在实践中，司法解释和行政解释不被监督，缺乏制约，往往作出越权之举，甚至曲解立法原意，作出不公正的解释。

因此，建立较为完善的监督制约机制，是法律解释主体正确行使解释权的重要保证，也是我国法制建设的必由之路。为使法律解释活动走上制度化、规范化、法律化的轨道，应加强以下几方面的工作：

1. 进一步加大监督依据的制度化、规范化力度

在《法律解释法》中设置监督条款，并增加法律解释的备案、审查等制度。以刑法司法解释的制定为例，可作如下规定：“两高”首先应互相征求意见，获得对方的认可；同时应将征求意见稿送全国人大常委会审查，全国人大常委会有关工作机构应及时组织人员进行研究，并分送有关的专门委员会进行审查、提出意见。全国人大常委会应当在1个月内将书面审查意见反馈制定机关；制定机关应当在1个月内研究提出是否修改的意见，并向全国人民代表大会法律委员会和有关的专门委员会反馈。司法解释应当在公布后的1个月内报全国人大常委会备案。

2. 进一步加大全国人大常委会的检查监督力度

全国人大常委会应通过执法检查等活动、备案审查等制度对司法解释和行政解释等进行审查监督，对于越权解释，一律宣布无效，并通过一定形式向全社会公布。

3. 进一步加大法律解释活动的公开透明力度

通过座谈会、论证会、听证会等各种方式，广泛听取人民群众和社会各方面意见。通过分组审议、联组审议、三审制等审议形式，进一步扩大法律解释草案的民主程度，使法律解释更加符合实际、更加切实可行。

4. 进一步加大违法解释活动的责任追究力度

对于滥用职权、徇私舞弊，故意曲解法律进行解释造成严重影响的

单位和个人，由有关机关追究其法律责任。

综上，只有实现刑法解释的制度化、法律化，司法机关才会审视自己的行为权限，避免越雷池之举，进而促使司法解释由随意性走向规范化；同时，立法机关也会更负责任地行使立法解释的职权，更加有效地履行监督司法解释的职责，切实推动立法解释由薄弱走向繁荣。总之，只有完善制度、加强协调、强化监督，才能规范刑法立法解释与司法解释，并使之在正确贯彻和实施刑法的过程中发挥应有的作用，从而维护法律的尊严和法制的统一。这样的结果，既是依法治国的必然要求，也是建设社会主义政治文明的应有之义。

（原载《国家检察官学院学报》2004 年第 4 期）

附录　论著索引

一、著作类

1. 郭华成:《法律解释比较研究》,中国人民大学出版社 1993 年版。
2. 周道鸾主编:《中华人民共和国司法解释全集》,人民法院出版社 1994 年版。
3. 李希慧:《刑法解释论》,中国人民公安大学出版社 1995 年版。
4. 张志铭:《法律解释操作分析》,中国政法大学出版社 1998 年版。
5. 梁治平:《法律解释问题》,法律出版社 1998 年版。
6. 董皞:《司法解释论》,中国政法大学出版社 1999 年版。
7. 陈金钊:《法律解释的哲理》,山东人民出版社 1999 年版。
8. 李国如:《罪刑法定原则视野中的刑法解释》,中国方正出版社 2001 年版。
9. 洪汉鼎主编:《理解与解释——诠释学经典文选》,东方出版社 2001 年版。
10. 何卫平:《通向解释学辩证法之途》,上海三联书店 2001 年版。
11. 刘树德:《罪状解构——刑事法解释的展开》,法律出版社 2002 年版。
12. 谢晖、陈金钊:《法律:诠释与应用——法律诠释学》,上海译文出版社 2002 年版。
13. 侯国云:《刑法与解释》,中国检察出版社 2003 年版。
14. 陈兴良主编:《中国刑法司法解释检讨》,中国检察出版社 2003 年版。
15. 赵秉志、张军主编:《中国刑法学年会文集(2003 年度)(第 1 卷):刑法解释问题研究》,中国人民公安大学出版社 2003 年版。
16. 张穹主编:《解读最高人民检察院司法解释》,人民法院出版社 2003 年版。
17. 程中英:《本体与诠释:中西比较》,上海社会科学院出版社 2003 年版。

18. 李永吟:《解释与真理》,上海译文出版社 2004 年版。
19. 最高人民法院刑事审判第一庭编:《现行刑事法律司法解释及其理解与适用》,中国法制出版社 2004 年版。
20. 孔祥俊:《法律解释方法与判解研究》,人民法院出版社 2004 年版。
21. 张明楷:《刑法分则的解释原理》,中国人民大学出版社 2004 年版。
22. 侯国云:《刑法与解释新编》,中国政法大学出版社 2005 年版。
23. 高铭暄、马克昌主编:《中国刑法解释》(上、下卷),中国社会科学出版社 2005 年版。
24. 林维:《刑法解释的权力分析》,中国人民公安大学出版社 2006 年版。
25. 陈志军:《刑法司法解释研究》,中国人民公安大学出版社 2006 年版。
26. 赵秉志主编:《刑法解释研究》,北京大学出版社 2007 年版。
27. 吴丙新:《修正的刑法解释论》,山东人民出版社 2007 年版。
28. 杨艳霞:《刑法解释的理论与方法:以哈贝马斯的沟通行为理论为视角》,法律出版社 2007 年版。
29. 李荣:《刑法适用中的法官解释》,知识产权出版社 2007 年版。
30. 肖吕宝:《主、客观违法论在刑法解释上的展开》,黑龙江人民出版社 2008 年版。
31. 于志刚:《刑法总则的扩张解释》,中国法制出版社 2009 年版。
32. 刘红艳:《走向实质的刑法解释》,北京大学出版社 2009 年版。

二、学位论文类

1. 李希慧:《刑法解释论》,中国人民大学 1993 年博士学位论文。
2. 杨艳霞:《正当性刑法解释路径研究》,中国政法大学 2004 年博士学位论文。
3. 王凯石:《刑法适用解释研究》,西南政法大学 2006 年博士学位论文。
4. 顾乐:《刑法解释的存在依据与实现方式》,吉林大学 2008 年博士学位论文。
5. 蒋涛:《罪刑法定下我国刑法司法解释的完善》,华东政法大学 2008 年博士学位论文。
6. 冯景旭:《刑法适用解释问题研究》,中国政法大学 2003 年硕士学位论文。
7. 刘军平:《中国古代立法解释探析》,湘潭大学 2003 年硕士学位论文。

8. 蔡军:《论我国的刑法解释》，河南大学2003年硕士学位论文。
9. 赵丹:《论刑法的立法解释》，吉林大学2004年硕士学位论文。
10. 王季秋:《论刑法解释的若干问题》，武汉大学2004年硕士学位论文。
11. 李佳欣:《刑法司法解释论》，吉林大学2004年硕士学位论文。
12. 吴洪林:《刑法司法解释“立法化”问题研究》，华东政法学院（现华东政法大学）2004年硕士学位论文。
13. 钱丹昕:《我国司法解释现状评析及完善》，安徽大学2004年硕士学位论文。
14. 栗洪涛:《浅论刑法解释的几个问题》，武汉大学2004年硕士学位论文。
15. 曹彪:《我国刑事司法解释实证分析》，苏州大学2004年硕士学位论文。
16. 马倩:《刑法司法解释若干问题研究》，西南政法大学2004年硕士学位论文。
17. 宋路军:《罪刑法定原则和刑法司法解释之研究》，安徽大学2004年硕士学位论文。
18. 王文燕:《论刑法适用解释》，华东政法学院（现华东政法大学）2005年硕士学位论文。
19. 顾乐:《刑法保障价值对刑法解释理念的重塑》，吉林大学2005年硕士学位论文。
20. 侯杰:《刑法司法解释溯及力问题研究》，华东政法学院（现华东政法大学）2005年硕士学位论文。
21. 王成:《论罪刑法定原则与刑法司法解释》，西南政法大学2005年硕士学位论文。
22. 陈陆成:《论刑法文本的语义解释》，湖南师范大学2005年硕士学位论文。
23. 唐发红:《我国刑法司法解释若干问题研究》，苏州大学2005年硕士学位论文。
24. 张建忠:《刑法解释三论——观念、原则和方法》，山东大学2005年硕士学位论文。
25. 王文娟:《刑法解释体制及其相关问题研究》，山东大学2005年硕士学位论文。
26. 王在福:《刑法司法解释若干问题研究》，郑州大学2005年硕士学位论文。

27. 张明:《刑法司法解释体制论》,山东大学 2005 年硕士学位论文。
28. 曾琳:《我国刑法司法解释权配置模式评判与重构》,华东政法学院(现华东政法大学)2005 年硕士学位论文。
29. 何忠林:《论法律适用中的刑法解释》,苏州大学 2006 年硕士学位论文。
30. 李向前:《论我国刑法司法解释制度的重新构建》,郑州大学 2006 年硕士学位论文。
31. 刘俊宽:《论刑法适用中的法官解释》,中国政法大学 2006 年硕士学位论文。
32. 王振栋:《刑法的个案解释问题研究》,华东政法学院(现华东政法大学)2006 年硕士学位论文。
33. 邵栋豪:《我国刑法司法解释若干问题研究》,西南政法大学 2006 年硕士学位论文。
34. 蔡涛:《我国刑法司法解释问题研究》,郑州大学 2006 年硕士学位论文。
35. 段元成:《我国刑法司法解释之检讨》,四川大学 2006 年硕士学位论文。
36. 唐媛:《现行刑法司法解释模式评析》,中国政法大学 2006 年硕士学位论文。
37. 屈胜肖:《刑事审判中的法律解释》,中国政法大学 2006 年硕士学位论文。
38. 祝存红:《现行刑法司法解释问题研究》,安徽大学 2006 年硕士学位论文。
39. 何俊平:《罪刑法定原则与刑法司法解释》,西南大学 2006 年硕士学位论文。
40. 周洁:《中国刑法司法解释机制研究》,四川大学 2006 年硕士学位论文。
41. 邱建华:《论法官的刑法解释主体地位》,吉林大学 2007 年硕士学位论文。
42. 李含春:《论我国刑法司法解释体制及其完善》,湖南大学 2007 年硕士学位论文。
43. 汤印大:《论我国刑事司法解释的缺陷与完善》,兰州大学 2007 年硕士学位论文。
44. 张庆勇:《论刑法立法解释》,山东大学 2007 年硕士学位论文。
45. 高建:《我国刑法司法解释的合法化研究》,中国政法大学 2007 年硕士学位论文。

46. 赵培:《刑法司法解释研究》, 河南大学 2007 年硕士学位论文。
47. 马琳琳:《中国现行刑法解释主体评析》, 吉林大学 2007 年硕士学位论文。
48. 杨明武:《论刑法司法解释研究中的若干前沿问题》, 华东政法大学 2007 年硕士学位论文。
49. 周宏强:《刑法解释客观性的探索》, 西南政法大学 2007 年硕士学位论文。
50. 王启全:《刑法解释探析》, 山东大学 2007 年硕士学位论文。
51. 张磊:《刑法解释制度研究》, 中国政法大学 2007 年硕士学位论文。
52. 司巧萍:《刑法扩张解释问题研究》, 郑州大学 2007 年硕士学位论文。
53. 崔秀平:《刑法司法解释原则及相关问题研究》, 西南政法大学 2007 年硕士学位论文。
54. 李晓红:《刑事司法过程中的法官解释》, 山东大学 2007 年硕士学位论文。
55. 黎国栋:《罪刑法定原则与刑法的解释方法》, 安徽大学 2007 年硕士学位论文。
56. 李鹤立:《论我国的刑法司法解释》, 吉林大学 2007 年硕士学位论文。
57. 辜志珍:《论刑法司法解释》, 湖南师范大学 2008 年硕士学位论文。
58. 丁波:《论刑法司法解释》, 山东大学 2008 年硕士学位论文。
59. 李璐:《论刑法解释方法及其适用》, 山东大学 2008 年硕士学位论文。
60. 许浩:《刑法解释的基本立场》, 华东政法大学 2008 年硕士学位论文。
61. 黄淘涛:《刑法解释的时间效力研究》, 中国青年政治学院 2008 年硕士学位论文。
62. 喻宙翔:《刑法扩张解释研究》, 湖南大学 2008 年硕士学位论文。
63. 杜鹃:《刑法漏洞的填补与刑法司法解释的完善》, 华东政法大学 2008 年硕士学位论文。
64. 孙东修:《刑法适用中的扩张解释》, 中国政法大学 2008 年硕士学位论文。
65. 谢财能:《检法之间法律解释冲突的控制》, 中国青年政治学院 2008 年硕士学位论文。
66. 陈银珠:《论刑法的体系解释》, 西南政法大学 2009 年硕士学位论文。
67. 陈前:《论刑法解释的界限》, 黑龙江大学 2009 年硕士学位论文。

68. 徐久春：《论刑法解释的完善》，吉林大学2009年硕士学位论文。
69. 卢国辉：《论刑事司法中的类推解释》，厦门大学2009年硕士学位论文。
70. 吕文静：《论刑法解释的主体与方法》，黑龙江大学2009年硕士学位论文。
71. 孙钰：《刑法立法解释研究》，湖南大学2009年硕士学位论文。
72. 龙国华：《刑法司法解释若干问题研究》，中国政法大学2009年硕士学位论文。
73. 雍志飞：《相对罪刑法定原则下的刑法解释》，兰州大学2009年硕士学位论文。
74. 王琪：《刑法解释方法论》，山东大学2009年硕士学位论文。
75. 杨波：《刑法解释主体刍议》，西南政法大学2009年硕士学位论文。
76. 牛超：《罪刑法定原则下的刑法解释理念》，西南政法大学2009年硕士学位论文。
77. 梁为锋：《论法官的刑法解释权》，大连海事大学2009年硕士学位论文。

三、期刊、文集论文类

1. 中山研一、甘雨霈：《牧野英一的刑法理论——刑法解释论》，载《国外法学》1981年第5期。
2. 赵秉志：《简论刑法中的扩张解释》，载《人民司法》1986年第6期。
3. 利子平：《试论刑法中之类推与扩张解释》，载《江西大学学报》（社会科学版）1988年第3期。
4. 游伟：《试析我国刑法司法解释中存在的若干问题》，载《探索与争鸣》1988年第5期。
5. 游伟：《加强我国刑法司法解释的法律监督》，载《法学评论》1990年第3期。
6. 佘宏荣、翟玉华：《我国刑法司法解释研究综述》，载《法律学习与研究》1990年第5期。
7. 世平：《刑法司法解释的特征与分类》，载《法律学习与研究》1990年第5期。
8. 李志增：《刑法司法解释的效力性质初探》，载《法律学习与研究》1990年第5期。
9. 佘宏荣：《略论刑法司法解释的基本原则》，载《湘潭大学学报》（社会科学版）1992 年第 1 期。
10. 佘宏荣：《论我国刑法司法解释中的几个问题》，载《法学评论》1991 年第 2 期。
11. 苏惠渔、游伟：《完善刑法司法解释若干原则的探讨》，载《中国法学》1992 年第 2 期。
12. 罗堂庆：《论刑法司法解释权》，载《政治与法律》1993 年第 1 期。
13. 李希慧：《论刑法的立法解释》，载《法学家》1993 年第 5/6 期。
14. 王平：《论我国刑法解释的有效性》，载《法律科学》1994 年第 2 期。
15. 丁慕英、陆德山：《也论我国刑法司法解释权的归属问题——与游伟、赵剑峰同志商榷》，载《当代法学》1994 年第 2 期。
16. 潘勤：《我国刑法司法解释制度》，载《法学杂志》1993 年第 3 期。
17. 赵秉志、李希慧：《关于完善刑事司法解释的研讨》，载《检察理论研究》1993 年第 4 期。
18. 李希慧：《刑法的论理解释方法探讨》，载《法商研究》1994 年第 5 期。
19. 李希慧：《论刑法的解释功能》，载《现代法学》1994 年第 5 期。
20. 游伟、鲁义珍：《刑法司法解释效力探讨》，载《法学研究》1994 年第 6 期。
21. 潘勤：《中国古代刑法解释初探》，载《法律科学》1992 年第 6 期。
22. 李希慧：《论刑法解释的原则》，载《法律科学》1994 年第 6 期。
23. 李希慧：《刑法解释定义新论》，载《河北法学》1994 年第 6 期。
24. 李希慧：《论刑法的文理解释方法》，载《国家检察官学院学报》1995 年第 1 期。
25. 薛瑞麟：《关于刑法立法解释的几个问题》，载《政法论坛》1995 年第 1 期。
26. 薛瑞麟：《论刑法中的类推解释》，载《中国法学》1995 年第 3 期。
27. 李希慧：《刑法司法解释的适用问题》，载《法学杂志》1995 年第 5 期。
28. 宗建文：《程序运作中的犯罪构成——外国刑法中的适用解释》，载《法制与社会发展》1995 年第 6 期。
29. 李记华：《论刑法司法解释的任务和权限》，载《人民检察》1995 年第 7 期。
30. 吴在存：《关于刑法司法解释若干问题的探讨》，载《法学杂志》1996 年第 1 期。

31. 陈兴良、周光权：《刑法司法解释的限度——兼论司法法之存在及其合理性》，载《法学》1997 年第 3 期。
32. 木一：《关于刑法的司法解释权的研究》，载《国家检察官学院学报》1997 年第 4 期。
33. 龚本源：《"两高"对刑法分则规定的犯罪罪名的司法解释不应存异》，载《湖北公安高等专科学校学报》1998 年第 3 期。
34. 苗生明：《关于刑法司法解释权合理配置的构想》，载《人民检察》1999 年第 2 期。
35. 李宁：《刑法司法解释若干问题再思考——兼谈加快现行刑法司法解释之必要性》，载《中国刑事法杂志》1999 年第 3 期。
36. 刘宪权、阮传胜：《刑法司法解释的溯及力》，载《政治与法律》1999 年第 4 期。
37. 陈兴良：《相似与区别：刑法用语的解释学分析》，载《法学》2000 年第 5 期。
38. 黄伟明：《论罪刑法定原则与刑法司法解释》，载《法学评论》2001 年第 2 期。
39. 吴丙新：《刑法解释的基本思想及主体》，载《现代法学》2001 年第 3 期。
40. 陈正云、曾毅、邓宇琼：《论罪刑法定原则对刑法解释的制约》，载《政法论坛》2001 年第 4 期。
41. 吴丙新：《罪刑法定与刑法解释的冲突》，载《法学论坛》2001 年第 5 期。
42. 刘仁文：《刑法解释的时间效力》，载《检察日报》2002 年 4 月 23 日。
43. 刘志远：《刑法解释的限度——合理的扩大解释与类推解释的区分》，载《国家检察官学院学报》2002 年第 5 期。
44. 王瑞君：《罪刑法定原则下的法官角色及刑法解释》，载《法律方法》2003 年 00 期。
45. 刘仁文：《关于刑法解释的时间效力问题》，载《法学杂志》2003 年第 1 期。
46. 刘晓莉：《刑法解释的主体》，载《吉林大学社会科学学报》2003 年第 2 期。
47. 程昉：《罪刑法定原则下的刑法解释及其发展趋势》，载《浙江社会科学》2003年第2期。
48. 冯亚东:《刑法解释应体现法的精神》，载《法商研究》2003年第3期。
49. 张小虎:《对刑法解释的反思》，载《北京师范大学学报》（社会科学版）2003年第3期。
50. 刘召:《对刑法解释主体的思考》，载《牡丹江师范学院学报》（哲学社会科学版）2003年第3期。
51. 闫显明:《刑法解释的创造性限度》，载《浙江万里学院学报》2003年第3期。
52. 张红艳:《论罪刑法定与刑法解释》，载《河南司法警官职业学院学报》2003年第3期。
53. 黎志慧:《刑法司法解释的溯及力》，载《中山大学研究生学刊》（社会科学版）2002年第4期。
54. 郑厚勇:《我国刑法解释存在的若干问题》，载《黄冈师范学院学报》2003年第4期。
55. 王季秋:《论刑法解释的规则》，载《江西公安专科学校学报》2003年第5期。
56. 郑厚勇:《论我国刑法解释主体问题》，载《江汉论坛》2003年第5期。
57. 赵秉志、陈志军:《莫让越权解释动摇罪刑法定根基》，载《检察日报》2003年12月25日。
58. 时延安:《开拓刑法解释理论研究的新境域》，载《法制日报》2003年11月6日。
59. 徐岱:《刑法的立法解释论》，载《吉林大学社会科学学报》2003年第6期。
60. 利子平、詹红星:《刑法司法解释：现状、成因及其走向》，载《南昌大学学报（人文社会科学版)》2003年第6期。
61. 吴大华、蒋熙辉:《论刑法立法解释》，载《贵州警官职业学院学报》2003年第6期。
62. 贾济东:《刑法解释若干问题探讨》，载赵秉志、张军主编:《中国刑法学年会文集（2003年度）（第1卷）：刑法解释问题研究》，中国人民公安大学出版社2003年版。
63. 韩建祥:《论刑法立法解释的相对合理性——兼论我国刑法解释制度的理性构建》，载赵秉志、张军主编:《中国刑法学年会文集（2003年度）

（第1卷）：刑法解释问题研究》，中国人民公安大学出版社2003年版。
64. 蔡军：《论我国刑法解释的目标和原则》，载《河南大学学报》（社会科学版）2004年第1期。
65. 吴丙新：《刑事司法的实体法渊源——罪刑法定原则的刑法解释学分析》，载《当代法学》2004年第1期。
66. 徐岱：《刑法关怀与刑法解释》，载《当代法学》2004年第1期。
67. 李洁：《中国有权刑法司法解释模式评判》，载《当代法学》2004年第1期。
68. 王宗光：《刑事司法中的罪刑法定与基层法官的刑法解释权》，载《政治与法律》2004年第2期。
69. 齐文远、周详：《论刑法解释的基本原则》，载《中国法学》2004年第2期。
70. 赵秉志、陈志军：《论越权刑法解释》，载《法学家》2004年第2期。
71. 牛克乾：《反思我国刑法解释的范畴及其体系——以刑法解释的效力层次为视角》，载《政治与法律》2004年第3期。
72. 曹希国：《价值指引下的刑法解释——以罪刑法定原则为视角》，载《河南省政法管理干部学院学报》2004年第3期。
73. 虞浔：《对刑法解释权的理论探讨》，载《河南公安高等专科学校学报》2004年第3期。
74. 侯国云：《关于刑法解释几个争议问题的思辨》，载《法学杂志》2004年第4期。
75. 张明楷：《刑法理念与刑法解释》，载《法学杂志》2004年第4期。
76. 黎志慧：《论刑法司法解释溯及力的三个问题》，载《上海理工大学学报》（哲学社会科学版）2004年第4期。
77. 贾济东：《论刑法立法解释与司法解释的协调》，载《国家检察官学院学报》2004年第4期。
78. 牛克乾：《刑法渊源、规范性刑法解释与刑事判例》，载《法律适用》2004年第5期。
79. 侯国云、关仕平：《也论刑法解释的基本思想及主体——与吴丙新同志商榷》，载《河南师范大学学报》（哲学社会科学版）2004年第5期。
80. 沈琪、郭开元：《寻求刑法解释的客观性》，载《枣庄师范专科学校学报》2004年第5期。

81. 李艳、胡利敏：《刑法解释的体制性研究》，载《石家庄经济学院学报》2004 年第 5 期。
82. 薛生全：《价值指引下的刑法解释》，载《法学杂志》2004 年第 6 期。
83. 王凯石：《论司法人员的刑法解释权》，载《浙江学刊》2004 年第 6 期。
84. 吴江：《刑法解释的界限——以罪刑法定原则的价值内涵为视角》，载《人民法院报》2004 年 12 月 15 日。
85. 吕欣、孙红霞：《罪刑法定视野中法官的刑法解释权》，载《政法论丛》2005 年第 1 期。
86. 程啸：《刑法解释方法及位阶关系》，载《人民法院报》2005 年 2 月 23 日。
87. 周振晓：《狭义刑法解释若干问题探析》，载《甘肃政法学院学报》2005 年第 1 期。
88. 黄烨：《关于罪刑法定原则与刑法解释的思考》，载《长沙铁道学院学报》（社会科学版）2005 年第 1 期。
89. 阮齐林：《新中国刑法传统与刑法解释》，载《人民法院报》2005 年 3 月 30 日。
90. 杨艳霞：《刑法解释的溯及力新论》，载《西南民族大学学报》（人文社会科学版）2005 年第 5 期。
91. 刘守芬、房树新：《论法官为刑法解释的应然主体》，载《河南大学学报》（社会科学版）2005 年第 3 期。
92. 院晓苗：《刑法解释的限度》，载《河南省政法管理干部学院学报》2005 年第 3 期。
93. 蒋熙辉：《刑法解释限度论》，载《法学研究》2005 年第 4 期。
94. 白建军：《刑法分则与刑法解释的基本理论》，载《中国法学》2005 年第 4 期。
95. 林维：《论刑法解释中的利益相关性》载《法制与社会发展》2005 年第 4 期。
96. 院晓苗：《罪刑法定与刑法解释——以价值取向为视角的分析》，载《南都学坛》2005 年第 5 期。
97. 院晓苗：《刑法解释的主观性与客观性》，载《中州学刊》2005 年第 5 期。
98. 王瑞君：《罪刑法定与刑法解释》，载《法律方法》2006 年第 5 卷。

99. 李川：《超越主、客观对立的刑法解释》，载《法律方法》2006年第5卷。
100. 王政勋：《论刑法解释中的词义分析法》，载《法律科学》2006年第1期。
101. 蒋超、艾军：《刑法解释方法的运用规则探析》，载《齐齐哈尔大学学报》（哲学社会科学版）2006年第2期。
102. 曲新久：《论刑法解释与解释文本的同步效力——兼论刑法适用的逻辑路径》，载《政法论坛》2006年第2期。
103. 孙长春、杨晓玲：《刑法适用解释的合法性诉求》，载《河南科技大学学报》（社会科学版）2006年第2期。
104. 彭辅顺：《论刑法解释的目标——以刑法人权保障功能实现为视角》，载《山东警察学院学报》2006年第3期。
105. 林慧：《刑法解释的效力和适用》，载《甘肃政法成人教育学院学报》2006年第3期。
106. 李佳欣：《刑法解释的正义性追问》，载《法制与社会发展》2006年第4期。
107. 肖乾利、季理华：《组织、介绍同性卖淫行为的定性与刑法解释观念》，载《河西学院学报》2006年第4期。
108. 何秉松、杨艳霞：《论刑法解释观》，载《西南民族大学学报》（人文社会科学版）2006年第5期。
109. 吴学斌：《影响刑法解释的"法外"因素探析》，载《理论探索》2006年第5期。
110. 牟华：《罪刑法定视域中刑法解释的误区》，载《山东省农业管理干部学院学报》2006年第5期。
111. 王建秋：《我国刑法解释的现状及其改进》，载《理论学习》2006年第5期。
112. 邓中文：《越权刑法解释的原因与对策》，载《山东社会科学》2006年第6期。
113. 赵培：《浅析刑法解释主体》，载《湖南科技学院学报》2006年第8期。
114. 蔡军：《刑法解释的基本立场分析——从罪刑法定原则的形式性和实质性理解出发》，载《理论月刊》2006年第9期。
115. 彭贤鸿、詹明：《浅析我国的刑法解释问题》，载《江西社会科学》

2006 年第 9 期。
116. 林维：《刑法解释中的行政解释因素研究》，载《中国法学》2006 年第 5 期。
117. 彭贤鸿：《我国刑法解释问题探究》，载《中共南昌市委党校学报》2006 年第 5 期。
118. 王钧：《刑法解释的常识化》，载《法学研究》2006 年第 6 期。
119. 谢冬春：《论建立社会统制目的下的刑法解释观——罪刑法定原则下的刑法解释观的缺陷与完善》，载《法制与社会》2006 年第 23 期。
120. 张爱艳：《罪刑法定原则及其司法化研究——以刑法解释为视角》，载《政法论丛》2006 年第 6 期。
121. 祝圣武：《论刑事政策对刑法解释的意义》，载《山东大学法律评论》2007 年第 4 卷。
122. 关哲夫、王充：《论禁止类推解释与刑法解释的界限》，载《刑事法评论》2007 年第 1 期。
123. 彭辅顺：《刑法解释方法与人权保障的实现——从类推解释、扩张解释、限制解释谈起》，载《刑法论丛》2007 年第 1 期。
124. 刘丁炳：《刑法立法解释问题探析》，载《国家检察官学院学报》2008 年第 2 期。
125. 苏彩霞：《实质的刑法解释论之确立与展开》，载《法学研究》2007 年第 2 期。
126. 陈世伟：《刑法解释的良心之维》，载《社会科学研究》2007 年第 3 期。
127. 吴笛：《论刑法解释目标的理论基础与现实抉择》，载《福建高等专科学校学报》2007 年第 2 期。
128. 喻海松：《刑法解释权配置模式探析》，载《刑法论丛》2008 年第 2 期（第 14 卷）。
129. 刘耀彬：《刑法解释的困境》，载《南京航空航天大学学报》（社会科学版）2008 年第 2 期。
130. 喻海松、刘克兰：《刑法解释权配置模式的比较分析》，载《法学杂志》2008 年第 3 期。
131. 王政勋：《刑法解释问题研究现状述评》，载《法商研究》2008 年第 4 期。
132. 王瑞君：《美国的刑法解释及其启示》，载《甘肃政法学院学报》2008

年第4期。
133. 包健、蒋涛：《刑法解释是否可以适用“漏洞补充”方法》，载《政治与法律》2008年第4期。
134. 顾乐：《论刑法解释主体的资格与本体》，载《政治与法律》2008年第4期。
135. 王文娟：《刑法解释体制问题研究》，载《哈尔滨学院学报》2008年第4期。
136. 徐光华：《罪刑法定视野下刑法扩张解释的“度”——以扩张解释与类推解释的区分为视角》，载《河北法学》2008年第5期。
137. 苏永生：《“文化的刑法解释论”之提倡——以“赔命价”习惯法为例》，载《法商研究》2008年第5期。
138. 贾琼：《刑法解释基本问题研究》，载《工会论坛》2008年第5期。
139. 苏彩霞：《刑法解释方法的位阶与运用》，载《中国法学》2008年第5期。
140. 李蕊：《刑法解释若干问题探讨》，载《中州大学学报》2008年第5期。
141. 曾粤兴、卞建华：《化大公为小公行为之定性——兼谈刑法解释方法之取舍》，载《河南省政法管理干部学院学报》2008年第6期。
142. 陈京春：《信息时代对刑法解释论的究问——ATM机盗窃案和“艳照门”事件引起的法律思考》，载《法律科学》2008年第6期。
143. 袁林：《刑法解释观应从规则主义适度转向人本主义》，载《法商研究》2008年第6期。
144. 郭莉：《刑法解释的思想理念和方法运用》，载《青海师范大学学报》（哲学社会科学版）2008年第6期。
145. 许浩：《刑法解释的基本立场——对实用主义法律解释观的论证》，载《东方法学》2008年第6期。
146. 张明楷：《刑法解释理念》，载《国家检察官学院学报》2008年第6期。
147. 徐西振、王文娟：《刑法解释的制度设计与体制重建》，载《湖南师范大学社会科学学报》2008年第6期。
148. 董玉庭：《ATM机上非正常取款行为的刑法学分析——兼论类型分析方法在刑法解释学中的运用》，载《人民检察》2008年第8期。
149. 赵运锋：《罪刑法定视野下的刑法立法解释——以全国人大常委会的刑法解释权为视角》，载《人大研究》2008年第8期。

150. 王瑞君：《刑法解释：为刑事个案裁判提供推理大前提》，载《山东社会科学》2008 年第 9 期。
151. 廖斌、何显兵：《论罪刑相当原则的刑法解释机能》，载《人民司法》2008 年第 11 期。
152. 胡东飞：《刑法目的对刑法解释方向的制约——基于同刑事诉讼法目的比较的分析》，载《中国刑事法杂志》2009 年第 1 期。
153. 吴丙新：《刑法解释的对象——在事实与规范之间》，载《文史哲》2009 年第 1 期。
156. 郭晓红：《从刑法的特征看刑法解释的立场》，载《河北法学》2009 年第 2 期。
157. 黄奇中：《“许霆案”的刑法解释学思考》，载《华侨大学学报》（哲学社会科学版）2009 年第 1 期。
158. 漆昌国：《论刑法解释的基本立场》，载《理论与改革》2009 年第 2 期。
159. 李震：《刑法解释规制论》，载《山东大学学报》（哲学社会科学版）2009 年第 2 期。
160. 童德华、资琳：《刑法解释中的合理性诉求》，载《法制与社会发展》2009 年第 2 期。
161. 周少华：《刑法解释的观念和方法》，载《东方法学》2009 年第 2 期。
162. 孙光宁、刘园园：《论刑法解释的特殊性》，载《黑龙江社会科学》2009 年第 2 期。
163. 张文、牛克乾：《中国规范性刑法解释的实然与应然》，载《法律方法》2009 年第 2 期。
164. 吴丙新：《刑法解释研究学术报告》，载陈兴良主编：《刑事法评论》2009 年第 2 期。
165. 杨辉忠：《刑事法官解释刑法的几个问题》，载《南京大学法律评论》2009 年第 2 期。
166. 林志伟：《罪刑法定视野下的刑法解释——从有利于被告人的类推说起》，载《信阳农业高等专科学校学报》2009 年第 3 期。
167. 王宁：《从“许霆案”看我国刑法解释权的分配》，载《河北法学》2009 年第 3 期。
168. 陈京春：《中国刑法解释理论的新走向：客观解释论的提倡》，载《法治资讯》2009 年第 3 期。

169. 王政勋:《从图式理论看刑法解释立场——一个实证的考察》,载《中外法学》2009 年第 3 期。
170. 王凤涛:《刑法适用解释的习惯法向度》,载《黑龙江省政法管理干部学院学报》2009 年第 3 期。
171. 单勇、张旭:《"前理解"对刑法解释的消极影响及其控制》,载《法商研究》2009 年第 3 期。
172. 陈志军:《刑法解释实践与研究六十年》,载《山东警察学院学报》2009 年第 3 期。
173. 王文娟、徐西振:《司法中心立场下刑法解释的限度》,载《山东警察学院学报》2009 年第 3 期。
174. 徐岱:《刑法解释学的独立品格》,载《法学研究》2009 年第 3 期。
175. 苏永生:《民族法文化视野下的刑法解释目标》,载《河南公安高等专科学校学报》2009 年第 3 期。
176. 李金玉、金博:《论我国刑法立法解释的目标——兼论我国刑法解释的目标》,载《政法学刊》2009 年第 3 期。
177. 许发民、徐光华:《刑法解释中的民意考量——以死刑案件为视角》,载《刑法论丛》2008 年第 4 期。
178. 苏彩霞:《实质刑法解释合理实现的程序性论证规则》,载《现代法学》2009 年第 4 期。
179. 周洪波、彭文华:《形式的刑法解释之提倡及其方法论》,载《首都师范大学学报》(社会科学版)2009 年第 4 期。
180. 陈琦:《我国刑法解释与刑法目的的实现》,载《研究生法学》2009 年第 4 期。
181. 李希慧:《罪刑法定原则与刑法有权解释》,载《河北法学》2009 年第 5 期。
182. 夏朝晖:《刑法解释的困境与出路》,载《中国刑事法杂志》2009 年第 5 期。
183. 吴丙新:《温和的司法能动主义——刑法解释的一种可能路径》,载《山东大学学报》(哲学社会科学版)2009 年第 5 期。
184. 舒洪水、贾宇:《刑法解释论纲》,载《法律科学》2009 年第 5 期。
185. 王政勋:《范畴理论与刑法解释立场》,载《法律科学》2009 年第 6 期。
186. 冯军、王成:《论我国刑法解释的目标与限度》,载《河北大学学报》

（哲学社会科学版）2009 年第 6 期。
187. 许侃侃：《刑法解释的规则研究》，载《法制与社会》2009 年第 10 期。
188. 欧阳本祺：《宽严相济刑事政策的刑法解释功能》，载《湖北社会科学》2009 年第 12 期。
189. 王祖书：《论刑法司法解释的粗疏性及其克服——以涉税犯罪刑法司法解释为中心》，载《辽宁警专学报》2010 年第 1 期。
190. 王炜：《刑法司法解释中的类推解释研究》，载《昆明理工大学学报》（社会科学版）2010 年第 1 期。
191. 贾敬华：《刑法客观解释的约束困境及其对策》，载《法学论坛》2010 年第 2 期。
192. 龚振军：《刑法解释限度新论——以日本刑法学说为主要切入点》，载《当代法学》2010 年第 2 期。
193. 赵运锋：《刑法解释的规制》，载《中国社会科学院研究生院学报》2010 年第 2 期。
194. 徐西振、王文娟：《论刑法解释的内在规制》，载《齐鲁学刊》2010 年第 2 期。
195. 苏彩霞：《我国刑法立法解释立场的实证考察》，载《浙江大学学报》（人文社会科学版）2010 年第 2 期。
196. 唐金印、牛忠江：《论刑罚目的与刑法解释的哲学方法选择》，载《前沿》2010 年第 5 期。
197. 朱千里：《论刑法解释的合理性审查》，载《法律适用》2010 年第 5 期。
198. 周洪波：《刑法解释方法的具体运用》，载《中国检察官》2010 年第 7 期。

北京师范大学刑事法律科学研究院

刑法学研究总整理文库书目

刑法哲学专题整理
中国刑事政策专题整理
刑法解释专题整理
刑事管辖权专题整理
刑法基本原则专题整理
犯罪构成专题整理
未成年人犯罪专题整理
刑法中行为专题整理
刑法因果关系专题整理
刑法中的错误专题整理
共同犯罪专题整理
罪数形态专题整理
刑事责任专题整理
量刑情节与量刑方法专题整理
累犯专题整理
数罪并罚专题整理
刑罚执行制度专题整理
社区矫正专题整理
中国区际刑法专题整理
国际刑法总论问题专题整理
国际刑事司法协助专题整理
国际刑事法院专题整理
恐怖主义犯罪专题整理
经济刑法专题整理
生产、销售伪劣商品罪专题整理
商业贿赂犯罪专题整理
证券期货犯罪专题整理
侵犯知识产权犯罪专题整理
合同诈骗罪专题整理
非法经营罪专题整理
故意伤害罪专题整理
非法拘禁罪、绑架罪专题整理
刑讯逼供罪专题整理
抢劫罪专题整理
诈骗罪专题整理
侵占罪专题整理
计算机与网络犯罪专题整理
妨害司法罪专题整理
医疗事故罪专题整理
环境犯罪专题整理
毒品犯罪专题整理
贪污罪专题整理
挪用公款罪专题整理
刑罚消灭制度专题整理
黑社会性质组织犯罪专题整理